La Vie de M. Descartes

Adrien Baillet

Daniel Horthemels, Paris, 1691

Édition : BoD – Books on Demand, info@bod.fr
Impression : BoD – Books on Demand,
In de Tarpen 42, Norderstedt (Allemagne)
Impression à la demande
ISBN : 978-2-3225-4418-9
Dépôt légal : juillet 2024

LA VIE

DE

MONSIEUR

DES-CARTES

PREMIÈRE PARTIE.

Emblème de livre avec une coquille Saint-Jacques

À PARIS,

Chez DANIEL HORTHEMELS, ruë ſaint Jacques,

au Mécénas.

M. DC. XCI.

LIVRE PREMIER.

Contenant ce qui s'est passé à son sujet depuis sa naissance jusqu'à ce qu'il se fût défait de ses Préjugez.

LIVRE SECOND.

Contenant ce qui s'est passé depuis qu'il se fût défait des préjugez de l'École, jusqu'à son établissement en Hollande.

courir de luy à leur sujet. *Ecrits du Père Mersenne, de M. Gassendi et autres contre R. Fludd défenseur des Rose-croix. Eloge de M. Gassendi.*

qu'il emploie à méditer sur la Philosophie et la Mathématique universelle.

Chap. X. M. Descartes va à la Cour, puis en province voir ses parens. Il revient à Paris où il contracte diverses habitudes avec des sçavans, et particulièrement avec ceux qu'il croioit avoir les mêmes inclinations que luy. Il fait amitié avec M. Hardy, M. de Beaune, M. Morin, le Père Gibieuf, et M. de Balzac, dont il prend la défense contre ses envieux.

Chap. XI. Autres amis que M. Descartes fit en France, pendant les années 1625, 1626, 1627, 1628. M. des Argues, M. de Beaugrand, M. Silhon, M. Serisay, M. Sarazin, M. de Boissat, M. Frenicle, M. de Sainte Croix, M. de Marandé, M. Picot. M. Descartes apprend la mort du Chancelier Bacon, qui avoit entrepris de rétablir la vraie Philosophie. Éloge de Bacon.

Chap. XII. M. Mydorge fait préparer des verres de différente façon pour des lunettes et des miroirs à l'usage de M. Descartes. Éloge du sieur Ferrier excellent ouvrier pour des instruments de Mathématiques. M. Descartes se sert de luy, et luy apprend à se perfectionner dans son art. Il quite la maison de M. le Vasseur pour éviter les visites et le grand monde. Il est découvert dans sa retraite.

Chap. XIII. M. Descartes va au pays d'Aunis voir le siège de la Rochelle. État de cette ville et de l'armée lors qu'il y arriva. Il voit les travaux de la ligne et de la digue. Il se présente au service en qualité de volontaire. Il revient à Paris incontinent après l'entrée du Roy dans la Rochelle.

LIVRE TROISIÈME.

Contenant ce qui s'est passé depuis qu'il eût quitté la France pour se retirer en Hollande, jusqu'à ce qu'il se fût déterminé à publier ses ouvrages.

de M. Morin sur les Longitudes, et il l'en remercie sans luy en dire son sentiment. Conduite bizarre de cet homme envers ses amis. Observation de M. Descartes sur la nége à six pointes. Il retourne à Déventer, et delà en Frise. Il fait son petit traité de Méchanique. Eloge de M. Zuytlichem. Observation de M. Descartes sur les cercles colorez qui se forment autour des chandelles. Son traité des Lunettes. Mort de Beeckman, et de quelques autres Mathématiciens.

Livre quatrième : Contenant ce qui s'est passé au sujet de M. Descartes depuis la publication des Essais de sa Philosophie, jusqu'aux affaires qu'on luy suscita dans l'Université d'Utrecht.

<u>Chapitre premier</u> M. Descartes se résoud à faire imprimer les Essais de sa Philosophie, qui consistent en quatre traitez. Singularitez avantageuses d'un privilège du Roy pour l'impression de ces traitez. Embarras que luy cause ce privilège ; et le zèle excessif du Père Mersenne pour le servir.

<u>Chapitre 2</u> Les Essais de la Philosophie de M. Descartes sortent de la presse avec un autre titre que celuy qu'il leur avoit destiné d'abord. Histoire du premier des quatre traitez intitulé de la Méthode. Dessein de cet ouvrage, avec les jugemens qu'en ont fait les Sçavans. Ce que c'est que la Logique de M. Descartes, et sa Morale.

<u>Chapitre 3</u> Histoire des Essais de sa Méthode, ou des traitez qui suivent son discours de la Méthode. I. de sa Dioptrique. 2. de ses Météores. 3. de sa Géométrie. Manière subite et précipitée dont il travailla à ce dernier ouvrage.

Pourquoi il n'en a pas voulu faire un traité accompli de Géométrie. Obscurité affectée de cet ouvrage, qui est intelligible à très peu de personnes. Qui sont ceux qu'il juge capables de l'entendre, et ceux qu'il n'en juge point capables. Question de Pappus difficile à résoudre, dont il ne facilite la solution qu'à demi.

Chapitre 4 Jugement que faisoit M. Descartes des Essais de sa Philosophie. Liaison et rapport de ces quatre traitez. Manière dont ils sont écrits. Pourquoi en langue vulgaire : pourquoi sans nom d'Auteur. Distribution des exemplaires pour le Roy et le Cardinal de Richelieu par l'Ambassadeur de France, qui est tué au siège de Breda ; pour le Prince d'Orange par M. de Zuytlichem ; pour les Cardinaux Barberin et de Baigné, non par M. de Peiresc dont on fait l'éloge, mais par le Nonce du Pape ; pour les Jésuites, son ancien Maître en Philosophie, celui de son neveu. M. de Roberval est oublié dans ces distributions. Cause et origine des animositez de M. de Roberval contre M. Descartes.

Chapitre 5 S'il est croyable que M. Descartes se soit trouvé au siège de Breda ? Il fait un voyage en Flandre, où on suppose qu'il a connu M. de la Bassecourt et le Docteur Silvius. Il va demeurer à Egmond en Nord-Hollande. Description de ce lieu. Il fait amitié avec Fromond, qui lui envoye des objections sur son livre, et qui en reçoit la réponse. Plempius fait ses objections sur le mouvement du cœur ; Le P. Ciermans en fait aussi sur les couleurs de l'Arc-en-ciel. Qui étoient Plempius et le P. Ciermans.

Estime que ce Père faisoit de M. Descartes : et l'estime que M. Descartes faisoit des Jésuites.

l'esprit de son Auteur. Sa réponse à cet écrit. Il souhaite que plusieurs la voyent, et pourquoi ? Le Père Mersenne la fait voir à Messieurs Pascal et de Roberval qui répliquent pour M. de Fermat. Réponse de M. Descartes à ces deux Messieurs. Eloge du Président Pascal. Jugement que fait M. Descartes de la Réplique de M. de Fermat sur la Dioptrique.

Chapitre 9 Procédures du différent survenu entre M. Descartes et M. de Fermat. Bureau où leur cause doit être examinée par M. Mydorge et M. Hardy du côté de M. Descartes, et par M. Pascal et M. de Roberval du côté de M. de Fermat. Neutralité du P. Mersenne du consentement des parties. Dénombrement des pièces servant à l'instruction de ce procez. M. Pascal s'éloigne de la ville. M. de Roberval soutient seul la cause de M. de Fermat avec un zèle qui convient peu à la dignité et au nom des parties.

Chapitre 10 M. de Fermat cherche à faire la paix avec M. Descartes dont il demande l'amitié. M. Descartes la luy accorde avec joye, et à M. Pascal. Il l'offre même à M. de Roberval. Il s'excuse sur quelques termes qui avaient paru aigres à M. de Fermat, rend raison de sa conduite, porte son jugement sur la règle de M. de Fermat : et ils s'écrivent pour s'assurer mutuellement de leur amitié. M. de Fermat ne laisse pas de faire revivre secrètement quelques restes de leur dispute. M. Descartes en témoigne de l'étonnement, et fait un abrégé historique de la question pour justifier sa conduite. M. de Fermat témoigne n'avoir jamais été pleinement satisfait de M. Descartes même après sa mort. Mais M. Rohault et M. Clerselier suppléèrent à ce défaut.

Pascal le jeune. M. Descartes donne l'explication de sa démonstration. Il envoye aussi au Père Mersenne la solution de diverses choses concernant la Roulette que M. de Roberval avoit témoigné ne pas sçavoir.

Chapitre 14 Suite de l'histoire de la Roulette. S'il est vray que M. de Roberval en ait trouvé les tangentes. M. Descartes défend M. de Fermat contre M. de Roberval, qui attaque directement la démonstration de M. Descartes, sans effet. Il veut persuader qu'il a trouvé les tangentes et ce qui en dépendoit sans le secours de M. Descartes et de M. de Fermat. La question de la Roulette se communique aux Italiens sous le nom de Cycloïde par le moyen de M. de Beaugrand, qui envoye à Galilée les copies de ce qui s'en étoit écrit en France. M. Descartes renonce à la part qu'il avoit à cette invention, pour en laisser toute la gloire à M. de Roberval.

Chapitre 15 Continuation de l'histoire de la Roulette depuis que M. Descartes l'eût abandonné, jusqu'à la mort de M. Pascal le jeune. Torricelli s'attribue touchant la Roulette ce qui étoit dû à M. de Roberval. M. Descartes est du nombre de ceux qu'il persuade. Torricelli fait restitution à M. de Roberval avant que de mourir. M. Pascal le jeune pour prévenir favorablement les esprits touchant son ouvrage de la Religion, propose des prix par toute l'Europe à ceux qui trouveroient ce qui restoit à connoître de la Roulette. Personne ne gagne ces prix. Ce qui fait connoître M. Pascal pour le plus grand Mathématicien de son têms. Le sieur Dati défend Torricelli contre luy.

Table des matières

TABLE

DES CHAPITRES

DE LA SECONDE PARTIE.

LIVRE CINQUIÈME.

Contenant ce qui s'est passé au sujet de M. Descartes, depuis le têms de la connoissance qu'il fit avec les Professeurs d'Utrecht, jusqu'à la publication de ses Méditations Méthaphysiques.

21

circulation du fang. Ingratitude & malhonnêteté de Plempius a l'égard de M. Defcartes, qui la fonffre plus patiem^ ment que Régius. Il tâche de fe retrancher touchant le commerce des lettres ^ pour fe procurer plus de retraite & de repos j mais ce fut en vain. Le P. Merfenne lui envoyé le traité des Coniques de M. Pafcal le jeune. Jugement qu'il en ^t.

CHAP.. Traité de M. des Argues touchant les SeÛlons Coniques, Avis que luy donne M. Defcartes touchant fon deffein. Différence de la manière d^ écrire pour les Curieux dtavec celle d^ écrire pour les Sçavans^ eu pour les gens de la Profeffion. Ouvrage de Ai. Mydorgè fur les Serions Coniques. Continuation de cet ouvrage. Obfervations de M. de Be aune fur les lignes courbes, & autres que fiions qu il propofe a M, Defcartes. Infiances qu'il luy fait, mais en vain, pour publier fon Monde. Mauvaife fanté de M. de Beaune. Il travaille aux lunettes fur les inftru^ions de M. Defcartes, qui ejpére plus de luy que de M. du Maurier.

CHAP.. M. Defcartes fe rapproche de fes amis d'Vtrecht, & vient demeurer prés de cette ville ^ puis a Leyde. Eflime quon faifoit de luy dans l'ZJniverfté de Leyde. Son amitié avec Heydanus & Rivet. Eloge du premier qui prêche a. la Carte fienne. CaraSlére de rejprit du fetond. Impreffion d'un livre anonyme contre M. Defcartes faite fans fuc~ ces. Accidens arrivez, en Hollande au commencement de l'année KJ40. Hifioire dt une famé ife gageure de Mathématique entre Stampieen & Waeffenaer, ou M. Defcartes fe trouve mêlé. CaraSlére de l'efprit de Stampire î qui perd la gageure. Deffein d'un voyage de M. Defcartes en France différé, puis rtmpu.

CHAP.. L'efprit de Voetius s'aigrît contre M. Defcartes & M. Régius y au fujet des théfes de ce dernier touchant le mouvement du caur & la circulation du fang. M. Defcartes corrige ces théfes, & veut bien y affifter, pourvu que ce foit dans l'Écoute de Mademoifelle de Schurmans. Eloge de cette Demoifelle, dont le coeur eft gâté par Labadie, & l'esprit par Voetius : par le prémier, fous prétexte d'une plus grande réformation ; par le fécond, fom prétexte de s'enfoncer dans les controverfes de la Théologie. Primer o/e & S ilvins réfutent les ihéfes de Aï. Récius, aui fe défend. Ordonnance des Curateurs de VUniverfité d^Utrecht^ à laquelle M. Defcartes fait une explication en forme de Répenfe.

CHAP.. M. Defcartes déclare fon fentiment touchant le fiège de l'Âme dans le cerveau. Ufage de la petite Glande appellée Conarium. Réflexion de M. de Sorbière peu obligeante pour M. Defcartes. Sentiment de M. Defcartes touchant la mémoire, qu'il divife en trois efpéces, corporelle, locale, & intellectuelle. Projet de faire pajfer Ai. Def. cartes &Aï.Afydorge en Angleterre, pour s'jf établir fout laproteBion & par les bien- fait s du Roy de la Grand' Bretagne. Il efl fans effet. Eloge de M' Cavendish ou Candifch ami de AI. Defcartes & de

22

AI. Aiydorge, Deux ejpéces de Sénateurs de la Philosophie de M. Defcartes. Amitié de Ad. de Saumaife avec AI. Defcartes. Mauvaife humeur de M. de Sau^ maife envers fes meilleurs amis. M. Defcartes nen cfl pas exempt.

CHAP.. M. Defcartes fe brouille avec les Je fuit es contre fon attente. Eftime & déférence quil avait pour leur Compagnie en général, & pour fes membres particuliers. Il efl attaqué par le P. Bourdin dans des théfes de Mathématique, & par un Ecrit particulier. M. Defcartes écrit AU P Re fleur du Collège de C lermont, pour faire changer cette manière de réfuter fes écrits, pour ff avoir les fentimens de la Société, & pourfo préparer a fontenir le choc des Jéfuites, au cas qu'ils luy refufaffent leun bienveillance & la charité quil efpéreit d'eux. Il informe fes a ?ms de ce fui fe pajfe y & il répond d'abord à P Ecrit du P. Bourdin.

CHAP.. Le Père Bourdin écrit k AI. Defcartes, & il en refait une répenfe que nous avons perdue. Peu de jours après il reçoit la réfutation de fa yélitation. Conditions que M. Defcartes demande ah Père Bourdin pour agir de bonne foy dans leur différent. Le Père ReUtur reçoit tnfln la lettre de M. Defcartes, & au Heu d^ accepter fes propofitïons, /'/ or^ donne au P. Bourdin de luy rendre raifon de fon procédé ^ & de ne faire^ ifn'une caufe perfonnelle de fa querelle avec AI. Defcartes. Le P. Bourdin fe brouille avec le P. Aitrfenne au fujet d'un écrit français en former de lettre, qu'il luy avoït confié, & que celuy-cy avait envoyé à Ai. Defcartes fans fa participation. Ad Defcartes répond a cet Ecrit. AI. des Argues prend fa défenfe contre le P . Bourdin. AI. Defcartes fe prépare a. la guerre contre les Jéfuites y O" a^la réfutation de la Philofophie Schala flique. Jugement qu'il fait des Conimbres, du Feuillant, & de Raconis. Il travaille a un cours méthodique de fa Philofophie.

CHAP.. Mort de Francine Defcartes, avec un abrégé de fa vie. Doutes fur le mariage fécret de fon père. Reproches de fes envieux fur c#fomt. Il remédit prornptcmim au déréglemtnt de fon célibat. Il retourne d'Amersfort à Leyde. Foetius fo /licite les Proteftans & les Catholiques^ contre lui. Il s'addreffe au P. Aderfenne pour le porter a écrire contre M. Defcartes., & lui promet des rnatiéri. s pou- cet effet. Conduite plaif^nte de ce Miniftre pour gagner ce Religieux. Mort du père de M. Defcartes. Il rompt le voyage qu'il méditoit de faire en France. Il charge l'Abbé Picot du foin de fes affaires domeftiques. Mort de M. Dounot Mathématicien du tiombre de fes amis. Mort de M., de Beaugrand, avec le caractère de fon efprit. Faux bruit de la mort de M. de Beaune. Mort du Feüillant. Le Roy rappelle Ai. Defcartes pour V honorer d'une charge & d'une penfîon dans fon Royaume. Il s'en excufe, & demeure dans fa retraite.

Page:Baillet - La Vie de monsieur Des-Cartes, seconde partie.djvu/10

La vie est un present de la nature assez considerable pour ne pas negliger de sçavoir à qui l'on en est redevable : et j'ay lieu d'esperer que ceux à qui celle de M Descartes ne sera point entierement indifferente, me sçauront gré de leur avoir fait connoître les personnes dont la providence a voulu employer le ministere pour la production de ce philosophe.

Je sçai qu'il en est presque des philosophes comme des saints de l'eglise de Dieu : et que les uns non plus que les autres n'ont souvent rien à emprunter de leur famille. On peut dire même que les personnes du siecle qui reçoivent quelque lustre de leur naissance, n'ont qu'un merite assez mediocre, lorsqu'elles sont obligées de recourir à celuy de leurs parens et de leurs ancêtres, pour en tirer quelque avantage.

J'avouë que ce n'est pas traiter M Descartes en philosophe que de parler de la noblesse de son sang, et de l'antiquité de sa race : et que ceux qui font profession de mépriser ces considerations trouveront peut-être que sa naissance pour être un peu trop illustre l'a éloigné de la philosophie d'un degré plus qu'elle n'auroit fait, si elle avoit eu la mediocrité de celle de M Gassendi, ou les défauts de celle du celebre Galilée.

Ce n'est donc pas pour rien ajoûter au merite, où à la reputation de M Descartes que je veux parler de son extraction, puisqu'à toute rigueur il n'en a point reçu plus que M Gassendi, ou Galilée en auroient pû recevoir de la leur. Mais c'est pour faire voir que la gloire que ses ancêtres ont pû meriter dans les armées, et dans les cours souveraines n'empêche pas qu'ils n'en aient reçu une toute nouvelle de nôtre philosophe par un effet du retour que la retroaction est capable de produire.

La vie est un present de la nature assez considerable pour ne pas negliger de sçavoir à qui l'on en est redevable : et j'ay lieu d'esperer que ceux à qui celle de M Descartes ne sera point entierement indifferente, me sçauront gré de leur avoir fait connoître les personnes dont la providence a voulu employer le ministere pour la production de ce philosophe.

Je sçai qu'il en est presque des philosophes comme des saints de l'eglise de Dieu : et que les uns non plus que les autres n'ont souvent rien à emprunter de leur famille. On peut dire même que les personnes du siecle qui reçoivent quelque lustre de leur naissance, n'ont qu'un merite assez mediocre, lorsqu'elles sont obligées de recourir à celuy de leurs parens et de leurs ancêtres, pour en tirer quelque avantage.

J'avoüe que ce n'est pas traiter M Descartes en philosophe que de parler de la noblesse de son sang, et de l'antiquité de sa race : et que ceux qui font profession de mépriser ces considerations trouveront peut-être que sa naissance pour être un peu trop illustre l'a éloigné de la philosophie d'un degré plus qu'elle n'auroit fait, si elle avoit eu la mediocrité de celle de M Gassendi, ou les défauts de celle du celebre Galilée.

Ce n'est donc pas pour rien ajoûter au merite, ou à la reputation de M Descartes que je veux parler de son extraction, puisqu'à toute rigueur il n'en a point reçu plus que M Gassendi, ou Galilée en auroient pû recevoir de la leur. Mais c'est pour faire voir que la gloire que ses ancêtres ont pû meriter dans les armées, et dans les cours souveraines n'empêche pas qu'ils n'en aient reçu une toute nouvelle de nôtre philosophe par un effet du retour que la retroaction est capable de produire.

Monsieur Descartes étoit sorti d'une maison qui avoit été considerée jusqu'alors comme l'une des plus nobles, des plus anciennes et des mieux appuyées de la Touraine. Elle s'étoit même beaucoup étendüe dans la province de Poictou, et elle avoit poussé ses branches jusqu'en Berry, en Anjou et en Bretagne par le moien des belles alliances qu'elle y avoit contractées.

Il étoit fils de Messire Joachim Descartes qui eut pour pere Pierre Descartes, et pour mere Claude Ferrand sœur d'Antoine Ferrand premier lieutenant particulier au Châtelet de Paris, et de Michel Ferrand qui fut pere de Monsieur Ferrand doyen du parlement de Paris. Pierre Descartes n'eut point d'autre enfant que Joachim. C'étoit un gentilhomme aisé qui s'étoit retiré de bonne heure du service et des emplois pour goûter plus long-temps les fruits du repos qu'il i 3 s'étoit procuré. Mais il n'hesita jamais de l'interrompre, lors qu'il fut question de servir son prince et sa patrie. Il se signala même depuis en diverses occasions ; et s'étant jetté dans la ville de Poictiers l'an 1569 avec le

Comte Du Lude pour en soûtenir le siége contre les huguenots, il contribua beaucoup à affermir le parti du roy, à faire lever le siege, et à maintenir le peuple, et les troupes dans l'obeïssance du prince legitime.

Ce Pierre étoit fils de Jean Descartes, et de Jeanne Du Puy qui étoit fille et heritiere d'un cadet de la maison De Vatan en Berry. Cette bisayeule de nôtre philosophe mourut assez jeune : et son mary passa à de secondes nopces sans avoir pû neanmoins augmenter sa famille par ce nouveau mariage.

Jean avoit eu pour pere Gilles ou Gillet Descartes, et pour mere Marie Magdelaine Desmons qui étoit d'une famille tres-noble, et des plus anciennes du haut Poictou.

Gilles étoit fils d'un autre Pierre Descartes, et de Madelaine Taveau de la maison De Mortemer. Il avoit eu un frere nommé à l'archevêché de Tours. Ce prelat portoit le nom de Pierre comme son pere. Si le Sieur Robert et Messieurs De Sainte-Marthe n'en ont point fait mention dans leur liste des archevêques de Tours, on peut attribuer cette omission au peu de durée qu'eût ce pontificat, et à la mort precipitée du nouvel archevêque. On a lieu même de douter qu'il eût eu le loisir de se faire sacrer, et de prendre possession de son siege dans toutes les formes.

Pierre Descartes pere de Gilles, et de l'archevêque Pierre étoit fils d'un autre Gilles et de Marthe Gillier qui étoit de la maison De Puy-Garreau. Ce Gilles n'étoit que le puîné de la maison : mais il en devint en suite le chef, parce que son aîné Pierre Descartes Seigneur De Mauny en Touraine prés de Ligueil n'eut qu'une fille qui porta son bien hors de la famille, et qui par son mariage passa dans la maison De Lillette en Touraine, laquelle s'est trouvée depuis fonduë dans celle De Maillé.

Ceux qui voudront recourir aux titres de la maison de Descartes qui se gardent chez M De Kerleau, et M De Chavagnes qui sont maintenant les premiers de cette maison en Bretagne, et neveux de nôtre philosophe, pourront encore faire remonter sa genéalogie plus haut. Mais quelque avantage qu'on en voulût tirer pour la reputation de la famille, on peut dire que si ce n'étoit le merite des vivans qui la soûtiennent avec honneur, il n'y auroit plus gueres aujourd'huy que la consideration de nôtre philosophe qui fût en état de faire revivre ces anciens dans la posterité, et de rendre leur nom immortel. Il suffit de dire pour en faire remarquer la noblesse, que l'on n'y a jamais apperçu de mes-alliance ; et pour en faire sentir l'antiquité, que l'on ne l'a point encore pû fixer par aucune datte d'annoblissement qui en ait montré la source.

Il y avoit encore en Touraine une autre branche de l'ancienne maison de Descartes ou Des Quartes, qui se trouva transformée par les alliances dans des familles étrangeres du temps de Henry Second. Cette branche s'étoit divisée sous le regne de Charles Vii en aînez qui sçurent se maintenir noblement jusqu'à la fin, *hantant les ban et arriere-ban sans avoir jamais derogé à leur état* ; et en puisnez qui tomberent dans la pauvreté, et qui furent obligez d'entrer dans le negoce pour subsister. De ces derniers étoit venu un medecin de Châtelleraut en Poictou nommé Pierre Descartes, qui du tems de François I soûtint un procez à la cour des aydes de Paris contre les elûs de cette ville, qui prétendoient le mettre à la taille. Il fut rétabli par la cour dans tous les droits de sa noblesse, aprés avoir fidellement representé sa genéalogie par generations non interrompuës jusqu'au roy Charles Cinquiéme. Mais la branche des uns et des autres s'étant separée de celle de M Descartes le philosophe dés le tems de Philippes De Valois, je les ay jugez trop éloignez de luy, et trop indifferens à nôtre sujet, pour en rapporter icy les noms et les qualitez.

Voions maintenant l'état où étoit la famille de M Descartes au temps de sa naissance. Son pere Joachim fils unique de Pierre se trouvant au bout de ses études, n'avoit point témoigné vouloir se déterminer à la profession des armes, soit qu'on luy eût fait sentir que la noblesse françoise étoit fatiguée, épuisée, et à demi ruinée par les guerres civiles et étrangeres, soit que l'exemple de son pere luy fit connoître que la tranquillité de la vie étoit le moyen le plus seur pour conserver son bien. Mais l'aversion qu'il avoit pour l'oisiveté jointe à l'obligation de se determiner à un ge nre de vie qui fut honorable le fit songer à prendre parti dans la robe. Il tourna ses vûës vers le parlement de Bretagne, et il se fit pourvoir d'une charge de conseiller en cette cour, le Xiv jour de fevrier de l'an 1586 par la resignation d'Emery Regnault. Comme les offices de ce parlement ne sont que semestres pour le service et la residence, il ne se soucia point d'établir sa demeure ordinaire à Rennes, mais il se contenta d'y aller passer son semestre. Peu de temps aprés par contract du Xv de janvier de l'an 1589 il épousa Jeanne Brochard fille du lieutenant general de Poictiers, et de Jeanne Sain ou Seign, qui lui donna trois enfans durant le peu d'années qu'elle eut à vivre avec lui.

L'aîné appellé Pierre Descartes Seigneur De La Bretailliere De Kerleau, De Tremondée, De Kerbourdin etc. Est mort conseiller au parlement de Bretagne où il avoit esté reçeu le X D'Avril 1618 par les soins de son pere, qui étoit venu enfin s'établir dans la province. M De La Bretailliere s'étoit allié dans la noblesse de Bretagne, et il avoit épousé par contract du Xvii de septembre en 1624 Dame Marguerite Chohan De Cockander, dont il avoit eu deux fils et quatre filles. L'un des garçons étoit Pierre Descartes Seigneur De Montdidier qui avoit été marié à une veuve de qualité et fort riche dans la province, et qui mourut sans enfans et sans emploi. L'autre est Messire Joachim Descartes Seigneur De Kerleau etc. Qui est aujourd'hui regardé comme le chef du nom et des armes de toute la maison, dont il soûtient le rang, et la dignité avec beaucoup d'honneur et de reputation. Il fut reçeu conseiller au parlement de Bretagne le Xxx jour de may de l'an 1648 et par contract signé le premier jour de l'année 1656 il épousa Dame Marie Porrée Du Parcq fille de Messire Nicolas Porrée Du Parcq conseiller au même parlement, et de Dame Julienne Du Guesclin, de la famille du fameux Bertrand connétable de France.

De ce mariage sont venus deux garçons et trois filles.

L'aîné qui a beaucoup de merite se nomme François Joachin ; il vient d'être pourvû d'une charge de conseiller au parlement, où il doit répondre avantageusement à ce qu'on attend de lui. Le second se nomme René comme son grand-oncle, et il est entré depuis un an au noviciat des jesuites à Paris. Ses superieurs en ont tres-bonne opinion, et ils font esperer qu'il ne se rendra pas indigne de porter le nom du grand philosophe. L'aînée des filles de M Descartes De Kerleau appellée Marie, avoit épousé Messire Charles Bidé De La Grand-Ville conseiller au parlement fils d'un president au mortier, et petit-fils d'un maître des requêtes : mais elle perdit son mary en 1689 et elle est demeurée avec quatre petits enfans.

Les deux autres filles ne sont pas encore pourvuës. Des quatre filles de M De La Bretailliere frere aîné de nôtre philosophe, les deux aînées embrasserent la profession religieuse, la premiere nommée Anne Descartes aux carmelites de Vannes, la seconde nommée Françoise aux ursulines de Ploermel dans le diocése de S Malo : toutes deux filles de beaucoup d'esprit, et de grande pieté. La troisiéme appellée Marie Madelaine Descartes a épousé Messire François Du Pereno Seigneur De Penvern, et De Persequen gentilhomme tres-qualifié dans la province. Ils ont eu plusieurs enfans dont les filles sont ou religieuses, ou encore sans établissement. Des garçons, l'aîné appellé Joachim est capitaine dans le regiment de Jarzé, le second est au college. La quatriéme est Mademoiselle Catherine

Descartes qui n'a point jugé à propos de s'engager dans les liens du mariage : et s'il est vrai d'un côté qu'elle soûtient dignement la memoire de son oncle par son esprit et son sçavoir, on peut dire de l'autre qu'elle sert de modele aux personnes de son sexe par sa vertu. C'est à sa gloire que quelques-uns ont publié que *l'esprit du grand René étoit tombé en quenouille* .

Le second des enfans de Joachim Descartes pere de nôtre philosophe, fut une fille nommée Jeanne, qui fut mariée à Messire Pierre Rogier, chevalier seigneur Du Crevis, et qui mourut fort peu de temps aprés son pere. Leur mariage fut suivi de la naissance de deux enfans, d'un fils et d'une fille. Le fils appellé Messire François Rogier, est mort conseiller au parlement de la province, et a laissé un fils de son nom, qui est Monsieur Le Comte De Villeneuve. La fille nommée Susanne a épousé un gentilhomme de Bretagne qui est M De Lambely Baron De Kergeois.

Le troisiéme des enfans de Joachim, et le dernier de ceux que luy donna Jeanne Brochard sa premiere femme, fut René Descartes nôtre philosophe, qui s'est vû obligé de porter la qualité de Seigneur Du Perron malgré la fermeté avec laquelle il a toûjours refusé toutes sortes de titres. C'est sur l'exactitude de ce détail que l'on pourra redresser l'opinion de ceux qui en ont écrit autrement, et qui ont publié qu'il étoit l'unique enfant du second lit.

Si l'on avoit differé plus long-temps à recueillir exactement les circonstances de la vie de M Descartes, il en seroit infailliblement arrivé de luy au sujet du lieu de sa naissance ce que l'on a publié à l'égard d'Homere, dont la naissance a été reclamée par sept villes differentes, sur une incertitude causée par la negligence qu'on avoit apportée à écrire sa vie. On auroit vû dans la suite des temps diverses villes de la Touraine, du Poitou, et de la Bretagne s'attribuer la gloire d'avoir vû naître nôtre philosophe dans leur enceinte. Déja le Sieur Borel avoit écrit qu'il étoit né dans la ville de Châtelleraut en Poitou. Le Sieur Crasso avoit déja avancé que c'étoit dans le château Du Perron, qu'il appelle Perri, et qu'il place mal à propos sur les limites de la Bretagne et du Poitou : et plusieurs suivant une opinion assez communement répanduë dans le monde, le croyent natif de Rennes en Bretagne.

Mais il est constant que M Descartes n'a point eu d'autre patrie que La Haye en Touraine. C'est une petite ville située entre la Touraine et le Poitou sur la riviere de Creuse, dans une distance presque égale d'environ dix lieuës entre la ville de Tours et celle de Poitiers, au midy de celle-là, et à l'orient d'été ou nord-est de celle-cy. Il n'y a point de contrée en France que l'on puisse preferer à cette partie meridionale de la Touraine soit pour la temperature de l'air et la douceur du climat, soit pour la bonté du terrain et des eaux, et pour les agrémens qu'y produit le mélange des commoditez de la vie. Cependant on aura lieu de douter si ces avantages ont pû se faire remarquer si sensiblement dans la personne de M Descartes tant pour le corps que pour l'esprit. Ils n'ont certainement pas contribué beaucoup à sa santé qui n'a jamais été bien affermie que quand il quitta le pays pour porter les armes et pour voyager : et si l'on s'en rapporte à son sentiment, on ne leur attribuera point ce qu'il peut avoir reçeu de vivacité et de gentillesse d'esprit du côté de la nature. Quoi qu'il ait fait valoir en quelques rencontres les charmes de son païs natal, en l'appellant *les jardins de la Touraine* par opposition aux païs du nord, il a fait assez connoître qu'il ne croyoit pas les hommes en ce point semblables aux arbres. Il seroit bon pour les consequences qu'on voudroit tirer du climat où l'on reçoit l'être, que le lieu de la conçeption fut le même que celuy de la naissance. C'est ce qui ne s'est pas rencontré au sujet de M Descartes qui avoit été conçu en Bretagne durant le semestre de son pere au parlement.

Il vint au monde le dernier jour de mars l'an 1596.

C'est une circonstance que nous n'aurions peut-être jamais sçuë, s'il avoit été suivi dans la delicatesse où il a toûjours été pour ce point. Il n'a pas tenu à lui que l'on n'ait laissé enseveli dans l'oubli cet endroit des registres baptisteres de sa paroisse, et des archives genealogiques de sa maison. Au moins a-t'il fait paroître cette disposition d'esprit à l'occasion d'un portrait que l'un de ses amis avoit fait graver en Hollande, où cet ami avoit fait marquer le jour et l'année de sa naissance. Nous avons encore la lettre qu'il en écrivit à cet homme pour le prier de ne point laisser paroître ce portrait ; ou s'il ne pouvoit obtenir de lui cette faveur, d'en faire ôter au moins ces mots, *natus die ultimo martii 1596 parce, dit-il, qu'il avoit aversion pour les faiseurs d'horoscope, à l'erreur desquels on semble contribuer quand on publie le jour de la naissance de quelqu'un* . C'est moins une raison, qu'un pretexte qu'il alleguoit pour tacher d'éviter la confusion ou la gloire de se voir produit au public, même en peinture.

Il nous seroit assez peu utile de sçavoir le temps de la naissance de M Descartes, si nous ne sçavions en même temps à quoi en étoit le genre humain, et ce qu'on faisoit dans le monde lorsqu'il y vint.

C'étoit la sétiéme année du regne de Henry Iv qui ne devoit finir que le second jour d'août. Ce bon prince qui venoit d'être réconcilié solennellement avec l'eglise romaine, par l'absolution que le pape luy avoit donnée le dimanche 17 de septembre de l'année précedente, pouvoit conter celle de la naissance de Descartes au nombre de ses plus heureuses, independemment de ce que pourroit être un jour ce sujet nouveau né. Ce fut en 1596 qu'il reçut les soûmissions des Ducs De Mayenne, De Nemours, et De Joyeuse ; qu'il recouvra la ville de Marseille sur les espagnols par le moyen du Duc De Guise ; qu'il reprit la ville de La Fere en Picardie ; et qu'il reçut le legat qui étoit le Cardinal De Medicis, envoyé par le pape pour faire valoir plusque jamais l'ancienne union du s. Siege avec la France, et pour porter le roy à faire avec l'Espagne la paix qui fut concluë à Vervins deux ans aprés.

Le Pape Clement Viii commençoit la cinquiéme année de son pontificat. L'Empereur Rodolphe Ii achevoit la vingtiéme de son empire : et Philippes Ii roy d'Espagne contoit la quarante-uniéme de son regne depuis la demission de l'empereur son pere. Il n'y avoit qu'un an que Mahomet Iii étoit monté sur le trône des othomans, et il portoit actuellement ses armes en Hongrie, dont le succez fut suivi de la prise d'Agria sur les allemans.

La Pologne et la Suede étoient alors sous l'obéïssance de Sigismond Iii. Il y avoit dix ans qu'il étoit parvenu à la prémiere couronne par la voye de l'élection, et il n'y en avoit guéres plus de trois qu'il avoit recueilli la seconde par son droit hereditaire. Le Danemarc contoit en paix la neuviéme année du regne de Christiern Iv quoiqu'on eût attendu à le couronner jusqu'en cette même année à cause de son bas âge.

Ce fut aussi en cette année que les Pays-Bas catholiques reçurent leur nouveau gouverneur l'Archiduc et Cardinal Albert qui en devint le maître et le proprietaire par le moyen de l'Infante Isabelle-Claire Eugénie, qu'il épousa deux ans aprés.

Enfin ce fut cette année que la Hollande et l'Angleterre renouvellerent par un nouveau traité leur alliance avec la France pour se fortifier contre leurs ennemis ; et que l'Angleterre perdit son Amiral Drack au milieu des prospéritez dont elle joüissoit sous la Reine Elisabeth qui étoit à la trente-neuviéme année de son regne.

L'etat de la république des lettres n'étoit ni trop florissant, ni trop déchu au temps de la naissance de M Descartes.

la grammaire, et les humanitez étoient encore traitées avec beaucoup d'honneur par Sanctius en Espagne, par Sylburge en Allemagne, qui mourut cette année, et par Passerat en France. On peut y ajoûter Scioppius, qui tout jeune qu'il étoit, brilloit déja parmi les grammairiens et les humanistes du prémier ordre.

La *poësie* avoit reçu un grand échec à la mort du Tasse, qui étoit arrivée l'année précédente, et ne se soûtenant plus qu'assez foiblement en Italie dans la personne du Guarini, et de quelques jeunes poëtes, elle se polissoit peu à peu en France par les soins de Malherbe.

la critique, et la philologie étoient dignement exercées par Lipse, par Jos Scaliger, par Casaubon, par Nic Le Fevre, et par le Pere Sirmond, qui commençoit déja à se distinguer.

Pour ce qui regarde *l'eloquence* , on peut dire qu'elle avoit eu beaucoup de peine à revivre aprés la mort de Perpignan, de Muret, et de Benci, qui n'étoit mort que depuis deux ans. On n'en voyoit plus que l'ombre dans le barreau, la chaire et l'ecole : mais l'avocat general Marion, et Du Vair le garde des sceaux la maintenoient en France avec autant de force et de majesté que leur siecle en pouvoit souffrir.

La *philosophie* ancienne, et particulierement celle d'Aristote se trouvoit alors rudement attaquée par François

Patricius qui ne survêquit que d'un an à la naissance de M Descartes : et le chancelier Bacon jettoit déja les fondemens de la nouvelle philosophie.

Les *mathematiques* se trouvoient en assez bon état entre les mains de ceux qui travailloient alors à les perfectionner. La *geométrie* étoit assez heureusement cultivée par Clavius à Rome, mais mieux encore par Monsieur Viéte en France. *l'astronomie* par Tycho-Brahé et son disciple Kepler, par le landgrave de Hesse Guillaume, et ceux qui travailloient sous luy, et par Galilée qui commençoit à paroître. La *chronologie* par Scaliger.

La *geographie* par Ortelius, et Merula aprés Mercator qui n'étoit mort que depuis deux ans : et la *mechanique* avec ses especes par Stevin. Mais nous n'en pouvons pas dire autant de *l'optique, et de la musique,* dont il semble que l'heure ne fût pas encore venuë.

Les progrez de la veritable *médecine* n'étoient pas si considérables à la naissance de M Descartes que ceux des mathématiques. Ceux qui la professoient, ou qui en écrivoient alors, n'avoient pas encore les lumieres que l'on a reçuës depuis pour pouvoir avancer dans la connoissance d'une science si necessaire.

La *jurisprudence* avoit été florissante pendant l'espace presque entier de ce siecle, et particuliérement en France : mais elle paroissoit un peu déchuë depuis la mort de Cujas, et de Hotman. Elle se soûtenoit encore neanmoins sur la capacité des deux Pithou, dont l'aîné mourut cette même année, sur celle de Du Faur De Saint Jory, de Barclay le pere, et des principaux magistrats du parlement de Paris, qui pour lors étoient gens de lettres pour la plûpart.

Enfin la *theologie* regnoit alors parmi les autres sciences, par le ministere d'un Bellarmin, d'un Estius, d'un Du Perron, et par celuy des facultez de Paris et de Louvain. Elle étoit encore sous la vexation de Béze et de Hunnius parmi les protestans de l'une et l'autre secte.

Voilà quel étoit à peu prés l'état des lettres au temps de la naissance de M Descartes. Mais on peut dire qu'elles souffrirent une grande diminution par la mort qui arriva cette même année à diverses personnes de marque qui en faisoient profession. Le nombre de ceux que Dieu fit naître en même temps pour remplir ce vuide, auroit été trop petit pour réparer la perte de tant d'excellens hommes, si M Descartes n'eût suffi seul pour plusieurs.

Mr Descartes reçeut le batême le 3 jour d'avril, qui étoit le quatriéme de sa vie, et il fut tenu sur les fonds par son oncle maternel René Brochard Sieur Des Fontaines juge-magistrat à Poitiers, conjointement avec Michel Ferrand lieutenant general à Châtelleraut. Mais il n'eut qu'une marraine qui étoit Madame Sain, parente de sa maison, dont le nom étoit Jeanne Proust, et qui étoit femme du controlleur des tailles, pour le roy, à Châtelleraut.

Il considéra toujours la grace de cette régénération avec un respect inviolable ; et aprés sa mort on lui trouva son extrait batistaire qu'il avoit religieusement conservé, et porté avec lui jusqu'en Suede, comme un certificat de son christianisme. L'on a sçeu par cet extrait que la cérémonie de son batême s'étoit faite dans l'eglise paroissiale de Saint George De La Haye, par le ministére du curé du lieu nommé Grisont.

Il fut nommé René par son prémier parrain, et il fut arrêté dans la famille qu'il porteroit le surnom Du Perron, qui étoit une petite seigneurie appartenante à ses parens, et située dans le Poitou. Ce ne fut pas un titre vain pour lui. La terre Du Perron lui fut donnée dans la suitte des temps pour son partage, lorsqu'il fut en état de la posséder. Il en retint le nom jusqu'à la fin de ses jours, nonobstant la vente qu'il fit de cette terre, peu d'années aprés l'avoir reçeuë en propre.

Mais il paroît que ce surnom n'a été d'usage que pour les personnes de sa famille où il étoit question de le distinguer de son aîné. Il n'a presque jamais servi à le faire connoître hors de sa parenté et hors du collége. Il reprit le surnom de

Descartes lors qu'il quitta la maison de son pére : et les etrangers parmi lesquels il se trouva engagé d'habitudes, ne tardérent pas à le tourner en Cartesius. Cette maniere de changer les noms en latin, tant par le retranchement de l'article des langues vulgaires, que par la terminaison éloignée des manieres de les prononcer, étoit assez ordinaire parmi les gens de lettres pour empêcher que personne en fut surpris. Il fut peut-être le seul qui voulut y trouver à redire, jugeant qu'il étoit du devoir d'un enfant de famille de ne pas laisser altérer ou corrompre un nom qui lui auroit été scrupuleusement conservé par ses ancêtres.

Cartesius, selon lui, étoit un nom feint, plus propre à le faire méconnoître des personnes de sa connoissance et à le faire désavouër de ses parens, qu'à le faire connoître à la postérité. L'événement fit voir qu'il avoit encore autre chose à craindre de cette licence de latinizer son nom, puisque quelques-uns de ses ennemis cherchant à lui dire des injures, s'avisérent de l'appeller Cartaceus Philosophus. Mais il falut céder à l'impétuosité de l'usage qui l'emporta sur ses raisonnemens : et il a reconnu lui même dans la suite du temps, que Cartésius a quelque chose de plus doux que Descartes, dans les ecrits latins. Ce qui se trouve aujourd'hui confirmé par ses sectateurs, qui s'appellent même en notre langue *cartesiens* plus volontiers que *descartistes* , malgré l'épreuve que M Rohaut et M Clerselier avoient faite de ce dernier nom. Au reste la raison que M Descartes avoit de rejetter le nom latin de Cartesius paroîtra encore plus évidente et plus solide lors qu'on sçaura que l'ancienne orthographe du nom de la famille étoit Des Quartes ; et dans les titres latins du quatorziéme siecle, De Quartis.

Les couches de Madame Descartes qui avoient été assez heureuses pour l'enfant, furent suivies d'une maladie qui l'empêcha de relever. Elle avoit été travaillée dés le temps de sa grossesse d'un mal de poûmon qui lui avoit été causé par quelques déplaisirs qu'on ne nous a point expliquez. Son fils qui nous apprend cette particularité, s'est contenté de nous dire qu'elle mourut peu de jours aprés sa naissance.

Les soins du pére purent bien garantir l'enfant des inconveniens que l'on devoit craindre de la privation des secours de la mére : mais ils ne purent le sauver des infirmitez qui accompagnérent la mauvaise s anté qu'il avoit apportée en venant au monde. Il avoit hérité de sa mére une toux séche, et une couleur pâle qu'il a gardée jusqu'à l' âge de plus de vingt ans, et tous les médecins qui le voioient avant ce temps là, le condamnoient à mourir jeune. Mais parmi ces prémiéres disgraces il reçeut un avantage dont il s'est souvenu toute sa vie : c'est celui d'avoir été confié à une nourrisse qui n'oublia rien de ce que ses devoirs pouvoient exiger d'elle. Il en eut toute la reconnoissance imaginable : et jamais nourrisson ne fut plus généreux que lui, puis qu'il pourvut à sa subsistance par une pension viagére qu'il lui créa sur son bien, et qu'il lui fit payer exactement jusqu'à la mort.

Son pére avoit ménagé jusqu'alors les stations diverses de sa demeure de telle sorte, que les six mois de l'année qui lui restoient libre de l'éxercice de sa charge, étoient destinez pour la ville de Poitiers où il se retiroit volontiers auprés de son beau-pere, sur tout dans les prémieres années de son mariage.

Neanmoins il ne s'étoit pas tellement assujetti à cette coûtume, qu'il ne se donnât la liberté d'aller jouir des plaisirs de la campagne, tantôt à sa terre Du Perron, tantôt à La Haye en Touraine, dont la seigneurie étoit alors partagée entre la maison de Sainte Maure et celle de Descartes. Mais la mort de sa femme contribua beaucoup à le détacher des habitudes qu'il avoit en Poitou, et des inclinations qu'il sentoit pour la Touraine. Elle le fit songer à de nouveaux établissemens qu'il se procura quelque temps aprés dans la Bretagne, où il fixa le reste de sa vie par un nouveau mariage qu'il y contracta.

La femme qu'il épousa en secondes nopces étoit fille du prémier président de la chambre des comptes de la province, et elle s'appelloit Anne Morin. Il en eut encore deux enfans, un garçon et une fille qui sont parvenus à une maturité d' âge, et qui ont contribué à la multiplication de la famille. Le garçon qui étoit l'aîné, portoit le nom du pére. Il fut Seigneur De Chavagnes paroisse de Sucé au diocése de Nantes, et conseiller au parlement de Brétagne, de même que l'aîné du premier lit. Il eut plusieurs enfans de Marguerite Du Pont fille de M Du Pont president de la chambre des comptes de Bretagne. L'aîné de ces enfans qui est Messire Joachim Descartes De Chavagnes encore vivant a épousé Mademoiselle Sanguin, nommée Prudence, fille de

M Sanguin trésorier des etats de Bretagne. De ce mariage sont venuës trois filles, Prudence, Céleste, et Susanne, qu'il a mariées avantageusement dans les meilleures maisons de Bretagne ; Prudence et Susanne dans celle de Rosnévinen, et Céleste dans celle de La Moussaye.

M De Chavagnes ayant perdu sa femme en 1677 et voyant sa famille aussi heureusement établie qu'il pouvoit le souhaiter, ne trouva plus d'obstacle au desir qu'il avoit d'embrasser l'etat ecclésiastique. Il y est entré par tous les degrez de l'ordination jusqu'à la prêtrise, et il éxerce aujourd'huy sa charge de conseiller clerc au parlement avec beaucoup de dignité et d'approbation.

Il a plusieurs fréres, entre autres Messire François Descartes qui a épousé Dame N De Laleu, dont il a eu un garçon et une fille : et le R Pere Philippes Descartes jesuite qui fit profession au mois de septembre l'an 1656. Ce pere qui s'est retiré à Rennes est regardé dans la compagnie comme une personne qui s'est fait un grand mérite de son esprit et de sa pieté. Il a enseigné les mathematiques avec beaucoup d'approbation, et il a été jugé capable des plus grands emplois de sa compagnie. Mais il s'en est toûjours excusé, et l'on n'a pû refuser à la foiblesse de sa santé ce que l'on n'auroit pas voulu accorder d'ailleurs à sa modestie.

La fille que le pére de nôtre philosophe eut de son second lit, s'appelloit Anne comme sa mére. Elle fut mariée à Messire Loüis D'Avaugour Chevalier, seigneur Du Bois De Cargrois, ou Kergrais qui est une terre de la paroisse de

Quarquefou au diocése de Nantes. Il étoit frere de M D'Avaugour qui fut long-tems employé dans les ambassades et autres négociations pour le roy en Suéde, en Pologne, en Allemagne, et qui mourut à Lubeck le Vi jour de septembre l'an 1657.

Joachim Descartes n'étoit pas tellement occupé des fonctions de sa charge, et des établissemens de sa nouvelle famille en Bretagne, qu'il ne se donnât aussi le loisir de songer à son fils, qu'il avoit coûtume d'appeller *son philosophe*, à cause de la curiosité insatiable avec laquelle il luy demandoit les causes et les effets de tout ce qui luy passoit par les sens.

La foiblesse de sa complexion, et l'inconstance de sa santé l'obligérent de le laisser long-temps sous la conduite des femmes. Mais dans le temps qu'on ne travailloit qu'à luy former le corps, et à luy acquerir de l'embon-point, l'enfant donnoit des marques presque continuelles de la beauté de son génie. Il fit paroître au milieu de ses infirmitez des dispositions si heureuses pour l'étude, que son pére pour commencer à cultiver ce fonds d'esprit, ne pût s'empêcher de luy procurer les éxercices convenables à ce dessein, malgré la résolution qu'il avoit prise de s'assurer de la santé corporelle de son fils, avant que de rien entreprendre sur son esprit.

On s'y conduisit avec tant de précaution, qu'on ne gâta rien. Aussi pouvoit-on dire que ces prémieres études n'étoient que des essais légers, et des ébauches assez superficielles de celles qu'on avoit intention de luy faire faire dans un âge plus avancé.

Le pére voyant son fils sur la fin de la huitiéme année de son âge, songeoit sérieusement aux moyens qui pourroient être les plus avantageux pour former son esprit et son cœur par une excellente éducation, lorsqu'il entendit parler de l'établissement d'un nouveau collége qui se préparoit à La Fléche en faveur des jésuites.

Le roy Henry Iv ayant rétabli la compagnie de ces péres en France par un edit vérifié au parlement le 2 jour de janvier 1604 ne termina point ses bontez pour eux à la simple restitution de ce qu'ils avoient perdu par leur retraitte. Leur présence fit réveiller en lui le dessein qu'il avoit conçeu depuis sa conversion, de fonder un collége dans lequel la noblesse françoise pût être élevée dans les bonnes lettres et dans les maximes de la véritable religion. Ce prince jetta les yeux sur eux pour l'accomplissement de ce grand dessein, et ils furent servis tres-efficacement dans une conjoncture si favorable par le Sieur De La Varenne, qui étoit le plus zélé de leurs amis, et l'un des plus avancez à la cour dans la faveur du roy. Cét homme, qui s'étoit élevé par divers degrez jusques à la charge de controlleur général des postes, s'étoit piqué dés auparavant de rendre riche et célébre la petite ville de La Fléche en Anjou, parce que c'étoit le lieu de sa naissance, et que le roy lui en avoit donné le gouvernement. Il venoit d'y faire établir un présidial, une election, et un grenier à sel, le tout de nouvelle création, lorsqu'on lui présenta cette occasion de faire réussir les desirs qu'il avoit témoignez d'y voir un collége de jésuites. La chose ne fut pas plûtôt proposée au roy qu'elle fut accordée. Ce bon prince ayant choisi ce lieu, qui étoit celui de sa conception, et l'héritage de ses ancêtres, pour être le glorieux monument de la tendresse qu'il avoit pour ces péres, leur donna son palais pour en faire un collége, avec de grandes sommes d'argent pour y rendre les bâtimens commodes et magnifiques. Il le dota trés richement par un revenu assuré de onze mille écus d'or, avec assignation de gages pour un médecin, un apoticaire, et un chirurgien, qui devoient servir le collége gratuitement. Afin que les ecoliers ne fussent pas obligez d'aller étudier ailleurs les sciences qui ne s'enseignent pas ordinairement chez les jésuites, il y établit encore quatre professeurs publics de jurisprudence, quatre de médecine, et deux d'anatomie ou de chirurgie, avec de gros apointemens dans la dépendance des péres du collége. Il laissa aussi des fonds pour entretenir de toutes choses vingt-quatre pauvres etudians ; et pour marier tous les ans douze pauvres filles qu'on devoit élevér dans la piété. Enfin il avoit resolu d'y fonder l'entretien de cent gentilshommes pour les dresser dans tous les éxercices convenables à la noblesse. Mais n'aiant pas assez vécu pour l'éxécution de ce dessein, cette belle maison est demeurée sur le pied des colléges ordinaires, dont on peut dire qu'elle a possédé long-temps le prémier rang en France, pour l'affluence des ecoliers de qualité : et qu'elle le posséde encore aujourd'hui pour la magnificence des bâtimens.

Les jésuites furent installez dans cette maison royale dés le mois de janvier de l'an mil six cent quatre et M Desc ne differa d'y envoyer son fils, que pour le garantir des rigueurs de la saison, ausquelles il craignoit de l'exposer dans un âge si tendre, et dans un lieu si éloigné des douceurs de la maison paternelle. L'hyver et le caréme écoulez, il l'envoia pour commencer le semestre de pâques, et le recommanda particuliérement aux soins du Pére Charlet qui étoit parent de la maison. Ce pére, qui fut long-tems recteur de la maison de La Fléche avant que de passer aux autres emplois de la compagnie conçeut une affection si tendre pour le jeune Descartes, qu'il voulut se charger de tous les soins qui regardoient le corps aussi bien que l'esprit, et il luy tint lieu de pére et de gouverneur pendant huit ans et plus, qu'il demeura dans le collége. Le jeune ecolier ne fut point insensible à tant de bontez, et il en eut toute sa vie une reconnoissance dont il a laissé des marques publiques dans ses lettres. Le Pére Charlet, de son côté ne tarda point de joindre l'estime à l'affection : et aprés avoir été son directeur pour ses études et la conduite de ses mœurs, il s'en fit un ami qu'il conserva jusqu'à la mort, et qu'il entretint par un commerce mutuel de lettres et de recommandations.

Le jeune Descartes avoit apporté en venant au collége une passion plus qu'ordinaire pour apprendre les sciences, et cette passion se trouvant appuiée d'un esprit solide, mais vif et déja tout ouvert, il répondit toujours avantageusement aux intentions de son pere et aux soins de ses maîtres. Dans tout le cours de ses humanitez qui fut de cinq ans et demi, on n'apperçut en lui aucune affectation de singularité, sinon celle que pouvoit produire l'émulation avec laquelle il se picquoit de laisser derriére lui ceux de ses camarades qui passoient les autres. Aiant un bon naturel et une humeur facile et accommodante, il ne fut jamais gêné dans la soumission parfaite qu'il avoit pour la volonté de ses régens et de ses préfets : et l'assiduité scrupuleuse qu'il apportoit à ses devoirs de classe et de chambre ne luy coûtoit rien.

Avec ces heureuses dispositions, il fit de grands progrez dans la connoissance des deux langues : et il a témoigné en avoir compris de bonne heure l'importance et la nécessité pour l'intelligence des livres anciens.

Il aimoit les vers beaucoup plus que ne pourroient se l'imaginer ceux qui ne le considérent que comme un philosophe qui auroit renoncé à la bagatelle. Il avoit même du talent pour la poësie, aux douceurs de laquelle il a déclaré qu'il n'étoit pas insensible, et dont il a fait voir qu'il n'ignoroit pas les délicatesses. Il n'y renonça pas même au sortir du collége, et l'on sera surpris d'apprendre qu'il finit les compositions de sa vie par des vers françois qu'il fit à la cour de Suéde, peu de tems avant sa mort.

Il avoit trouvé aussi beaucoup de plaisir à la connoissance des fables de l'antiquité, non pas tant à cause des mystéres de physique ou de morale qu'elles peuvent renfermer, que parce qu'elles contribuoient à luy réveiller l'esprit par leur gentillesse.

Il n'avoit pas moins d'estime pour l'eloquence, que d'amour pour la poësie : mais nous ne voyons pas qu'il ait donné aux éxercices de la rhétorique d'autre tems que celuy de la classe. Il s'étoit mis en téte dés lors, que l'eloquence comme la poësie étoit un don de l'esprit plutôt que le fruit de l'étude. Ceux, dit-il, qui ont le raisonnement le plus fort, et qui digérent le mieux leurs pensées afin de les rendre claires et intelligibles, peuvent toûjours le mieux persuader ce qu'ils proposent, encore qu'ils ne parlassent que bas-breton, et qu'ils n'eussent jamais appris de rhétorique. Et ceux qui ont les inventions les plus agréables, et qui les sçavent exprimer avec le plus d'ornement et de douceur, ne laisseroient pas d'être les meilleurs poëtes, encore que l'art poëtique leur fût inconnu.

Il avoit pour l'histoire toute l'inclination que peut donner la curiosité naturelle que l'on a de connoître l'état de ses semblables. Il sentoit dés ce bas-âge que les faits remarquables, et principalement les événemens extraordinaires des histoires relévent l'esprit : et qu'elles aident à former le jugement, lorsqu'elles sont luës avec discretion.

Pour récompense de la fidélité et de l'éxactitude avec laquelle il s'acquittoit de ses devoirs, il obtint de ses maîtres la liberté de ne s'en pas tenir aux lectures, et aux compositions qui luy étoient communes avec les autres. Il voulut employer cette liberté à satisfaire la passion qu'il sentoit croître en luy avec son âge et le progrez de ses études, pour acquerir la connoissance claire et assurée de tout ce qui est utile à la vie, qu'on luy avoit fait espérer par le moyen des belles lettres. C'est sur sa parole qu'il faut croire que non content de ce qui s'enseignoit dans le collége, il avoit parcouru tous les livres qui traitent des sciences qu'on estime les plus curieuses, et les plus rares. Ce qui ne doit s'entendre que de ce qui put alors luy tomber entre les mains. J'ajoûteray, pour desabuser ceux qui l'ont soupçonné dans la suite de sa vie, d'avoir peu d'inclination ou d'estime pour les livres, que nous trouvons peu de sentimens plus avantageux que ceux qu'il en avoit dés ce tems-là. Il s'étoit persuadé que la lecture de tous les bons livres est comme une conversation avec les plus honnêtes gens des siécles passez qui en ont été les auteurs, mais une conversation étudiée, en laquelle ils ne nous découvrent que les meilleures de leurs pensées.

On met parmi les avantages du séjour des colléges, les occasions qui s'y présentent de se lier les uns aux autres par des connoissances et des habitudes que l'on contracte avec ceux qui sont en societé de vie et d'études dans un même lieu. C'est dans les colléges que l'on jette les semences des amitiez les plus fortes et les plus durables. Souvent même les animositez, les jalousies, et les inimitiez des enfans se tournent en bien-veillance et en amitié, lorsque la raison et la longueur des années ont corrigé ce qu'il y auroit eu de défectueux dans le souvenir d'avoir vécu ensemble.

Le nombre des amis que M Descartes avoit faits à La Fléche peut avoir été fort grand ; mais il n'en est resté que deux ou trois, dont la connoissance soit venuë jusqu'à nous. Le prémier étoit un nommé M Chauveau, dont il paroît avoir ignoré luy-même les avantures. J'ay connu autrefois, dit-il, dans une lettre écrite en 1641 un M Chauveau à La Fléche qui étoit de Melun. Je serois bien-aise de sçavoir si ce ne seroit point celuy-là qui enseigne les mathématiques à Paris. Mais je croy qu'il alla se rendre jésuite, et nous étions luy et moy fort grands amis. Quoy qu'il en soit du Pere Chauveau jésuite dont nous n'avons point de connoissance, on peut remarquer que M Descartes a été lié d'amitié avec M Chauveau le mathématicien depuis l'édition de ses prémiers ouvrages jusqu'à sa mort ; et il en parloit encore en 1649 comme d'un homme qu'il avoit entretenu étant à Paris sur diverses choses qu'il n'approuvoit pas dans M De Roberval.

L'autre ami de collége étoit le fameux Pére Marin Mersenne minime, que le Pére Rapin n'a point fait difficulté d'appeller *le résident de M Descartes à Paris*. Mersenne étoit de sept ans et demi plus âgé que luy, étant né le huitiéme jour de septembre de l'an 1588 dans la petite bourgade d'Oysé au Maine.

Il avoit beaucoup avancé le cours de ses humanitez dans le collége de la ville du Mans, lorsque la nouvelle de l'établissement du collége de La Fléche le fit rappeller par ses parens qui n'en étoient qu'à trois lieuës. Il y vint étudier presqu'en même tems que M Descartes, et y apprit la rhétorique, la philosophie, et les mathématiques. La différence de l' âge et des éxercices ne leur permit pas sans doute de faire d'étroites habitudes ensemble dans ce collége : et il est probable que Mersenne ayant quitté ce lieu pour venir en Sorbonne, ils furent assez long-tems sans entendre parler l'un de l'autre. Mais l'amitié qu'ils ont entretenuë depuis dans une correspondance qui n'a reçu d'interruption que par la mort de l'un des deux, avoit ses fondemens dans leur ancienne connoissance du collége.

On pourroit mettre aussi parmi les personnes que M Descartes avoit connuës à La Fléche, René Le Clerc qui fut depuis evêque de Glandéves, et qui avoit été comme luy des prémiers ecoliers du nouveau collége. Mais il y étoit venu déja fort avancé aussi-bien que le P Mersenne, et nous ne voyons pas que dans la suite des tems M Descartes ait eu des habitudes particuliéres avec ce prélat.

M Descartes étoit dans la prémiére année de son cours de philosophie, lorsque la nouvelle de la mort du roy fit cesser les éxercices du collége. Ce bon prince en donnant sa maison de La Fléche aux jesuites, avoit souhaité que son cœur, celuy de la reine, et de tous ses successeurs y fussent portez aprés leur mort, et conservez dans leur eglise. De sorte que le tems qui s'écoula depuis cette funeste nouvelle jusqu'au transport du cœur du roy, et qui fut d'environ quinze jours, fut employé à des priéres publiques, à des compositions funébres de vers et de prose, et aux préparatifs de la réception de ce précieux dépôt.

Le samedy Xv jour de may qui étoit le lendemain de la mort du roy, le Sieur De La Varenne fit avertir le Pere Coton de venir au Louvre où l'on embaumoit le corps, afin de prendre le cœur, que le Pere Jaquinot supérieur de la maison de S Loüis reçut des mains du Prince De Conty. Le cœur demeura dans la chapelle domestique des jésuites de Paris les trois jours suivans : et le lendemain qui étoit la veille de l'ascension, il fut exposé à la vûë du peuple dans leur eglise où on le laissa jusqu'au lundy lendemain de la pentecôte. Ce jour qui étoit le dernier de may, le Pére Armand Provincial, accompagné de vingt jésuites et de plusieurs seigneurs de la cour, transporta le cœur à La Fléche, où il s'étoit fait un grand concours de toutes sortes de personnes des pays d'alentour pour sa réception. Selon les mesures qui avoient été prises dans le collége pour le cérémonial de la pompe funébre, le prevôt avec ses archers sortit le prémier pour aller au devant du cœur. On fit marcher ensuite douze cens ecoliers du collége, puis les péres récollets, et 19 paroisses venuës de dehors, et suivies de celle de la ville. Les jésuites du collége royal revêtus de surplis chacun le cierge à la main paroissoient ensuite. Puis le Sieur De La Varenne avec le Baron De Sainte Susanne son fils, et vingt-quatre gentilhommes pensionnaires étudians au collége, du nombre desquels étoit M Descartes. Aprés on voyoit les officiers de la justice, et les bourgeois portant tous des torches blanches allumées. Toute cette procession marcha hors de la ville, et alla recevoir le cœur dans un grand pré. Les jésuites de Paris se joignirent à ceux de La Fléche, et le P Armand prit dans ses mains le cœur qui avoit été posé jusqu'alors sur un carreau. Il étoit précédé d'un héraut d'armes, accompagné de deux exempts, et escorté de douze archers des gardes tenant le pistolet à la main, outre deux hommes qui soûtenoient les bras du P Armand, lequel étoit suivi de tous les séculiers. Lors qu'on fut arrivé dans l'eglise de Saint Thomas, on fit le service, et le Pere Coton prononça l'oraison funébre. Aprés quoy le Duc De Montbazon prit le cœur de la main du Pére Armand, le porta jusqu'au collége des jésuites, où l'on avoit dressé au milieu de la grande cour un arc de 27 pieds de haut et de 26 de large. L'ouverture étoit large de dix pieds, et haute de dix-huit. On y passoit pour aller à la grande sale tenduë de velours, qui a servi de chapelle depuis ce tems-là. Le collége étoit tout revêtu de deüil comme la porte de la ville et l'eglise de Saint Thomas. Mais ce qu'il y avoit de particulier, outre les litres, les écussons, les têtes de morts, les larmes, et les fleurs de lys d'argent, étoient les emblêmes, les devises, et les épigrammes, à la composition desquelles on ne pourra pas croire que M Descartes n'a point eu de part, lorsqu'on songera au talent et à l'inclination qu'il avoit pour les vers.

Aux deux coins de l'autel étoient deux colonnes couvertes d'or bruni, et un arc qui montoit de leurs chapiteaux jusqu'au lambris de la sale, et qui étoit traversé d'une corniche, du milieu de laquelle sortoit un fleuron doré avec ses branches, pour supporter le cœur du roy. Le héraut monté sur l'échaffaut le reçut des mains du Duc De Montbazon, l'éleva pour le faire voir à toute l'assemblée, et aprés le cry répété par trois fois, il le posa sur le fleuron pour y demeurer, jusqu'à ce qu'on eût achevé l'urne dans laquelle i l devoit être mis devant le maître autel de l'eglise.

Cette cérémonie se fit le 4 de juin, et il fut arrêté dans l'hôtel de ville de La Fléche, qu'à pareil jour il se feroit tous les ans une procession solennelle depuis l'eglise de S Thomas jusqu'aux jésuites ; qu'au retour l'on feroit un service aussi solennel pour l'ame du roy ; et que ce jour seroit chaumé d'oresnavant comme les fêtes, en fermant les audiences de la plaidoirie, les classes du collége, et les boutiques de la ville.

Le lundi suivant qui étoit le 7 de juin, on ouvrit les classes pour reprendre les éxercices ordinaires du collége : et m Descartes continua l'étude de la philosophie morale, que son professeur avoit commençé de dicter vers le mois d'avril. La logique, qu'il avoit étudiée pendant tout l'hiver précédent, étoit de toutes les parties de la philosophie celle à laquelle il a témoigné depuis avoir donné le plus d'application dans le collége. Il faut avoir acquis autant d'autorité qu'il en a maintenant dans le monde, pour avoir pû rendre probable le récit qu'il a fait de ses progrez en logique. Il n'avoit pas encore quatorze ans achevez, qu'il rapportoit déja tout ce qu'il étudioit à la fin qu'il s'étoit proposée, de connoître tout ce qui pouvoit être utile à la vie. Dés ce tems là il s'apperçut que les syllogismes et la plûpart des autres instructions de la logique de l'ecole servent moins à apprendre les choses que l'on veut sçavoir, qu'à expliquer aux autres celles que l'on sçait, ou même, à parler sans jugement de celles qu'on ignore, qui est l'effet que l'on attribuë à l'art de Raimond Lulle.

Il reconnoissoit pourtant dans la logique, beaucoup de préceptes qui sont tres-vrais et tres-bons ; mais il les trouvoit mêlez parmi beaucoup d'autres qu'il jugeoit nuisibles ou superflus, et il avoit autant de peine à les séparer, qu'un statuaire en peut avoir à tirer une Diane ou une Minerve d'un bloc de marbre qui n'est point encore ébauché. De tout ce grand nombre de préceptes qu'il a reçeus de ses maîtres dans la logique, il n'a retenu dans la suite que les quatre régles qui ont servi de fondement à sa nouvelle philosophie. La prémiére de ne rien recevoir pour vrai qu'il ne connût être tel évidemment. La seconde, de diviser les choses le plus qu'il seroit possible pour les mieux résoudre. La troisiéme, de conduire ses pensées par ordre, en commençant par les objets les plus simples et les plus aisez à connoître, pour monter par dégrez jusqu'à la connoissance des plus composez. La quatriéme, de ne rien omettre dans le dénombrement des choses dont il devoit éxaminer les parties.

La morale qu'il étudia dans le collége ne lui fut pas entiérement inutile dans la suite de sa vie. C'est peut-être aux effets de cette étude qu'on pourroit rapporter les desirs qu'il a eus dans le têms de ses irrésolutions, de consacrer toute sa vie à la science de bien vivre avec Dieu et avec son prochain, en renoncant à toute autre connoissance. Au moins avoit-il appris dans cette morale à considérer les ecrits des anciens payens comme des palais superbes et magnifiques qui ne sont bâtis que sur du sable et sur de la boüe. Il remarqua dés-lors que ces anciens dans leur morale élévent fort haut les vertus, et les font paroître estimables au dessus de tout ce qu'il y a dans le monde : mais qu'ils n'enseignent pas assez à les connoître ; et que ce qu'ils appellent d'un si beau nom n'est souvent qu'une insensibilité, un orgueil, un desespoir, un parricide. Mais nous ne sçavons pas si c'est à la morale scholastique de ses maîtres qu'il étoit redevable des quatre maximes dans laquelle il a fait consister toute la sienne. La prémiére de ces maximes étoit d'obéir aux loix et aux coutûmes de son pays, retenant constamment la religion dans laquelle Dieu l'avoit fait naître. La seconde, d'être ferme et résolu dans ses actions, et de suivre aussi constamment les opinions les plus douteuses lors qu'il s'y seroit une fois déterminé, que si elles étoient tres-assurées. La troisiéme, de travailler à se vaincre soi-même plûtôt que la fortune, à changer ses désirs plûtôt que l'ordre du monde, et à se persuader que rien n'est entiérement en nôtre pouvoir que nos pensées. La quatriéme, de faire choix, s'il le pouvoit, de la meilleure des occupations qui font agir les hommes en cette vie : et de se déterminer sans blâmer les autres, à celle de cultiver sa raison, et d'avancer dans la connoissance de la vérité autant qu'il lui seroit possible.

CHAPITRE VI.

De quelle maniere il achève ſon cours de Philoſophie. Il apprend les Mathématiques. Ses progrez dans ces ſciences. Son application particuliere à l'Analyſe des Anciens, ⅋ à l'Algébre des Modernes. Il n'a point lû Viéte tant qu'il a été en France.

1611.

1612.

M R Deſcartes fut encore moins ſatisfait de la Phyſique, & de la Métaphiſique qu'on luy enseigna l'année ſuivante, qu'il ne l'avoit été de la Logique & de la Morale. Il étoit fort éloigné d'en accuſer ſes Maîtres, luy qui ſe vantoit d'être alors dans *l'une des plus célèbres Écoles de l'Europe, où il ſe devoit trouver de ſçavans hommes, s'il y en avoit en aucun endroit de la terre* : & où les Jéſuites avoient probablement ramaſſé ce qu'ils avoient de meilleur dans leur Compagnie, pour mettre le nouveau Collége dans la réputation où il eſt parvenu. Il ne pouvoit auſſi s'en prendre à luy-même, n'ayant rien à deſirer de plus que ce qu'il apportoit à cette étude, ſoit pour l'application, ſoit pour l'ouverture d'eſprit, ſoit enfin pour l'inclination.

Pag. 6. de la Méth.

Stud. bon. mentis MS. Car il aimoit la Philoſophie avec encore plus de paſſion qu'il n'avoit fait les Humanitez, & il eſtimoit tous les éxercices qui s'en faiſoient en particulier & en public dans le Collége, quoyqu'il ſe trouvât dés-lors embaraſſé de doutes & Pag. 7. 10. d'erreurs qui l'environnoient, au lieu de cette connoiſſance claire & aſſurée de tout ce qui eſt utile à la vie, qu'on luy avoit fait eſpérer de ſes études.

Plus il avançoit, plus il découvroit ſon ignorance. Il voyoit par la lecture de ſes livres, & par les leçons de ſes Maîtres, que la Philoſophie avoit toujours été cultivée par les plus excellens Eſprits qui euſſent paru dans le monde : & que cependant il ne s'y trouvoit encore aucune choſe dont on ne diſputât, & qui par conſéquent ne fût douteuſe. L'eſtime qu'il avoit pour ſes Maîtres, ne luy donnoit point la préſomption d'eſpérer qu'il pût rencontrer mieux que les Pag. 6. 10. de la Méth. autres. Conſidérant la diverſité des opinions ſoûtenuës par des Perſonnes doctes touchant une même matiére, ſans qu'il y en puiſſe avoir jamais plus d'une qui ſoit vraye, il 1611. 1612.

_____s'accoûtumoit déjà à réputer preſque pour faux tout ce qui n'étoit que vray-ſemblable. S'il n'avoit eu qu'un ſeul Maître, ou s'il n'avoit point ſçu ces différentes opinions qui ſont parmi les Philoſophes, il proteſte qu'il ne luy ſeroit jamais arrivé de ſe retirer du nombre de ceux, qui doivent ſe contenter de ſuivre les opinions Pag. 17. 18. ibid des autres, plutôt que d'en chercher eux-mêmes de meilleures. Il auroit eu plus de docilité pour ſe ranger parmi ceux, à qui la raiſon ou la modeſtie fait juger qu'ils ſont moins capables de diſtinguer le vray d'avec le faux, que leurs Maîtres, ou d'autres Perſonnes dont ils peuvent être inſtruits. Mais ayant appris dés le Collége (ce ſont ſes termes) qu'on ne ſçauroit rien imaginer de ſi étrange, & de ſi peu croyable, qu'il n'ait été avancé par quelqu'un des Philoſophes ; il n'a pû choiſir un Guide, dont les opinions luy paruſſent préférables à celles des autres. C'eſt ce qui l'a obligé dans la ſuite des têms de ſe frayer un chemin nouveau, & d'entreprendre de ſe conduire luy-même.

Malgré les obſtacles qui arrêtoient ſon eſprit pendant tout le cours de ſa Philoſophie, il fallut finir cette carriére en même têms que le reſte de ſes compagnons qui n'avoient trouvé ni doutes à former, ni difficultez à lever dans les cahiers du Maître. On le fit paſſer enſuite à l'étude des Mathématiques, auſquelles il donna la derniére année de ſon ſéjour à La Fléche : & il ſemble que cette étude devoit être pour luy la récompenſe de celles qu'il avoit faites juſqu'alors. Le plaiſir qu'il y prit le paya avec uſure des peines que la Philoſophie ſcholaſtique luy avoit données ; & les progrez qu'il y fit ont été ſi extraordinaires, que le Collége de la Fléche s'eſt acquis par ſon moyen la gloire d'avoir produit le plus grand Mathématicien que Dieu eût encore mis au jour. Ce qui le charmoit particulierement dans les Mathématiques, & ſur tout dans l'Arithmétique & la Géométrie, étoit la certitude & l'évidence de leurs raiſons. Mais il n'en comprenoit pas encore le vray uſage : & dans la penſée qu'elles ne ſervoient qu'aux arts Méchaniques, il s'étonnoit de ce que leurs fondemens étant ſi fermes & ſi ſolides, on n'avoit rien bâti deſſus de plus relevé. Entre les parties des Mathématiques, il choiſit l'*Analyse* des Géométres, & l'*Algébre* pour en faire le ſujet de ſon application

Pag. 9. diſc. de la méth.

Pag. 18. ibid.

1612.

particuliére : & la diſpenſe qu'il avoit obtenuë du Pére Principal du Collége pour n'être pas obligé à toutes les pratiques de la diſcipline ſcholaſtique, luy fournit les moyens néceſſaires pour s'enfoncer dans cette étude auſſi profondement qu'il pouvoit le ſouhaiter. Le Pere Charlet Recteur de la Maiſon qui étoit ſon Directeur perpetuel, luy avoit pratiqué entre autres

Lipſtorp. de Reg. mot. pag. 75. init.

priviléges celuy de demeurer long-têms au lit les matins, tant à cauſe de ſa ſanté infirme, que parce qu'il remarquoit en luy un eſprit porté naturellement à la méditation. Deſcartes qui à ſon réveil trouvoit toutes les forces de ſon eſprit recueïllies, & tous ſes ſens raſſis par le repos de la nuit, profitoit de ces favorables conjonctures pour méditer. Cette pratique luy tourna tellement en habitude, qu'il s'en fit une maniére d'étudier pour toute ſa vie : & l'on peut dire que c'eſt aux matinées de ſon lit, que nous ſommes redevables de ce que ſon eſprit a produit de plus important dans la Philoſophie, & dans les Mathématiques. Il s'appliqua dés le Collége à purifier & à perfectionner l'Analyse des Anciens, & l'Algébre des Modernes. Jufqu'alors ces deux connoiffances ne s'étoient étendües qu'à des matiéres extrémement abftraites, & qui ne paroiffent être d'aucun ufage. La prémiére avoit toûjours été tellement aftreinte à la confidération des figures, qu'elle ne pouvoit éxercer l'entendement, fans fatiguer beaucoup l'imagination. L'on s'étoit tellement affujetti dans la derniére à de certaines régles, & à de certains chiffres, qu'on en avoit fait un art confus & obfcur, capable feulement d'embaraffer l'Efprit, au lieu d'une fcience propre à le cultiver. Il commença dés-lors à découvrir en quoy ces deux fciences étoient utiles, en quoy elles étoient défectueufes. Son deffein n'étoit pas d'apprendre toutes les fciences

Pag. 21. & 22. Difc. de la Méthode.

particuliéres qui portent le nom commun de Mathématiques : mais d'éxaminer en général les divers rapports ou proportions qui fe trouvent dans leurs objets, fans les fuppofer que dans les fujets qui pourroient fervir à luy en rendre la connoiffance plus aifée. Il remarqua que pour les connoître, il auroit befoin, tantôt de les confidérer chacune en particulier ; & tantôt de les retenir feulement, ou de les comprendre plufieurs enfemble. Pour les mieux confidérer en particulier, il crut qu'il devoit les fuppofer dans des ,

1612.

_____lignes, parce qu'il ne trouvoit rien de plus fimple, ni de plus propre à être diftinctement repréfenté à fon imagination & à fes fens : c'eft en quoy confiftoit tout l'ufage qu'il prétendoit faire de l'Analyfe Géométrique.

Pour les retenir, ou les comprendre plusieurs ensemble, il jugea qu'il falloit les expliquer par des chiffres les plus courts & les plus clairs qu'il seroit possible : qui est le secours qu'il pouvoit attendre de l'Algébre. Par ce moyen il se promettoit de prendre tout ce qu'il y a de meilleur dans l'Analyse & dans l'Algébre, & de corriger tous les défauts de l'une par l'autre. Son travail luy a si heureusement réüssi, qu'il a trouvé dans la suite le moyen d'employer l'Analyse par un usage continuel non seulement dans la Géométrie, mais dans les matiéres même les plus communes, où l'on apperçoit par tout cette maniére de raisonner avec la justesse d'esprit que cette méthode luy avoit acquise ; & qu'il a sçu faire de l'Algébre la clef de sa Géométrie, qu'il n'a point voulu laisser à la portée des esprits vulgaires. Il semble que ce soit là ce qui auroit porté quelques personnes à croire que la Géométrie dont M. Descartes s'est servi depuis pour résoudre une infinité de questions, ne seroit autre chose que l'*analyse* des Anciens. Mais ces personnes mêmes reconnoissant qu'il ne restoit plus dans le monde aucune trace de cette Analyse depuis les Anciens, semblent donner à M. Descartes la gloire de l'invention dans cette sorte de science, pour avoir déterré une méthode qui étoit demeurée ensevelie & presque inconnuë aux Géométres depuis tant de têms. Ce n'est pas au moins ce qu'il y a employé d'Algébre qui a dû luy faire perdre la grace de la nouveauté : autrement les inventions les plus nouvelles & les plus inoüies n'auront plus rien de nouveau ni rien d'inoüi, dés

Poiss. Rem. sur la Méth. p. 38. & 208.

qu'on fe fervira des lettres de l'Alphabet pour les exprimer, & les faire entendre aux autres.

Ceux qui font M. Defcartes Auteur de cette efpéce d'Algébre, qu'ils appellent la clef de tous les Arts liberaux & de toutes les fciences, & qu'ils eftiment être la meilleure méthode qui ait jamais paru pour difcerner le vray d'avec le faux, luy en attribuent l'invention dés le Collége, dans le têms que fon Maître expliquoit en claffe l'Analyse vulgaire, qui, felon toutes les apparences, n'étoit autre chofe que

1612. _____l'Algébre. Le Sieur Lipftorpius prétend qu'il laiffa tous fes compagnons fort loin de luy dans ce genre d'étude, & qu'il alla infiniment au delà de ce que fon

Speci. Phil. Cartef. p. 75. maître en pouvoit attendre. Mais il ajoûte à ce fujet une hiftoire dont la vérité femble dépendre d'une circonftance qui eft abfolument fauffe. Il dit que fon Maître ne pouvant plus luy propofer de queftions aufquelles il ne donnât des folutions fur le champ, & fe trouvant embaraffé luy-même à résoudre celles qu'il perméttoit à fon Ecolier de luy faire, il luy avoüa néttement qu'il luy étoit inutile dorénavant, & qu'il n'étoit plus en état de luy rien apprendre de l'Algébre qui luy fût inconnu. Un jour qu'il luy avoit propofé la plus difficile des queftions qu'il eût pû trouver, il parut fi furpris de la nouveauté & de la fubtilité avec laquelle Defcartes en avoit donné la folution par le moyen de fa nouvelle méthode, qu'il ne pût revenir de fon étonnement, qu'en difant qu'il croyoit que Viéte avoit écrit quelque chofe fur ce fujet. Defcartes ravi d'apprendre qu'il fe fût rencontré avec quelqu'un qui l'eût prévenu dans cette invention, pria inſtamment ſon Maître de luy procurer les moyens d'avoir un Viéte. Lipſtorpius ajoûte que Deſcartes ayant trouvé quelque chose d'abſtrus & difficile à déchiffrer dans cet Auteur, preſſa reſpectueuſement ſon Maître de vouloir le ſecourir ; que le Maître s'en excuſa sur la difficulté de l'endroit, diſant qu'il ne connoiſſoit qu'un homme capable de comprendre l'Analyſe de Viéte ; mais qu'aprés toutes les recherches poſſibles, cét homme ſi ſouhaitté ne s'étoit point trouvé ; que ce fut ce qui porta Deſcartes à s'en tenir à ce qu'il avoit inventé luy-même ſur l'Analyse indépendamment de l'invention de Viéte, & à ſe contenter de ſon propre génie dans ce qu'il pourroit inventer ou découvrir dorénavant. Mais il eſt à craindre que tout ce récit n'ait été le fruit de l'imagination de Lipſtorpius, plûtôt que la rélation d'un fait véritable. Pour en faire voir le peu de vray-ſemblance, il suffit de produire le témoignage de M. Deſcartes, qui a marqué dans une lettre écrite de Hollande au Pére Merſenne en 1639, qu'il ne ſe

> Tom. 2. de ſes Lett. p. 454.

ſouvenoit pas même d'avoir jamais vû ſeulement la couverture de Viéte pendant qu'il avoit été en France. C'eſt ce qu'il diſoit pour convaincre de fauſſeté un Géométre qu'il ne pas, mais qui se vantoit d'avoir étudié Viéte avec lui à Paris. Il étoit encore plus éloigné d'avoir vû la personne de Viéte que ses ecrits, puisque ce grand mathématicien, qui etoit natif de Fontenai-Le-Comte en Poitou, et qui poſſédoit une charge de maître des requêtes à Paris, étoit mort dés l'an 1603.

Mr Descartes aiant fini le cours de ses études au mois d'août de l'an 1612, quitta le collége de La Fléche aprés huit ans et demi de séjour, et s'en retourna chez son pére, comblé des bénédictions de ses maîtres. Quelques auteurs ont écrit que dés auparavant il avoit passé de La Fléche à Paris pour achever ses etudes dans le collége de Clermont. C'est ce qu'ils ne pourront persuader qu'à ceux qui ignorent l'état où étoit le collége des jésuites à Paris pendant ces tems-là. Lors qu'il fût question du rétablissement de ces péres en France : le collége de Clermont n'avoit pas été compris parmi ceux qu'il leur étoit permis d'ouvrir. Le P D'Orleans jésuite dit que Henry Iv n'avoit pas voulu qu'on l'ouvrît, pour ne point nuire à celui de La Fléche, qu'il prenoit à tâche de rendre célébre par toutes sortes de moiens. Après la mort de ce prince, les jésuites firent une tentative pour obtenir permission de l'ouvrir : et le roy Louis Xiii leur avoit accordé des lettres patentes, dattées du 20 D'Août 1610 pour pouvoir y enseigner publiquement.

Mais l'opposition de l'université fit un obstacle à l'enregistrement de ces lettres au parlement, qui par un arrêt du 22 Décembre 1611, remit les choses au point où Henry Iv les avoit fixées. De sorte que l'ouverture de ce collége ne se fit qu'en 1618, c'est à dire, six ans aprés que M Descartes avoit quitté le porte-feuille.

Il est donc constant qu'il n'a point fait ses classes ailleurs qu'à La Fléche. Mais l'estime qu'il pouvoit avoir conçuë pour les maniéres d'étudier dans les ecoles publiques, ne s'est point bornée à l'unique collége de cette ville. Il a rendu hautement témoignage à l'éxcellence des éxercices établis dans tous les colléges, et il a reconnu l'utilité de l'émulation que peuvent produire les études faites en commun lors qu'elles sont bien entenduës. Il avoit coûtume d'élever celui de La Fléche au dessus de tous les autres, parce qu'il en avoit acquis une connoissance plus particuliére par sa propre expérience, et parce que nous sommes toujours portez à loüer le lieu de nôtre éducation commeelui de nôtre naissance, et à vanter nos maîtres comme nos parens. Mais il y avoit autant de justice que d'inclination dans les maniéres obligeantes dont il parloit du collége de La Fléche ; et c'est sans aveuglement qu'il en fit les éloges à un de ses amis qui l'avoit consulté sur l'éducation de son fils. Cét ami s'étoit proposé d'envoier son fils faire la philosophie en Hollande, non seulement à cause de l'avantage de pouvoir être auprés de M Descartes qui y demeuroit, mais encore à cause de la réputation que plusieurs sçavans établis à Leyde avoient attirée sur la Hollande pour les lettres.

Voicy les termes ausquels M Descartes détrompe cét ami. Le désir que j'aurois, dit-il, de pouvoir vous rendre quelque service en la personne de m. Vôtre fils, m'empêcheroit de vous dissuader de l'envoier en ces quartiers, si je pensois que le dessein que vous avez touchant ses études s'y pût accomplir. Mais la philosophie ne s'enseigne ici que trés mal. Les professeurs n'y font que discourir une heure le jour, environ la moitié de l'année, sans dicter jamais aucuns écrits, ni achever le cours en aucun têms déterminé. De sorte que ceux qui en veulent tant soit peu sçavoir, sont contraints de se faire instruire en particulier par quelques maîtres, comme on fait en France pour le droit, lors qu'on veut entrer en office. Or encore que mon opinion ne soit pas que toutes ces choses qu'on enseigne en philosophie soient aussi vrayes que l'evangile, toutesfois à cause qu'elle est la clef des autres sçiences, je crois qu'il est tres-utile d'en avoir étudié le cours entier de la maniére qu'on l'enseigne dans les ecoles des jésuites, avant qu'on entreprenne d'élever son esprit au dessus de la pédanterie, pour se faire sçavant de la bonne sorte.

je dois rendre cét honneur à mes maîtres, de dire qu'il n'y a lieu au monde où je juge qu'elle s'enseigne mieux qu'à La Fléche . Outre que c'est ce me semble un grand changement pour la prémiére sortie de la maison paternelle, que de passer tout d'un coup dans un pays différent de langue, de façons de vivre, et de religion : au lieu que l'air de La Fléche est voisin du vôtre. Comme il y va quantité de jeunes gens de tous les quartiers de la France, ils y font un certain mélange d'humeurs par la conversation les uns des autres, qui leur apprend quasi la même chose que s'ils voiageoient. Enfin l'égalité que les jésuites mettent entre-eux, en ne traitant guéres d'autre façon les plus relevez que les moindres, est une invention extrémement bonne, pour leur ôter la tendresse et les autres défauts qu'ils peuvent avoir acquis par la coûtume d'être chéris dans les maisons de leurs parens.

Le cas que M Descartes a toujours fait du collége de La Fléche n'étoit qu'un effet de l'estime qu'il avoit conçûë pour ses maîtres, et qu'il a eu soin d'accompagner d'une reconnoissance perpétuelle pour l'obligation qu'il leur avoit de ses études. Ses lettres sont remplies des marques de son souvenir, et du respect qu'il a toujours conservé pour les jésuites qui lui avoient donné leurs soins en particulier, et généralement pour toute leur compagnie. Il n'a point fait de livres, dont il n'ait eu soin de leur présenter des éxemplaires en grand nombre. Il n'a point fait de voyage en France aprés en avoir quitté le sejour, qu'il ne leur ait rendu ses devoirs par de fréquentes visites, et qu'il ne se soit détourné du grand chemin de Rennes, pour retourner à La Fléche faire honneur à son éducation, et recuëillir ses anciennes connoissances. Enfin, il n'a jamais rougi de se faire passer pour le disciple des jésuites, même dans les derniéres années de sa vie, et de leur offrir de se corriger sur leurs avis avec la même docilité qu'il avoit autrefois euë pour leurs instructions.

Mais s'il étoit satisfait de ses maîtres au sortir du collége, il ne l'étoit nullement de lui même. Il sembloit n'avoir remporté de ses études qu'une connoissance plus grande de son ignorance. Tous les avantages qu'il avoit eus aux yeux de tout le monde, et qu'on publioit comme des prodiges, ne se réduisoient selon lui, qu'à des doutes, à des embarras, et à des peines d'esprit. Les lauriers dont ses maîtres l'avoient couronné pour le distinguer du reste de ses compagnons, ne lui parurent que des épines. Pour ne pas démentir le jugement des connoisseurs de ces têms-là, il faut convenir qu'il avoit mérité, tout jeune qu'il étoit, le rang que tout le monde lui donnoit parmi les habiles gens de son têms. Mais jamais il ne fut plus dangereux de prodiguer la qualité de *sçavant* . Car il ne se contenta pas de rejetter cette qualité qu'on lui avoit donnée : mais voulant juger des autres par lui même, peu s'en fallut qu'il ne prît pour de faux sçavans ceux qui portoient la même qualité, et qu'il ne fit éclater son mépris pour tout ce que les hommes appellent sciences.

Le déplaisir de se voir désabusé par lui-même de l'erreur dans laquelle il s'étoit flaté de pouvoir acquerir par ses études une connoissance claire et assurée de tout ce qui est utile à la vie, pensa le jetter dans le desespoir. Voiant d'ailleurs que son siécle étoit aussi florissant qu'aucun des précédens, et s'imaginant que tous les bons esprits dont ce siécle étoit assez fertile, étoient dans le même cas que lui, sans qu'ils s'en apperçeussent peut-être tous comme lui, il fut tenté de croire qu'il n'y avoit aucune sçience dans le monde qui fût telle qu'on lui avoit fait esperer.

Le résultat de toutes ses fâcheuses délibérations fut, qu'il renonça aux livres dés l'an 1613, et qu'il se défit entiérement de l'étude des lettres. Par cette espéce d'abandon, il sembloit imiter la plûpart des jeunes gens de qualité, qui n'ont pas besoin d'étude pour subsister, ou pour s'avancer dans le monde. Mais il y a cette différence, que ceux-cy en disant adieu aux livres ne songent qu'à secouër un joug que le collége leur avoit rendu insupportable : au lieu que M Descartes n'a congédié les livres pour lesquels il étoit trés-passionné d'ailleurs, que parce qu'il n'y trouvoit pas ce qu'il y cherchoit sur la foy de ceux qui l'avoient engagé à l'étude. Quoi qu'il se sentît trés-obligé aux soins de ses maîtres qui n'avoient rien omis de ce qui dépendoit d'eux pour le satisfaire, il ne se croioit pourtant pas redevable à ses études de ce qu'il a fait dans la suite pour la recherche de la vérité dans les arts et les sçiences. Il ne faisoit pas difficulté d'avouër à ses amis, que quand son pére ne l'auroit pas fait étudier, il n'auroit pas laissé d'écrire en françois les mêmes choses qu'il a écrites en latin. Il témoignoit souvent que s'il avoit été de condition à se faire artisan, et que si on lui eût fait apprendre un mêtier étant jeune, il y auroit parfaitement réüssi, parce qu'il avoit toujours eu une forte inclination pour les arts. De sorte que ne s'étant jamais soucié de retenir ce qu'il avoit appris au collége, c'est merveille qu'il n'ait pas tout oublié, et qu'il se soit souvent trompé lui-même dans ce qu'il croioit avoir oublié.

M. Descartes passa l'hiver de la fin de 1612 et du commencement de 1613 dans la ville de Rennes, à revoir sa famille, à monter à cheval, à faire des armes, et aux autres éxercices convenables à sa condition. On peut juger par son petit traité de *escrime* , s'il y perdit entiérement son têms. Son pére, qui avoit déja fait prendre le parti de la robe à son aîné, sembloit le destiner au service du roy et de l'etat dans les armées. Mais son peu d' âge et la foiblesse de sa complexion ne lui permettoient pas de l'exposer si-tôt aux travaux de la guerre. Il crût qu'il seroit bon de lui faire voir le grand monde auparavant. C'est ce qui le fit résoudre à l'envoier à Paris vers le printems. Mais il fit peut-être une faute de l'abandonner à sa propre conduite, sans lui donner d'autre gouverneur qu'un valet de chambre, ni d'autres inspecteurs que des laquais. Il se reposoit avec trop de sécurité sur la sagesse d'un jeune homme de dix-sept ans, qui n'avoit encore acquis aucune expérience dans le monde ; et qui avoit trop peu de secours, n'aiant que ses propres forces pour résister aux occasions de se perdre.

Il en eut assez pour se garantir des grandes débauches, et pour ne pas tomber dans les désordres de l'intempérance : mais il ne se trouva point à l'épreuve des compagnies qui l'entrainérent aux promenades, au jeu, et aux autres divertissemens qui passent dans le monde pour indifférens, et qui font l'occupation des personnes de qualité et des honnêtes gens du siécle. Ce qui contribua à le rendre plus particuliérement attaché au jeu, fut le succés avec lequel il y réüssissoit, sur tout dans ceux qui dépendoient plûtôt de l'industrie que du hazard.

Mais ce qu'il fit de moins inutile pendant tout ce têms d'oisiveté sur la connoissance qu'il renouvella avec plusieurs personnes qu'il avoit vuës à La Fléche, et l'amitié qu'il contracta avec quelques gens de mérite qui servirent à le faire un peu revenir de ce grand éloignement où il étoit de l'étude et des livres.

Le plus important de ces nouveaux amis, étoit le célébre M Mydorge, qui avoit succédé à M Viéte dans la réputation d'être le prémier mathématicien de France en son têms. Il s'appelloit Claude, et il étoit fils de Jean Mydorge Seigneur De La Maillarde conseiller au parlement, l'un des meilleurs juges de la grand-chambre, et de Madelaine De Lamoignon, sœur de Chrêtien De Lamoignon président au mortier et tante de M De Bullion surintendant des finances. Il étoit plus âgé que M Descartes de prés d'onze ans, étant né l'an 1585. Il se maria dans le têms que M Descartes commençoit à le connoître, et il épousa Mademoiselle De La Haye, fille d'un auditeur des comptes, sœur de M De La Haye ambassadeur à Constantinople, et du Pére De La Haye jésuite. Il fut d'abord conseiller au châtelet : mais au lieu de passer au parlement, ou de se faire maître des requêtes comme les autres, il chercha un état qui pût luy laisser le têms de vacquer à son aise aux mathématiques. Et il se fit trésorier de France en la généralité d'Amiens, seulement pour avoir un titre, ayant du bien d'ailleurs trés-considérablement. M Descartes trouva dans ce nouvel ami je ne sçai quoi, qui luy revenoit extrémement, soit pour l'humeur, soit pour le caractére d'esprit. Ce qui les unit si étroitement ensemble, qu'il n'y eut que la mort de M Mydorge qui pût interrompre le commerce de leur amitié.

Ce fut aussi vers ce même tems qu'il retrouva à Paris Marin Mersenne, mais dans un extérieur fort différent de celuy sous lequel il l'avoit connu à La Fléche.

Mersenne au sortir des écoles de Sorbonne étoit entré chez les minimes, dont il avoit reçu l'habit le dix-septiéme de juillet de l'an 1611 dans le couvent de Nigeon prés de Paris, et avoit fait profession un an aprés dans un couvent de Brie prés de Meaux. De là il étoit venu demeurer à Paris, où il fut ordonné prêtre six mois aprés que M Descartes fût arrivé en cette ville. Le renouvellement de cette connoissance fut d'autant plus agréable au Pére Mersenne, que M Descartes se trouvoit moins éloigné de sa portée, que quand il l'avoit vû petit garçon dans le collége. D'un autre côté la rencontre fut utile et avantageuse à M Descartes, puisqu'elle ne contribua pas peu à le détacher des habitudes qu'il avoit au jeu et aux autres passe-tems inutiles, par les visites mutuelles qu'ils se rendirent.

Ils commençoient à goûter les douceurs de leurs innocentes habitudes, et à s'entre-soulager dans la recherche de la vérité, lorsqu'il vint au P Mersenne vers la toussaints ou la Saint-Martin de l'an 1614 une obédience de la part de son provincial, pour aller demeurer à Nevers. C'étoit pour y enseigner la philosophie aux jeunes religieux de son ordre, et il fallut partir vers l'avent, afin de se trouver en état de commençer les leçons en 1615.

Cette séparation toucha M Descartes assez vivement.

Mais au lieu de luy donner la pensée de retourner à ses divertissemens et à son oisiveté, elle le fit encore mieux rentrer en luy-même, que la présence de son vertueux ami, et luy inspira la résolution de se retirer du grand monde, et de renoncer même à ses compagnies ordinaires, pour se remettre à l'étude qu'il avoit abandonnée. Il choisit le lieu de sa retraite dans le fauxbourg Saint-Germain, où il loüa une maison écartée du bruit, et s'y renferma avec un ou deux domestiques seulement, sans en avertir ses amis, ni ses parens.

On commençoit alors la tenuë des etats du royaume assemblez à Paris, dont l'ouverture s'étoit faite sur la fin d'octobre 1614 par un jeûne public de trois jours, et par une procession générale depuis l'eglise des augustins jusqu'à Nôtre-Dame, où le roy et la reine-mére assistérent avec toute la cour. Mais l'éclat de cette auguste assemblée qui attiroit tous les curieux, et qui les faisoit venir des provinces les plus reculées, ne fit point sortir nôtre nouveau reclus de sa retraite. Il y demeura le reste de cette année, et les deux suivantes 1615 et 1616 presque entiéres sans sortir pour la promenade, sans voir même un ami, à l'exception peut-être de M Mydorge, et de quelque autre mathématicien. Etant ainsi rentré dans le goût de l'étude, il s'enfonça dans celle des mathematiques, ausquelles il voulut donner tout ce grand loisir qu'il venoit de se procurer, et il cultiva particuliérement la géométrie et l'analyse des anciens qu'il avoit déja recherchée dés le collége.

Ceux de ses amis qui ne servoient qu'aux passe-tems et aux parties de divertissement, s'ennuyérent bien-tôt de ne le plus revoir. Ils le crurent d'abord retourné en Bretagne chez son pére, et se contentérent de blâmer l'incivilité qu'ils luy imputoient de n'avoir pas pris congé d'eux, et de leur avoir fait un secret de ce qu'il devoit leur communiquer. Mais ayant appris qu'il n'étoit point en Bretagne, et voyant qu'il ne paroissoit à aucun bal ni à aucune assemblée : ils le crurent entiérement perdu pour eux, aprés la vaine espérance qu'ils avoient eûë au moins, de le retrouver à la cour, ou au voyage de Guienne, au tems des mariages du roy Loüis Xiii avec l'infante d'Espagne, et de Madame De France sœur du roy avec Philippes Iv fils du roy d'Espagne.

M Descartes avoit eu la prudence au commençement de sa retraite, de se précautionner contre les hazards de la rencontre, pour ne pas tomber entre les mains de ces amis fâcheux qu'il vouloit éviter toutes les fois qu'il étoit obligé de sortir pour ses besoins. La chose ne luy réüssit point mal pendant l'espace de deux années. Mais il se reposa dans la suite avec un peu trop d'assurance sur le bonheur de sa solitude, et ne veillant plus sur sa route et ses détours avec la même précaution qu'auparavant, lorsqu'il alloit dans les ruës, il fut rencontré par un de ses anciens amis qui ne voulut pas le quitter qu'il ne luy eût découvert sa demeure. Il en coûta la liberté, pour ne rien dire de plus, à M Descartes. L'ami fit si bien par ses visites réïtérées, et par ses importunitez, qu'il vint à bout de troubler prémiérement sa retraite et son repos, et de le déterrer en suite tout de bon de sa chére solitude pour le remener dans le monde, et le replonger dans les occasions de divertissement comme auparavant.

Mais il s'apperçut bientôt qu'il avoit changé de goût pour les plaisirs. Les jeux et les promenades n'avoient plus pour luy les mêmes attraits qu'auparavant : et les enchantemens des voluptez ne purent agir en luy que trés-foiblement contre les charmes de la philosophie et des mathématiques, dont ces amis de joie ne purent le délivrer. Ils luy firent passer les fêtes de noël, et le commençement de l'année suivante jusqu'aux jours gras, le moins tristement qu'il leur fut possible. Mais ils ne purent luy faire sentir d'autres douceurs que celles de la musique, aux concerts de laquelle il ne pouvoit être insensible avec la connoissance qu'il avoit des mathématiques.

Le royaume étoit alors divisé par les partis formez entre les princes, et quelques seigneurs, d'une part : et ceux qui avoient l'administration des affaires, de l'autre : et le repos public étoit troublé par une guerre civile qui passoit pour la troisiéme de cette espéce depuis la mort du roy Henry Iv. M Descartes qui se voyoit âgé de 21 ans, crut qu'il étoit tems de songer à se mettre dans le service. Les importuns de son âge et de sa qualité l'avoient mis hors d'état de rentrer dans sa retraite, ou d'en pouvoir profiter. C'est ce qui le fit résoudre à sortir de la ville, aprés en avoir eu la permission de son pére. Son devoir joint à son inclination le portoit à vouloir prendre parti dans les troupes du roy : mais il fallut prendre quelques mesures pour ne point paroître partisan du maréchal D'Ancre, dont la domination étoit devenuë odieuse aux meilleurs serviteurs du roy. Le prétexte de cette domination insupportable tenoit le Duc De Nevers, le Duc De Vendôme, le Duc De Mayenne, le maréchal De Boüillon éloignez de la cour, et dans une espéce de rebellion contre l'etat. De sorte qu'il n'étoit ni glorieux, ni honnête de servir dans leurs armées. Il songeoit donc à se mettre dans les armées du roy sous le Duc De Guise, ou le Comte D'Auvergne, lorsque l'envie de voir les pays étrangers luy inspira le dessein d'aller servir parmi des peuples qui fussent alliez du roy. En quoi il se proposa l'éxemple de plusieurs jeunes gentils-hommes de la noblesse françoise, qui alloient alors apprendre le métier de la guerre sous le prince Maurice De Nassau en Hollande.

Il préparoit son équipage, lorsqu'il apprit la mort du maréchal D'Ancre qui fut tué au Louvre le lundy 24 d'avril par les gens de M De Vitry capitaine des gardes du corps. Cét accident suivi du rappel des mécontens à la cour, changea la face des affaires dans l'etat : mais il ne fit point changer de résolution à M Descartes. Il partit pour les Païs-Bas vers le commençement du mois de may, et il alla droit au Brabant hollandois se mettre dans les troupes du prince Maurice en qualité de volontaire.

Il est vray que les provinces unies joüissoient alors du repos que leur avoit procuré la tréve concluë le neuviéme d'avril de l'an 1609 avec les espagnols pour l'espace de douze ans. Mais on ne s'apperçevoit presque pas de la suspension d'armes parmi les troupes hollandoises, que le prince Maurice avoit soin de tenir en haleine par des éxercices c ontinuëls.

L'armée étoit répanduë dans les places frontiéres, et particuliérement dans le territoire et la ville de Bréda, qui étoit considérée comme un bien propre à la maison De Nassau, quoi qu'elle fût incorporée à la république des provinces. Le prince Maurice âgé pour lors de cinquante ans étoit reconnu par toute l'Europe pour un grand capitaine. Il étoit prudent, vaillant, et infatigable au travail. On ne luy donnoit point d'égal dans l'art d'assiéger, ou de sécourir une place ; de fortifier un camp ; de surprendre l'ennemi ; d'observer la discipline parmi les troupes. Mais sur tout il possédoit bien les mathématiques ; aimoit les mathématiciens et les ingénieurs ; entendoit parfaitement les fortifications ; et avoit déja inventé plusieurs machines, pour passer les riviéres et assiéger les villes.

Il se peut faire que ces derniéres qualitez aient attiré particuliérement M Descartes auprés de ce prince. Mais il faut avoüer que son dessein n'étoit pas de devenir grand guerrier à son école, quoy qu'il eût cherché cette occasion pour apprendre le métier de la guerre sous luy. En se déterminant à porter les armes, il prit la résolution de ne se rencontrer nulle part comme acteur, mais de se trouver par tout comme spectateur des rôles qui se joüent dans toutes sortes d'etats sur le grand theâtre de ce monde. Il ne s'étoit fait soldat que pour étudier les mœurs différentes des hommes plus au naturel : et pour tâcher de se mettre à l'épreuve de tous les accidens de la vie. Afin de n'être gêné par aucune force supérieure, il renonça d'abord à toute charge, et s'entretint toûjours à ses dépens.

Mais pour garder la forme, il fallut recevoir au moins une fois la paye : comme nous voyons que les pélerins aisez et accommodez d'ailleurs se croyent obligez en partant pour leur pélérinage, de demander au moins une fois l'aumône, pour ne pas laisser périr la coûtume qui veut que l'on prenne la posture de supliant et de mendiant. Il eut la curiosité de conserver cette solde pendant toute sa vie comme un témoignage de sa milice.

Il témoigne qu'il aimoit véritablement la guerre à cét âge : mais il prétend que cette inclination n'étoit que l'éffet d'une chaleur de foye, qui s'étant appaisée dans la suite des tems, a fait tomber aussi cette inclination. Comme elle n'é toit que de tempérament, et d'un tempérament un peu déréglé, elle ne s'est pas tournée en estime pour la profession des armes, lorsqu'il avoit occasion de s'expliquer sur ce qu'il en pensoit. C'est ce qu'il a fait connoître à l'un de ses amis en ces termes. Bien que la coûtume, dit-il, et l'exemple fassent estimer le métier de la guerre comme le plus noble de tous : pour moy, qui le considére en philosophe, je ne l'estime qu'autant qu'il vaut, et même j'ay bien de la peine à luy donner place entre les professions honorables ; voyant que l'oisiveté et le libertinage sont les deux principaux motifs qui y portent aujourd'huy la plûpart des hommes.

Il parloit de la sorte sur l'expérience qu'il avoit des autres. Car pour luy il se montra toûjours grand adversaire de l'oisiveté et du libertinage, soit dans ses occupations militaires ausquelles il apportoit toute l'assiduité du plus ardent des soldats, soit dans le loisir que luy laissoient ses fonctions, et qu'il emploioit à l'étude, lorsque les autres le donnoient à la débauche. Sur les preuves qu'il a données en quelques rencontres imprévûës de son courage et de sa conduite, on croira sans peine les auteurs qui prétendent que son épée luy a acquis la réputation de brave, quoy qu'il n'aspirât nullement à cette gloire.

Mais on ne croira jamais le Sieur Borel, qui avance que M Descartes s'est trouvé par deux fois au siége de Bréda, lorsqu'on sçaura qu'il n'a été que deux ans en Hollande pour cette fois, et que la ville de Bréda n'a souffert aucun siége pendant cét intervalle où l'on jouïssoit encore de la tréve. Depuis l'an 1590 que cette ville avoit été prise par le prince Maurice, elle demeura sous la puissance des etats jusqu'en 1625 que le Marquis De Spinola la remit sous la domination espagnole aprés un siége de prés de dix mois : et elle ne fut reprise par les hollandois que l'an 1637.

Cette ville étoit donc dans un repos entier sous le gouvernement du Prince Maurice pendant les deux années que M Descartes porta les armes en Hollande ; et cette tranquillité donnoit lieu aux curieux d'y venir pour voir la cour du prince, et les ouvrages des mathématiciens et des ingénieurs qui travailloient sous luy. Ce fut à de semblables rencontres que M Descartes se trouva redevable de la connoissance et de l'amitié du Sieur Isaac Béeckman. Cét homme versé dans la philosophie et les mathématiques, étoit recteur ou principal du collége de la ville de Dort, et profitant du voisinage de Bréda qui n'en est qu'à cinq lieuës, il se trouvoit assez souvent à la cour du Prince Maurice, et venoit voir particuliérement M Aleaume son mathématicien, et les autres ingénieurs.

Béeckman étoit actuellement dans la ville de Bréda, lorsqu'un inconnu fit afficher par les ruës un probléme de mathématique pour le proposer aux sçavans, et en demander la solution. Le probléme étoit conçeu en flamand, de sorte que M Descartes, qui étant nouvellement venu de France n'entendoit pas encore la langue du pays, se contentoit d'abord d'apprendre que c'étoit un probléme proposé par un mathématicien qu'on ne nommoit pas, mais qui se flattoit de se faire connoître glorieusement par cét endroit.

Voyant le concours des passans qui s'arrêtoient devant l'affiche, il pria le premier qui se trouva auprés de luy de vouloir luy dire en latin ou en françois la substance de ce qu'elle contenoit. L'homme à qui le hazard le fit adresser voulut bien luy donner cette satisfaction en latin : mais ce fut à condition qu'il s'obligeroit à luy donner de son côté la solution du probléme qu'il jugeoit en luy-même trés-difficile. M Descartes accepta la condition d'un air si résolu, que cét homme qui n'attendoit rien de semblable d'un jeune cadet de l'armée, luy donna son nom par écrit avec le lieu de sa demeure, afin qu'il pût luy porter la solution du probléme, quand il l'auroit trouvée. M Descartes connut par son billet qu'il s'appelloit Béeckman : et il ne fut pas plûtôt retourné chez luy, que s'étant mis à examiner le probléme sur les régles de sa méthode comme avec une pierre de touche, il en trouva la solution avec autant de facilité et de promptitude que Viéte en avoit apporté autrefois pour resoudre en moins de trois heures le fameux probléme qu'Adrien Romain avoit proposé à tous les mathématiciens de la terre. Descartes pour ne point manquer à sa parole alla dés le lendemain chez Béeckman, luy porta la solution du probléme, et s'offrit même de luy en donner la construction s'il le souhaitoit. Béeckman parut fort surpris : mais son étonnement augmenta tout autrement, lorsqu'ayant ouvert une longue conversation pour sonder l'esprit et la capacité du jeune homme, il le trouva plus habile que luy dans des sciences dont il faisoit son étude depuis plusieurs années. Son entretien luy fit sentir qu'il étoit encore toute autre chose que ce que la solution du probléme de l'inconnu luy avoit fait paroître. Il luy demanda son amitié, luy offrit la sienne, et le pria de consentir qu'ils entretinssent un commerce mutuel d'étude et de lettres pour le reste de leur vie. M Descartes répondit à ces honnêtetez par tous les effets d'une amitié sincére : et pour luy donner des marques de la confiance qu'il avoit en luy, il consentit avec plaisir qu'il fût son correspondant pour la Hollande, comme il l'avoit souhaité. Leurs rélations durérent jusqu'en 1636 ou 1637 c'est-à-dire jusqu'à la mort de Béeckman. Il est vray que leur amitié souffrit une légére interruption quelques années aprés que M Descartes se fût établi en Hollande en qualité de philosophe : mais elle fut de peu de durée, et le Sieur Béeckman qui l'avoit causée par un défaut de conduite, eut soin de la réparer. M Descartes pratiqua encore des connoissances avec d'autres mathématiciens des Provinces-Unies, et sur tout avec un Isaac de Middelbourg qui luy proposa diverses questions de mathématiques et de physique pendant son premier séjour en Hollande.

Comme M Descartes étoit parmi des troupes qui sembloient ne devoir être employées que contre les espagnols, il n'eut pas beaucoup de part aux mouvemens qui se firent dans le fonds de la Hollande pendant ce temps-là, au sujet des controverses de religion survenuës entre les arminiens et les gomaristes. Les arminiens s'appuyoient des etats des provinces particuliéres de Hollande, de West-Frise, d'Utrecht, et d'Over-Issel ; de plusieurs magistrats, et sur tout de l'avocat general Barneveldt, personnage d'un mérite éclatant, qu'ils prétendoient faire passer pour leur chef et leur protecteur. Les gomaristes avoient pour eux, les etats généraux, le Prince Maurice, la noblesse, les gens de guerre, et le petit peuple.

Trois mois avant que M Descartes fût arrivé en Hollande, il s'étoit élevé contre les arminiens une émotion populaire, dont la fureur les avoit obligez à prendre leurs suretez pendant tout le cours de cette année. Par une délibération du quatriéme jour d'août, ils levérent des soldats en plusieurs endroits des provinces. Ces soldats furent appellez *attendans*

et pour faire connoître les

intentions de ceux qui vouloient s'en servir, ils ne portoient ni les livrées du Prince D'Orange sur leurs habits, ni ses armes sur leurs enseignes.

Cette entreprise obligea le Prince Maurice, qui étoit devenu Prince D'Orange, par la mort de son frére, arrivée le

20 de février de l'an 1618 d'aller avec des troupes, de ville en ville, dans les provinces, pour remédier à ces desordres.

M Descartes n'étoit pas tellement assujetti au séjour de Breda, qu'il ne pût en qualité de volontaire suivre ce prince dans toutes ces courses.

Mais il aima mieux rester avec la garnison, soit qu'il considérât ces troubles comme une guerre civile, incapable de lui faire honneur : soit qu'il ne crût pas que ce fût une chose honnête pour lui de se méler dans la passion de ce prince contre Barneveldt, sur tout lors qu'il ne s'agissoit que des différens d'une religion, aux partis de laquelle il n'avoit point d'interêt. Il n'abusa point de son loisir, mais il l'emploia à composer divers ecrits pendant l'absence du Prince D'Orange. Le plus connu de ces ecrits, et le seul de ces têms-la, qui soit venu jusqu'à nous par le moien de la presse, est son traitté *de la musique* . Il le fit en latin suivant l'habitude qu'il avoit de concevoir et d'écrire en cette langue, ce qui lui venoit dans la pensée. Il n'y travailla pourtant qu'aux instantes sollicitations de l'un de ses amis qui se trouvoit alors à Breda. Il ne nous a point fait connoître cét ami ; mais nous sçavons que pour donner au Sieur Béeckman, principal du collége de Dort, des preuves de l'amitié qu'il avoit contractée avec lui l'année précédente, il voulut bien lui communiquer ce petit traitté, d'autant plus volontiers, que Béeckman témoignoit avoir une inclination particuliére pour la musique. Il ne le lui confia néanmoins qu'à condition qu'il ne le feroit voir à personne, dans la crainte qu'il ne devinst public, ou par l'impression, ou par la multiplication des copies. Dieu ne permit pas qu'il eût cette satisfaction. Ses ennemis en aiant je ne sçai comment recouvré une copie assez défectueuse plusieurs années aprés, et sçachant quelle étoit son inquiétude et sa délicatesse sur ce point, voulurent lui causer le déplaisir de le faire imprimer tel qu'ils l'avoient, afin de se vanger de lui, de la maniére du monde la plus mortifiante que l'on puisse imaginer pour un auteur.

Mais loin de trouver matiére de triomphe dans une conduite si lâche et si indigne, ils s'en firent un nouveau sujet de mortification pour eux, et travaillérent contre leur intention à la gloire de leur adversaire, et à leur propre confusion. Car il est arrivé que la publication de ce traitté, qu'ils n'osérent exposer de son vivant, loin de déshonner sa mémoire parmi les mathématiciens, lui attira l'admiration de tous ceux qui ont sçeu que c'étoit l'ouvrage d'un jeune homme. à dire vray, cette derniére considération à beaucoup servi à rehausser encore le prix de l'ouvrage, puis qu'il n'avoit alors que Xxii ans, comme il paroît par la datte du dernier jour de l'an 1618 qu'il a mise à la fin de son original latin, que nous avons écrit de sa main.

Quelques auteurs ont écrit qu'il n'avoit pour lors que Xx ans : mais c'est faute d'avoir sçeu cette circonstance ; ou s'ils l'ont sçeuë, ils ont crû que le nombre rond favorisoit encore plus le dessein qu'ils ont eu de nous faire admirer cette merveille. Un mathématicien, déja sur l' âge et consommé dans ces sortes d'études, s'imaginant que M Descartes avoit renoncé à cét ouvrage, jusqu'à laisser périr son original, voulut profiter de son absence, pour s'en faire honneur. Pendant que l'auteur étoit en voiages ou à Paris, cét honnête plagiaire montroit en Hollande une copie du traitté écrite de sa main, pour insinuer à tout le monde qu'il en étoit l'auteur : et il en écrivoit par tout avec ostentation, comme si c'eût été un bien qui lui fût propre. Le plagiaire n'aiant pas eu assez d'adresse pour persuader sa supposition au public, prit le parti de reconnoître ensuite que l'ouvrage étoit du jeune Descartes, mais il tâcha de faire croire qu'il avoit à ce traitté la part qu'un maître peut avoir à l'ouvrage d'un ecolier qui travaille sous sa direction. M Descartes se crût obligé de rabattre sa vanité, de lui faire sentir le tort qu'il avoit eu de ramasser à son profit un ouvrage qu'il avoit bien voulu laisser tomber, et de lui apprendre combien il étoit peu honnête de vouloir acquérir de la réputation au préjudice de la vérité. Mais il est fâcheux pour la mémoire du Sieur Béeckman que nous ne puissions pas soupçonner un autre que lui, d'un fait si odieux. Il faloit être désintéressé et généreux comme M Descartes pour passer ce trait d'ingratitude à un homme qui avoit appris de lui ce qu'il s'étoit vanté de lui avoir enseigné, et pour lui rendre son amitié comme auparavant.

Tant que M Descartes à vécu, il n'a jamais pû consentir au désir de ceux qui demandoient la publication du petit traitté. Il ne le regardoit que comme un morceau brute, et comme le plus imparfait de tous les abrégez de la musique. Mais on n'eut pas plûtôt apris les nouvelles de sa mort, qu'on le fit mettre sous la presse à Utrecht, et quelques années aprés à Amsterdam. On le traduisit même en anglois, et on l'imprima à Londres, trois ans aprés sa mort. Les etrangers n'ont pas été les seuls qui aient fait paroître de la curiosité pour cét ouvrage.

Le pére Poisson de l'oratoire, a jugé à propos de le communiquer à ceux de nôtre païs. C'est dans cette vuë qu'il l'a traduit en nôtre langue, et qu'il l'a fait imprimer à Paris, l'année d'aprés la translation des os de M Descartes en France. Cette édition est accompagnée de quelques éclaircissemens physiques, que le même pére avoit faits en latin, pour servir à l'original de l'auteur.

Si c'est le bénéfice de l'imprimerie qui acquiert la qualité d'auteur à un ecrivain, ce n'est pas au traitté de la musique que M Descartes est redevable de cette qualité. Malgré l'excellence de cét ouvrage, et la grande jeunesse de son auteur, on peut sans conséquence avoüer qu'il n'est parmi ses ecrits, ni le premier en mérite, ni le premier en rang, soit pour le têms de l'impression, soit pour celui de la composition. Dans cette supposition l'on a prétendu nous persuader qu'il avoit déja composé d'autres piéces plus achevées, et plus propres encore à nous faire juger de la grandeur de son esprit et de son sçavoir dans un âge si peu avancé. Mais j'apprehende que cette opinion n'ait pas d'autre fondement que l'autorité du traducteur françois du traitté de la musique, qui fait parler M Descartes, comme s'il eût voulût faire passer ce traitté pour un *tronc informe* , auprés de quelques autres *piéces plus achevées* , qu'il auroit composées auparavant. Sans blesser le respect dû au mérite du traducteur, on peut douter s'il a exprimé précisément la pensée de son auteur. Les termes ausquels M Descartes s'en est expliqué sur la fin du traitté, semblent devoir nous persuader que ces *piéces* prétenduës ne sont autre chose que ce qui se peut trouver de bon dans le traitté de la musique par rapport à ce qu'il y voioit de défectueux. Je souffre volontiers, dit-il à l'ami qui lui avoit faire cét ouvrage, que cette production imparfaite de mon esprit aille jusqu'à vous, pour vous faire souvenir de nôtre amitié, et pour étre un gage assuré de l'affection sincere que j'ai pour vous, c'est à condition, s'il vous plaît, que vous le tiendrez enseveli dans le fonds de vôtre cabinet, afin de ne le point exposer aux jugemens des autres, qui pour trouver matiére à la censure, pourroient bien ne s'arrêter que sur *les endroits défectueux de la piéce, sans vouloir jetter les yeux sur ceux où j'aurois peut être gravé des traits plus vifs de mon esprit* . Je suis persuadé que vous n'en userez pas de la sorte vous qui sçavez que cét ouvrage n'est que pour vous, et que c'est vôtre consideration seule qui me l'a fait brocher tumultuairement dans un corps de garde, où régnent l'ignorance et la fainéantise, et où l'on est toujours distrait par d'autres pensées, et d'autres occupations que celles de la plume.

Ce témoignage n'empêchera peut-être pas les admirateurs de la jeunesse de M Descartes, de persister dans la créance qu'il avoit composé d'autres ouvrages avant son traitté de musique : mais au moins sera-t-il suffisant pour leur ôter l'envie de plus alléguer M Descartes pour leur garant. On peut comprendre sans admiration, qu'il aura fait beaucoup de ces ouvrages que l'on qualifie du nom de cahiers ou de mémoires tels que chacun s'en dresse pour son usage particulier : mais il paroit que M Descartes ne les a jugez ni plus achevez, ni plus excellens que celui de la musique : puis que ni lui, ni ses amis, ni ses ennemis ne se sont pas souciez de les rendre publics.

Pendant que M Descartes partageoit son têms entre ses éxercices militaires et ceux de la philosophie dans Breda, le Prince D'Orange emploioit tout le sien, aux mouvemens que lui donnoient les arminiens dans plusieurs villes des Provinces-Unies.

Il cassa leurs soldats *attendans* ; chassa leurs ministres ; déposséda les magistrats qui les favorisoient ; et fit arrêter prisonniers à la Haye, l'avocat général Barneveld, Hoogerbets pensionnaire de Leyde, et Grotius pensionnaire de Roterdam. Pour pacifier les différens de religion, et pour tâcher de remettre l'uniformité dans la créance, l'on avoit convoqué un synode à Dort ou Dordrecht, dont l'ouverture se fit le mardy 13 de novembre 1618 et la clôture le 9 de may 1619. Quoi qu'il pût être appellé *général* , pour toute la religion réformée, parce qu'on y fit venir les députez de tous les endroits où il y avoit des calvinistes (hormis de la France, dont les ministres n'eurent pas la liberté de sortir), les etats généraux ordonnérent qu'il ne seroit qualifié que *national* , comme s'il eût été propre et particuliér aux seules Provinces-Unies. Les gomaristes, assistez de l'épée du Prince D'Orange y furent les plus forts, et déclarérent les arminiens hérétiques. Trois jours aprés l'on fit le procés à M De Barneveldt : et il eut la tête coupée, âgé de 76 ans, malgré la haute intercession du roy tres-chrêtien en faveur de ce grand homme, dont tout le crime étoit d'avoir maintenu les loix du païs, de n'avoir pas voulu se rendre esclave de l'ambition du Prince D'Orange, et d'avoir traversé les projets que ce prince avoit faits pour se saisir de la souveraineté.

Béeckman et Descartes s'intéressérent si peu à toutes ces actions publiques, qu'ils n'en furent pas même les spectateurs. Le prémier, quoi que recteur du collége de la ville où se tenoit le concile national, n'eût aucune part à cette assemblée, soit pour n'avoir pas été député, soit pour n'être pas théologien de profession. Il ne fit rien de mieux pendant cét intervalle que de cultiver ses nouvelles habitudes avec son ami, en lui proposant des questions de mathématiques à résoudre. M Descartes n'en demeura pas aux réponses qu'il lui fit. Il composa encore divers petits ouvrages qui auroient été d'excellens garants du bon emploi de son têms, s'il leur avoit laissé voir le jour.

M Chanut ambassadeur de France en Suéde, et le baron de Kroneberg commis par la Reine Christine, pour assister à l'inventaire de ce qu'il avoit laissé à sa mort, trouvérent parmi les ecrits de sa composition, un registre relié et couvert de parchemin, contenant divers fragmens de piéces différentes ausquelles il paroît qu'il travailla pendant ce têms-là. C'étoit I *quelques considérations sur les sciences en général* : 2 quelque chose de *l'algébre*

3 quelques pensées écrites sous le

titre *democritica*

4 un recuëil d'observations

sous le titre *experimenta*

5 un traitté

commençé sous celui de (…) : un autre en forme de discours, intitulé *olympica* , qui n'étoit que de douze pages, et qui contenoit à la marge, d'une ancre plus récente, mais toujours de la même main de l'auteur, une remarque qui donne encore aujourd'hui de l'éxercice aux curieux. Les termes ausquels cette remarqu e étoit conçûë portoient, Xi Novembris 1620 (…), dont M Clerselier ni les autres cartésiens n'ont encore pû nous donner l'explication. Cette remarque se trouve vis à vis d'un texte qui semble nous persuader que cét ecrit est postérieur aux autres qui sont dans le registre, et qu'il n'a été commençé qu'au mois de novembre de l'an 1619. Ce texte porte ces termes latins, (…).

Mais le principal de ces fragmens, et le prémier de ceux qui se trouvoient dans le registre étoit un recueil de *considérations mathématiques* , sous le titre de Parnassus, dont il ne restoit que trente six pages. Le Sieur Borel a crû que c'étoit un livre composé l'an 1619, sur une datte du prémier jour de janvier, que M Descartes avoit mise à la tête du registre. Mais il se peut faire que la datte n'ait été que pour le registre en blanc, et qu'elle n'ait voulu dire autre chose, sinon que M Descartes aura commençé à user de ce registre le prémier de janvier 1619, pour continuer de s'en servir dans la suite des têms selon ses vuës et sa volonté. L'opinion du Sieur Borel n'en est pourtant pas moins probable, puisque M Chanut a remarqué dans l'inventaire de M Desc que tous les ecrits renfermez dans ce registre, paroissent avoir été composez en sa jeunesse.

Supposer que ces ouvrages de M Descartes sont de l'an 1619, c'est donner à son sentiment *de l'ame des bêtes* plus de vingt ans d'ancienneté au delà de l'epoque, à laquelle ses adversaires et quelques sçavans avec eux avoient tâché de le fixer. Quand on sçaura que c'est dans ces ouvrages de sa jeunesse que l'on a trouvé ce sentiment, on cessera peut-être de dire qu'il commença et finit ses *meditations*

sans songer à l'ame des bêtes, et sans avoir abandonné l'opinion qu'il en avoit euë dés son enfance. On ne croira plus que ce ne fut qu'en considérant les suites de son principe touchant la distinction de la substance qui pense, et de la substance étenduë, qu'il s'apperçut que la connoissance des animaux renversoit toute l'oeconomie de son systéme. On ne se persuadera plus que l'obligation de répondre aux objections qu'on luy a formées sur ce suje t, luy ait fait naître une pensée dont il n'a été redevable qu'à la liberté de son esprit. Il n'étoit encore dans aucune nécessité de soûtenir que les bêtes n'ont point de sentiment, puisqu'il n'avoit pas le don de prévoir ce qui pourroit lui arriver vingt ans aprés. Il n'avoit pas alors de principes à sauver, n'en aiant encore établi aucun pour la philosophie nouvelle : au moins n'avoit-il encore lû à cét âge, ni Saint Augustin, ni Péreira, ni aucun auteur de qui il auroit pû prendre le sentiment de l'ame des bêtes. Cinq ou six ans aprés, M Descartes étant retourné de ses voiages à Paris, découvrit ce sentiment à quelques-uns de ses amis, et leur fit reconnoître qu'il ne pouvoit s'imaginer que les bêtes fussent autre chose que des automates. De sorte que ceux qui trouveront de la difficulté à lui attribuer ce sentiment dés l'an 1619 en auront moins pour croire que cette opinion lui est venuë dans l'esprit au plûs tard vers l'an 1625. Ils ne refuseront peut-être pas de s'en tenir au témoignage de M Descartes, qui nous apprend qu'elle lui étoit venuë quinze ou seize ans avant qu'il eût donné ses méditations métaphysiques. Au reste cette opinion des automates est ce que M Pascal estimoit le plus dans la philosophie de M Descartes.

Aprés la mort de Barneveld, le Prince D'Orange qui luy avoit d'ailleurs l'obligation du gouvernement général des provinces sur terre et sur mer, crut avoir applani les difficultez qui se trouvoient dans le chemin qu'il se fraioit à la souveraineté. Il ne songea plus qu'à s'assurer de l'assistance des princes de l'Allemagne et des autres quartiers du nord, mais principalement de ceux qui luy étoient parens, alliez, ou amis. Il sembloit n'avoir pas beaucoup à craindre des puissances catholiques qui étoient autour de la Hollande, et il présumoit que l'on ne verroit point naître d'obstacles, ou de diversions de la part du roy d'Espagne, ou des archiducs gouverneurs des Pays-Bas catholiques, tant que dureroit la tréve qui n'étoit pas inutile à l'avancement de ses affaires particuliéres. Mais tous ces avantages ne servirent de rien pour luy faire surmonter les difficultez de son dessein. Il fut fort surpris de voir que ceux qu'il avoit prévenus et animez contre Barneveld pour les mettre dans ses intérêts, se montrérent encore plus opposez à la perte de la liberté publique que Barneveld, lorsqu'il les sonda tout de bon sur le point de la souveraineté. Le grand nombre des parens, et des autres personnes qui étoient demeurées dans les intérêts des honnêtes gens à qui il avoit procuré la mort, la prison, ou l'éxil, luy fit connoître qu'il s'étoit attiré l'aversion générale, et que des républicains qui avoient secoüé la domination de la maison d'Autriche, ne seroient pas d'humeur à subir le joug de celle de Nassau.

M Descartes ne pouvoit pas ignorer les pratiques de ce prince, ni la disposition des peuples à son égard.

C'est peut-être ce qui contribua à le détacher d'un païs, où il ne trouvoit pas cette variété d'occupations qu'il s'étoit promise en sortant de la France. Les nouvelles qu'on avoit apportées à Breda des grands mouvemens de l'Allemagne, réveillérent la curiosité qu'il avoit de se rendre spectateur de tout ce qui se passeroit de plus considérable dans l'Europe. On parloit d'un nouvel empereur, on parloit de la révolte des etats de Bohéme contre leur roy, et d'une guerre allumée entre les catholiques et les protestans à ce sujet. M Descartes voulant quitter la Hollande prit pour prétexte le peu d'éxercice que luy produisoit la suspension d'armes qui étoit entre les troupes du Prince D'Orange, et celles du Marquis De Spinola, et qui devoit durer encore deux ans selon les conventions de la tréve. Sa résolution étoit de passer en Allemagne pour servir dans les armées catholiques : mais avant que de se déterminer à aucun engagement, il fut bien-aise d'assister au couronnement du nouvel empereur qui devoit se faire dans la ville de Francford.

Mr Descartes partit de Bréda au mois de juillet de l'an 1619 pour se rendre à Mastricht, et de-là à Aix La Chapelle, où il apprit l'état des affaires d'Allemagne, et les préparatifs que cette ville avoit coûtume de faire pour le couronnement des empereurs.

Etant arrivé à Mayence, il sçeut que l'electeur Jean Schvvichard avoit cité les autres electeurs de l'empire selon les formes accoûtumées, et les avoit sommez de se rendre à Francford le de juillet, pour procéder à l'élection d'un nouvel empereur.

Il s'agissoit, pour la couronne impériale, de Ferdinand nommé auparavant l'Archiduc De Graecz.

Ce prince étoit fils de l'Archiduc Charles Prince De Stirie, et petit-fils de l'Empereur Ferdinand Prémier du nom, et de l'impératrice Anne héritiére des royaumes de Bohéme et de Hongrie. Son pére étoit fils puîné de l'Empereur Maximilien Ii. De sorte que l'Empereur Mathias, et les Archiducs Maximilien D'Autriche, et Albert prince et gouverneur des Pays-Bas étoient ses cousins germains. Ces trois fréres, je veux dire l'Empereur Mathias, et les Archiducs Maximilien et Albert se voyant sans enfans et valétudinaires, l'avoient fait couronner prémiérement roy de Bohéme à Prague le vingtiéme juillet l'an 1617 ; puis de Hongrie à Presbourg le prémier juillet de l'année suivante.

L'Archiduc Maximilien étant venu à mourir au mois de novembre de la même année, et l'empereur étant tombé malade vers le commençement de l'année suivante, leur frére Albert qui étoit leur unique héritier, remit aussi à Ferdinand l'administration de l'Autriche, avec pleine autorité pour en reçevoir tous les hommages et les sermens, par des lettres dattées de Bruxelles le second de février 1619. De sorte qu'à la mort de l'Empereur Mathias qui arriva le mercredy dixiéme jour de mars suivant, Ferdinand entra en possession des royaumes de Bohéme et de Hongrie, et de l'archiduché d'Autriche : et il prit ses mesures pour se faire élire roy des romains, puis empereur d'Allemagne.

M Descartes se trouva à Francford vers le tems que Ferdinand y arriva comme roy de Bohéme, et electeur de l'empire. Les autres electeurs s'y étoient déja rendus auparavant, les trois ecclésiastiques en personne, et les trois protestans par leurs ambassadeurs.

Ferdinand fut élû roy des romains avec les cérémonies ordinaires le dix-huitiéme d'août selon l'ancien stile retenu par les protestans, ou le vingt-huitiéme selon le nouveau stile établi depuis la réformation du pape Gregoire Xiii. Le jour même on dépêcha à Aix La Chapelle, et à Nuremberg, pour apporter à Francford la couronne et lés ornemens impériaux : et l'on indiqua le couronnement au trentiéme jour d'août selon l'ancien stile qui devoit être le neuviéme de septembre selon le nouveau.

Si M Descartes ne parut pas à cette prémiére cérémonie, ce fut peut-être en éxécution des ordres qu'on donne aux etrangers, c'est-à-dire à ceux qui ne sont pas de la suite des electeurs, de sortir du lieu où se fait l'élection du roy des romains.

Mais il fut présent à celles du couronnement, s'étant glissé dans la ville par quelque tour d'adresse, ou par quelque prétexte que nous ne connoissons pas : et il eut la curiosité d'observer de prés ce qui s'y passa. Dés la veille du jour de la cérémonie on ferma les portes de Francford, et l'on fit poster les gens de guerre par corps de gardes sur les remparts. Le matin du jour suivant l'on rangea les habitans par les places, depuis le palais de l'empereur futur jusqu'à la cour, et depuis la cour jusqu'à l'eglise de Saint Barthélemi où se devoit faire la cérémonie. Les electeurs ecclésiastiques s'étoient rendus à l'eglise avant les autres, pour changer leur habit electoral, et se revêtir des ornemens pontificaux. Le roy des romains y fut conduit sur les huit heures du matin. Il étoit précédé d'un grand nombre d'officiers et de gentilshommes qui marchoient à pied. Aprés eux suivoit le Lantgrave De Hesse, qui avoit été obligé de sortir de la ville douze jours auparavant avec l'ambassadeur d'Espagne, et plusieurs seigneurs pendant l'élection.

Le lantgrave étoit accompagné de son frére, et de ses deux fils, tous quatre à cheval. Ils étoient suivis de cinq hérauts de l'empire, qui marchoient devant les ambassadeurs des trois electeurs séculiers, portant à la main les marques de l'empire, sçavoir le globe, le sceptre, l'epée. Le roy couronné et vêtu de l'habit electoral, étoit à cheval sous un poësle porté par deux consuls, et quatre senateurs de Francford.

Lorsqu'il fut arrivé prés de l'eglise, les electeurs ecclésiastiques assistez de leurs suffragans, et des principaux du clergé, allérent le reçevoir à la porte, le conduisirent à l'autel, et le menérent à son fauteüil qui étoit élevé sur deux dégrez, et accompagné d'un prié-dieu et d'un dais richement parez. On commença en suite le *kyrie-eleyson* en musique : et l'electeur de Mayence qui officioit, fit les demandes accoûtumées au roy élû empereur, sçavoir, s'il ne promettoit pas de vivre et mourir dans la religion catholique, apostolique, et romaine ; de la défendre et la proteger ; d'administrer la justice également à tous ; d'augmenter et amplifier l'empire ; de défendre et protéger les orphelins, les pupilles, les veuves ; et de rendre l'honneur dû à sa sainteté. Il prêta le serment sur ces demandes : puis l'electeur officiant se tournant vers l'assemblée, leur demanda s'ils ne vouloient pas se soûmettre sous le gouvernement et empire de Ferdinand, et luy jurer obéissance. L'assemblée ayant répondu qu' *oüy* , et criant qu'il falloit le couronner : l'electeur officiant prit de l'huile sainte sur une paténe d'or, l'oignit au front, au sommet de la tête, à la poitrine, au bras droit, aux mains, disant à chaque fois : (…).

L'onction finie, les electeurs ecclésiastiques avec leurs suffragans conduisirent le roi dans le chœur, et le revêtirent des anciens habits impériaux et pontificaux apportez de Nuremberg, sçavoir, de la chappe, et de l'aube longue avec l'étole au coû qui lui pendoit sur les pieds. Ils lui mirent aussi les gans aux mains, et le remenérent habillé comme les diacres, du chœur à son siége, où l'electe ur officiant lui donna de nouveau la bénédiction. Aprés il fut reconduit au grand autel, où les electeurs de Tréves et de Cologne prirent l'épée de Charlemagne qu'on y avoit posée avec la couronne et le sceptre, la tirérent du fourreau, et la mirent en la main du roy élû empereur, lorsque l'electeur de Mayence lui dit, (…). L'épée remise au fourreau lui fut ceinte ensuite par les ambassadeurs des electeurs séculiers, lors que le même electeur officiant dit, (…).

Aprés l'officiant prit l'anneau de dessus l'autel, et le mit au doit du roy, puis le globe, et le sceptre qu'il lui mit aussi dans les mains, le sceptre à la droite, le globe à la gauche, avec le formulaire ordinaire de priéres. Les trois electeurs ecclésiastiques prirent la couronne royale de dessus l'autel, la luy posérent conjointement sur la tête disant, (…), et le couvrirent en suite du manteau d'or de Charlemagne. Le roy rendit le globe ou la pomme à l'ambassadeur de l'electeur palatin, et le sceptre à celuy de l'electeur de Brandebourg, puis il se retourna vers l'autel, et prêta le serment accoûtumé. Aprés on continua la messe en musique.

Le nouvel empereur communia de la main de l'electeur officiant, lequel assisté de ceux de Tréves et de Cologne, conduisit sa majesté au milieu de l'eglise sur un théâtre élevé, où l'on avoit dressé un trône magnifique, sur lequel ils le placérent pendant qu'on chantoit le *te deum* . Les electeurs ecclésiastiques déscendirent du théatre pour se déshabiller, et reprendre l'habit electoral : mais l'empereur demeura sur le trône, et créa plusieurs chevaliers qu'il frappa de l'épée de Charlemagne. Etant descendu, il sortit de l'eglise dans le même ordre presque qu'il y étoit entré. Les officiers de sa cour alloient devant ; puis les conseillers de sa majesté impériale, et des electeurs ; ensuite les gentilshommes ; aprés eux les barons, les comtes, et les princes. Ils étoient suivis des cinq hérauts qui alloient devant l'electeur de Tréves qui marchoit seul, et aprés luy les ambassadeurs de l'electeur palatin et de Brandebourg ensemble, le prémier portant le globe, l'autre le sceptre. L'ambassadeur de l'electeur de Saxe suivoit seul portant l'epée ; aprés luy marchoit l'empereur seul, vêtu de l'habit impérial, la couronne en tête sous un dais porté par les mêmes personnes que devant. Les electeurs de Mayence et de Cologne marchoient ensemble après l'empéreur. Tous étoient à pied, et allérent en cét ordre jusqu'à la cour par le pont du Mein couvert de tapis rouges, dont la prémiére piéce fut mise en morçeaux par le peuple, dés que l'empereur fut passé. Ils étoient suivis de trois officiers de sa majesté impériale, montez à cheval, et jettant au peuple des pieces d'or et d'argent qui étoient des jettons de deux espéces, sur le revers desquels étoit gravé le jour du couronnement.

Quand on fut arrivé à la cour, les grands officiers de l'empire se mirent en devoir de faire leurs charges pour l'écurie et la cuisine selon l'ancienne coûtume : et l'empereur fit un festin somptueux, où chacun se trouvoit assis selon son rang, comme il est porté par la bulle d'or.

Voilà ce que M Descartes fut curieux de voir une fois pour toute sa vie, afin de ne pas ignorer ce qui se représente de plus pompeux sur le théâtre de l'univers par les prémiérs acteurs de ce monde. Il resta encore quelques jours à Francford, et il fut spectateur des courses à cheval, et des autres réjoüissances de la cour impériale, jusqu'à ce que les ambassadeurs des electeurs séculiers fussent retournez prés de leurs maîtres. Il délibéroit du parti qu'il avoit à prendre, lorsqu'il apprit que le Duc De Baviére levoit des troupes. Cette nouvelle le fit partir dans le dessein de s'y mettre, sans sçavoir précisément contre quel ennemi l'on préparoit ces troupes. Il ne pouvoit pas ignorer le bruit que faisoient les troubles de Bohéme par toute l'Allemagne. C'est tout ce qu'il en sçavoit. Comme il se soucioit peu d'entrer dans les intérêts des etats et des princes, sous la domination desquels la providence ne l'avoit pas fait naître, il ne prétendoit pas porter le mousquet pour avancer les affaires des uns, ni pour détruire celles des autres.

Il se mit donc dans les troupes bavaroises comme simple volontaire sans vouloir prendre d'employ : et l'on publioit alors, mais en général, qu'elles étoient destinées contre le bâtard de Mansfeld, et les autres généraux des révoltez de Bohéme. Mais le Duc De Baviére fit connoître peu de têms après, qu'elles devoient marcher contre l'electeur palatin Frédéric V, que les etats de Bohéme avoient élû pour leur roy quatre jours avant le couronnement de l'Empéreur

Ferdinand Second, que l'on vouloit exclure du royaume de Bohéme par cette entreprise.

L'engagement où se trouva M Descartes par cette déclaration, ne luy causa point d'embarras, parce que son dessein n'étoit pas de servir autrement sous le Duc De Baviére, qu'il avoit fait sous le Prince D'Orange. Mais pour donner plus de jour à cet endroit de sa vie qui en est devenu l'un des plus importans par les occupations d'esprit, que luy procura le quartier d'hyver qu'il passa en Allemagne : il est bon de reprendre l'histoire de ces troubles de Bohéme dans leur source, et de faire un petit abrégé de leurs suites jusqu'au têms que M Descartes en fut le spectateur.

Les troubles excitez en Bohéme étoient venus de la vaine espérance que les hussites et les autres protestans du royaume avoient euë, de pouvoir secoüer le joug de la maison d'Autriche. Ils étoient las d'obéïr à des rois catholiques : et voyant que l'Empereur Mathias, et les Archiducs Maximilien et Albert ses deux fréres étoient sans enfans et fort valétudinaires, ils se promettoient de se donner un roy de telle religion qu'ils le souhaitoient, aprés la mort de ces princes. Mais lorsqu'ils virent l'Empereur Mathias du consentement des deux princes ses fréres pourvoir à sa succession par l'élection qu'il fit faire l'an 1617 de son cousin germain Ferd D'Autriche Archiduc De Graecz à la couronne de Bohéme, ils se soulevérent, et protestérent contre cette élection. Elle étoit néanmoins trés-légitime. Ferdinand étoit le prémier prince du sang royal de Bohéme, seul héritier de l'Empereur Mathias aprés les deux archiducs qui luy avoient passé leur droit, et petit-fils comme eux de l'Imperatrice Anne femme de l'Empereur Ferdinand I, et *héritiére* des royaumes de Bohéme et de Hongrie.

Les protestans de Bohéme prenant le nom d'etats généraux, se saisirent de l'autorité souveraine ; refusérent de reconnoître le titre *d'héritiere*

dans l'Impératrice Anne ; prétendirent que le royaume étoit purement électif, et nullement héréditaire ; et que l'action de Mathias et de Ferdinand étoit un attentat contre leur liberté, et contre le droit qu'ils avoient de se choisir un roy. Ce fut en vain que Ferdinand leur fit voir dans son manifeste, que tous les priviléges accordez aux etats de Bohéme pour l'élection d'un roy, portoient la clause que, *lorsqu'il ne resteroit plus aucune personne de la race et maison royale de Bohéme mâle ou femelle, l'élection libre du roy appartiendroit aux etats généraux du royaume, et non autrement* . Ils furent bien-aises d'avoir trouvé ce prétexte pour prendre les armes contre Mathias. Ils firent deux corps d'armée dont ils donnérent la conduite au Comte De Thurn ou De La Tour, et au bâtard De Mansfeld. L'empereur se vit obligé de leur opposer aussi deux armées, l'une conduite par le Comte De Dampierre, et l'autre par le Comte De Bucquoy. Toute l'année 1618 se passa en expéditions avec divers succez de part et d'autre. Mais l'Empereur Mathias étant mort au mois de mars de l'an 1619, Ferdinand prit possession du royaume de Bohéme selon les conventions qu'il avoit faites avec son prédécesseur de n'entrer en joüissance qu'aprés sa mort. Sa prémiére pensée fut de chercher les moyens de faire revenir les esprits par voye d'adoucissement. Et dans cette vûë il proposa une suspension d'armes aux directeurs de Bohéme qui la refusérent. Il leur envoya la confirmation de tous leurs priviléges, et n'omit rien de ce qu'il jugeoit propre pour les gagner. Ce fut en vain. Ils recommençérent la guerre avec plus d'animosité qu'auparavant. Ils tâchérent d'engager les electeurs palatin et de Saxe dans leurs intérêts : et ils écrivirent au Duc De Baviére, pour le prier de ne point permettre le passage par ses terres au secours de 8000 hommes de pied, et 2000 chevaux envoyez des Pays-

Bas par l'Archiduc Albert, prémiérement pour l'Empereur Mathias, puis pour Ferdinand.

Ce fut cette occasion qui fit connoître que le Duc De Baviére ne seroit point favorable aux protestans de Bohéme. Non content de donner le passage aux troupes flamandes, il songea de son côté à en lever de nouvelles pour assister la maison d'Autriche.

C'est ce qui obligea les protestans de Bohéme sous le nom d'etats, de s'unir avec ceux de Moravie, de Silésie, et de Lusace par une confédération générale, dont les articles dressez presque tous contre la religion catholique au nombre de Lxx furent signez le dernier jour de juillet.

Il y avoit déja quelques jours que les electeurs de l'empire étoient assemblez à Francford pour l'élection du roy des romains. C'est pourquoy les etats et les directeurs de Bohéme incontinent aprés avoir ratifié leur confédération, dépêchérent des députez à Francford, pour faire sçavoir, que ne reconnoissant pas Ferdinand pour leur roy, il n'étoit pas véritablement electeur, et ne devoit pas assister à l'élection : mais que les droits d'electeur étoient dévolus aux etats de Bohéme qui demandoient d'être admis à l'élection. L'entrée de Francford ayant été refusée à ces députez, ils se retirérent à Hanaw pour faire leurs protestations qui furent tres-inutiles. Ferdinand leur roy fut élû roy des romains le d'août, comme on l'a remarqué plus haut. Dés que la nouvelle de cette élection fut portée en Bohéme, les etats du royaume, c'est-à-dire les protestans, s'assemblérent pour procéder à l'exclusion de Ferdinand, et pour se choisir un nouveau roy. De sorte que le 26 d'août qui étoit selon nous le cinquiéme de septembre, ils élurent pour leur roy Frédéric V electeur palatin, qui venoit de reconnoître Ferdinand pour légitime roy de Bohéme, et légitime electeur de l'empire, à l'assemblée de Francford, où il avoit envoié ses ambassadeurs pour l'élection du roy des romains. Les etats de Silésie ratifiérent cette élection de Frédéric, et lui conférérent la qualité de Duc De Silésie. Mais il ne voulut rien faire sans prendre l'avis des princes et des etats protestans d'Allemagne, qu'on appelloit *correspondans* , pour s'être unis dans le dessein de soûtenir les protestans de Bohéme dans leur révolte. L'electeur palatin qui étoit le chef de tous ces *correspondans* , les pria de s'assembler à Rottemburg le de septembre, pour en délibérer avec eux. Ils furent tous d'avis qu'il ne devoit pas refuser la couronne de Bohéme. L'electeur de Saxe son ami sembla lui donner aussi son consentement pour un têms. Le Prince D'Orange son oncle maternel l'y exhorta puissamment, dans l'espérance de se servir de lui pour se rendre souverain de Hollande à son tour. Son beaupére Jacques Roy D'Angleterre, fut peut-être le seul des princes protestans qui fut d'un avis contraire, et qui voulut l'en dissuader sur sa grande jeunesse et son peu d'experience pour une entreprise de cette importance.

La fille du Roy Jacques ne fut pas de même sentiment, et l'envie d'être reine fit qu'elle pressa son mari d'accepter la couronne. C'est ce qu'il fit dans le mois d'octobre, au dernier jour duquel il fit son entrée à Prague. Il fut couronné solennellement le 4 de novembre, et sacré, tout calviniste qu'il étoit, par l'administrateur ou grand pasteur des hussites. L'electrice Elisabeth De La Grande Bretagne fut couronnée trois jours aprés, et ointe d'huile bénite sur le front par le même administrateur.

Les choses en étoient à ce point, lors que M Descartes prit parti parmi les troupes du Duc De Baviére.

Les *correspondans* , c'est à dire, les electeurs, les princes, et les etats protestans de l'empire s'assemblérent au même mois de novembre à Nuremberg, tant pour former leurs plaintes contre les electeurs, princes, et etats catholiques, que pour écouter celles des catholiques contre eux. Ils ne firent pas grande attention aux raisons que l'ambassadeur de l'Empereur Ferdinand Ii y présenta par écrit, pour maintenir les droits de son maître. Mais ils prirent plus de mesures pour satisfaire le Duc De Baviére qui avoit aussi député à l'assemblée. Aprés avoir confirmé l'union protestante en faveur du nouveau roy de Bohéme, ils envoiérent trois députez au Duc De Baviére pour le convier de désarmer, et de licentier ses troupes : et pour l'exhorter à faire faire la même chose aux princes et etats catholiques de l'empire. Leurs propositions étoient signées du décembre à Munich, et ils en demandoient l'éxécution en moins d e deux mois.

Le duc leur fit connoître le besoin qu'il avoit d'entretenir des troupes pour la sureté de ses etats.

Et pour ce qui concernoit la paix et le repos de l'empire, il les renvoia aux résolutions de l'assemblée des princes et etats catholiques qui se tenoit à Wirtzbourg, en opposition de celle des protestans *correspondans* à Nuremberg.

Pendant ces mouvemens d'etat, M Descartes jouïssoit de la tranquillité que lui donnoit l'indifférence où il étoit pour toutes ces affaires étrangéres. C'est à ce têms de repos que nous pourrions assigner l'abdication générale qu'il fit des préjugez de l'école, et les prémiers projets qu'il conçût d'une nouvelle philosophie. à dire le vrai, nous ne voions pas comme il sera aisé de s'en défendre, si M Descartes lui même est pris pour le juge du fait.

Par la maniére dont il s'en est expliqué au commençement de la seconde partie de sa méthode, il ne nous est presque pas libre de croire que la chose soit arrivée dans un autre hyver que celuy qui suivoit immédiatement le couronnement de l'Empereur Ferdinand Ii. Mais afin de ne point interrompre la suite des affaires d'Allemagne qui se sont passées dans les lieux où il s'est trouvé, il est bon de la continuer jusqu'à la bataille de Prague, qui a décidé de la fortune de l'electeur palatin.

M Descartes, à ses méditations prés, n'eut donc autre chose à faire du reste de l'année 1619, qu'à visiter le pays par où l'on faisoit passer sa compagnie. Le desir de se donner plus d'occupation, luy fut une tentation de passer en Bohéme, où les armées impériale et bohémienne se battoient continuellement, prenoient et reprenoient leurs villes, et désoloient de plus en plus le plat pays.

Mais l'assurance de se voir incessamment emploié en Soüabe dés le commençement de l'année suivante le retint parmi les bavarois. Le Duc De Wirtemberg étoit de l'union des *correspondans* , du parti du prince palatin roy de Bohéme. C'est ce qui porta le Duc De Baviere à faire marcher d'abord ses troupes vers Donawert et Dilling, pour s'assurer des passages des troupes qu'il faisoit lever vers le Rhin, et pour tenir en haleine celles des *correspondans* , jusqu'à ce qu'on vît le succez de l'ambassade que l'empéreur avoit envoiée au roy de France pour demander du secours contre l'electeur palatin et les bohémiens. L'ambassadeur qui étoit le Comte De Furstemberg, arriva à Paris au mois de décembre, peu de têms aprés que M De Luines fut reçeu duc et pair au parlement. Ce favory de Louis Xiii s'étant beaucoup avancé durant la minorité du roy, s'étoit alors rendu presque absolu dans l'etat.

Il dépendoit uniquement de lui de faire réüssir l'ambassade d'Allemagne. C'est pourquoi le Comte De Furstemberg lui rendit de grandes assiduitez, et se fit joindre par le Marquis De Mirabel ambassadeur d'Espagne à Paris pour doubler les sollicitations. L'interêt de l'etat sembloit demander qu'on ne fit rien pour appuier la maison d'Autriche rivale de celle de France, ni pour nuire à l'electeur palatin qui étoit de nos alliez. Mais le Duc De Luines qui ne songeoit pour lors qu'à l'élévation de sa maison, promit à l'ambassadeur d'Espagne de ruïner les affaires du palatin, à condition que M De Cadenet son frère épouseroit Mademoiselle De Picquigny De Chaûnes, l'une des plus illustres héritiéres du siécle, qui avoit été élevée auprés de l'infante Isabelle à Bruxelles. On lui promit la condition. Et quelque instance que pût faire le Maréchal De Boüillon prés du roy, pour empêcher qu'on ne donnât satisfaction à l'ambassadeur de l'empereur contre le palatin son allié, le Duc De Luines fit dépêcher une ambassade extraordinaire, que les allemans appellérent *célébre* , parce qu'elle fut composée du Duc D'Angoulême, de M De Béthune Baron De Selles, et de M De L'Aubespine abbé de Préaux. Leur commission portoit ordre de procurer un bon accommodement entre les princes *correspondans* qui favorisoient l'electeur palatin, et le Duc De Baviére déclaré général de l'union des catholiques.

Pendant ce têms là M Descartes étoit en quartier d'hyver le long du Danube, où il trouvoit peu de gens capables de lier société avec lui pour la conversation. Dés qu'il eut appris qu'il devoit arriver des ambassadeurs de France à Ulm ville impériale de Soüabe sur le Danube, il se mit en disposition de les devancer, pour se donner le plaisir de revoir des personnes de son païs, dont quelques uns pourroient être de sa connoissance. La qualité de volontaire lui donnoit la liberté de se détacher de l'armée bavaroise selon sa volonté. Mais je n'ay pû sçavoir sur quels mémoires le Sieur Lipstorpius a écrit que M Descartes avoit suivi l'armée du Duc De Baviére dans ce voyage ; que cette armée venoit attaquer les Suéves, c'est-à-dire, les peuples de Soüabe ; qu'elle avoit investi la ville d'Ulm pour y former un siége ; et qu'on étoit allé jusqu'à la décharge de l'artillerie, lors qu'on y vid arriver les ambassadeurs de France. La ville d'Ulm ne s'étoit pas déclarée contre l'Empereur Ferdinand : et quoi qu'elle fût comprise parmi les villes de l'union des *correspondans* , elle n'avoit donné d'ailleurs aucun sujet d'hostilité aux armées des catholiques.

Par cette raison elle fut trouvée commode pour la médiation du roy de France, dont les ambassadeurs s'y rendirent le sixiéme de juin de l'an 1620.

Ils y furent suivis deux heures aprés par le Duc De Wirtemberg, et par le Marquis D'Anspach lieutenant général des troupes protestantes. Les députez de l'electeur palatin, ceux des princes *correspondans* , et ceux de Bohéme arrivérent le lendemain. Ceux du Duc De Baviére général de l'union des catholiques vinrent quelques jours aprés.

Le Duc D'Angoulême aprés avoir reçu les visites des princes et des députez, fit l'ouverture de cette célébre assemblée par un beau discours, où il découvrit les vraies sources du mal dont on se plaignoit de part et d'autre : et il fit connoître les intentions que le roy son maître avoit d'y apporter du reméde, au contentement des deux partis.

Depuis le mois de mars il se tenoit une autre assemblée à Mulhausen en Turinge. Elle étoit composée d'electeurs et de princes de l'empire tant catholiques que luthériens de la confession d'Ausbourg, tous reconnoissans l'empereur Ferdinand pour roy de Bohéme. Les electeurs de Mayence, de Cologne, et de Saxe y étoient en personnes.

L'electeur de Tréves, le Duc De Baviére, et le lantgrave de Hesse y avoient leurs députez. Aprés avoir délibéré long-têms des moiens de délivrer l'empire de ses maux, ils avoient pris le parti d'écrire au nom de leur assemblée à l'electeur palatin, pour l'exhorter à se désister de la couronne de Bohéme. Ils avoient pareillement écrit aux etats de Bohéme et provinces incorporées, aux princes protestans *correspondans* , à la noblesse, et aux villes impériales. Toutes ces lettres étoient dattées du Xi de mars. L'electeur palatin leur fit réponse le Xv de may suivant, et les etats de Bohéme peu de jours aprés. Mais les princes *correspondans*

avoient différé de répondre jusqu'à l'assemblée d'Ulm, d'où ils récrivirent en commun à Mulhausen, pour assurer les electeurs et princes, qu'ils entroient entiérement dans les considérations du bien public, et qu'ils espéroient beaucoup de la médiation des ambassadeurs de France.

Pendant que le duc d'Angoulême continuoit les séances de l'assemblée à Ulm, le Duc De Baviére reçût sept à huit mille hommes de troupes catholiques venuës du Rhin, et fit un corps d'armée de 25000 hommes avec lequel il passa le Danube à Donawert.

Il vint camper à Winding, pour prendre mieux ses mesures sur le résultat de l'assemblée, dont il étoit encore incertain. à ces nouvelles, le Marquis D'Anspach sortit d'Ulm, rassembla ses troupes qui étoient au nombre de 15000 hommes, et les fit avancer pour observer l'ennemi. Le Duc De Baviére de son côté voulut gagner du pays, et campa son armée si prés de celle des *correspondans*, que l'on pouvoit se parler de l'une à l'autre. Nous ne sçavons pas si M Descartes quitta le ville d'Ulm en cette rencontre pour retourner au camp des bavarois. Il paroît beaucoup plus vrai-semblable qu'il resta dans la ville, où il étoit venu de France grand nombre de jeunes seigneurs et autres personnes qualifiées de son âge, que la curiosité avoit fait mettre à la suite des ambassadeurs, laquelle étoit de quatre cens chevaux.

Les deux armées étoient dans une grande discipline sans s'insulter, et sans rien entreprendre l'une sur l'autre. Tandis qu'elles s'entre-regardoient, le traitté fut conclu à Ulm par le moien des ambassadeurs de France aprés quatre semaines d'assemblée. Les articles de l'accord furent passez entre le Duc De Baviére, comme général des catholiques unis, et le Marquis D'Anspach comme lieutenant général de l'union evangélique ou protestante, qui les signérent tous deux le 3 jour de juil. 1620.

Il fut arrêté qu'on ne prendroit point les armes les uns contre les autres entre les princes et etats de l'une et l'autre union ; qu'on ne se feroi t tort en quoi que ce fût ; qu'on ne toucheroit point à tout ce qui n'appartenoit ni à l'electeur palatin, ni à l'archiduc d'Autriche ; et que l'on jouïroit de la liberté et du repos qui étoit entre les catholiques et les protestans avant les troubles. Qu'on ne prendroit point de part à la querelle particuliére de Bohéme, qui ne regardoit que l'electeur palatin et l'Empéreur Ferdinand ; et qu'on leur laisseroit démêler le différent entre eux. Ils n'exclurent de leur traitté que le roiaume de Bohéme avec les provinces incorporées, c'est-à-dire, la Moravie, la Silésie et la Lusace. Exception qui fut pernicieuse au parti protestant, et qui rétablit les affaires de la maison d'Autriche en Allemagne.

Les ambassadeurs de France ayant eu tout le succez qu'ils pouvoient espérer dans la conclusion du traitté d'Ulm, s'embarquérent sur le Danube le sixiéme jour de juillet, et arrivérent à Vienne en Autriche le 20 du même mois. Le Duc De Baviére retira ses troupes de la Soüabe, non pour les licencier, mais pour les mener dans la haute Autriche au service de l'empereur. Mais M Descartes voulut rester à Ulm pendant quelques mois, pour étudier plus à loisir le païs et les habitans. Il paroît que quelques auteurs allemans n'étoient pas assez bien informez de l'histoire de leur pays, lors qu'ils ont écrit que M Descartes fut envoyé en quartier d'hyver à Ulm, incontinent aprés la conclusion du traitté, qu'ils qualifient mal à propos du nom de paix. Il suffit de remarquer deux choses pour se deffaire de cette pensée, I que les troupes bavaroises parmi lesquels M Descartes s'étoit engagé, n'entrérent jamais dans la ville d'Ulm, et sortirent des extrémitez de la Soüabe immédiatement aprés le traitté : 2 qu'on étoit alors au fort de l'été. Loin de donner des quartiers d'hyver aux troupes, le Duc De Baviére fit marcher les siennes en toute diligence le long du Danube contre les protestans d'Autriche qui s'étoient liguez avec les mécontens de Bohéme contre l'Empereur Ferdinand : et le Marquis D'Anspach par une marche toute opposée, fit avancer les siennes à grandes journées le long du Rhin, pour défendre le palatinat contre le Marquis De Spinola envoié des Pays-Bas avec des troupes espagnoles pour secourir l'empereur.

Il ne resta donc point de troupes soit catholiques soit protestantes dans la Soüabe, moins encore dans la ville d'Ulm, où M Descartes ne prétendoit pas mener une vie de soldat durant le sejour qu'il y vouloit faire. Il y pratiqua des habitudes convenables à un honnête homme, et il y rechercha particuliérement la connoissance des personnes qui étoient en réputation d'habileté pour la philosophie et les mathématiques. Le principal de ceux à qui il rendit visite fut le Sieur Jean Faulhaber, qui le reçût avec beaucoup de civilité, et qui lui donna lieu par ses honnêtetez de le hanter souvent. Faulhaber ayant remarqué dans plus d'une conversation qu'il n'étoit pas ignorant dans les mathématiques, et qu'il en parloit pertinemment lors qu'il en étoit question, s'avisa un jour de lui demander s'il avoit oüy parler de l'analyse des géométres. Le ton délibéré avec lequel M Descartes lui répondit qu'ouy, le fit douter de la chose. Le prenant sur sa réponse précipitée pour un jeune présomptueux, il lui demanda dans le dessein de l'embarasser, s'il se croioit capable de résoudre quelque problême.

M Descartes se donnant encore un air plus résolu qu'auparavant, lui dit qu'oui : et lui promit la solution des problémes les plus difficiles sans hésiter. Faulhaber qui ne voioit en lui qu'un jeune soldat, se mit à rire : et pour se mocquer de lui, il lui cita quelques vers de Plaute, pour lui faire connoître qu'il le prenoit pour un gascon aussi brave que ce glorieux fanfaron dont il est question dans la comédie. M Descartes picqué d'un parallele si disproportionné, et sensible à l'injure que lui faisoit cét allemand, luy présenta le défi. Faulhaber qui excelloit particuliérement en arithmétique et en algébre dont il avoit publié peu de têms auparavant un livre en langue vulgaire, luy proposa d'abord des questions assez communes. Voyant qu'il n'hésitoit pas dans ses réponses, il luy en proposa des plus difficiles, qui n'embarrassérent pas le répondant plus que celles de la prémiére espéce. Faulhaber commença à changer de contenance ; et aprés luy avoir fait satisfaction sur les maniéres inconsidérées dont il l'avoit traité, il le pria trés-civilement de vouloir entrer avec luy dans le cabinet, pour conférer ensemble d'un sens plus rassis pendant quelques heures. Il luy mit entre les mains le livre allemand, qu'il venoit de composer sur l'algébre. Ce livre ne contenoit que des questions toutes nuës, mais des plus abstraites, sans explications. L'auteur en avoit usé de la sorte, dans le dessein d'éxercer le génie des mathématiciens d'Allemagne, ausquels elles étoient proposées pour les exciter à y donner telles solutions qu'ils pourroient. La promptitude et la facilité avec laquelle M Descartes donnoit les solutions de celles qui luy tomboient sous la vûë en feüilletant, causa beaucoup d'étonnement à Faulhaber. Mais il fut bien plus surpris de luy entendre ajoûter en même têms les régles et les théorémes généraux qui devoient servir à la solution véritable de ces sortes de questions, et de toutes les autres de même nature. Cette nouveauté luy fit prendre le change : il eut assez d'ingénuité pour reconnoître son ignorance dans la plûpart des choses que M Descartes luy faisoit voir, et il luy demanda son amitié avec empressement.

Il arriva dans le même têms qu'un mathématicien de Nuremberg nommé Pierre Roten fit paroître les solutions qu'il avoit trouvées aux questions proposées dans le livre de Faulhaber. Roten pour luy rendre la pareille, ajoûta au bout de ses réponses d'autres questions nouvelles sans explication : et convia Faulhaber de les résoudre.

Celuy-cy trouvant que la difficulté de ces questions étoit extraordinaire, communiqua la chose à M Descartes, et le pria de vouloir entrer en société de travail avec luy. M Descartes ne put luy refuser cette honnêteté. Le succez avec lequel il le tira d'embarras, acheva de le convaincre qu'il n'y avoit point de difficultez à l'épreuve du puissant génie de ce jeune homme.

On prétend que ce fut dans le même têms que M Descartes découvrit par le moyen d'une parabole l'art de construire d'une maniére générale toutes sortes de problémes solides, réduits à une equation de trois ou quatre dimensions. C'est ce qu'il a expliqué long-têms aprés dans le troisiéme livre de sa géométrie.

Il demeura en Soüabe jusqu'au mois de septembre, sur la fin duquel il prit le chemin de Baviére pour passer en Autriche. Son dessein étoit apparemment de voir la cour de Vienne, et d'y rejoindre la suite des ambassadeurs de France, qui devoient passer en Hongrie pour conférer avec le Prince Betlen Gabor sur les moyens d'un accommodement avec l'empereur.

Cette opinion ne souffre pas grande difficulté, si l'on suppose avec quelques auteurs, que M Descartes renonça entiérement à la profession des armes durant son séjour à Ulm, lorsqu'il eut appris que le Duc De Baviére, nonobstant le traité fait avec les princes *correspondans* , ne laissoit pas de faire marcher ses troupes contre l'electeur palatin en Bohéme. Mais s'il est vray qu'il s'est trouvé à la fameuse bataille de Prague, comme l'assurent d'autres auteurs, il est croiable qu'au lieu de suivre les ambassadeurs, il sera retourné de la ville de Vienne droit au camp du Duc De Baviére.

Ce prince avoit déja réduit tous les protestans rebelles d'Autriche sous l'obéïssance de l'empereur.

Il étoit entré depuis en Bohéme : et ayant joint son armée avec celle du Comte De Bucquoy, il avoit déja remis dans le devoir quantité de villes et de places, lorsque M Descartes arriva prés de luy.

Il n'étoit pas le seul des jeunes gentils-hommes françois qui eût la curiosité de voir la fin de cette tragique scéne, que devoit représenter le nouveau roy de Bohéme c. Palatin. Plusieurs y alloient pour apprendre le métier de la guerre, particuliérement sous le Comte De Bucquoy. Mais M Descartes qui avoit d'autres vûës, et qui ne cherchoit qu'à connoître le genre humain dans toutes ses catastrophes, se contentoit de vouloir être le spectateur des autres.

Les affaires des bohémiens baissoient deplus en plus, non seulement par la jonction des deux armées impériale et bavaroise qui faisoient un corps de 50000 hommes vers le midy : mais aussi par la descente que l'electeur de Saxe venoit de faire avec 20000 hommes du côté du septentrion.

Cet electeur qui avoit refusé la couronne de Bohéme aussi-bien que le Duc De Baviere avant qu'on l'eût présentée à l'electeur palatin, avoit été chargé par l'empereur de l'éxécution du ban impérial publié contre les rebelles. Il étoit d'ailleurs mal satisfait de l'electeur palatin, qui n'avoit pas déféré à ses avis, ni à ceux de l'assemblée de Mulhausen, touchant le désistement de cette couronne qu'on luy avoit conseillé. En un mot il étoit le chef des luthériens de la confession d'Ausbourg, qui comme les catholiques ne pouvoient souffrir que les calvinistes se rendissent les maîtres d'un royaume et de trois grandes provinces par voye d'usurpation.

Il avoit déja réduit toute la Lusace, lorsque le Duc De Baviére et le Comte De Bucquoy aprés avoir pris quatorze ou quinze villes de la Bohéme, se mirent sur la route de Prague, parce que la saison déja avancée et fort rude ne permettoit pas qu'ils s'amusassent plus long-tems à former des siéges. Le samedy Vii du mois de novembre, ils se trouvérent à la portée du canon prés de l'armée de Bohéme qui les avoit cotoyez dans leur marche : et ils s'approchérent de la ville de Prague à une demi-lieuë de distance. Le lendemain dimanche octave de la toussaints, l'armée de Bohéme qui s'étoit avancée à un petit quart de lieuë de Prague, se campa sur un poste assez élevé. Le dessein de l'electeur palatin n'étoit autre que de demeurer sur la défensive, parce que ses troupes augmentées de dix mille hongrois que luy avoit envoyez Betlen Gabor, étoient encore beaucoup inférieures à celles des impériaux.

Le Duc De Baviére, et le Comte De Bucquoy en litiére d'une blessure qu'il avoit reçûë le mercredy d'auparavant, voyant l'ennemi campé si avantageusement, et si bien déterminé à se battre, tinrent conseil pour délibérer si l'on présenteroit la bataille. Les avis alloient à ne rien hazarder, lorsque le carme déchaussé qui avoit apporté l'épée benie au Duc De Baviére de la part du pape, entra dans le conseil comme un homme inspiré, et promit la victoire d'un ton aussi assuré, que s'il en eût eu parole de Dieu même. De sorte qu'aprés avoir envoyé reconnoître les avenuës et les passages par où l'on pourroit attaquer, et se dégager selon les besoins, l'armée fut rangée de telle maniére, que le Duc De Baviere tenoit l'aîle droite avec le Baron De Tilly son maréchal de camp général : et le Comte De Bucquoy assis tout armé dans sa litiére tenoit la gauche avec Tieffembach maréchal de camp général de ses troupes. Le corps de reserve aprés l'arriere-garde étoit composé de croates et d'italiens. Mais l'armée étoit sans canons, au lieu que celle des bohémiens en avoit dix.

Le Pére Carme s'étoit mis à la tête de l'avant-garde le crucifix à la main pour animer les soldats. Mais elle fut chargée si rudement par les bohémiens, que les bataillons et les escadrons furent rompus d'abord malgré la prévoyance du Baron De Tilly. Le Comte De Bucquoy voyant le désordre que causoit l'artillerie ennemie sur les bavarois, qui commençoient à plier à l'aîle gauche, sortit de sa litiére tout blessé et tout malade qu'il étoit ; monta à cheval ; dégagea le Baron De Tilly ; remit le courage aux soldats ; changea l'ordre des bataillons ; joignit tous les escadrons en un corps ; se mit à leur tête ; et secondé du Duc De Baviére qui avoit passé à l'aîle droite, il défit l'ennemi entiérement ; prit les dix piéces de canon, 135 enseignes, sans conter le camp entier avec tout le bagage. L'electeur palatin avec plusieurs seigneurs de son parti se sauva dans la vieille Prague, et dés la nuit suivante il sortit avec sa femme et ses enfans pour se retirer en Silésie. Il y eut 5000 hommes tuez sur la place, 2000 noïez dans la riviére de Molde, et plusieurs faits prisonniers. Les deux généraux catholiques qui n'avoient perdu que 400 hommes, firent avancer leur infanterie contre les murailles de la ville sur le soir. Les habitans des trois villes n'osérent se hazarder à soûtenir un siége. De sorte que dés le lendemain ils ouvrirent les portes au Duc De Baviére, et au Comte De Bucquoy, qui aprés une entrée solennelle allérent aux capucins chanter le *te deum* .

M Descartes suivoit les victorieux par tout : et quoy que nous ne sçachions pas s'il avoit contribué à cette victoire, nous ne pouvons douter qu'il n'y ait eu part, conservant toûjours sa qualité de soldat volontaire sous le Duc De Baviére. Aprés l'entrée des victorieux, on tint les portes des trois villes fermées pendant six jours, pour faire la recherche des principaux auteurs de la rebellion : et on ne leur accorda que la vie. Les luthériens de la confession d'Ausbourg y furent maintenus comme les catholiques : mais on ôta aux picards ou picardites, c'est-à-dire aux calvinistes, le libre éxercice de leur religion, et on travailla d'autant plus à les humilier, qu'ils avoient paru plus zélez que les autres dans l'élection du palatin. Les villes de Bohéme qui restoient au nombre de quarante du côté des rebelles, vinrent apporter leurs clefs à l'envi. Il ne demeura que celles de Tabor et de Piltsen, où le bâtard de Mansfeld commandoit avec de fortes garnisons. On établit le Baron De Tilly pour commander dans Prague avec six mille hommes. Les généraux voyant qu'il ne se présentoit plus d'ennemi à combattre, se retirérent avec leurs troupes, aprés que les principaux seigneurs de la couronne de Bohéme eurent prêté le serment de fidélité et d'obéïssance à l'empereur, entre les mains du Duc De Baviére, qui sortit de Prague le dix-huitiéme jour de décembre, pour venir passer le reste de l'hiver à Munich. Il ramena une partie de ses troupes en Baviére, et laissa l'autre dans la partie méridionale de Bohéme, pour y prendre des quartiers d'hiver.

L'espace de six semaines pendant lesquelles l'armée impériale séjourna dans Prague, fut plus que suffisant à Monsieur Descartes pour rechercher et visiter ce qu'il y avoit d'habiles gens dans cette ville. Le têms que les autres soldats et les officiers employoient à s'enrichir sur les rebelles abandonnez à leur pillage, fut pour luy une occasion de loisir et de liberté plus grande, pour vaquer à des plaisirs plus honnêtes, qu'il trouvoit dans la conversation des curieux et des sçavans du lieu. La mémoire du fameux Tyco-Brahé y étoit toûjours vivante, et sa réputation y avoit été maintenuë jusqu'alors dans un état aussi florissant, qu'elle étoit au têms de sa mort, par les soins de ses héritiers, et particuliérement de son illustre disciple Jean Képler mathématicien de l'empereur. Monsieur Descartes ne trouva rien de plus agréable durant ce séjour, que la conversation de ceux qui l'informérent des particularitez de la vie de ce grand astronome, qui étoit venu autrefois de Danemarck s'habituer à Prague avec toute sa famille. Si nous en croyons quelques auteurs, il prit un plaisir sensible à entendre parler de ses belles inventions, et à voir ses grandes machines que ses héritiers luy permirent d'éxaminer tout à loisir.

Ces deux circonstances rapportées par le Sieur Borel, paroîtront assez plausibles à ceux qui se contenteront de juger du fait par la seule curiosité de Monsieur Descartes. Mais on les trouvera plus que douteuses, lorsqu'elles seront éxaminées sur la vérité de l'histoire. Il est difficile que Monsieur Descartes ait pû se procurer des conférences doctes et curieuses avec les enfans, ou les parens de Tyco, s'il est vray qu'il n'en restoit point alors qui fussent en état de répondre à sa curiosité, ou qui demeurassent actuellement à Prague. Tyco avoit laissé en mourant six enfans qui se portérent tous pour héritiers : et ils eurent soin de publier quelques-uns de ses ouvrages posthumes, et de les dédier en leur nom aux empereurs Rodolphe et Ferdinand en mil six cent deux, et mil six cent vingt-six. Mais nous apprenons d'un mathématicien saxon nommé Wilhelmus Johannis, que dés l'an mil six cent quinze, aprés avoir fait toutes les enquêtes possibles dans la ville de Prague sur les fils et les filles de Tyco-Brahé, il n'avoit trouvé personne qui eût pû luy en dire des nouvelles.

Monsieur Descartes aura-t-il été plus heureux dans ses recherches ? Il y avoit alors un fils de Tyco richement pourvû en Bohéme : mais il demeuroit en Province. De sorte qu'il ne pouvoit rester à Prague que le Baron De Tengnagel gendre de Tyco, que Monsieur Descartes pût voir sur les sciences. Aussi Tengnagel étoit-il homme de lettres, et mathématicien : mais je doute qu'étant demeuré fidelle à l'Empereur Ferdinand durant les troubles, il fût demeuré dans Prague parmi les rebelles.

Il est encore moins certain que Monsieur Descartes ait eu la satisfaction de voir les machines et les instrumens de Tyco. La triste destinée de ces machines ne nous permet presque pas de le croire.

Tyco les avoit fait transporter de Danemarck à Prague, et de Prague au château de Benach. Il les avoit fait remener ensuite à Prague dans le palais de l'empereur, d'où on les avoit fait passer dans l'hôtel de Curtz. Aprés la mort de Tyco, l'empereur Rodolphe craignant qu'on n'en fit quelque aliénation, ou quelque mauvais usage, voulut en avoir la propriété pour le prix de vingt-deux mille écus d'or, qu'il paya aux héritiers de Tyco. Et il y commit un garde à gage, qui tint ce grand trésor si bien renfermé dans l'hôtel de Curtz, qu'il ne fut plus possible à personne de le voir, quelque qualité, quelque mérite, et quelque recommandation qu'on pût apporter pour cela. C'est tout dire que Képler même, tout privilégié qu'il étoit de la part de l'empereur, de la part de Tyco, et du côté de sa profession, s'est plaint amérement de n'avoir pas été plus favorisé qu'un autre en ce point. Ces machines demeurérent ensevelies de la sorte jusqu'aux troubles de Bohéme.

L'armée de l'electeur palatin croyant mettre la main sur un bien qui étoit propre à la maison d'Autriche, les pilla comme des dépoüilles ennemies ; en brisa une partie ; et en convertit une autre à des usages tout différens. Le reste fut tellement distrait, qu'on n'a point pû sçavoir depuis ce que sont devenus tant de précieux monumens. Cette désolation étoit arrivée dés l'an mil six cent dix-neuf, de sorte que Monsieur Descartes, qui n'entra dans Prague qu'en mil six cent vingt, ne pourroit avoir vû ces machines que par une avanture miraculeuse, dont nous demanderions un autre garant que le Sieur Borel.

Il est vray qu'on vint à bout de sauver le grand globe céleste qui étoit d'airain : mais ce ne fut qu'en le retirant de Prague, d'où il fut emporté sur l'heure à Neissa en Silésie, où on le mit en dépôt chez les jésuites. Il fut enlevé treize ans aprés par Udalric fils de Christiern roy de Danemarck, conduit à Coppenhague, et placé dans l'académie royale. Il falloit donc mieux concerter la fiction touchant la curiosité de Monsieur Descartes à Prague, pour la rendre plus vray-semblable.

Mais pour dire de luy des choses plus certaines, nous allons retourner à ce qui se passa dans son esprit sur la fin de l'année précédente.

Aprés avoir rapporté de suite les affaires qui se sont passées en Allemagne sous les yeux de M Descartes, nous nous sommes fait un plus grand jour, pour exposer aux yeux des autres ce qui se passa dans son esprit, et dont il fut le seul acteur peu de têms aprés s'être engagé dans les troupes du Duc De Baviére. Nous avons remarqué qu'àprés avoir quitté sur la fin de septembre de l'an 1619 la ville de Francford, où il avoit assisté au couronnement de l'empereur, il s'arrêta sur les frontiéres de Baviére au mois d'octobre, et qu'il commença la campagne par se mettre en quartier d'hiver. Il se trouva en un lieu si écarté du commerce, et si peu fréquenté de gens dont la conversation fût capable de le divertir, qu'il s'y procura une solitude telle que son esprit la pouvoit avoir dans son état de vie ambulante. S'étant ainsi assuré des dehors, et par bonheur n'ayant d'ailleurs aucuns soins ni aucunes passions au dedans qui pussent le troubler, il demeuroit tout le jour enfermé seul dans un poësle, où il avoit tout le loisir de s'entretenir de ses pensées. Ce n'étoient d'abord que des préludes d'imagination : et il ne devint hardi que par dégrez en passant d'une pensée à une autre, à mesure qu'il sentoit augmenter le plaisir que son esprit trouvoit dans leur enchaînement. Une de celles qui se présentérent à lui des prémiéres, fut de considérer qu'il ne se trouve point tant de perfection dans les ouvrages composez de plusieurs piéces et faits de la main de divers maîtres, que dans ceux ausquels un seul a travaillé. Il lui fut aisé de trouver dequoi soutenir cette pensée, non seulement dans ce qui se void de l'architecture, de la peinture, et des autres arts, où l'on remarque la difficulté qu'il y a de faire quelque chose d'accompli en ne travaillant que sur l'ouvrage d'autrui, mais même dans la police qui regarde le gouvernement des peuples, et dans l'établissement de la religion qui est l'ouvrage de Dieu seul.

Il appliqua ensuite cette pensée aux sciences, dont la connoissance où les préceptes se trouvent en dépôt dans les livres. Il s'imagina que les sciences, au moins celles dont les raisons ne sont que probables, et qui n'ont aucunes démonstrations, s'étant grossies peu à peu des opinions de divers particuliers, et ne se trouvant composées que des réfléxions de plusieurs personnes d'un caractére d'esprit tout différent, approchent moins de la vérité, que les simples raisonnemens que peut faire naturellement un homme de bon sens touchant les choses qui se présentent à lui. Delà il entreprît de passer à la raison humaine avec la même pensée. Il considéra que pour avoir été enfans avant que d'être hommes, et pour nous être laissez gouverner long têms par nos appétits, et par nos maîtres, qui se sont souvent trouvez contraires les uns aux autres, il est presque impossible que nos jugemens soient aussi purs, aussi solides qu'ils auroient été, si nous avions eu l'usage entier de nôtre raison dés le point de nôtre naissance, et si nous n'avions jamais été conduits que par elle.

La liberté qu'il donnoit à son génie ne rencontrant point d'obstacles, le conduisoit insensiblement au renouvellement de tous les anciens systêmes. Mais il se retint par la vuë de l'indiscrétion qu'il auroit blâmée dans un homme, qui auroit entrepris de jetter par terre toutes les maisons d'une ville, dans le seul dessein de les rebâtir d'une autre maniére.

Cependant comme on ne trouve point à redire qu'un particulier fasse abattre la sienne lors qu'elle le menace d'une ruïne inévitable, pour la rétablir sur des fondemens plus solides : il se persuada qu'il y auroit en lui de la témérité à vouloir réformer le corps des sciences ou l'ordre établi dans les ecoles pour les enseigner ; mais qu'on ne pourroit le blâmer avec justice d'en faire l'épreuve sur lui même sans rien entreprendre sur autruy. Ainsi il se résolut une bonne fois de se défaire de toutes les opinions qu'il avoit reçuës jusqu'àlors ; de les ôter entiérement de sa créance, afin d'y en substituer d'autres ensuite qui fussent meilleures, ou d'y remettre les mêmes, aprés qu'il les auroit vérifiées, et qu'il les auroit *ajustées au niveau de la raison* . Il crut trouver en ce point les moiens de réüssir à conduire sa vie, beaucoup mieux que s'il ne bâtissoit que sur de vieux fondemens, ne s'appuyant que sur les principes qu'il s'étoit laissé donner dans sa prémiére jeunesse, sans avoir jamais éxaminé s'ils étoient vrays.

Il prévoioit pourtant qu'un projet si hardi et si nouveau ne seroit pas sans difficultez. Mais il se flatoit que ces difficultez ne seroient pas aussi sans reméde : outre qu'elles ne mériteroient pas d'entrer en comparaison avec celles qui se trouveroient dans la réformation des moindres choses qui touchent le public. Il mettoit une grande différence entre ce qu'il entreprenoit de détruire en lui même, et les établissements publics de ce monde, qu'il comparoit à de grands corps, dont la chute ne peut être que tres-rude, et qui sont encore plus difficiles à relever quand ils sont abatus, qu'à retenir quand ils sont ébranlez. Il estimoit que l'usage avoit adouci beaucoup de leurs imperfections, et qu'il en avoit insensiblement corrigé d'autres, beaucoup mieux que n'auroit pû faire la prudence du plus sage des politiques ou des philosophes. Il convenoit même que ces imperfections sont encore plus supportables que ne seroit leur changement : de même que les grands chemins qui tournoïent entre des montagnes, deviennent si unis et si commodes à force d'être batus et fréquentez, qu'on se rendroit ridicule de vouloir grimper sur les rochers, ou descendre dans les précipices, sous prétexte d'aller plus droit. Son dessein n'étoit pas de cette nature. Ses vuës ne s'étendoient pas alors jusqu'aux intérêts du public. Il ne prétendoit point réformer autre chose que ses propres pensées, et il ne songeoit à bâtir que dans un fonds qui fût tout à lui. En cas de mauvais succés, il croioit ne pas risquer beaucoup, puis que le pis qu'il en arriveroit, ne pourroit être que la perte de son têms et de ses peines, qu'il ne jugeoit pas fort nécessaires au bien du genre humain.

Dans la nouvelle ardeur de ses résolutions, il entreprit d'éxécuter la prémiére partie de ses desseins qui ne consistoit qu'à détruire. C'étoit assurément la plus facile des deux. Mais il s'apperçut bien tôt qu'il n'est pas aussi aisé à un homme de se défaire de ses préjugez, que de brûler sa maison. Il s'étoit déja préparé à ce renoncement dés le sortir du collége : il en avoit fait quelques essais prémiérement durant sa retraitte du fauxbourg S Germain à Paris, et ensuite durant son séjour de Breda. Avec toutes ces dispositions, il n'eut pas moins à souffrir, que s'il eût été question de se dépoüiller de soi-même. Il crût pourtant en être venu à bout. Et à dire vrai, c'étoit assez que son imagination lui présentât son esprit tout nud, pour lui faire croire qu'il l'avoit mis effectivement en cét état. Il ne lui restoit que l'amour de la vérité, dont la poursuitte devoit faire d'orénavant toute l'occupation de sa vie. Ce fut la matiére unique des tourmens qu'il fit souffrir à son esprit pour lors. Mais les moyens de parvenir à cette heureuse conquête ne lui causérent pas moins d'embarras que la fin même. La recherche qu'il voulut faire de ces moiens, jetta son esprit dans de violentes agitations, qui augmentérent de plus en plus par une contention continuelle où il le tenoit, sans souffrir que la promenade ni les compagnies y fissent diversion. Il le fatigua de telle sorte que le feu lui prît au cerveau, et qu'il tomba dans une espéce d'enthousiasme, qui disposa de telle maniére son esprit déja abatu, qu'il le mit en état de reçevoir les impressions des songes et des visions.

Il nous apprend que le dixiéme de novembre mil six cent dix-neuf, s'étant couché *tout rempli de son enthousiasme ,* et tout occupé de la pensée *d'avoir trouvé ce jour là les fondemens de la science admirable ,* il eut trois songes consécutifs en une seule nuit, qu'il s'imagina ne pouvoir être venus que d'enhaut. Aprés s'être endormi, son imagination se sentit frappée de la représentation de quelques fantômes qui se présentèrent à lui, et qui l'épouvantèrent de telle sorte, que croyant marcher par les ruës, il étoit obligé de se renverser sur le côté gauche pour pouvoir avancer au lieu où il vouloit aller, parce qu'il sentoit une grande foiblesse au côté droit dont il ne pouvoit se soutenir. Etant honteux de marcher de la sorte, il fit un effort pour se redresser : mais il sentit un vent impétueux qui l'emportant dans une espéce de tourbillon lui fit faire trois ou quatre tours sur le pied gauche. Ce ne fut pas encore ce qui l'épouvanta. La difficulté qu'il avoit de se traîner faisoit qu'il croioit tomber à chaque pas, jusqu'à ce qu'ayant apperçû un collége ouvert sur son chemin, il entra dedans pour y trouver une retraite, et un reméde à son mal. Il tâcha de gagner l'eglise du collége, où sa prémiére pensée étoit d'aller faire sa priére : mais s'étant apperçu qu'il avoit passé un homme de sa connoissance sans le saluër, il voulut retourner sur ses pas pour lui faire civilité, et il fut repoussé avec violence par le vent qui souffloit contre l'eglise. Dans le même tems il vid au milieu de la cour du collége une autre personne qui l'appella par son nom en des termes civils et obligeans : et lui dit que s'il vouloit aller trouver Monsieur N il avoit quelque chose à lui donner.

M Desc s'imagina que c'étoit un melon qu'on avoit apporté de quelque païs étranger. Mais ce qui l e surprit d'avantage, fut de voir que ceux qui se rassembloient avec cette personne autour de lui pour s'entretenir, étoient droits et fermes sur leurs pieds : quoi qu'il fût toujours courbé et chancelant sur le même terrain, et que le vent qui avoit pensé le renverser plusieurs fois eût beaucoup diminué. Il se réveilla sur cette imagination, et il sentit à l'heure même une douleur effective, qui lui fit craindre que ce ne fût l'opération de quelque mauvais génie qui l'auroit voulu séduire. Aussi-tôt il se retourna sur le côté droit, car c'étoit sur le gauche qu'il s'étoit endormi, et qu'il avoit eu le songe. Il fit une priére à Dieu pour demander d'être garanti du mauvais effet de son songe, et d'être préservé de tous les malheurs qui pourroient le menacer en punition de ses péchez, qu'il reconnoissoit pouvoir étre assez griefs pour attirer les foudres du ciel sur sa tête : quoiqu'il eût mené jusques-là une vie assez irréprochable aux yeux des hommes.

Dans cette situation il se rendormit aprés un intervalle de prés de deux heures dans des pensées diverses sur les biens et les maux de ce monde. Il lui vint aussitôt un nouveau songe dans lequel il crût entendre un bruit aigu et éclatant qu'il prit pour un coup de tonnére. La frayeur qu'il en eut le réveilla sur l'heure même : et ayant ouvert les yeux, il apperçût beaucoup d'étincelles de feu répanduës par la chambre. La chose lui étoit déja souvent arrivée en d'autres têms : et il ne lui étoit pas fort extraordinaire en se réveillant au milieu de la nuit d'avoir les yeux assez étincellans, pour lui faire entrevoir les objets les plus proches de lui. Mais en cette derniére occasion il voulut recourir à des raisons prises de la philosophie : et il en tira des conclusions favorables pour son esprit, aprés avoir observé en ouvrant, puis en fermant les yeux alternativement, la qualité des espéces qui lui étoient représentées. Ainsi sa frayeur se dissipa, et il se rendormit dans un assez grand calme.

Un moment aprés il eut un troisiéme songe, qui n'eut rien de terrible comme les deux prémiers. Dans ce dernier il trouva un livre sur sa table, sans sçavoir qui l'y avoit mis. Il l'ouvrit, et voyant que c'étoit un *dictionnaire* , il en fut ravi dans l'espérance qu'il pourroit lui être fort utile. Dans le même instant il se rencontra un autre livre sous sa main, qui ne lui étoit pas moins nouveau, ne sçachant d'où il lui étoit venu. Il trouva que c'étoit un recueil des poësies de différens auteurs, intitulé *corpus poëtarum* etc. Il eut la curiosité d'y vouloir lire quelque chose : et à l'ouverture du livre il tomba sur le vers (…) ? Etc. Au même moment il apperçût un homme qu'il ne connoissoit pas, mais qui lui présenta une piéce de vers, commençant par *est et non* , et qui la lui vantoit comme une piéce excellente. M Descartes lui dit qu'il sçavoit ce que c'étoit, et que cette piéce étoit parmi les idylles d'Ausone qui se trouvoit dans le gros recüeil des poëtes qui étoit sur sa table. Il voulut la montrer lui même à cét homme : et il se mit à feüilleter le livre dont il se vantoit de connoître parfaitement l'ordre et l'oeconomie. Pendant qu'il cherchoit l'endroit, l'homme lui demanda où il avoit pris ce livre, et M Descartes lui répondit qu'il ne pouvoit lui dire comment il l'avoit eu : mais qu'un moment auparavant il en avoit manié encore un autre qui venoit de disparoître, sans sçavoir qui le lui avoit apporté, ni qui le lui avoit repris. Il n'avoit pas achevé, qu'il revid paroître le livre à l'autre bout de la table. Mais il trouva que ce *dictionnaire*

n'étoit plus entier comme il l'avoit vû la prémiére fois. Cependant il en vint aux poësies d'Ausone dans le recuëil des poëtes qu'il feüilletoit : et ne pouvant trouver la piéce qui commence par *est et non* , il dit à cét homme qu'il en connoissoit une du même poëte encore plus belle que celle là, et qu'elle commençoit par (…) ? La personne le pria de la lui montrer, et M Descartes se mettoit en devoir de la chercher, lors qu'il tomba sur divers petits portraits gravez en taille douce : ce qui lui fit dire que ce livre étoit fort beau, mais qu'il n'étoit pas de la même impression que celui qu'il connoissoit. Il en étoit là, lors que les livres et l'homme disparurent, et s'effacérent de son imagination, sans néantmoins le réveiller. Ce qu'il y a de singulier à remarquer, c'est que doutant si ce qu'il venoit de voir étoit songe ou vision, non seulement il décida en dormant que c'étoit un songe, mais il en fit encore l'interprétation avant que le sommeil le quittât. Il jugea que le *dictionnaire*

ne vouloit dire autre chose que toutes les sciences ramassées ensemble : et que le recueil de poësies intitulé *corpus poëta rum* , marquoit en particulier et d'une maniére plus distincte la philosophie et la sagesse jointes ensemble. Car il ne croioit pas qu'on dût s'étonner si fort de voir que les poëtes, même ceux qui ne font que niaiser, fussent pleins de sentences plus graves, plus sensées, et mieux exprimées que celles qui se trouvent dans les écrits des philosophes.

Il attribuoit cette merveille à la divinité de l'enthousiasme, et à la force de l'imagination, qui fait sortir les semences de la sagesse (qui se trouvent dans l'esprit de tous les hommes comme les étincelles de feu dans les cailloux) avec beaucoup plus de facilité et beaucoup plus de brillant même, que ne peut faire la raison dans les philosophes.

M Descartes continuant d'interpreter son songe dans le sommeil, estimoit que la piéce de vers sur l'incertitude du genre de vie qu'on doit choisir, et qui commençe par (…), marquoit le bon conseil d'une personne sage, ou même la théologie morale. Là dessus, doutant s'il révoit ou s'il méditoit, il se réveilla sans émotion : et continua les yeux ouverts, l'interprétation de son songe sur la même idée. Par les poëtes rassemblez dans le recueil il entendoit la révélation et l'enthousiasme, dont il ne desespéroit pas de se voir favorisé. Par la piéce de vers *est et non* , qui est le ouy et le non de Pythagore, il comprenoit la vérité et la fausseté dans les connoissances humaines, et les sciences profanes. Voyant que l'application de toutes ces choses réüssissoit si bien à son gré, il fut assez hardy pour se persuader, que c'étoit l'esprit de vérité qui avoit voulu lui ouvrir les trésors de toutes les sciences par ce songe. Et comme il ne lui restoit plus à expliquer que les petits portraits de taille-douce qu'il avoit trouvez dans le second livre, il n'en chercha plus l'explication aprés la visite qu'un peintre italien lui rendit dés le lendemain.

Ce dernier songe qui n'avoit eu rien que de fort doux et de fort agréable, marquoit l'avenir selon luy : et il n'étoit que pour ce qui devoit luy arriver dans le reste de sa vie. Mais il prit les deux précédens pour des avertissemens menaçans touchant sa vie passée, qui pouvoit n'avoir pas été aussi innocente devant Dieu que devant les hommes. Et il crut que c'étoit la raison de la terreur et de l'éfroy dont ces deux songes étoient accompagnez. Le melon dont on vouloit luy faire présent dans le prémier songe, signifioit, disoit-il, les charmes de la solitude, mais présentez par des sollicitations purement humaines. Le vent qui le poussoit vers l'eglise du collége, lorsqu'il avoit mal au côté droit, n'étoit autre chose que le mauvais génie qui tâchoit de le jetter par force dans un lieu, où son dessein étoit d'aller volontairement. C'est pourquoy Dieu ne permit pas qu'il avançât plus loin, et qu'il se laissât emporter même en un lieu saint par un esprit qu'il n'avoit pas envoyé : quoy qu'il fût trés-persuadé que ç'eût été l'esprit de Dieu qui luy avoit fait faire les prémiéres démarches vers cette eglise. L'épouvante dont il fut frappé dans le second songe, marquoit, à son sens, sa syndérêse, c'est-à-dire, les remords de sa conscience touchant les péchez qu'il pouvoit avoir commis pendant le cours de sa vie jusqu'alors. La foudre dont il entendit l'éclat, étoit le signal de l'esprit de vérité qui descendoit sur luy pour le posséder.

Cette derniére imagination tenoit assurément quelque chose de l'enthousiasme : et elle nous porteroit volontiers à croire que M Descartes auroit bû le soir avant que de se coucher. En effet c'étoit la veille de Saint Martin, au soir de laquelle on avoit coûtume de faire la débauche au lieu où il étoit, comme en France. Mais il nous assure qu'il avoit passé le soir et toute la journée dans une grande sobriété, et qu'il y avoit trois mois entiers qu'il n'avoit bû de vin. Il ajoûte que le génie qui excitoit en luy l'enthousiasme dont il se sentoit le cerveau échauffé depuis quelques jours, luy avoit prédit ces songes avant que de se mettre au lit, et que l'esprit humain n'y avoit aucune part.

Quoy qu'il en soit, l'impression qui luy resta de ces agitations, luy fit faire le lendemain diverses réfléxions sur le parti qu'il devoit prendre.

L'embarras où il se trouva, le fit recourir à Dieu pour le prier de luy faire connoître sa volonté, de vouloir l'éclairer et le conduire dans la recherche de la vérité. Il s'adressa ensuite à la sainte vierge pour luy recommander cette affaire, qu'il jugeoit la plus importante de sa vie. Et pour tâcher d'intéresser cette bien-heureuse mére de Dieu d'une maniére plus pressante, il prit occasion du voyage qu'il méditoit en Italie dans peu de jours, pour former le vœu d'un pélerinage à Nôtre-Dame De Lorette. Son zéle alloit encore plus loin, et il luy fit promettre que dés qu'il seroit à Venise, il se mettroit en chemin par terre, pour faire le pélerinage à pied jusqu'à Lorette : que si ses forces ne pouvoient pas fournir à cette fatigue, il prendroit au moins l'extérieur le plus dévot et le plus humilié qu'il luy seroit possible pour s'en acquitter. Il prétendoit partir avant la fin de novembre pour ce voyage. Mais il paroît que Dieu disposa de ses moyens d'une autre maniére qu'il ne les avoit proposez. Il fallut remettre l'accomplissement de son vœu à un autre têms, ayant été obligé de différer son voyage d'Italie pour des raisons que l'on n'a point sçeuës, et ne l'ayant entrepris qu'environ quatre ans depuis cette résolution.

Son enthousiasme le quitta peu de jours aprés : et quoique son esprit eût repris son assiéte ordinaire, et fût rentré dans son prémier calme, il n'en devint pas plus décisif sur les résolutions qu'il avoit à prendre. Le têms de son quartier d'hyver s'écouloit peu à peu dans la solitude de son poësle : et pour la rendre moins ennuyeuse, il se mit à composer un traité, qu'il espéroit achever avant pâques de l'an 1620.

Dés le mois de février il songeoit à chercher des libraires pour traiter avec eux de l'impression de cet ouvrage. Mais il y a beaucoup d'apparence que ce traité fut interrompu pour lors, et qu'il est toûjours demeuré imparfait depuis ce têms-là. On a ignoré jusqu'icy, ce que pouvoit être ce traité qui n'a peut-être jamais eu de titre. Il est certain que les *olympiques* sont de la fin de 1619, et du commençement de 1620 ; et qu'ils ont cela de commun avec le traité dont il s'agit, qu'ils ne sont pas achevez. Mais il y a si peu d'ordre et de liaison dans ce qui compose ces *olympiques* parmi ses manuscrits, qu'il est aisé de juger que M Descartes n'a jamais songé à en faire un traité régulier et suivi, moins encore à le rendre public.

La solitude de M Descartes pendant cet hiver étoit toûjours fort entiére, principalement à l'égard des personnes qui n'étoient point capables de fournir à ses entretiens. Mais elle ne donnoit point l'exclusion de sa chambre aux curieux, qui sçavoient parler de sciences, ou de nouvelles de littérature. Ce fut dans les conversations de ces derniers qu'il entendit parler d'une confrérie de sçavans, établie en Allemagne depuis quelque tems sous le nom de *fréres de la rose-croix* . On luy en fit des éloges surprenans. On luy fit entendre que c'étoient des gens qui sçavoient tout, et qu'ils promettoient aux hommes une nouvelle sagesse, c'est-à-dire, la véritable science qui n'avoit pas encore été découverte. M Descartes joignant toutes les choses extraordinaires que les particuliers luy en apprenoient, avec le bruit que cette nouvelle societé faisoit par toute l'Allemagne, se sentit ébranlé. Luy qui faisoit profession de mépriser généralement tous les sçavans, parce qu'il n'en avoit jamais connu qui fussent véritablement tels, il commença à s'accuser de précipitation et de témérité dans ses jugemens. Il sentit naître en luy-même les mouvemens d'une émulation dont il fut d'autant plus touché pour ces rose-croix, que la nouvelle luy en étoit venuë dans le têms de son plus grand embarras touchant les moyens qu'il devoit prendre pour la recherche de la vérité. Il ne crut pas devoir demeurer dans l'indifférence à leur sujet, parce (disoit-il à son ami musée) que si c'étoient des imposteurs, il n'étoit pas juste de les laisser joüir d'une réputation mal acquise aux dépens de la bonne foy des peuples ; et que s'ils apportoient quelque chose de nouveau dans le monde qui valût la peine d'être sçû, il auroit été mal-honnête à luy, de vouloir mépriser toutes les sciences, parmi lesquelles il s'en pourroit trouver une dont il auroit ignoré les fondemens. Il se mit donc en devoir de rechercher quelqu'un de ces nouveaux sçavans, afin de pouvoir les connoître par luy-même, et de conférer avec eux. à propos de quoy j'estime qu'il est bon de dire un mot de leur histoire, pour la satisfaction de ceux qui n'en ont pas encore ouy parler.

On prétend que le prémier fondateur de cette confrérie des rose-croix étoit un allemand né dés l'an 1378, de parens fort pauvres, mais gentils-hommes d'extraction. à cinq ans on le mit dans un monastére où il apprit le grec et le latin. Etant sorti du couvent à seize ans, il se joignit à quelques magiciens pour apprendre leur art, et demeura cinq ans avec eux : aprés quoy il se mit à voyager prémiérement en Turquie, puis en Arabie. Là il sçeut qu'il y avoit une petite ville nommée Damcar peu connuë dans le monde, et qui n'étoit habitée que par des philosophes, vivans d'une façon un peu extraordinaire, mais d'ailleurs trés-versez dans la connoissance de la nature. Son histoire, ou plûtôt son roman écrit par Bringern, dit qu'il y fut reçeu par les habitans du lieu avec beaucoup de civilité ; qu'on lui rendit toutes sortes de bons offices ; et qu'on luy fit un accueil aussi favorable que celuy que les brachmanes avoient fait au fameux Apollonius De Tyane. On ajoûte que nôtre allemand y fut salué d'abord par son nom, quoy qu'il ne l'eût encore déclaré à personne, qui est une circonstance copiée d'Apollonius ; et qu'on luy révéla beaucoup de choses qui s'étoient passées dans son monastére pendant le séjour d'onze années qu'il y avoit fait. Les habitans luy découvrirent qu'il y avoit long-têms qu'ils l'attendoient chez eux, comme celuy qui devoit être l'auteur d'une réformation générale dans l'univers.

Ils l'instruisirent ensuite sur diverses choses, et luy communiquérent la plûpart de leurs secrets. Aprés avoir demeuré trois ans parmi eux, il quitta leur païs pour venir en Barbarie, et s'arrêta dans la ville de Fez pour conférer avec les sages et les cabalistes, dont cette ville étoit fort ab ondante.

De là il passa en Espagne, d'où il se fit chasser pour avoir voulu y jetter les fondemens de sa nouvelle réformation. Il fut obligé de se retirer en Allemagne, où il vêcut en solitaire jusqu'à l'âge de 106 ans, au bout desquels on suppose qu'il mourut sans maladie en 1484 ; et que son corps qui demeura inconnu dans la grotte où il avoit vêcu, fut découvert six vingts ans aprés, et donna lieu à l'établissement des fréres de la rose-croix, qui se fit l'an 1604.

On dit qu'ils n'étoient que quatre confréres d'abord, et qu'ils augmentérent ensuite jusqu'au nombre de huit.

Une des prémiéres choses qu'on peut leur attribuer est sans doute l'invention du roman de leur fondateur, parce qu'ils ont cru que les établissemens les plus célèbres de ce monde se sont attiré de la vénération et du crédit par des origines fabuleuses. Pour ne pas laisser leur fondation sans miracle, ils feignirent que la grotte où reposoit leur fondateur étoit éclairée d'un soleil qui étoit au fonds de l'antre ; mais qui reçevoit sa lumiére du soleil du monde. Par ce moyen on découvroit toutes les raretez renfermées dans la grotte. Elles consistoient en une platine de cuivre posée sur un autel rond, dans laquelle on lisoit *Acrc vivant je me suis réservé cét abrégé de lumiére pour sepulchre*

et en quatre figures

avec leurs inscriptions, qui étoient pour la prémiére, *jamais vuide* ; pour la seconde, *le joug de la loy* ; pour la troisiéme, *la liberté de l'evangile* ; pour la quatriéme, *la gloire entiére de Dieu* . Il y avoit aussi des lampes ardentes, des sonnettes, des miroirs de plusieurs façons, des livres de diverses sortes, et entr'autres, le dictionnaire des mots de Paracelse, et le petit monde de leur fondateur. Mais la plus remarquable de toutes ces raretez, étoit une inscription qu'ils assuroient avoir trouvée sous un vieux mur, et qui portoit ces mots : *aprés six vingt ans je seray découverte*. ce qui désignoit fort nettement l'an 1604, qui est celuy de leur établissement.

On n'est pas encore aujourd'huy trop bien informé de la raison qui leur a fait porter le nom de *rose-croix* .

Mais sans s'arrêter aux conjectures ingénieuses des esprits mystérieux sur ce point, on peut s'en tenir à l'opinion de ceux qui estiment qu'il leur est venu de leur fondateur, quoyque ces confréres eussent voulu persuader au public que leur maître n'avoit pas de nom.

La fin de leur institut étoit la réformation générale du monde, non pas dans la religion, dans la police du gouvernement, ou dans les mœurs ; mais seulement dans les sciences : et ils s'obligeoient à garder le célibat. Ils embrassoient l'étude générale de la physique dans toutes ses parties : mais ils faisoient une profession plus particuliére de la médecine et de la chymie. Michel Mayer qui a fait un livre des constitutions de la confrérie, ne leur donne que six statuts généraux. Le prémier, de faire la médecine gratuitement pour tout le monde. Le second, de s'habiller selon la mode du païs où ils se trouveront. Le troisiéme, de s'assembler tous les ans une fois. Le quatriéme, de choisir des successeurs habiles et gens de bien à la place de ceux qui viendront à mourir. Le cinquiéme, de prendre pour le cachet ou le sçeau de la congrégation, les deux lettres capitales Rc. Le sixiéme, de tenir la societé secrete et cachée au moins pendant cent ans. La renommée a fait des gloses sur ces statuts, qui ont donné matiére à une multitude de traitez qui se sont faits pour et contre eux.

Ceux qui ont entrepris de les décrier comme des extravagans, des visionnaires et des impies, leur ont attribué des maximes fort étranges : et ils les ont fait passer pour une nouvelle secte de luthériens paracelsistes.

Monsieur Descartes ne sçavoit pas celuy de leurs statuts qui leur ordonnoit de ne point paroître ce qu'ils étoient devant le monde ; de marcher en public vêtus comme les autres ; de ne se découvrir ni dans leurs discours, ni dans aucunes de leurs maniéres de vivre. Ainsi l'on ne doit pas s'étonner que toute sa curiosité, et toutes ses peines ayent été inutiles dans les recherches qu'il fit sur ce sujet. Il ne luy fut pas possible de découvrir un seul homme qui se déclarât de cette confrérie, ou qui fût même soupçonné d'en être. Peu s'en falut qu'il ne mît la societé au rang des chiméres. Mais il en fut empêché par l'éclat que faisoit le grand nombre des écrits apologétiques, qu'on avoit publié jusqu'alors, et qu'on continua de multiplier encore depuis en faveur de ces rose-croix tant en latin qu'en allemand. Il ne crut pas devoir s'en rapporter à tous ces écrits ; soit parce que son inclination le portoit à prendre ces nouveaux sçavans pour des im posteurs ; soit parce qu'ayant renoncé aux livres, il vouloit s'accoûtumer à ne juger de rien que sur le témoignage de ses yeux et de ses oreilles, et sur sa propre expérience. C'est pourquoy il n'a point fait difficulté de dire quelques années aprés, qu'il ne sçavoit rien des rose-croix : et il fut aussi surpris que ses amis de Paris, lorsqu'étant de retour en cette ville l'an 1623, il apprit que son séjour d'Allemagne luy avoit valu la réputation d'être de la confrérie des rose-croix.

Se voyant ainsi déchû de l'espérance qu'il avoit euë, de trouver quelqu'un qui fût en état de le soulager dans la recherche de la vérité, il retomba dans ses prémiers embarras. Il passa le reste de l'hiver et le carême sur les frontiéres de Baviére dans ses irrésolutions, se croyant bien délivré des préjugez de son éducation et des livres, et s'entretenant toûjours du dessein de bâtir tout de neuf. Mais quoyque cet état d'incertitude dont son esprit étoit agité, luy rendît les difficultez de son dessein plus sensibles que s'il eût pris d'abord sa résolution, il ne se laissa jamais tomber dans le découragement. Il se soûtenoit toûjours par le succez avec lequel il sçavoit ajuster les secrets de la nature aux régles de la mathématique à mesure qu'il faisoit quelque nouvelle découverte dans la physique.

Ces occupations le garantirent des chagrins et des autres mauvais effets de l'oisiveté, et elles le ménérent jusqu'au têms que le Duc De Baviére fit avancer ses troupes vers la Soüabe. Il les suivit, comme nous l'avons rapporté ailleurs, et il les quitta pour venir à Ulm, où il passa les mois de juillet et d'août avec une partie de ceux de juin et de septembre. De là il fut en Autriche voir la cour de l'empereur, aprés quoy il alla rejoindre l'armée du Duc De Baviére en Bohéme, et entra avec elle dans la ville de Prague, où il demeura jusqu'au milieu du mois de décembre.

Il prit ensuite son quartier d'hiver avec une partie des troupes que le Duc De Baviére laissa sur les extrémitez de la Bohéme méridionale en retournant à Munich. Il se remit à ses méditations ordinaires sur la nature, s'éxerçant aux préludes de ses grands desseins, et profitant de l'avantage qu'il avoit de pouvoir vivre seul au milieu de ceux à qui il ne pouvoit envier la liberté de boire et de joüer, tant qu'ils luy laissoient celle d'étudier en retraite.

Mr Descartes se trouvoit toûjours embarrassé dans ses irrésolutions, ne sçachant encore à quoy se déterminer sur le choix d'un genre de vie qui fût propre pour l'éxécution de ses desseins. Il en remit la décision à une autre fois : et pour tâcher de faire quelque diversion à ses inquiétudes, il reprit le mousquet dans la résolution de faire encore une campagne. Le bruit que les troubles de Hongrie avoient fait au camp des bavarois l'année précédente, et ce qu'il en avoit pû apprendre des hongrois même, qui s'étoient trouvez à la bataille de Prague parmi les troupes impériales, luy fit naître l'envie de passer en Hongrie, et de prendre parti dans l'armée de l'empereur qui marchoit contre les rebelles. Il quitta le service du Duc De Baviére pour aller en Moravie, où le Comte De Bucquoy incontinent aprés le rétablissement de sa santé, s'étoit mis en devoir de réduire les villes qui restoient de la faction de l'electeur palatin. Il l'alla trouver à Hradisch ville sur la Morave que ce comte venoit de prendre, aprés un siége de peu de jours, et qui avoit servi jusques-là de lieu de communication entre les rebelles de Hongrie, et ceux de Bohéme pour se secourir mutuellement contre l'Empereur Ferdinand. Il s'engagea aux conditions des volontaires vers la fin de mars de l'an 1621 dans les troupes de ce général, qui attendoit l'issuë de la conférence de Hainbourg, procurée le 25 de janvier par les ambassadeurs de France, entre Betlen Gabor et les etats de Hongrie d'une part, et l'empereur qui étoit roy légitime de Hongrie de l'autre.

Pour mieux entrer dans l'intelligence des affaires des uns et des autres, il faut sçavoir quelque chose des troubles survenus en Hongie peu de têms aprés la naissance de ceux de Bohéme. Betlen Gabor ou Gabriel Bethlem, hongrois d'origine, grec de religion, s'étoit emparé de la principauté de Transilvanie, dont il avoit dépouillé Batori par l'assistance des turcs. Pour pouvoir jouïr de son usurpation avec plus d'assurance et de repos, il avoit fait avec l'Empereur Mathias en 1615 un traitté de paix, où lui et les etats de Transilvanie reconnoissoient cét empereur pour légitime roy de Hongrie, et promettoient de l'assister en toutes choses, lui et ses successeurs au royaume de Hongrie. Il avoit passé un autre traitté tout semblable l'an 1619 avec Ferdinand légitime successeur de Mathias. Mais ayant oublié tous ses sermens quelques mois aprés, il ne fit pas difficulté de prendre sous sa protection les séditieux et les mécontens de Hongrie. Il fit plus, car s'étant assuré de la faveur du grand seigneur, dont il étoit vassal, et ayant fait une ligue offensive et défensive avec les directeurs de Bohéme, c'est-à-dire, avec les rebelles qui avoient élû le palatin pour leur roy, il entra sur la fin du mois d'août 1619 dans la haute Hongrie avec une grosse armée : et prit la ville de Cassovie le cinquiéme de septembre. L'épouvante y fut si grande que la plûpart des villes lui apportérent les clefs : et les etats de la haute Hongrie se mirent sous sa puissance, à condition qu'il les maintiendroit dans leurs priviléges. Au mois d'octobre il fit avancer son armée vers Presbourg, et envoya dix mille transilvains au Comte De La Tour général des troupes rebelles de Bohéme. Il obligea la ville de Presbourg de se rendre par une capitulation signée le 20 d'octobre ; se fit déclarer Prince De Hongrie par les grands du royaume ; et permit la liberté de religion par tout. Au commençement de l'année 1620, furent dressez les articles d'une confédération entre luy, les etats de Hongrie et de Transilvanie d'une part, et l'electeur palatin, les etats de Bohéme et des provinces incorporées, de l'autre. Ils furent arrêtez le troisiéme janvier au château de Prague, signez à Presbourg le 15 du même mois ; et ratifiez à Prague le 15 d'avril suivant. Dans le même têms l'empereur qui tachoit d'épargner le sang des hongrois qui lui étoient demeurez fidéles, et qui craignoit que le turc ne voulût profiter de ces desordres, fit une tréve avec Betlen Gabor pour faire cesser tout acte d'hostilité jusqu'au jour de Saint Michel. Pendant la tréve, les etats de Hongrie, sous prétexte d'aviser aux moyens de remettre tout le royaume sous l'obéissance de l'empereur, tinrent une diéte générale à Neuhausel au commençement de juillet. La délibération fut qu'on commençeroit la guerre à la fin de la tréve, et que le Prince Betlen seroit couronné Roy De Hongrie au mois d'octobre. La tréve finie, Betlen porta la guerre sur les confins de l'Autriche, et mit le siége devant Hainbourg, qu'il prit aprés la mort du Comte De Dampierre général des troupes impériales tué devant Presbourg ; où il étoit allé mettre le siége pour faire diversion à celui de Hainbourg. Ayant appris que les ambassadeurs de France étoient partis le 16 d'octobre pour traitter un accommodement entre l'empereur et lui, il envoya au devant d'eux 400 cavaliers, puis 200 gentilshommes ; les recût magnifiquement, et leur donna deux audiences dont on n'a jamais sçû le résultat. Mais étant retournez à Vienne, ils firent arrêter entre cinq députez de l'empereur et six du Prince Betlen une conférence à Hainbourg où ils devoient se trouver aussi, et la firent assigner au 25 De Janvier 1621.

Pendant la tenüe de cette conférence, les deux armées ne laissoient pas d'agir l'une contre l'autre, et se battoient souvent avec beaucoup de perte de part et d'autre, lorsqu'elles se rencontroient en corps détachez. Mais Betlen voyant les grands de son parti ébranlez par les tristes nouvelles de la défaite du prince palatin et des confédérez de Bohéme, et ne contant pas trop sur l'issüe favorable de la conférence de Hainbourg, sortit de Presbourg, et emporta la couronne avec lui. Il se retira d'abord à Tirnaw, et delà à Altesol sur la riviere de Gran.

Le 7 d'avril, l'empereur envoia ses conditions de paix à la conférence pour être offertes au Prince Betlen. Elles portoient qu'on lui laisseroit le titre de Prince De Hongrie, avec un revenu de 100000 florins et 100 marcs d'argent par an. Betlen témoigna qu'il étoit content d'accepter ces conditions, pourvû qu'on lui donnât Cassovie, avec certain nombre de villes de sureté. Il demandoit outre cela que l'empereur pardonnât généralement à tous les confédérez de quelque province qu'ils fussent, et ne fit aucune recherche du passé.

L'empereur rejetta cette proposition : sur son refus la conférence de Haimbourg fut rompuë avec la tréve qu'on avoit renoüée et prolongée jusqu'alors, de sorte que rien n'empêcha plus le Comte De Bucquoy d'entrer en Hongrie.

M Descartes le suivit au passage de la Morave, qu'il fit au mois d'avril pour aller investir Presbourg avec une armée de 22000 hommes. Le Prince Betlen qui avoit laissé une forte garnison dans le château de la ville, ayant pourvû aux munitions de Tirnaw, de Neuhausel, et des autres places principales, se retira à Cassovie, et y emporta la couronne de Hongrie. La ville de Presbourg se rendit le 2 de may, et le château huit jours aprés.

Le Comte De Bucquoy aprés avoir fait conduire les hongrois qui étoient dans la citadelle à Neuhausel, et les allemans en Moravie, mit une garnison impériale dans Presbourg, et fit marcher son armée devant Tirnaw, qui ne résista point longtêms, non plus que les villes et places de S Georges, de Moder, de Pesing, de Rosendorf, d'Altembourg, et quelques autres sur les deux rives du Danube, qui furent réduites en peu de têms avec toute l'isle de Schut.

On prétend que M Descartes se signala dans ces expéditions, et qu'il y acquit de la réputation. La chose n'est pas tout-à-fait hors d'apparence, mais il auroit été bon que nous l'eussions apprise de lui même, ou de quelque auteur attaché uniquement à la vérité de l'histoire, plûtôt que de ses panégyristes qui peuvent l'avoir devinée dans la pensée de lui faire honneur. Je crois qu'il faut s'en tenir à ses intentions, qui n'étoient de chercher ni la gloire ni la fortune dans la profession des armes, mais de parvenir de plus en plus à la connoissance des hommes, et du reste de la nature.

Le Comte De Bucquoy, n'eut pas si bon marché du siége de Neuhausel, qui pensa ruïner le parti de l'empereur en Hongrie. Les impériaux eurent d'abord quelques avantages dans leurs approches : et les assiégez reçurent au commençement beaucoup de dommage des batteries qui étoient parfaitement bien disposées. Mais outre que ces derniers ne manquoient de rien dans la place, ayant la porte libre du côté de la riviére, pour faire entrer autant d'hommes et de munitions qu'ils en pouvoient souhaitter : ils avoient encore hors de la ville 10000 hommes, venus à leur secours ; sçavoir, 4000 envoyez de Cassovie par le Prince Betlen, et 6000 amenez de Bohéme et de Moravie par le Comte De La Tour, et campez avantageusement au delà de la riviére. Les assiégez firent de fréquentes sorties, et l'armée des troupes auxiliaires traversoit tellement les passages et les avenuës de l'armée impériale, que le Comte De Bucquoy étoit obligé de faire une escorte de plusieurs compagnies de cavalerie et d'infanterie pour envoyer au fourrage.

Nonobstant ces inconvéniens, le siége avançoit en fort bon ordre, lors que le 10 de juillet un corps de 1500 chevaux hongrois, détaché du camp de delà la riviére et passé à la faveur du canon des assiégez, vint attaquer 1500 cavaliers des impériaux revenans du fourrage. à la prémiére alarme qui s'en donna, le Comte de Bucquoy accompagné de quelques officiers courut se mettre à la tête de ses gens.

Ayant considéré l'ordre des assaillans, il forma sur le champ divers escadrons, et fit avancer le Comte Torquati qui enfonça vaillamment l'avantgarde ennemie, et se trouva pêle mêle au milieu des hongrois avec ses soldats. L'escadron qui suivoit ne fit pas bien son devoir, et sa fuite entraîna les autres qui venoient aprés. De sorte que Torquati et les siens furent enveloppez et faits prisonniers, et que le Comte De Bucquoy se trouva seul devant l'ennemi.

Il eut beau courir d'escadron en escadron l'épée d'une main et le pistolet de l'autre pour rassurer les fuiards et les faire retourner. Ils n'eurent point d'oreilles pour lui : et ils l'abandonnérent si généralement qu'il fut coupé et investi seul par quinze hongrois des mieux montez, qui l'attaquérent de toutes parts. Il se défendit tres longtêms contre-eux avec son courage ordinaire, jusqu'à ce qu'il reçut un coup de pistolet au travers du corps, puis un autre coup de lance qui le fit tomber de son cheval. Le Marquis De Gonzague qui l'apperçût de loin, accourut avec quelques-uns de ses gens pour le secourir. Il se jetta au milieu des hongrois, en tua deux, et donna le loisir au Comte De Bucquoy de se relever, et de marcher à pied environ cinquante pas vers l'armée malgré la perte de son sang. Les hongrois survenus en plus grand nombre firent retirer le Marquis De Gonzague, jettérent le Comte De Bucquoy par terre de deux autres coups de lance, et ayant fait une décharge de tous leurs pistolets sur lui, il mourut sous la grêle de tant de coups, dont il s'en trouva treize qui étoient mortels. La honte et le courage reprirent le Marquis

De Gonzague, qui revint à la charge avec le Sieur De Camargues, et quelques soldats ralliez des fuiards. Ils percérent bravement jusqu'au lieu où étoit leur général, qu'ils trouvérent mort. Le marquis descendit de son cheval, sur lequel il chargea lui même le corps pour le transporter au camp.

Les impériaux consternez de la perte de leur général, ne songérent plus qu'aux moiens de lever le siége de Neuhausel. Mais pour sauver les apparences, ils demeurérent encore quelques jours, pendant lesquels ils prirent des mesures pour se retirer en bon ordre. C'est ce qu'ils firent durant la nuit du 27 de juillet, et M Descartes revint à Presbourg avec les françois et les wallons, qui étoient en grand nombre dans l'armée du Comte Du Bucquoy.

Une avanture aussi funeste que celle dont il venoit d'être le témoin, acheva de le dégoûter de la profession des armes. Nous serions trop faciles si nous nous laissions aller à l'opinion de ceux qui ont publié qu'il a encore servi contre les turcs. Quand M Descartes auroit eu envie de le faire, il seroit difficile de trouver une occasion qui se fût présentée en ce têms-la pour favoriser ce dessein.

Les impériaux n'avoient rien à démêler pour lors avec les turcs ; et il auroit fallu que M Descartes pour se satisfaire, eût passé en Pologne ou en Moldavie, qui étoit le théatre ordinaire de la guerre entre les polonois et les turcs. Dés l'an 1620, le jeune Sultan Osman avoit fait la paix avec la Perse pour déclarer la guerre à la Pologne. Les turcs et les polonois s'étoient battus mutuellement en diverses rencontres sur la fin de la même année, et au commençement de la suivante. La guerre dura jusqu'au mois de novembre : et les cosaques, tantôt seuls, tantôt avec les polonois, y firent périr par le fer plus de cent mille turcs, jusqu'à ce qu'Osman se vid obligé de demander la paix, qui termina la campagne de cette année. M Descartes partant du camp devant Neuhausel sur la fin de juillet, seroit peut-être arrivé assez-tôt en Moldavie, pour voir les derniers combats. Mais les passages occupez par les hongrois et transilvains du parti de Betlen Gabor, ne pouvoient lui permettre ce voyage. Aussi voyons nous que ceux qui l'ont fait aller contre les turcs, n'ont supposé la chose que sur l'erreur qui leur avoit fait croire que l'armée impériale de Hongrie étoit emploiée contre les turcs.

Ce fut donc immédiatement aprés la campagne de Hongrie, que M Descartes éxécuta la résolution qu'il avoit prise longtêms auparavant de ne plus porter le mousquet. Il n'eut point à combattre en cette occasion ni contre son tempérament, dont la chaleur s'étoit ralentie par les travaux de quatre années de milice, ni contre son inclination qui ne le portoit plus qu'à rechercher de la tranquillité pour méditer sur sa philosophie.

Son dessein n'étoit pas de revenir si tôt en France, soit à cause de la guerre que les huguenots venoient d'y allumer, soit à cause de la peste, qui affligeoit particuliérement la ville de Paris depuis prés d'un an, et qui ne cessa qu'en 1623. Il entreprit donc de voyager dans ce qui lui restoit à voir des pays du nord : mais ce n'est pas la peine de dire qu'il fut obligé de changer d'état. Ce qu'il entreprenoit n'étoit dans le fonds qu'une continuation de voyages qu'il vouloit faire, sans s'assujettir dorénavant à suivre les armées, parce qu'il croyoit avoir suffisamment envisagé et découvert le genre humain par l'endroit de ses hostilitez. Il avoit toujours parlé de sa profession militaire, d'une maniére si indifférente et si froide, qu'on jugeoit aisément qu'il considéroit ses campagnes comme de simples voyages, et qu'il ne se servoit de la bandouliére que comme d'un passeport qui lui donnoit accés jusqu'au fonds des tentes et des tranchées, pour mieux satisfaire sa curiosité.

Les envieux et les adversaires que la providence lui destinoit dés lors, ne laissérent pas échapper cette circonstance de sa vie : et longtêms aprés l'on a vû un ministre de Hollande lui reprocher cette action comme un trait de lâcheté. Selon cét auteur, ç'a été le desespoir de pouvoir devenir maréchal ou lieutenant général, qui l'a fait renoncer à la profession des armes, lui qui n'avoit jamais voulu être enseigne ni lieutenant. M Descartes s'est contenté de rire de cette insulte. Le ministre qui pour le rendre odieux parmi les protestans, affectoit de le faire passer pour un jésuite de robbe-courte, dressa son horoscope sur cét endroit, et devina qu'il étoit né sous l'étoile de S Ignace De Loyola. Il prétendoit par cette extravagante imagination faire un paralléle de ce saint et de ses disciples avec M Descartes et les sectateurs de sa nouvelle philosophie, donnant pour époque à la fondation de l'institut du prémier, et à l'origine de la philosophie du second, le renoncement de l'un et de l'autre au port des armes, dont il mettoit le principe dans un mouvement de desespoir. Quoique M Descartes ne fût pas du nombre des saints comme Ignace De Loyola, il ne laissa pas de souffrir ces reproches avec la patience d'un saint : au moins tâcha-t-il d'imiter les disciples de ce saint, qui ne le vangérent de cét outrage du ministre que par le mépris et le silence.

Il s'est vû peu de grands hommes dans le monde qui n'aient pris le parti de voyager, depuis que le genre humain s'est répandu dans les divers endroits de la terre, et qu'il s'est trouvé partagé par la diversité du langage, de la religion, des mœurs, et des maniéres de vivre. Nous avons été trés-satisfaits des raisons que ces grands hommes nous ont alléguées de cette curiosité : et l'on doit espérer de la justice publique qu'on ne le sera pas moins de celles de M Descartes, que personne n'accusera d'avoir été novateur en ce point. L'éxemple de ces grands hommes est une apologie de sa conduite, comme sa conduite pourra en être une pour eux quand ils en auront besoin. Le bon sens qui est de tous les siécles, lui a fait connoître comme à eux, que pour sçavoir éxactement, il ne faut pas s'en tenir aux méditations de son cabinet, ni aux habitudes de son païs natal. Il emploia donc le reste de sa jeunesse à voyager, sur tout dans les provinces où il n'y avoit point de guerres. Il s'appliqua particuliérement à voir et éxaminer les cours des princes, à fréquenter les personnes de diverses humeurs, et de différentes conditions. Il s'étudia aussi beaucoup à recueillir diverses expériences, tant sur les choses naturelles que produisoient les différens climats par où il passoit, que sur les choses civiles qu'il voyoit parmy les peuples, d'inclinations et de coûtumes différentes.

C'est ce qu'il appelloit *le grand livre du monde,* dans lequel il prétendoit chercher la vraye science, n'espérant pas la pouvoir trouver ailleurs que dans ce volume ouvert publiquement, et dans soy-même, selon la persuasion où il étoit que les semences que Dieu a mises en nous ne sont pas entiérement étouffées par l'ignorance ou par les autres effets du péché. Suivant ces principes il voulut que ses voyages lui servissent à s'éprouver lui-même dans les rencontres que la fortune lui proposoit, et à lui faire faire sur toutes les choses qui se présentoient, des réfléxions utiles à la conduite de sa vie.

Car il flattoit son esprit de l'espérance de pouvoir rencontrer plus de vérité dans les raisonnemens que font les particuliers touchant les affaires qui les regardent, que dans ceux que fait un homme de lettres au fonds de son cabinet, touchant des spéculations qui ne produisent presque point d'autres effets que la vanité, qu'il en tire d'autant plus volontiers, qu'elles sont ordinairement plus éloignées du sens commun, aprés avoir mis tout son esprit et toute son industrie à les rendre probables.

Mais à dire vray, lorsqu'il ne s'appliquoit qu'à considérer les mœurs des autres hommes, il n'y trouvoit guéres de quoy s'assûrer de rien. Il y appercevoit presque autant de diversité qu'il en avoit remarqué autrefois parmi les opinions des philosophes. De sorte que le plus grand profit qu'il en retiroit, étoit que voyant plusieurs choses qui toutes extravagantes et toutes ridicules qu'elles nous paroissent, ne laissent pas d'être communément reçuës et approuvées par d'autres peuples, il apprenoit au moins à ne rien croire légérement, et à ne point s'entêter de ce que l'éxemple et la coûtume luy avoient autrefois persuadé. C'est ainsi qu'il se délivroit peu à peu de beaucoup d'erreurs, qu'il croioit capables d'offusquer nôtre lumiére naturelle.

Il quitta la Hongrie vers la fin du mois de juillet de l'an 1621, et reprenant les extrémitez de la haute Allemagne, il rentra en Moravie pour passer en Silésie. Nous ne sçavons de quelle durée fut le séjour qu'il fit à Breslaw et dans les autres villes du païs. Les peuples commençoient un peu à respirer des ravages et des cruautez éxercées durant cette année dans toute la Silésie par l'armée du Marquis De Jagerndorff, que l'electeur palatin avoit laissé pour tâcher de faire revivre son parti et celuy des rebelles, lorsqu'il se retira dans la marche de Brandebourg. La tenuë des etats de Silésie, qui s'assemblérent à Breslaw vers le même têms, luy donna lieu de voir tout ce que la province avoit de plus considérable ramassé en un même lieu. L'electeur de Saxe commissaire général du ban de l'empire y arriva au mois de novembre avec beaucoup d'appareil.

Il y fit la cérémonie du serment de fidélité et d'obéïssance, que les princes et les etats du duché de Silésie prêtérent entre ses mains à l'Empereur Ferdinand.

M Descartes voulut ensuite pousser sa curiosité jusqu'au bout de l'Allemagne du côté du nord, et il alla en Poméranie par les extrémitez de la Pologne vers le commençement de l'automne de la même année.

Il trouva ce pays dans une grande tranquillité, et dans un assez petit commerce avec les peuples de dehors, si l'on en éxcepte la ville de Stettin.

Aprés avoir visité principalement les côtes de la mer Baltique, il remonta de Stettin dans la marche de Brandebourg. L'electeur étoit nouvellement revenu de la diéte de Warsovie en Pologne, et de la Prusse, où il étoit allé se faire rendre les hommages de la noblesse et des peuples, aprés en avoir reçû l'investiture du Roy De Pologne. Il étoit actuellement en guerre avec la maison de Neubourg touchant la succession des duchez de Juliers, Cleves, Berg ou Monts. M Descartes passa ensuite au duché de

Mécklebourg, et de là dans le Holstein, d'où quelques auteurs ont crû qu'il étoit allé en Danemarck. Cette opinion n'auroit rien d'incroyable, si nous avions dequoy nous persuader que M Descartes eût fait deux fois le voyage de Danemarck en sa vie.

Mais s'il n'y fut qu'une seule fois, comme il semble l'insinuer dans les endroits de ses lettres où il a eu occasion d'en parler, il faut retrancher le voyage prétendu de l'an 1621, parce que celuy qu'il fit en Danemarck onze ou douze ans après, est indubitable, ayant pour caractére de certitude l'établissement fixe de M Descartes en Hollande, et la compagnie de M De Ville-Bressieux, appellé par le Sieur Borel M De Bressieux, qu'il ne connoissoit pas encore en 1621.

Etant sur le point de partir pour se rendre en Hollande avant la fin de novembre de la même année, il se défit de ses chevaux et d'une bonne partie de son équipage : et il ne retint qu'un valet avec luy.

Il s'embarqua sur l'Elbe, soit que ce fût à Hambourg, soit que ce fût à Gluckstadt, sur un vaisseau qui devoit luy laisser prendre terre dans la Frise orientale, parce que son dessein étoit de visiter les côtes de la mer d'Allemagne à son loisir.

Il se remit sur mer peu de jours aprés, avec résolution de débarquer en West-Frise, dont il étoit curieux de voir aussi quelques endroits. Pour le faire avec plus de liberté, il retint un petit bâteau à luy seul d'autant plus volontiers, que le trajet étoit court depuis Embden jusqu'au prémier abord de

West-Frise. Mais cette disposition qu'il n'avoit prise que pour mieux pourvoir à sa commodité, pensa luy être fatale. Il avoit affaire à des mariniers qui étoient des plus rustiques et des plus barbares qu'on pût trouver parmi les gens de cette profession. Il ne fut pas long-tems sans reconnoître que c'étoient des scélérats, mais après tout ils étoient les maîtres du bâteau. M Descartes n'avoit point d'autre conversation que celle de son valet, avec lequel il parloit françois. Les mariniers qui le prenoient plûtôt pour un marchand forain que pour un cavalier, jugérent qu'il devoit avoir de l'argent.

C'est ce qui leur fit prendre des résolutions qui n'étoient nullement favorables à sa bourse. Mais il y a cette différence entre les voleurs de mer et ceux des bois, que ceux-ci peuvent en assurance laisser la vie à ceux qu'ils volent, et se sauver sans être reconnus : au lieu que ceux-là ne peuvent mettre à bord une personne qu'ils auront volée, sans s'exposer au danger d'être dénoncez par la même personne. Aussi les mariniers de M Descartes prirent-ils des mesures plus sûres pour ne pas tomber dans un pareil inconvenient. Ils voyoient que c'étoit un étranger venu de loin, qui n'avoit nulle connoissance dans le pays, et que personne ne s'aviseroit de réclamer, quand il viendroit à manquer. Ils le trouvoient d'une humeur fort tranquille, fort patiente ; et jugeant à la douceur de sa mine, et à l'honnêteté qu'il avoit pour eux, que ce n'étoit qu'un jeune homme qui n'avoit pas encore beaucoup d'expérience, ils conclurent qu'ils en auroient meilleur marché de sa vie. Ils ne firent point difficulté de tenir leur conseil en sa présence, ne croyant pas qu'il sçût d'autre langue que celle dont il s'entretenoit avec son valet ; et leurs déliberations alloient à l'assommer, à le jetter dans l'eau, et à profiter de ses dépoüilles.

M Descartes voyant que c'étoit tout de bon, se leva tout d'un coup, changea de contenance, tira l'épée d'une fierté imprévuë, leur parla en leur langue d'un ton qui les saisit, et les menaça de les percer sur l'heure, s'ils osoient luy faire insulte. Ce fut en cette rencontre qu'il s'apperçut de l'impression que peut faire la hardiesse d'un homme sur une ame basse ; je dis une hardiesse qui s'éléve beaucoup au dessus des forces et du pouvoir dans l'éxécution ; une hardiesse qui en d'autres occasions pourroit passer pour une pure rodomontade. Celle qu'il fit paroître pour lors eut un effet merveilleux sur l'esprit de ces misérables. L'épouvante qu'ils en eurent fut suivie d'un étourdissement qui les empêcha de considérer leur avantage, et ils le conduisirent aussi paisiblement qu'il pût souhaiter.

Mr Descartes aprés un séjour de peu de durée dans la Frise occidentale vint en Hollande où il passa une bonne partie de l'hiver. Il vit à La Haye trois petites cours différentes, dont la fréquentation faisoit un fort bel effet par la diversité des intérêts de ceux qui y abordoient. Celle des etats généraux où se traitoient les affaires de la république ; celle du Prince D'Orange où l'on voyoit toûjours beaucoup de noblesse étrangére ; et celle de l'infortunée Reine De Bohéme electrine palatine, qui ne faisoit que naître, et où se rendoient les dames et les personnes de divertissement, qui alloient charmer les chagrins et les disgraces de la princesse. L'electeur palatin son mary n'y faisoit pas un séjour fort sédentaire auprés d'elle.

Dés le mois de mars suivant il la quitta pour aller au palatinat, tâcher de rétablir ses affaires. Nous avons remarqué qu'aprés la funeste journée de Prague il s'étoit retiré en Silésie. De-là il s'étoit sauvé par la marche de Brandebourg, où il ne demeura qu'autant de têms qu'il en falloit à l'electrice sa femme accouchée à Custrin le douziéme de janvier de son fils Maurice, pour relever de ses couches.

Aprés il s'étoit transporté à Hambourg, puis à Sigenberg, pour assister à l'assemblée convoquée par le Roy De Danemarck et les autres princes protestans, afin d'aviser aux moyens d'arrêter les progrez que Spinola général des espagnols et des flamans faisoit dans le palatinat en faveur de l'empereur. Au printêms il se mit en chemin avec sa famille et tout son train, et il arriva par terre en Hollande à la faveur d'une escorte considérable qui luy avoit été envoyée par le Prince D'Orange Maurice son oncle maternel. Il fut logé à La Haye, et les etats luy assignérent dix mille florins par mois pour l'entretien de sa personne et du reste de sa famille. Au mois de mars de l'année suivante, il s'embarqua travesti et sans suite pour Calais, où ayant pris la poste il vint à Paris salüer le roy *incognito* , et alla par la Lorraine au palatinat, pour agir conjointement avec le Comte De Mansfeld, l'evêque de Halberstad, le Marquis De Durlach et les autres chefs de son parti dans le rétablissement de ses affaires. Cét éclaircissement des avantures de l'electeur palatin est nécessaire à l'histoire de M Descartes, par rapport aux habitudes qu'il contracta depuis dans la maison de ce prince à La Haye, et aux correspondances particuliéres qu'il eut pour la philosophie avec la Princesse Elisabeth sa fille, qui luy étoit née peu de têms avant qu'il fut élû Roy De Bohéme.

Quand M Descartes arriva en Hollande, il n'y avoit que quatre mois que la tréve des etats avec les espagnols étoit expirée. La guerre avoit été déclarée de part et d'autre dés le troisiéme d'août, et les espagnols assiégeoient actuellement deux villes aux hollandois, celle de Juliers sous la conduite du célèbre Spinola, et l'Ecluse sous celle de Borgia gouverneur de la citadelle d'Anvers. M Descartes resta dans les Provinces-Unies, attendant l'événement de ces deux siéges, qui faisoient la matiére des entretiens de tout le monde, et qui ne finirent qu'en janvier 1622 avec un succez fort différent. Spinola prit la ville et le château de

Juliers sur les hollandois ; Borgia leva le siége de l'Ecluse, aprés avoir laissé perdre la plus grande partie de son armée par le froid et la misére.

M Descartes quitta la Hollande vers le commençement de février suivant. Il entra dans les pays-bas espagnols, et fut curieux de voir la cour de Bruxelles. L'infante Isabelle gouvernoit seule ces provinces sous l'habit des religieuses de Sainte Claire, étant demeurée veuve de l'Archiduc Albert depuis le Xiii de juillet de l'année précédente.

Elle soûtenoit la guerre contre les hollandois avec autant de vigueur et de vigilance, qu'elle avoit de douceur et de bonté pour ses sujets. M Descartes partit peu de jours aprés pour retourner en France.

Mais ayant appris que la ville de Paris n'étoit pas encore délivrée de la contagion dont elle se trouvoit infectée depuis deux ans, il prit sa route par Roüen, et il passa delà droit à Rennes chez m.

Son pére vers le milieu du mois de mars. Une absence de prés de neuf ans peut faire juger du plaisir qu'il reçut de ses proches, et de celuy qu'il leur donna, mais particuliérement à m. Son pére, qui étoit déja des anciens de la grand-chambre, et qui se vit le doyen du parlement l'année suivante. M Descartes avoit alors vingt-six ans achevez, et m. Son pére prit occasion de sa majorité pour le mettre en possession du bien de sa mére, dont il avoit déja donné deux tiers à ses aînez : l'un à M De La Bretailliére son frére, et l'autre à Madame Du Crevis sa sœur.

Ce bien consistoit en trois fiefs ou métairies, sçavoir le *perron* , dont il portoit le nom, la *grand-maison, et le marchais*

; outre une maison

dans la ville de Poitiers, et plusieurs arpens de terre labourable au territoire d'Availle. Comme tout ce bien étoit situé en Poitou, il fut curieux de l'aller reconnoître, afin de voir l'usage qu'il en pourroit faire. Il partit au mois de may pour se rendre en cette province, et il songea dés lors à chercher des traitans pour le vendre, afin de trouver de quoy acheter une charge qui pût luy convenir. Il passa la plus grande partie de l'été tant à Châtelleraut qu'à Poitiers, et il retourna auprés de m. Son pére, qui pendant le semestre de son repos, demeuroit beaucoup moins à Rennes que dans sa terre de Chavagnes au diocése de Nantes ; terre qui luy étoit venuë de sa seconde femme. L'année s'écoula sans que personne dans la parenté pût luy donner de bonnes ouvertures sur le genre de vie qu'il devoit choisir.

Le peu d'occupation qu'il trouvoit dans la maison paternelle, luy fit naître le désir de faire un tour à Paris vers le commençement du carême de l'année suivante pour y revoir ses amis, et pour y apprendre les nouvelles de l'etat et de la littérature. Il arriva dans cette grande ville sur la fin du mois de février. On commençoit à y respirer un air plus pur, et plus sain qu'on n'avoit fait depuis prés de trois ans, que la contagion l'avoit corrompu : et l'on goûtoit le repos que le Roy Loüis Xiii avoit procuré à ses peuples l'année précédente par la réduction des rebelles. Les affaires du comte palatin, les courses et les expéditions de Mansfeld, et la translation de l'electorat du palatin au Duc De Baviére déclaré electeur et archipanetier de l'empire à Ratisbonne le quinziéme de février, faisoient alors la matiére des entretiens publics. M Descartes qui étoit mieux instruit qu'homme de France de l'origine et du progrez de tous ces troubles d'Allemagne, eut de quoy satisfaire la curiosité de ses amis sur ce point.

En revanche ils luy firent part d'une nouvelle qui leur causoit quelque chagrin, toute incroyable qu'elle leur parût. Ce n'étoit que depuis trés-peu de jours qu'on parloit à Paris des confréres de la rose-croix, dont il avoit fait des recherches inutilement en Allemagne durant l'hiver de l'an 1619 : et l'on commençoit à faire courir le bruit qu'il s'étoit enrollé dans la confrérie. M Descartes fut d'autant plus surpris de cette nouvelle, que la chose avoit peu de rapport au caractére de son esprit, et à l'inclination qu'il avoit toûjours euë, de considérer les rose-croix comme des imposteurs ou des visionnaires. Il jugea aisément que ce bruit desavantageux ne pouvoit être que de l'invention de quelque esprit mal intentionné, qui auroit forgé cette fiction sur quelque-une des lettres qu'il en avoit écrites à Paris trois ans auparavant, pour informer ses amis de l'opinion qu'on avoit des rose-croix en Allemagne, et des peines qu'il avoit perduës à chercher quelqu'un de cette secte qu'il pût connoitre.

Il s'étoit fait un changement considérable depuis l'Allemagne jusqu'à Paris sur les sentimens que le public avoit des rose-croix. On peut dire qu'à la réserve de M Descartes et d'un trés-petit nombre d'esprits choisis, l'on étoit en 1619 assez favorablement prévenu pour les rose-croix par toute l'Allemagne. Mais ayant eu le malheur de s'être fait connoître à Paris dans le même têms que les *alumbrados* , ou les illuminez d'Espagne, leur réputation échoüa dés l'entrée. On les tourna en ridicule, et on les qualifia du nom *d'invisibles*

;

on mit leur histoire en romans ; on en fit des farces à l'hôtel de Bourgogne ; et on en chantoit déja les chansons sur le pont-neuf, quand M Descartes arriva à Paris. Il en avoit reçu la prémiére nouvelle par une affiche qu'il en avoit lûë aux coins des ruës et aux édifices publics, dés son arrivée. L'affiche étoit de l'imagination de quelque bouffon, et elle étoit conçuë en ces termes. *nous députez du collége principal des fréres de la rose-croix, faisons séjour visible et invisible en cette ville… nous montrons et enseignons sans livres ni marques à parler toutes sortes de langues des pays où nous habitons.* sur la foy de cette affiche, plusieurs personnes sérieuses eurent la facilité de croire qu'il étoit venu une troupe de ces invisibles s'établir à Paris. On publioit que de 36 députez que le chef de leur société avoit envoyez par toute l'Europe, il en étoit venu six en France ; qu'aprés avoir donné avis de leur arrivée par l'affiche que nous venons de rapporter, ils s'étoient logez au marais du temple ; qu'ils avoient ensuite fait afficher un second placart portant ces termes. *s'il prend envie à quelqu'un de venir nous voir par curiosité seulement, il ne communiquera jamais avec nous. Mais si la volonté le porte réellement et de fait, à s'inscrire sur le registre de nôtre confraternité, nous qui jugeons des pensées, luy ferons voir la vérité de nos promesses. Tellement que nous ne mettons point le lieu de nôtre demeure, puisque les pensées jointes à la volonté réelle de celuy qui lira cet avis, seront capables de nous faire connoître à luy, et luy à nous.*

le hazard qui avoit fait concourir leur prétenduë arrivée à Paris avec celle de M Descartes, auroit produit de fâcheux effets pour sa réputation, s'il eût cherché à se cacher, ou s'il se fût retiré en solitude au milieu de la ville, comme il avoit fait avant ses voyages. Mais il confondit avantageusement ceux qui vouloient se servir de cette conjoncture pour établir leur calomnie. Il se rendit visible à tout le monde, et principalement à ses amis, qui ne voulurent point d'autre argument pour se persuader qu'il n'étoit pas des confréres de la rose-croix ou des invisibles : et il se servit de la même raison de leur *invisibilité* , pour s'excuser auprés des curieux, de n'en avoir pû découvrir aucun en Allemagne.

Sa présence servit sur tout à calmer l'agitation où étoit l'esprit du Pére Mersenne minime son intime ami, que ce faux bruit avoit chagriné d'autant plus facilement, qu'il étoit moins disposé à croire que les rose-croix fussent des *invisibles* , ou des fruits de la chimére, aprés ce que plusieurs allemands et Robert Fludd anglois avoient écrit en leur faveur. Ce pére ne put tenir secréte la joye qu'il avoit de revoir et d'embrasser M Descartes. Depuis qu'ils s'étoient séparez sur la fin de l'an 1614, il étoit demeuré au couvent de Nevers où il avoit enseigné la philosophie pendant trois ans, et l a théologie durant un an à ses religieux. Au bout de ce têms on l'avoit retiré de cét éxercice pour le faire correcteur du même couvent. Ayant achevé son *correctoriat*

sur la fin de l'an 1619, il avoit reçû une obédience de son provincial, qui lui ordonnoit de venir en qualité de conventuël demeurer au couvent de Paris prés de la place royale, où il se trouva fixement établi pour le reste de ses jours. Lors que M Descartes arriva à Paris, ce pére faisoit actuellement rouler la presse sur son prémier tome des commentaires sur la genése, qu'il dédia au prémier des archevêques de Paris, prenant occasion de la nouvelle création de cette eglise en métropole, faite par une bulle de Grégoire Xv dés le 22 D'Octobre 1622, mais qui ne fut vérifiée et reçuë au parlement que le 8 d'août de l'an 1623, quoique le nouvel archevêque eût prêté le serment dés le 19 de février.

Sous le titre général de questions sur les six prémiers chapitres de la genése, le P Mersenne faisoit entrer dans son gros volume mille choses de sujets divers. L'affaire des rose-croix, y trouva place, à plus juste titre sans doute que beaucoup d'autres qui ne regardoient pas de si prés le rapport de la religion avec la recherche des choses naturelles. M Descartes étoit venu assez à têms pour lui faire prendre des mesures assurées sur ce qu'il en vouloit insinuer : et quoi qu'il protestât qu'il ne sçavoit encore alors rien de certain touchant les rose-croix, il ne pouvoit nier au moins qu'il ne fût parfaitement informé des bruits qu'on avoit fait courir d'eux par toute l'Allemagne. Le P Mersenne qui n'avoit pas besoin d'un grand détail pour son dessein, se contenta d'en juger sur la foy de quelques livres que leurs adversaires et leurs défenseurs avoient publiez de part et d'autre. Il avoit lû entre les autres l'apologie publiée à Leyde dés l'an 1616 *in octavo* , par Robert Fludd gentil-homme anglois, qui aprés avoir quitté la profession des armes, s'étoit mis à l'étude de la physique, et avoit embrassé particuliérement celle de la médecine, de la chymie, de la cabale, de la magie, et de tout ce qui peut se trouver de mystérieux dans la nature. Le bon Pére Mersenne croyant qu'il n'étoit pas besoin de ménagement avec un hérétique, n'avoit pas fait beaucoup d'effort pour retenir son zéle contre Fludd. C'est ce qui embarassa M Gassendi dans la suite, lors qu'il fut question de défendre ce pére contre cét anglois, qui ne manqua pas de prendre pied sur quelques duretez du pére, pour les lui rendre avec usure. Il fit contre le Pére Mersenne, deux ouvrages latins, dont il appella le prémier, *le combat de la sagesse avec la folie* . Il publia le second sous le nom de Joachim Frisius ou plûtôt Fritschius, et sous le titre de *souverain bien, qui est le vray sujet de la magie, de la cabale, de la chymie, et de l'étude des confréres de la rose-croix* . Si celui qui est le plus fort en injures et en aigreur de stile, devoit passer pour le vainqueur, on ne pouroit nier que le P Mersenne n'eût été vaincu. Les mauvais traittemens qu'il recût de Fludd excitérent l'indignation de divers auteurs qui prirent la plume pour sa défense. Les plus zélez furent deux de ses confréres, François De La Nouë, et Jean Durel ; le prémier sous le masque de *flaminius* , et l'autre sous celui *d'Eusébe de Saint Just* . Mais personne ne le fit avec plus d'avantage que l'illustre Monsieur Gassendi prevôt de l'eglise de Digne, et depuis professeur royal des mathématiques à Paris. M Gassendi le prémier des philosophes de la France aprés M Descartes étoit plus jeune que le Pére Mersenne de trois ans et demi, plus âgé que M Descartes de prés de quatre ans : et il survêquit à l'un et à l'autre. Les panégyristes de ce grand homme ne pourront élever son mérite si haut que nous ne puissions le concevoir encore au-dessus de tout ce qu'ils tâcheront d'en exprimer. Peut-être ne trouveront-ils pas d'éloge plus éclatant et plus solide pour lui, que celui d'avoir mérité d'entrer en paralléle avec M Descartes ; et d'avoir été l'un des plus sages, des plus modérez, et des plus raisonnables d'entre ses adversaires. Si Robert Fludd n'a point trompé M Gassendi sur la peinture qu'il a faite des rose-croix dans les ouvrages qu'il a publiez en leur faveur, il faut laisser à M Gassendi la gloire d'avoir été plus heureux que M Descartes, dans la découverte et dans la connoissance des rose-croix. Mais si l'éxamen que M Gassendi a fait de la philosophie de Fludd, est une bonne censure de la société des rose-croix : on peut dire que la conduite de M Descartes dans sa maniére de vivre, d'étudier, et de raisonner, en a été une perpétuelle réfutation.

Le grand monde que M Descartes voyoit à Paris n'étoit pas capable de remplir tous les vuides de son séjour, ni de le tenir perpétuellement occupé hors de lui même. Lors qu'il rentroit chez lui, il sentoit revenir ses anciennes inquiétudes sur le choix d'un genre de vie qui fût conforme à sa vocation, et qui fût commode pour l'éxécution des desseins qu'il avoit conçus touchant la recherche de la vérité sous les ordres de la providence. L'établissement où il voyoit la plûpart de ses amis, placez chacun dans des postes à garder le reste de leurs jours, ne servoit de rien pour fixer ses irrésolutions.

Il y avoit déja longtêms que sa propre expérience l'avoit convaincu du peu d'utilité des mathématiques, sur tout lors qu'on ne les cultive que pour elles mêmes, sans les appliquer à d'autres choses. Depuis l'an 1620 il avoit entiérement négligé les regles de l'arithmétique. Il témoigne même que dés auparavant il avoit tellement oublié la division et l'extraction de la racine quarrée, qu'il auroit été obligé de les étudier une seconde fois dans les livres, ou de les inventer de lui même, s'il avoit eu besoin de s'en servir. Les attaches qu'il eut pour la géométrie subsistérent un peu plus longtêms dans son cœur.

Les mathématiciens de Hollande et d'Allemagne qu'il avoit vûs pendant ses voyages avoient contribué à les retenir jusqu'à son retour en France par les questions et les problémes qu'ils lui avoient proposez à résoudre. Mais on peut dire qu'elles étoient déja tombées en 1623, s'il est vrai qu'en 1638, *il y avoit plus de quinze ans qu'il faisoit profession de négliger la géométrie, et de ne plus s'arrêter jamais à la solution d'aucun problême, qu'à la priére de quelque ami .*

Durant ses études de mathématiques il avoit eu soin de lire avec attention les traittez qu'il en put trouver : et il s'étoit appliqué particuliérement à l'arithmétique et à la géométrie, tant à cause de leur simplicité, que parce qu'il avoit appris qu'elles donnent de grandes ouvertures pour l'intelligence des autres parties. Mais de tous les auteurs qui lui tombérent pour lors entre les mains, pas un n'eut l'avantage de le satisfaire pleinement. à dire vray, il remarquoit dans ces auteurs beaucoup de choses touchant les nombres, qui se trouvoient véritables aprés le calcul qu'il en faisoit. Il en étoit de même à l'égard des figures, et ils lui en représentoient plusieurs dont ses yeux ne pouvoient disconvenir.

Mais son esprit éxigeoit autre chose d'eux. Il auroit souhaité qu'ils lui eussent fait voir les raisons pour lesquelles cela étoit ainsi, et qu'ils lui eussent produit les moiens d'en tirer les consequences.

C'est ce qui fit qu'il fut moins surpris dans la suite de voir que la plûpart des habiles gens, méme parmi les génies les plus solides ne tardent point à négliger ou à rejetter ces sortes de sciences comme des amusemens vains et puériles, dés qu'ils en ont fait les prémiers essais. Aussi étoit-il fort éloigné de blâmer ceux qui ayant des pré-sentimens de leur inutilité, ne font point difficulté d'y renoncer de bonne heure, sur tout lors qu'ils se voient rebutez par les difficultez et les embarras qui se rencontrent dés l'entrée.

Il ne trouvoit rien effectivement qui lui parût moins solide que de s'occuper de nombres tout simples et de figures imaginaires, comme si l'on devoit s'en tenir à ces *bagatelles* sans porter sa vuë au delà. Il y voioit même quelque chose de plus qu'inutile : et il croyoit qu'il étoit dangereux de s'appliquer trop sérieusement à ces démonstrations superficielles, que l'industrie et l'expérience fournissent moins souvent que le hazard ; et qui sont plûtôt du ressort des yeux et de l'imagination que de celui de l'entendement. Sa maxime étoit que cette application nous desaccoûtume insensiblement de l'usage de nôtre raison : et nous expose à perdre la route que sa lumiére nous trace.

Voila une partie des motifs qui le portérent à renoncer aux mathématiques vulgaires. Mais il paroît que le respect qu'il témoignoit pour les anciens l'empêcha de pousser le mépris qu'il faisoit de ces sciences dans la maniére de les cultiver ou de les enseigner.

Car venant à faire réfléxion sur la conduite des anciens philosophes, qui ne vouloient recevoir personne dans leurs ecoles qui ne sçût les mathématiques, et particuliérement la géométrie, comme si cette science leur eût paru la plus aisée et la plus nécessaire de toutes pour préparer leurs esprits à la philosophie : il aima mieux croire que ces anciens avoient une science de mathématique toute différente de celle qui s'enseignoit de son têms, que de les confondre parmi les modernes dans le jugement qu'il en faisoit. Le préjugé où il pouvoit être en faveur de ces anciens n'alloit pourtant pas jusqu'à lui persuader qu'ils eussent une connoissance parfaite des mathématiques. Les réjouïssances demesurées, et les sacrifices qu'ils faisoient pour les moindres découvertes étoient des témoignages du peu de progrés qu'ils y avoient encore fait, et de la grossiéreté de leur siécle dont ils n'étoient pas éxemts. L'invention de certaines machines que quelques historiens ont relevées avec tant d'éloges et d'ostentation contribuoit encore à le confirmer dans cette pensée : supposant que toutes simples et toutes faciles qu'elles étoient, il suffisoit qu'elles fussent nouvelles et inconnuës au vulgaire pour attirer l'admiration publique.

Les prémiéres semences de vérité, que la nature à mises dans l'esprit de l'homme, qui nous font corriger encore tous les jours nos erreurs par la lecture ou la conversation, et qui avoient tant de force dans l'esprit de ces anciens dont le fonds étoit peut-être mieux préparé que le nôtre, ont pû produire, selon M Descartes, des effets assez grands dans ces prémiers philosophes, pour leur donner les véritables idées de la philosophie et des mathématiques : quoi qu'ils n'en pussent point encore avoir une connoissance parfaite, et qu'ils n'eussent pas toute la politesse des siécles posterieurs. Il appercevoit quelques traces de la véritable mathématique dans Pappus et dans Diophante, qui certainement n'en avoient pas été les prémiers inventeurs. Mais il ne croyoit pas ces sçavans hommes exemts de la jalousie, qui empêche souvent la communication des meilleures choses. Il les jugeoit capables d'avoir supprimé cette science qu'ils avoient reçuë des anciens, par la crainte de la rendre méprisable en la divulguant, sous prétexte qu'elle étoit trés-simple et trés-facile.

Et il leur sçavoit mauvais gré de n'avoir voulu substituer à la place de cette véritable science que des véritez séches et stériles, qu'ils produisoient comme des démonstrations et des conséquences tirées des principes de cette vraye science, afin de les faire admirer comme des effets de leur art merveilleux : au lieu de montrer l'art en lui même pour ne dupper personne, et faire cesser l'admiration des simples.

M Descartes ne fut pas le prémier qui s'apperçût du mauvais état où étoit cette science des anciens, et des abus qu'y avoient commis ceux qui l'avoient reçuë d'eux d'une maniére toute unie et toute simple. Il s'étoit trouvé dés le commencement de son siécle de trés-grands esprits, qui avoient tâché de la faire revivre sous le nom barbare *d'algébre* , et qui avoient vû que pour y réussir il falloit la dégager de cette prodigieuse quantité de nombres et de figures inéxplicables, dont on a coûtume de la surcharger.

Les pensées qui lui vinrent sur ce sujet lui firent abandonner l'étude particuliére de l'arithmétique et de la géométrie, pour se donner tout entier à la recherche de cette science générale, mais vraye et infaillible, que les grecs ont nommée judicieusement *mathesis* , et dont toutes les mathématiques ne sont que des parties. Aprés avoir solidement considéré toutes les connoissances particuliéres que l'on qualifie du nom de mathématiques, il reconnut que pour mériter ce nom, il falloit avoir des rapports, des proportions, et des mesures pour objet. Il jugea delà qu'il y avoit une science générale destinée à expliquer toutes les questions que l'on pouvoit faire touchant les rapports, les proportions et les mesures, en les considérant comme détachées de toute matiére : et que cette science générale pouvoit à trés-juste titre porter le nom de *mathesis* où de mathématique u niverselle ; puis qu'elle renferme tout ce qui peut faire mériter le nom de science et de mathématique particuliére aux autres connoissances.

Voila le dénouëment de la difficulté qu'il y auroit à croire que M Descartes eût absolument renoncé aux mathématiques en un têms où il ne lui étoit plus libre de les ignorer. Il ne sera pas plus aisé de croire qu'il ait voulu dans le même têms faire le même traittement à la physique, si l'on ne trouve le tour qu'on peut donner à une résolution si surprenante.

Il faut avouër que se trouvant quelquefois découragé par le peu de certitude qu'il remarquoit dans ses découvertes de physique, il avoit tenté déja plus d'une fois d'en abandonner les recherches, dans le dessein de ne plus s'appliquer qu'à la science de bien vivre.

Au milieu de ces loüables mouvemens il avoit embrassé l'étude de la morale. Il la reprit tout de nouveau depuis son retour à Paris : et l'on peut dire qu'il la continua pendant toute sa vie. Mais ce fut sans ostentation, et plus pour régler sa conduite que celle des autres. L'homme du monde qui semble l'avoir connu le plus intérieurement, nous apprend que la morale faisoit l'objet de ses méditations les plus ordinaires. Mais il ne fut pas longtêms sans retourner à ses observations sur la nature : et l'on peut douter qu'il ait jamais renoncé sérieusement à la physique, depuis qu'il se fut dépouïllé des préjugez de l'ecole. La satisfaction que ses recherches lui donnoient sur ce point étoit ordinairement victorieuse des petits déplaisirs qui lui naissoient de l'inégalité du succés dans les commençemens. Il s'apperçut bien-tôt que l'étude de la physique n'étoit point inutile à celle de la morale : et que rien ne lui étoit plus avantageux pour régler ses actions que les démarches qu'il faisoit dans le discernement du vrai et du faux. C'est ce qu'il a reconnu long têms depuis dans une lettre qu'il écrivit à M Chanut, auquel il marque qu'il étoit entiérement de son avis, lors qu'il jugeoit que le moien le plus assuré pour sçavoir comment nous devons vivre, est de connoître auparavant quels nous sommes ; quel est le monde dans lequel nous vivons ; et qui est le créateur de cét univers où nous habitons. Il lui déclare, comme un homme persuadé de ce qu'il avance, que la connoissance qu'il av oit bien ou mal acquise de la physique, lui avoit beaucoup servi pour établir des fondemens certains dans la morale : et qu'il lui avoit été plus facile de trouver la satisfaction qu'il cherchoit en ce point, que dans plusieurs autres qui regardoient la médecine, quoi qu'il y eût emploié beaucoup plus de têms. De sorte qu'il ne pouvoit point se vanter aprés toutes ses recherches d'avoir trouvé les moiens de conserver la vie ;

mais seulement celui de ne pas craindre la mort, et de s'y préparer sans ce chagrin ou cette inquiétude qui est ordinaire à ceux dont la sagesse est toute tirée des enseignemens d'autrui, et appuiée sur des fondemens qui ne dépendent que de la prudence et de l'autorité des hommes.

M Descartes fut deux mois et quelques jours à Paris, entretenant ses amis de cette illusion où il étoit touchant son prétendu renoncement aux mathématiques et à la physique. Ils se donnoient souvent le plaisir de démentir ses résolutions : et les moindres occasions qu'ils lui présentoient pour résoudre un probléme où pour faire une expérience, étoient des piéges inévitables pour lui. Les embarras de son esprit joints au besoin qu'il avoit de régler ses affaires particuliéres lui firent quitter la ville vers le commençement du mois de may, pour retourner en Bretagne auprés de ses parens.

Aprés avoir passé quelques jours à Rennes, il prit le consentement de m. Son pére, pour vendre en Poitou quelques héritages, dont il avoit eu la bonté de le mettre en possession depuis qu'il étoit devenu majeur : et il s'en alla à Poitiers, puis à Châtelleraut vers la fin du mois de may.

Il emploia dans ces négociations le mois de juin entier et la moitié de celui de juillet. Il disposa de la terre du perron, qui lui étoit échuë par le partage des biens de la succession de sa mére ; de deux autres métairies qui lui avoient été données autour de Châtelleraut ; et d'une maison à Poitiers.

Les deux métairies, appellées l'une la *grand-maison* , et l'autre *le marchais* , étoient dans la parroisse d'Availle, que quelques uns appellent *poitevine* , pour ne point confondre ce lieu avec Availle Limousine, qui est au delà de l'isle Jourdain sur les limites du Poictou et du Limousin. Pour ce qui est de la terre et seigneurie du *perron*

c'étoit un fief des plus nobles du Châtel-Heraudois ou Duché De Châtelleraut, au midi de cette ville dans la même parroisse d'Availle, vers le conflant du Clain et de la Vienne. Les deux métairies furent venduës par contrat du 5 De Juin 1623 à un riche marchand de Châtelleraut ; et la terre du perron le fut à un gentilhomme qualifié de la province, nommé Abel De Couhé Sieur De Châtillon, et de la Tour-D'Asniére. Il en passa le contrat avec ce gentilhomme devant les notaires de Châtelleraut le Viii jour de juillet suivant. Mais il ne laissa pas de retenir le nom de la terre conformement à leurs conventions, pour satisfaire au desir de ses parens ; et il continua de s'appeller *Monsieur Du Perron* , au moins dans sa famille.

La mort du Pape Grégoire Xv arrivée le huitiéme de juillet, et suivie de l'élection d'Urbain Viii aprés un mois de conclave, réveilla dans l'esprit de M Descartes le desir qu'il avoit eu, étant en Allemagne, de faire un voyage en Italie. La curiosité qui l'avoit porté autrefois à se procurer le spectacle de tout ce qui est accompagné de formes et de cérémonies parmi les grands, n'étoit pas encore entiérement éteinte. Mais il ne put la satisfaire sur l'élection et le couronnement du nouveau pape, à cause de la diligence avec laquelle on avançoit toutes choses à Rome. Ainsi ne se souciant plus d'aller droit à Rome, il rangea ses affaires suivant la disposition où il étoit de passer deux hivers dans ce voyage : de sorte que son séjour de Rome ne devoit plus se rencontrer qu'avec le commencement du jubilé de l'an 1625.

La pensée d'éxécuter le dessein de ce voyage luy étoit venuë dés le mois de mars, sur la nouvelle qu'il avoit reçeuë de la mort de M Sain ou Seign son parent, qui de controlleur des tailles à Châtelleraut, étoit devenu commissaire général des vivres pour l'armée du côté des Alpes. Le prétexte étoit d'aller mettre ordre aux affaires de ce parent, et de prendre cette occasion pour se faire donner, s'il étoit possible, la charge d'intendant de l'armée. Il s'étoit pourvû de toutes les procurations nécessaires pour réüssir dans cette affaire ; et il devoit partir en poste le Xxii du même mois, aprés avoir mandé à ses parens qu'un voyage au delà des Alpes luy seroit d'une grande utilité pour s'instruire des affaires, acquerir quelque expérience du monde, et former des habitudes qu'il n'avoit pas encore ; ajoutant que *s'il n'en revenoit plus riche, au moins en reviendroit-il plus capable* . Mais l'empressement qu'il avoit de vendre le bien qu'il possédoit en Poitou, luy avoit fait différer le voyage.

Il partit au mois de septembre, et prit sa route vers la ville de Basle et les suisses, avec la résolution de visiter ce qu'il n'avoit pû voir de la haute Allemagne dans ses prémiers voyages. Il luy auroit été facile de trouver à Basle, à Zurich, et dans d'autres villes, des philosophes et des mathématiciens capables de l'entretenir : mais il fut plus curieux de voir des animaux, des eaux, des montagnes, l'air de chaque païs avec ses météores, et généralement ce qui étoit le plus éloigné de la fréquentation des hommes, pour mieux connoître la nature des choses qui paroissent les moins connuës au vulgaire des sçavans. Lorsqu'il passoit dans les villes, il n'y voyoit les sçavans que comme les autres hommes, et il n'observoit pas moins leurs actions que leurs discours.

Des suisses il passa chez les grisons, parmi lesquels les mouvemens de la Valteline le retinrent pendant quelque têms. Dés l'an 1619 le Roy D'Espagne de concert avec les archiducs et autres princes de la maison d'Autriche au comté de Tyrol, avoit envoyé des troupes du Milanez pour envahir la Valteline sur les grisons, à qui elle appartenoit.

Le prétexte de l'invasion selon la méthode ordinaire des Roys D'Espagne, étoit la protection des catholiques contre les protestans : mais le motif véritable étoit le dessein de faire un passage libre du Milanez au comté de Tirol, et de joindre par ce moyen les etats du Roy D'Espagne à ceux de la maison d'Autriche en Allemagne. Les etats voisins, et particuliérement la seigneurie de Venise, le Duc De Savoye, le grand Duc De Toscane, et tous ceux qui redoutoient la puissance espagnole en Italie, outre les suisses et les grisons, étoient intéressez dans cette affaire. C'est ce qui avoit porté le Roy Loüis Xiii à solliciter puissamment la restitution de la Valteline tant auprés du pape, qu'auprés du Roy D'Espagne Philippes Iii, qui mourut sur le point de donner cette satisfaction au pape qui luy en avoit écrit un bref, et au roy qui luy avoit dépêché M De Bassompierre. Philippes Iv à son avénement à la couronne avoit paru fort disposé à faire éxécuter en ce point les derniéres volontez de son pére. Mais le têms s'écoula insensiblement à des traitez divers, passez à Milan entre les députez du Roy D'Espagne et de la maison d'Autriche, et ceux des grisons : jusqu'à ce que par un accord fait à Rome le quatriéme de février 1623 entre le pape et les ministres de France et d'Espagne, on convint de mettre la Valteline en dépôt, entre les mains de sa sainteté, qui y envoya le Marquis De Bagni comme commissaire du saint siége. Ce marquis fut depuis nonce en France, et cardinal. Il faisoit profession d'aimer les gens de lettres, et paroissoit curieux d'observations physiques. Il n'est pas hors de vray-semblance que M Descartes luy ait rendu ses civilitez dans Chiavenne ou dans Tirano, qui étoit la principale place de la Valteline où il commandoit.

Mais cette rencontre ne doit pas le faire confondre avec un autre célébre cardinal du même nom, plus ancien que luy de quelques années, qui n'étoit pas moins amateur des lettres et des sciences que ce marquis, et qui honora particuliérement M Descartes de son amitié. Celuy-ci se nommoit Jean François Guidi. Il fut nonce en France aprés Spada au têms du siége de La Rochelle, et fut révêtu de la pourpre un an aprés. Mais le marquis dont il est icy question n'éxerça la nonciature qu'aprés Bolognetti Bichi, et Grimaldi, qui succedérent l'un aprés l'autre au prémier Cardinal De Bagni, qui mourut à Rome le 24 De Juillet 1641 âgé de 76 ans. Le marquis étoit romain de naissance, s'appelloit Nicolas, fut nonce en France durant le pontificat entier d'Innocent X, et les deux prémiéres années d'Aléxandre Vii, qui le fit cardinal en 1657 : et il mourut à Rome le 23 D'Août 1663 âgé de 80 ans.

Les négociations qui se traitoient à Rome sous le nouveau pape pour la restitution de la Valteline, échoüérent par l'obstination que les espagnols témoignérent à vouloir conserver la liberté du passage d'Italie en Allemagne par cette province.

On reconnut en même têms qu'il n'y avoit eu que de la feinte dans les protestations que faisoit Philippes Iv de vouloir éxécuter le traité de Madrid, signé par le roy son pére à l'article de la mort. C'est ce qui obligea le Roy Loüis Xiii à prendre des voies de fait pour faire justice à ses alliez. Il envoya des troupes dans la Valteline sous la conduite du Marquis De Cœuvres, qui chassa les espagnols et les autrichiens ; prit toutes les places ; et réduisit toute la province en moins de deux mois.

M Descartes ne put être présent à cette belle expédition, étant sorti de la Valteline dés le commençement des négociations de Rome. Il continua ses voyages par le comté de Tyrol, d'où il alla à Venise aprés avoir vû la cour de l'Archiduc Leopold frére de l'Empereur Ferdinand Ii à Inspruck. Il avoit pris ses mesures sur la disposition de ses affaires pour arriver à Venise au têms des rogations, et il vit le jour de l'ascension la fameuse cérémonie des épousailles du doge avec la mer Adriatique. Ce doge étoit François Contarini qui n'étoit en place que depuis huit mois, ayant succedé à Antoine Prioli mort au mois d'août 1623. M Descartes étant à Venise, songea à se décharger devant Dieu de l'obligation qu'il s'étoit imposée en Allemagne au mois de novembre de l'an 1619, par un vœu qu'il avoit fait d'aller à Lorette, et dont il n'avoit pû s'acquiter en ce têms-là. Nous ne sçavons pas quelles furent les circonstances de ce pélerinage ; mais nous ne douterons pas qu'elles n'ayent été fort édifiantes, si nous nous souvenons qu'au têms de la conception de son vœu, il étoit bien résolu de ne rien omettre de ce qui pourroit dépendre de luy, pour attirer les graces de Dieu, et pour se procurer la protection particuliére de la sainte vierge.

Ayant accompli son vœu à Lorette, il eut le loisir de vaquer aux affaires qui avoient servi de prétexte à son voyage touchant l'intendance de l'armée, avant que de se rendre à Rome, où il ne vouloit arriver qu'aprés la toussaints. Il n'y avoit point alors de nouvelle plus universellement répanduë en Italie que celle du jubilé des Xxv ans, dont on devoit faire l'ouverture à Rome au commençement de l'année suivante. Le Pape Urbain Viii en avoit déja fait publier la célébration par une bulle du 29 d'avril, affichée et proclamée le 17 de may suivant. La cérémonie de l'ouverture y étoit indiquée pour la veille de noël 1624, et celle de la clôture pour la fin de l'année 1625. Elle portoit ordre de visiter les trois principales eglises, sçavoir, de Saint Jean De Latran, des Bb apôtres S Pierre et S Paul, et de Sainte Marie Majeure pendant l'espace de trente jours de suite, ou autrement pour les romains ou habitans de la ville ; et de quinze seulement pour les étrangers. Le pape avoit publié quelques jours aprés une autre bulle pour faire surseoir et suspendre absolument toutes les indulgences de quelque nature qu'elles fussent, afin de rendre la nécessité de ce jubilé plus universelle, et pour attirer plus de monde à Rome. Cette occasion fit naître quelques mouvemens de dévotion dans l'esprit de M Desc qui n'avoit eu d'abord pour motif de ce voyage que la curiosité de voir la ville de Rome et la cour du pape. Il arriva dans la ville peu de jours avant le commençement de l'avent : et le concours prodigieux des peuples qui y abordoient de tous les endroits de l'Europe catholique, ne tarda guéres à la remplir.

L'affluence y fut pourtant moins grande, qu'elle n'avoit été au jubilé séculaire de l'an 1600 : et l'on attribua cette diminution au bruit des maladies épidémiques qui affligeoient la ville et le voisinage ; à la guerre de la Valteline ; et aux allarmes répanduës sur toutes les frontiéres d'Italie du côté de France.

Le plus apparent des pélerins du jubilé fut Ladislas Prince De Pologne, qui du siége de Breda, et des Pays-Bas catholiques étoit passé en France, et delà s'étoit rendu à Rome, afin de pouvoir assister à la procession, que le pape accompagné de tous les cardinaux qui étoient dans la ville, fit en l'eglise de Saint Pierre la véille de noël, pour faire l'ouverture. Il y vint aussi divers autres princes parmi lesquels se trouva même l'Archiduc Leopold Comte De Tyrol malgré les affaires que le Maréchal d'Estrées et le Sieur De Haraucourt maréchal de camp luy donnoient dans la Valteline, et dans le Comté De Chiavenne. Par ce moyen M Descartes trouva dans Rome un abrégé de toute l'Europe, et ce concours luy parut si favorable à la passion qu'il avoit toûjours euë de connoître le genre humain par luy-même, qu'au lieu de passer son têms à éxaminer des édifices, des antiques, des manuscrits, des tableaux, des statues, et les autres monumens de l'ancienne et de la nouvelle Rome, il s'appliqua particuliérement à étudier les inclinations, les mœurs, les dispositions, et les caractéres d'esprit dans la foule et le mélange de tant de nations différentes. Cette commodité le dispensa de faire d'autres voyages, et luy ôta l'envie d'aller au fonds de la Sicile et de l'Espagne chercher les peuples qui luy restoient à voir.

Mr Descartes demeura dans Rome jusqu'au commençement du printêms : et il méditoit actuellement son retour en France, lorsque le pape nomma le Cardinal François Barberin son neveu pour y aller en qualité de legat.

Les espagnols qui depuis long-têms sembloient disposer de la cour de Rome par le nombre et le credit des créatures qu'ils y entretenoient, et par les grandes possessions qu'ils avoient en Italie, soupçonnoient ce pape d'avoir les inclinations françoises, parce qu'il ne s'intéressoit pas assez ouvertement à la perte qu'ils venoient de faire de la Valteline.

Ce fut pour les desabuser ou pour les appaiser, que par un bref datté du 26 De Mars 1625 il envoya son neveu legat en France, avec commission de demander deux choses au roy ; la prémiére, qu'il fit remettre entre les mains de sa sainteté la Valteline et tous les forts que les françois avoient pris ; la seconde, que par son moyen les grisons fussent privez de leur souveraineté sur la Valteline. Le roy ayant été averti de ces projets, manda à M De Béthune son ambassadeur à Rome, que cette légation ne luy seroit pas agréable. C'est ce qui obligea le pape de faire prendre à son neveu des mesures plus convenables aux dispositions de la cour de France.

M Descartes crut qu'il étoit bien-séant à un gentilhomme françois d'aller rendre des civilitez à un cardinal neveu, destiné pour faire dans son pays une fonction aussi importante qu'étoit cette légation.

Le cardinal les reçut avec les démonstrations de bienveillance, et les offres de service que son honnêteté particuliére luy faisoit avancer pour ceux qui l'abordoient. Mais parce qu'il étoit amateur des sciences, et protecteur de ceux qui en faisoient profession, il ne tint pas M Descartes quitte de ses devoirs pour une visite ou deux, et pour des complimens superficiels. Il le goûta si bien, qu'il voulut l'honorer particuliérement de son amitié : et M Descartes de son côté n'oublia pas à son retour de continuer ses assiduitez auprés de luy pendant le peu de têms qu'il fût en France, et de luy donner dans tout le reste de sa vie des marques de sa reconnoissance, tant par les présens qu'il luy fit faire de ses livres, que par des témoignages de respects et de dévoüement qu'il luy fit présenter de têms en têms par le ministére de ses amis.

Le légat s'embarqua pour la France vers le commençement du mois d'avril, menant avec luy grand nombre de sçavans, parmi lesquels étoient le Cavalier Del Pozzo, Jérôme Aléandre, Jean Loüis Le Débonnaire beau-frére du jeune Barclay, Jean Baptiste Doni, Loüis Aubry Du Mesnil, et d'autres. M Descartes sortit de Rome vers le même têms, mais il voulut s'en retourner par terre pour ne pas perdre l'occasion de voir un païs qu'il étoit bien-aise de connoître. Il passa par la Toscane, et il vit peut-être la cour du grand Duc Ferdinand Ii qui étoit encore alors fort jeune et en minorité, et qui avoit succédé à son pére Cosme Ii l'an 1621.

Si nous en croyons le Sieur Borel, il ne nous sera point permis de douter qu'il ait rendu visite aux personnes du pays qui étoient en réputation d'habileté et de science, et sur tout au célébre Galilée qu'il devoit certainement oublier moins qu'aucun autre. Galilée étoit pour lors âgé d'environ soixante ans, et l'on peut dire qu'il étoit au période de sa belle réputation. Il étoit également connu et admiré des grands et des petits. Il n'étoit point de prince, point de grand seigneur qui passant par le lieu de sa demeure ne se fit un point d'honneur de luy rendre visite. Des curieux partoient des pays étrangers exprés pour venir le voir, comme on avoit fait autrefois au sujet de Tite-Live, et de son têms même à l'égard de M Viéte. à toutes ces considérations prises du côté de Galilée, M Descartes en pouvoit joindre du sien qui sembloient ne pouvoir le dispenser de voir ce grand homme ; et c'est sans doute sur toutes ces apparences que le Sieur Borel a décidé affirmativement qu'il l'avoit vû.

Il faut avoüer pourtant qu'il n'eut point cette satisfaction. Nous ne sçavons pas quel fut l'accident qui luy en ôta l'occasion : mais enfin nous ne trouvons pas de replique à ce qu'il écrivit luy-même plus de treize ans aprés sur ce sujet, pour détromper le Pére Mersenne. Pour ce qui est de Galilée (mande-t-il à ce pére) je vous dirai que je ne l'ay jamais vû ; que je n'ay jamais eu aucune communication avec luy ; et que par conséquent je ne sçaurois avoir emprunté aucune chose de luy. Aussi ne vois-je rien dans ses livres qui me fasse envie, ni presque rien que je voulusse avoüer pour mien. Tout le meilleur est ce qu'il y a de musique. Mais ceux qui me connoissent, pourroient croire qu'il l'auroit eu de moy plûtôt que moy de luy. Car j'avois écrit presque les mêmes choses il y a dix-neuf ans, auquel têms je n'avois point encore été en Italie ; et j'avois donné mon ecrit au Sieur N qui comme vous sçavez, en faisoit parade, et en écrivoit ça et là comme d'une chose qui venoit de luy.

Nous pouvons juger par ces paroles de M Descartes qu'il n'a jamais connu Galilée que par sa réputation et par la lecture de ses livres. Encore faudra-t-il avoüer qu'il le connoissoit même assez mal par cet endroit, si l'on trouve que Galilée n'a rien écrit sur la musique. Il est assez probable qu'il aura confondu le fils avec le pére en cette occasion : ce qui ne luy seroit point arrivé, s'il l'avoit vû chez luy, où il n'auroit pas manqué de s'informer de sa famille dans la conversation. Vincent Galiléi, pére de Galiléo Galiléi, dont il est ici question, étoit un gentil-homme florentin, sçavant dans les mathématiques, et particuliérement dans la musique. On a de lui un ouvrage écrit en italien, et divisé en cinq dialogues touchant la musique ancienne et nouvelle. L'ouvrage est estimé, et Joseph Blancanus jésuite italien le juge nécessaire pour rétablir la musique des anciens, et pour corriger celle des modernes. Il n'y a point d'apparence que M Descartes ait lû d'autre traitté de Galilée que celui là, touchant la musique. Vincent Galiléi, qui avoit fait instruire son fils avec autant de soin que s'il eût été légitime, et héritier de ses biens, n'avoit pas oublié de lui inspirer l'inclination qu'il avoit pour la musique : mais il ne put empêcher qu'elle ne se tournât presque toute entière vers l'astronomie, aprés laquelle on peut dire que la géométrie, et la méchanique ont tenu le prémier rang dans son esprit parmi les mathématiques. Au reste, M Descartes paroît avoir été toujours si peu informé de ce qui regardoit la personne de Galilée, que si on excepte le point de sa condamnation et de sa prison à l'inquisition, qui a fait trop d'éclat pour être ignoré des moins curieux, on peut dire qu'il n'a sçû aucune circonstance de sa vie. De sorte qu'il parut surpris, lors qu'en 1640 le Pére Mersenne lui parla de Galilée, comme d'un homme encore vivant, l'ayant crû mort longtêms auparavant.

M Descartes n'avoit pas encore passé les frontiéres de Toscane, lors qu'il apprit les nouvelles de la guerre qui s'allumoit entre la république de Génes et le Duc De Savoye Charles-Emmanuel prémier de ce nom. Le roy trés-chrêtien ayant été informé de la mauvaise cause des génois, et voyant que ces républicains s'appuioient du secours du Roy D'Espagne, avoit envoyé dix mille hommes au Duc De Savoye sous la conduite du connêtable de Lesdiguiéres. Le Duc De Savoye étoit en personne à cette guerre, et son armée renforcée du secours de France étoit de 25000 hommes de pied et de 3000 chevaux. Le connêtable qui conduisoit l'avantgarde dont il avoit fait un corps d'armée détaché, s'étoit déja rendu maître des villes de Capriata, de Gua, de Novi. Il avoit batu divers partis espagnols tant napolitains que milanois : et il avoit mis le siége devant la place de Gavi, lors que M Descartes arriva dans son camp pour être le spectateur de ce qui s'y passeroit. Gavi étoit une ville de la seigneurie de Génes du côté du Milanez, dans une distance presque égale entre Tortone vers le nord, et Génes vers le sud. Elle avoit une forte citadelle bâtie sur un roc du Mont Apennin, et flanquée de quantité de bastions, qui rendoient la place d'un tres-difficile accés, et qui avoient fait échoüer le fameux Barberousse du têms de François Prémier. Le connêtable, qui faisoit espérer en riant à ceux qui vouloient le détourner de cette entreprise, que *Barbe-Grise feroit ce que Barbe-Rousse n'avoit pû faire* , donna si bon ordre à tout, qu'ayant défait un secours de 1000 hommes envoyé par le gouverneur de Milan, et taillé en piéce 300 hommes de la garnison dans une sortie qu'elle avoit faite, il se rendit maître de la ville le 23 jour d'avril.

Ce succés lui facilita les approches de la citadelle : et ayant fait aussi réüssir par dehors une baterie qu'il avoit trouvé moyen de dresser sur une montagne voisine qu'on avoit jugée impracticable jusqu'àlors, il obligea le gouverneur de lui rendre la place par capitulation le dernier jour d'avril.

Aprés la prise de cette ville, M Descartes voulut être encore témoin d'une partie des merveilleux progrez de l'armée du Duc De Savoye, qui réduisit toute la riviére du Ponant, et prit sur les génois 174 places en trés peu de têms. Mais la conquête ne fut pas d'une longue durée, et M Descartes n'attendit pas que les génois, et les espagnols eussent commencé à respirer et à se remettre, pour quitter l'armée.

Il vint droit à Turin, où il s'arrêta durant un jour ou deux, pour y voir ce qui se passoit parmi le magistrat, et le peuple. Car pour ce qui pouvoit regarder la cour, elle étoit alors fort deserte par l'absence du Duc Charles Emmanuel, du Prince De Piémont Victor Amé, et du Prince Thomas ses enfans, qui étoient tous à l'armée. Il n'y avoit point de Duchesse De Savoye depuis plus de vingt-sept ans, que Catherine Michelle D'Autriche, fille de Philippe Ii Roy D'Espagne et d'Elizabeth De France, étoit morte le sixiéme de novembre 1597.

Mais il eut la satisfaction d'y voir la Princesse De Piémont Christine De France, fille du Roy Henry Iv, et sœur du Roy Louys Xiii, mariée dés le commençement de l'an 1619.

De Turin il passa vers le milieu du mois de may par le pas de Suse pour rentrer en France. Mais il se détourna de quelques lieuës du côté de la Savoye pour éxaminer la hauteur des Alpes, et y faire quelques observations. Ce fut en cette occasion qu'il crut avoir deviné la cause du tonnerre, et trouvé la raison pour laquelle il tonne plus rarement l'hiver que l'êté. Il remarqua que les neiges étant échauffées et appesanties par le soleil, la moindre émotion d'air étoit suffisante pour en faire subitement tomber de gros tas, que l'on nommoit dans le pays *avalanches* , ou plûtôt *lavanches* , et qui retentissant dans les vallées imitoient assez bien le bruit du tonnerre.

De cette observation il conjectura depuis, que le tonnerre pourroit venir de ce que les nuës se trouvant quelquefois en assez grand nombre les unes sur les autres, les plus hautes qui sont environnées d'un air plus chaud tombent tout-à-coup sur les plus basses.

La maniére dont il vid les neiges des Alpes échauffées par le soleil lui fit juger que la chaleur de l'air qui est autour d'une nuée supérieure peut la condenser, et s'appesantir peu à peu de telle sorte que les plus hautes de ses parties commençant les prémiéres à descendre, en abattent et en entraînent avec elles quantité d'autres, qui tombent aussi-tôt toutes ensemble avec beaucoup de bruit sur la nuée inférieure.

C'est par une suite de la même observation qu'il voulut expliquer pourquoi le tonnerre est plus rare l'hiver que l'été dans ces quartiers, ayant remarqué que la chaleur ne monte pas alors si aisément jusqu'aux plus hautes nuées pour les dissoudre. C'est pour cela que durant les grandes chaleurs, lors qu'aprés un vent septentrional de peu de durée on sent de nouveau une chaleur humide et étouffante, c'est signe qu'il doit suivre bientôt du tonnerre. Car c'est une marque, selon lui, que ce vent septentrional ayant passé contre la terre en a chassé la chaleur vers l'endroit de l'air où se forment les plus hautes nuées. Ce vent étant ensuite chassé lui-même vers l'endroit où se forment les plus basses par la dilatation de l'air inférieur que causent les vapeurs chaudes qu'il contient : non seulement les plus hautes en se condensant doivent descendre, mais les plus basses même demeurant fort rares, et se trouvant comme soulevées et repoussées par cette dilatation de l'air inférieur doivent leur résister de telle maniére que souvent elles peuvent empêcher qu'il n'en tombe aucune partie jusques à terre. Le bruit qui se fait ainsi au dessus de nous doit s'entendre beaucoup mieux à cause du retentissement de l'air qui est un corps résonnant, et il doit être plus grand à raison de la neige qui tombe, que n'est celui des *lavanches* ou *avalanches* dans les Alpes. Il suffit aussi que les parties des nuées supérieures tombent toutes ensemble, ou l'une aprés l'autre, tantôt plus vîte, tantôt plus lentement ; et que les nuées inférieures soient plus ou moins grandes ou épaisses, et qu'elles résistent plus ou moins, pour nous faire comprendre d'où peut venir la différence des bruits du tonnerre.

Les mêmes observations contribuérent aussi beaucoup à luy faire remarquer en quoi consistent les différences des éclairs, des tourbillons, et de la foudre ; leur origine et leurs effets. Il ne fut pas moins exact dans les autres observations qu'il fit sur les Alpes.

C'est ce qui paroît par les instructions qu'il donna plusieurs années depuis au Pére Merselle, qui devoit faire un voyage en Italie, et qui l'avoit consulté sur la maniére de prendre la hauteur de ces montagnes.

Il lui marque dans la réponse qu'il lui fit sur la fin de l'an 1639, qu'il pourroit mesurer le Mont Cénis étant au dela de Suse dans le Piémont, parce que la plaine en est fort égale ; et qu'il ne connoissoit point de meilleure maniére pour sçavoir la hauteur des montagnes, que de les mesurer de deux stations, suivant les régles de la géométrie pratique.

Mr Descartes vint en poste de Lyon en Poictou pour sçavoir l'état du bien qu'il y avoit laissé sans l'avoir pû vendre avant son départ, et pour rendre conte à Madame Sain sa marraine, de ce qu'il avoit fait pour les affaires de feu son mary dans l'armée d'Italie. Etant à Châtelleraut il fut sollicité de traitter de la charge du lieutenant général du lieu, qui se trouvoit pressé de s'en deffaire pour en acheter une autre à son fils : et on lui fit entendre qu'il l'auroit pour seize mille écus ou 50000 livres.

Il rejetta d'abord ces propositions sous pretexte qu'il ne pouvoit mettre de son argent plus de dix mille écus contans en une charge de judicature. Mais n'ayant pû résister aux instances de quelques amis qui lui offrirent de l'argent sans intérêt, il promit d'en écrire à monsieur son pére dés qu'il seroit à Poictiers. C'est ce qu'il fit le Xxiv jour de juin, pour le prier de l'assister de son conseil, et de le déterminer sur son choix. Il avoit sujet de craindre que son pére, qui étoit pour lors à Paris, ne le jugeât incapable de remplir une charge de cette espéce, parce que n'ayant fait autre éxercice jusques là que de porter l'épée, il paroîtroit être venu trop tard pour entrer dans la profession de la robe. C'est surquoi il voulut le prévenir en lui marquant la disposition où il seroit d'aller se mettre chez un procureur du Châtelet, jusqu'à ce qu'il eût appris assez de pratique pour pouvoir éxercer cette charge.

Son dessein étoit d'aller voir m. Son pére à Paris, dés qu'il auroit reçû de ses nouvelles : mais l'appréhension de ne le plus retrouver en cette ville, fit que sans attendre sa réponse il partit en poste et arriva au commençement du mois du juillet. Néantmoins il n'eut point la satisfaction d'y voir m. Son pére qui étoit retourné en Bretagne depuis peu de jours : ce qui joint avec les sollicitations des amis qui le vouloient voir établi à Paris, ne contribua pas peu à faire échoüer son affaire de Châtelleraut, et à le dégouter de la province.

Il témoignoit n'être point mal satisfait de son voyage d'Italie. Le séjour lui en auroit encore plû d'avantage s'il ne se fût point apperçû que c'est *un pays mal sain pour les françois* , sur tout lors qu'ils y mangent autant qu'ils feroient en France. Pour lui qui avoit appris de bonne heure à se gouverner dans son régime de vivre, qui beuvoit tres-peu, et qui ne prenoit ordinairement que des viandes grossiéres et peu nourrissantes, il ne s'étoit point mal précautionné contre la malignité du climat.

Mais s'il y fût demeuré plus long têms, il auroit senti peut-être que sa compléxion n'auroit pas toujours été à l'épreuve des mauvaises impressions de l'air qu'on y respire, et qui cause diverses maladies par sa chaleur immodérée. Sans cela, il proteste qu'il auroit choisi l'Italie plûtôt que la Hollande pour lui servir de retraitte durant le reste de ses jours, aprés qu'il se fut déterminé à quitter la France.

Il y avoit plus d'un mois que le légat, qu'il n'avoit point vû depuis son départ de Rome, avoit fait son entrée dans Paris, lors qu'il y arriva : et la ville étoit alors occupée d'une nouvelle plus récente, qui étoit celle de la reddition de la ville de Breda faite au Marquis De Spinola par les hollandois le cinquiéme de juin aprés un siége de neuf mois. Il ne pouvoit être entiérement insensible à cette nouvelle, s'il se souvenoit du séjour de deux années qu'il avoit fait en cette ville, sous les drappeaux du Prince Maurice qui étoit mort depuis deux mois, et qui avoit eu pour successeur le Prince Fréderic Henry son frére.

M Descartes prit son logement chez un ami de son pére, qui étoit aussi le sien en particulier, et qui avoit des rélations avec sa famille par quelque alliance. Cét amy étoit M Le Vasseur Seigneur D'Etioles, pére de M Le Vasseur, qui vit encore aujourd'hui, et qui est conseiller à la gran d-chambre.

Là s'étant formé un modéle de conduite sur la maniére de vivre que les honnêtes gens du monde ont coûtume de se prescrire, il embrassa le genre de vie le plus simple et le plus éloigné de la singularité et de l'affectation qu'il put s'imaginer. Tout étoit assez commun chez lui en apparence : son meuble et sa table étoient toujours tres-propres, mais sans superflu.

Il étoit servi d'un petit nombre de valets, il marchoit sans train dans les ruës. Il étoit vêtu d'un simple taffetas verd, selon la mode de ces têms-là, ne portant le plumet et l'épée, que comme des marques de sa qualité, dont il n'étoit point libre alors à un gentil-homme de se dispenser.

Il avoit remis à la fin de ses voyages à se déterminer sur le choix d'une profession stable pour le reste de ses jours : mais quoi qu'il ne parût pas beaucoup plus avancé dans ses délibérations qu'au commençement, il ne laissoit pas de s'affermir insensiblement dans la pensée de ne s'assujettir à aucun employ. Ce n'est pas qu'il ne fît encore une revuë fort sérieuse sur les occupations diverses qu'ont les hommes en cette vie, pour voir s'il en trouveroit quelqu'une à sa bien-séance, et qui fût conforme aux dispositions de son esprit. Mais aprés avoir éxaminé solidement toutes choses au poids de sa raison, il jugea qu'il ne pouvoit rien faire de meilleur que de continuer dans l'occupation où il se trouvoit actuellement, depuis qu'il s'étoit défait des préjugez de son éducation.

Cette occupation consistoit uniquement à employer toute sa vie à cultiver sa raison, et à s'avancer de tout son possible dans la connoissance de la vérité, suivant la méthode qu'il s'étoit prescrite.

Les contentemens qu'il témoignoit avoir reçûs de son esprit, depuis qu'il avoit commencé à se servir de cette méthode étoient si sensibles et si solides, que ne croyant pas qu'on pût trouver ailleurs des douceurs plus innocentes et plus réelles, il ferma l'oreille à toute autre sollicitation.

Il n'étoit par la grace de Dieu esclave d'aucune des passions qui rendent les jeunes gens vicieux. Il étoit parfaitement guéri de l'inclination qu'on lui avoit autrefois inspirée pour le jeu, et de l'indifférence pour la perte de son têms. Quant à ce qui regarde la religion, il conservoit toujours ce fonds de piété que ses maîtres lui avoient inculquée à La Fléche ; et il la faisoit paroître dans les pratiques extérieures de la dévotion, aux devoirs de laquelle il étoit aussi assidu que le commun des catholiques qui vivent moralement sans reproche. Quoique son esprit fût curieux jusqu'à l'étonnement de ceux qui le connoissoient, il étoit néantmoins trés-éloigné du libertinage en ce qui touche les fondemens de la religion, ayant toujours eu grand soin de terminer sa curiosité aux choses naturelles. Il avoit compris de bonne heure que tout ce qui est l'objet de la foy ne sçauroit l'être de la raison, et qu'il y auroit de la témérité à prétendre l'y assujettir. De sorte qu'il regardoit les libertins comme des gens qui étoient dans un faux principe, et qui ne connoissoient pas la nature de la foy, lors qu'ils croyoient que la raison humaine est au dessus de toutes choses.

L'irrésolution qui pouvoit lui rester touchant les vuës générales de son état, ne tomboit point sur ses actions particuliéres. Il vivoit et agissoit indépendemment de l'incertitude qu'il trouvoit dans les jugemens qu'il faisoit sur les sciences. Il s'étoit fait une morale à sa mode, selon les maximes de laquelle il prétendoit embrasser les opinions les plus modérées, les plus communément reçûës dans la pratique, et les plus éloignées de l'éxcez pour régler sa conduite, se faisant toujours assez de justice pour ne pas préférer ses opinions particuliéres à celles des personnes qu'il jugeoit plus sages et mieux sensées que lui. Il apportoit deux raisons qui l'obligeoient à ne choisir que les plus modérées d'entre plusieurs opinions également reçûës. La prémiére, que ce sont toujours les plus commodes pour la pratique, et vrai-semblablement les meilleures, toutes les extrémitez dans les actions morales étant ordinairement vicieuses. La seconde, que ce seroit se détourner moins du vray chemin, au cas qu'il vint à s'égarer, et qu'il ne seroit ainsi jamais obligé de passer d'une extrémité à l'autre. Il paroissoit en toutes rencontres tellement jaloux de sa liberté qu'il ne pouvoit dissimuler l'éloignement qu'il avoit pour tous les engagemens qui sont capables de nous priver de nôtre indifférence dans nos actions.

Ce n'est pas qu'il prétendît trouver à redire aux loix, qui pour remédier à l'inconstance des esprits foibles, ou pour établir des sûretez dans le commerce de la vie, permettent qu'on fasse des vœux ou des contrats, qui obligent ceux qui les font volontairement et légitimement à persévérer dans leur entreprise.

Mais ne voyant rien au monde qui demeurât toûjours en même état, et se promettant de perfectionner ses jugemens de plus en plus, il auroit crû offenser le bon sens, s'il se fût obligé à prendre une chose pour bonne, lorsqu'elle auroit cessé de l'être, ou de luy paroître telle, sous prétexte qu'il l'auroit trouvée bonne dans un autre têms.

à l'égard des actions de sa vie qu'il ne croioit point pouvoir souffrir de délai, lorsqu'il n'étoit point en état de discerner les opinions les plus véritables, il s'attachoit toûjours aux plus probables. S'il arrivoit qu'il ne trouvât point plus de probabilité dans les unes que dans les autres, il ne laissoit pas de se déterminer à quelques-unes, et de les considérer ensuite non plus comme douteuses par rapport à la pratique, mais comme trés-vrayes et trés-certaines, parce qu'il croyoit que la raison qui l'y avoit fait déterminer se trouvoit telle. Par ce moyen il vint à bout de se délivrer des repentirs et des remords qui ont coûtume d'agiter les consciences des esprits foibles et chancelans, qui se portent trop légérement à pratiquer comme bonnes les choses qu'ils jugent aprés être mauvaises.

Il s'étoit fortement persuadé qu'il n'y a rien dont nous puissions disposer absolument, hormis nos pensées et nos desirs : de sorte qu'aprés avoir fait tout ce qui pouvoit dépendre de luy pour les choses de dehors, il supposoit comme absolument impossible à son égard ce qui luy manquoit pour réüssir. C'est ce qui le fit résoudre à ne plus rien desirer, qu'il ne pût acquerir. Il crut que le moyen de vivre content, étoit de considérer tous les biens qui sont hors de nous comme également éloignez de nôtre pouvoir, et de ne pas regretter ceux qui nous manquent, dans la pensée qu'ils nous seroient dûs, lorsque ce n'est point par nôtre faute que nous en sommes privez. Il faut avoüer qu'il eut besoin de beaucoup d'éxercice, et d'une méditation souvent réïterée pour s'accoûtumer à regarder toutes choses de ce biais. Mais étant venu à bout de mettre une fois son esprit dans cette situation, il se trouva tout préparé à souffrir tranquillement les maladies, et les disgraces de la fortune dans lesquelles il plairoit à Dieu de l'éxercer. Il croyoit que c'étoit principalement en ce point que consistoit le secret des anciens philosophes, qui avoient pû autrefois se soustraire de l'empire de la fortune ; et malgré les douleurs et la pauvreté, disputer de la félicité avec leurs dieux.

Ces maximes qui ont été peut-être les seules (avec les véritez de la foy qu'il avoit apprises en sa jeunesse) dans le préjugé desquelles il ait voulu demeurer inviolablement toute sa vie, n'étoient fondées que sur le dessein qu'il avoit de continuer à s'instruire de plus en plus. Il témoigne que jamais il n'eût pû borner ses desirs ni se rendre content, s'il n'eût été persuadé que le chemin qu'il avoit pris pour parvenir à toutes les connoissances dont il seroit capable, étoit le même qui devoit aussi le conduire à l'acquisition de tous les vrays biens, dont la joüissance pourroit jamais être en son pouvoir.

Sçachant que nôtre volonté ne se porte à suivre ou à füir aucune chose qu'autant que nôtre entendement la luy represente bonne ou mauvaise, il croyoit qu'il luy suffiroit de bien juger pour bien faire, c'est-à-dire, pour acquerir toutes les vertus, et tous les biens qu'elles peuvent produire.

Avec ces dispositions intérieures il vivoit en apparence de la même maniére que ceux qui étant libres de tout employ ne songent qu'à passer une vie douce et innocente aux yeux des hommes ; qui s'étudient à séparer les plaisirs des vices ; et qui pour joüir de leur loisir sans s'ennuyer ont recours de têms en têms à des divertissemens honnêtes. Ainsi sa conduite n'ayant rien de singulier qui fût capable de fraper les yeux ou l'imagination des autres, personne ne formoit d'obstacle à la continuation de ses desseins, et il avançoit de jour en jour dans la recherche de la vérité qui regarde les choses naturelles. Mais il se reservoit de têms en têms quelques heures, qu'il employoit particuliérement à reduire sa méthode en pratique dans des difficultez de mathématique, ou dans d'autres même qu'il pouvoit rendre presque semblables à celles des mathématiques, en les détachant de tous les principes des autres sciences qu'il ne trouvoit pas assez fermes.

Quoyque M Descartes se fût procuré une espéce d'établissement à Paris, il ne s'assujettit pourtant pas tellement à la résidence pendant les trois ans qu'il y demeura, qu'il ne se donnât la liberté d'entreprendre de têms en têms des promenades à la campagne, et des voyages même en province. Quelques semaines aprés son retour d'Italie, le desir de revoir la cour de France le fit aller à Fontainebleau, où il eut occasion de salüer de nouveau le légat du pape, qui eut la dévotion de vouloir dire sa prémiére messe à la cour le jour de l'assomption de nôtre-dame, et de donner la communion au roy, aux deux reines, à monsieur, aux princesses, aux dames, et à plusieurs personnes de toute qualité qui avoient été averties de s'y préparer. M Descartes ne put joüir long-têms des avantages qu'il pouvoit recevoir de la présence du légat, qui partit de Fontainebleau dés le Xviii du mois d'août, et s'en retourna à Rome peu de jours aprés. Sa légation n'avoit pas été fort agréable à la cour. Il étoit venu avec des facultez que le parlement l'avoit obligé de réformer. Ses propositions avoient été trouvées préjudiciables aux intérêts de la France, et on avoit reconnu qu'elles ne tendoient qu'à favoriser les espagnols. C'est pourquoy on s'étoit contenté de luy rendre des honneurs extraordinaires, et de le traiter par tout avec beaucoup de magnificence.

Le départ du légat fut suivi des heureux succez qu'eurent les armées du roy contre les huguenots et les rebelles du royaume, qui étoient conduits par Messieurs De Rohan et de Soubize. Le Maréchal De Thémines avoit remporté divers avantages sur le Duc De Rohan en Languedoc pendant tout le mois de juillet, et avoit fait rentrer plusieurs villes dans le devoir.

L'amiral de Montmorency avec Messieurs De La Rochefoucaut, De Saint-Luc, et De Toiras battirent le Prince De Soubize en diverses rencontres, et le poussérent jusqu'à l'isle de Ré, prés de laquelle ils remportérent au mois de septembre une victoire signalée sur luy dans un combat naval qui fut suivi de la reddition de l'isle.

M Descartes étoit retourné dés le mois d'août à Paris, où il passa l'automne et l'hiver dans les éxercices que nous avons marquez. Mais l'année suivante il fit un voyage en Bretagne et en Poictou accompagné de M Le Vasseur D'Etioles. Il n'avoit point dans ces provinces d'affaire plus pressante que celle de rendre ses devoirs à m. Son pére, qu'il n'avoit vû depuis prés de trois ans, de revoir sa famille à Rennes, et les parens de feu madame sa mére à Châtelleraut et à Poitiers. Pendant qu'il étoit en cette derniére ville, on vint prier M Le Vasseur de vouloir honorer une thése de sa présence dans le collége des jésuites. M Le Vasseur convia M Descartes de vouloir l'y accompagner : ce qu'il fit avec plaisir, quoy qu'il fût déja en réputation de ne pas estimer la scholastique, ou la maniére dont les péripatéticiens traitent la philosophie. Il voulut disputer même à la thése, et les jésuites se tinrent tellement honorez de la maniére dont il en usa dans un discours latin qu'il fit d'abord, et dans ses argumens, que le pére recteur députa le lendemain deux péres de la compagnie pour l'aller remercier.

Etant revenu à Paris vers le mois de juin, il se logea au fauxbourg Saint-Germain, dans la rüe Du Four Aux Trois Chappelets. Mais il ne luy fut plus aussi facile qu'auparavant de joüir de son loisir. Ses anciens amis, et particuliérement M Mydorge, et le P Mersenne avoient tellement étendu sa réputation, qu'il se trouva en peu de têms accablé de visites, et que le lieu de sa retraite se vit changé en un rendez-vous de conférences. Il ne put empêcher que le nombre de ses amis ne multipliât, mais au moins fut-il le maître de son discernement dans le choix qu'il en fit.

L'un des prémiers et des plus parfaits de ces amis fut M Hardy conseiller au Châtelet qu'il vit chez M Mydorge, et que M Mydorge luy amena pour les unir ensemble, s'étant rendu la caution de son cœur.

Monsieur Hardy avoit joint une grande connoissance des mathématiques et des langues orientales à une insigne probité. Il s'appelloit Claude, et étoit fils de Sebastien Hardy receveur des tailles au Mans. Il n'étoit encore alors que simple avocat au parlement, et il n'y avoit pas un an qu'il avoit fait imprimer les questions d'Euclide avec les commentaires du philosophe Marin, que quelques-uns ont crû être le même que Marin disciple de Proclus.

C'étoit la prémiére fois qu'on avoit vû paroître au jour le grec original de ce traité d'Euclide et du commentaire de Marin. M Hardy y avoit fait une traduction latine incomparablement meilleure que n'étoit celle de Barthélemy Zambert : et il y avoit ajoûté d'excellentes notes de sa façon, outre celles que Zambert avoit traduites d'un vieux scholiaste.

M Descartes fit toûjours depuis beaucoup de cas de l'amitié de M Hardy. C'est ce qu'il luy fit connoître en toutes les rencontres où il se présenta quelque occasion de le servir, sur tout depuis qu'il se fût retiré en Hollande, d'où il se faisoit un plaisir particulier de luy envoyer les livres qui ne se trouvoient pas à Paris.

Un autre ami de conséquence que M Descartes acquit dans le même têms, fut Monsieur De Beaune Seigneur De Gouliou, conseiller au présidial de Blois.

C'étoit l'un des plus grands génies de son têms, au moins en ce qui concernoit les mathématiques : et M Descartes a laissé en plusieurs endroits de ses lettres des témoignages de l'estime toute extraordinaire qu'il faisoit de sa capacité et de son mérite. M De Beaune ne se contenta pas de cultiver l'amitié de M Descartes par des visites, lorsqu'ils se trouvoient tous deux à Paris, ou par des lettres durant leur absence. Il se fit encore depuis l'interpréte et le commentateur de sa géométrie, et il prit hautement sa défense contre l'ignorance ou la malignité des envieux, que sa réputation luy avoit suscitez en France depuis l'impression de ses livres. M Descartes n'eut point la satisfaction de revoir cét excellent ami plus d'une fois depuis sa retraite en Hollande. Mais on peut dire que rarement il étoit absent de sa mémoire : et l'on doit juger de l'inquiétude où il étoit pour sa conservation, sur une fausse nouvelle qu'on avoit répanduë de sa mort vers la fin de l'an 1640. Il fit connoître par avance combien la perte d'un tel ami luy seroit sensible, parce, dit-il au Pére Mersenne, qu'il le tenoit pour un des meilleurs esprits qui fussent au monde.

M Descartes fit encore amitié avec le Sieur Jean Baptiste Morin docteur en médecine, et professeur royal des mathématiques à Paris. Il étoit natif de Ville-Franche dans le beaujolois, et plus âgé que M Descartes : mais il luy survêquit de six ans et quelques mois. Il y avoit déja plusieurs années que M Morin s'étoit mis au rang des auteurs, lorsqu'il commença à connoître M Descartes : et dés l'an 1619 il avoit publié à Paris un livre latin sous le titre de nouvelle anatomie du monde sublunaire. M Descartes qui avoit un discernement fort grand des esprits, ne l'estima jamais au de-là de son prix. Mais quoy qu'il sçût précisément ce qu'il pouvoit valoir, il ne laissa point de le considérer au moins dans les prémiéres années de leur connoissance, avec tous les égards et toutes les honnêtetez qu'il auroit pû avoir pour un ami qui auroit eu le cœur plus droit, et l'esprit plus solide. Il y avoit certainement de la justice à traiter ainsi M Morin.

Car on peut dire que M Descartes avoit peu d'amis plus ardens et plus engagez que luy dans ses intérêts, si l'on s'en rapporte aux termes d'une longue lettre qu'il luy en écrivit douze ans depuis. Le R P Mersenne, dit M Morin, vous peut assurer que j'ay toûjours été l'un de vos partisans : et de mon naturel je haïs et je déteste cette *racaille d'esprits malins* , qui voyant paroître quelque esprit relevé comme un astre nouveau, au lieu de luy sçavoir bon gré de ses labeurs, et nouvelles inventions, s'enflent d'envie contre luy, et n'ont autre but que d'offusquer ou éteindre son nom, sa gloire et ses mérites : bien qu'ils soient par luy tirez de l'ignorance des choses, dont libéralement il leur donne la connoissance. J'ay passé par ces piques, et je sçay ce qu'en vaut l'aune.

La postérité plaindra mon malheur : et parlant de ce siécle de fer, elle dira avec vérité que la fortune n'étoit pas pour les hommes sçavans. Je souhaite néanmoins qu'elle vous soit plus favorable qu'à moy, afin que nous puissions voir vôtre nouvelle physique. Je vous prie de croire qu'entre tous les hommes de lettres de ma connoissance, vous êtes celuy que j'honore le plus pour vôtre vertu et vos généreux desseins.

L'amitié de M Morin ne fut pas au reste inutile à M Descartes pendant qu'il demeura à Paris. Elle luy fut d'un secours trés-sensible dans l'appareil des instrumens nécessaires pour faire ses nouvelles expériences : en quoy il secondoit l'industrie du Pére Mersenne qui travailloit aussi de la même maniére pour le service de M Descartes.

Le Pére Guillaume Gibieuf docteur de Sorbonne prêtre de la congrégation de l'oratoire, fut aussi l'un des principaux amis que fit M Descartes durant les trois années de sa demeure à Paris. Ce pére étoit également habile dans la philosophie et dans la théologie. Mais il ne fut pas le seul de sa congrégation avec lequel M Descartes contracta des habitudes. Celuy-ci eut encore des liaisons assez particuliéres avec le Pére De La Barde, le P De Sancy, et le P De Gondren qui fut depuis le second général de la congrégation : pour ne rien dire du Cardinal De Berulle qui conçut une affection et une estime toute particuliére pour nôtre philosophe. Aprés cette considération, il ne sera plus besoin de précaution contre la double erreur du Sieur Borel, qui n'a point fait difficulté de dire que le P Gibieuf, et le P De La Barde étoient les principaux ennemis de M Descartes, et que ces deux péres étoient jésuites. Ces deux erreurs sont venuës apparemment du peu d'application avec laquelle le Sieur Borel avoit lû la lettre que M Descartes écrivit au Pére Mersenne le Xix De Janvier 1642.

à dire vray, il y est parlé d'une réponse de M Descartes aux Péres Gibieuf et De La Barde, mais cette réponse n'étoit autre chose que des éclaircissemens à des difficultez que ces péres luy avoient proposées pour s'instruire plûtôt, que pour disputer. De l'article qui regarde ces deux péres, M Descartes passe à un autre concernant les jésuites, c'est ce qui a causé de la confusion dans les idées du Sieur Borel.

Cet auteur a mieux rencontré, lorsqu'il a conté M De Balzac parmi les amis de M Descartes. Il ajoûte que M De Balzac avoit reçu en 1625 un trés bon office de M Descartes, qui le servit fort à propos auprés du Cardinal Barberin légat en France contre le Pére Goulu, appellé dans son couvent Dom Jean De Saint François, Général Des Feüillans, qui publia contre luy deux ans aprés deux volumes de lettres sous le nom de phyllarque. Ce qu'il y a de certain, c'est que M Descartes et M De Balzac étoient dés lors dans le commerce de l'amitié la plus étroite et la plus sincére. Ce philosophe qui estimoit encore plus le bon cœur de M De Balzac que son bel esprit, ne laissoit pas de vanter aux occasions son éloquence et son érudition : mais sur tout il faisoit cas de la délicatesse de ses pensées, et du tour de ses expressions. Comme il sçavoit autant qu'homme du monde se conformer au goût du siécle et du pays où il avoit à vivre, il ne faisoit point difficulté de comparer la pureté de l'élocution qui regne dans les écrits de M De Balzac, à la santé du corps qui n'est jamais plus parfaite que lorsqu'elle se fait le moins sentir. Il comparoit aussi les graces et la politesse que tout le monde admiroit pour lors dans M De Balzac, à la beauté d'une femme parfaitement belle, qui ne consiste pas dans l'éclat, ou la perfection de quelque partie en particulier, mais dans un accord et un tempérament si juste de toutes les parties ensemble, qu'il n'y en doit avoir aucune qui l'emporte au dessus des autres, de peur que la proportion n'étant pas bien gardée dans le reste, on ne s'apperçoive de l'imperfection de tout le corps. C'étoit juger de la grammaire, et de l'éloquence de M De Balzac en philosophe et en géométre : et l'on peut assurer que dés ce têms-là les complimens et les discours les moins sérieux de M Descartes sentoient sa philosophie et sa géométrie. Mais il est à remarquer d'ailleurs que les grands sentimens qu'il faisoit paroître pour M De Balzac avoient pour principal fondement leur amitié réciproque. Il se divertissoit quelquefois de l'amitié de M De Balzac avec leurs amis communs : mais le mépris, ni l'indifférence

225

n'entroient point dans ses plaisanteries. C'est ce qui paroît assez par la maniére dont il s'en expliqua un jour avec M De Zuytlichem gentilhomme hollandois, à qui M De Balzac avoit écrit une lettre de compliment sur la perte qu'il avoit faite d'une personne qui luy étoit chére. M De Balzac, dit-il, étant si amateur de la liberté, que ses jarretiéres même et ses aiguillettes luy pésent, n'aura pû sans doute se persuader qu'il y ait des liens au monde qui soient si doux qu'on ne sçauroit en être délivré sans les regretter. Mais je puis d'ailleurs vous répondre qu'il est des plus constans en ses amitiez etc. Quand le peu de séjour que le légat fit à Paris en 1625 ne nous permettroit pas de croire que M Descartes eût eu le loisir de plaider la cause de M De Balzac devant lui contre les accusations du Pére Goulu, nous ne pourrions disconvenir d'ailleurs qu'il ne luy ait rendu ce bon office devant le public et toute la postérité. On pourra juger du reste par la maniére dont il a tâché de le disculper du soupçon de *philautie* ou d'amour propre qui étoit le principal des défauts qu'on imputoit à M De Balzac, et qui lui avoit fait donner le nom de Narcisse par ses ennemis.

S'il est quelquefois obligé, dit M Descartes, de parler de lui même, il en parle avec la même liberté qui le fait parler des autres, et qui lui rend le mensonge insupportable. Comme la crainte du mépris ne l'empêche point de découvrir aux autres les foiblesses et les maladies de son corps, la malice de ses envieux ne lui fait point aussi dissimuler les avantages de son esprit. C'est ce qu'on pourroit néantmoins interpréter d'abord en mauvaise part dans un siécle où les vices sont si communs et les vertus si rares, que dés qu'un même effet peut dépendre d'une bonne ou d'une mauvaise cause, les hommes ne manquent jamais de le rapporter à celle qui est mauvaise, et d'en juger par ce qui arrive le plus souvent. Mais lors qu'on voudra considérer que M De Balzac s'explique aussi librement sur les vertus et les vices des autres que sur les siens, on ne se persuadera point qu'il y ait dans un même homme des mœurs assez différentes pour produire tout à la fois la malignité qui lui feroit découvrir les fautes d'autrui, et la flaterie honteuse qui lui feroit publier leurs belles qualitez ; la bassesse d'esprit qui le porteroit à parler de ses propres foiblesses, et la vanité qui lui feroit décrire les avantages de son esprit, et les perfections de son ame. Au contraire, l'on s'imaginera bien plûtôt qu'il ne parle de toutes ces choses, comme il fait, que par l'amour qu'il porte à la vérité, et par une générosité qui lui est naturelle. La postérité voyant en lui des mœurs tout es conformes à celles des grands hommes de l'antiquité, admirera la candeur et l'ingénuité de cét esprit élevé au dessus du commun, et lui fera justice de ses envieux qui refusent aujourd'huy de reconnoître son mérite. Car la corruption du genre humain est devenuë si grande, que comme un jeune homme auroit honte de paroître retenu, et tempérant dans une compagnie de gens débauchez de son âge, de même la plûpart du monde se mocque aujourd'huy d'une personne qui fait profession d'être sincére et véritable.

L'on prend beaucoup plus de plaisir à écouter de fausses accusations que de véritables loüanges, sur tout lors qu'il arrive à des gens de mérite de parler un peu avantageusement d'eux-mêmes. Car c'est pour lors que la vérité passe pour orgueil ; la dissimulation ou le mensonge pour modestie.

Il est aisé de juger par ces termes que M Descartes parloit de bonne foy pour la défense de son ami : et il se peut faire que M De Balzac ait eu autant de franchise, et d'ingénuité qu'il lui en attribuë dans les occasions qu'il prenoit de parler de luy-même. Mais nous avons vû de nos jours combien l'éxemple de M De Balzac a été pernicieux aux Narcisses de nôtre têms. Quoi que la malignité du siécle ait augmenté de plusieurs degrez depuis ce têms-là, il ne seroit peut-être pas impossible à des défenseurs aussi philosophes, je veux dire, aussi peu flateurs qu'un Descartes, de faire accepter leurs excuses au public, s'ils avoient au moins le mérite d'un Balzac.

Mr Descartes ne fut pas long têms à Paris sans ressentir les incommoditez de sa réputation qui lui attiroit trop de visites. Peu s'en fallut qu'il ne mît au nombre de ces inconvéniens la multitude des amis qu'elle lui produisoit. Il n'y avoit presque pas de jours qui ne lui en fissent paroître quelqu'un de nouveau. Il songea de bonne heure à s'en décharger pour ne pas tomber dans l'accablement : mais il ne vint à bout de se débarrasser des plus inutiles, et des plus onéreux qu'au têms de sa retraite en Hollande pour le plûtôt.

M Des Argues fut l'un de ceux qu'il se fit un devoir de conserver toute sa vie. Il étoit lyonnois de naissance ; se faisoit distinguer dés lors par son mérite personnel : et pour ne rendre pas inutile au public la connoissance qu'il avoit des mathématiques, et particuliérement de la méchanique, il employoit particuliérement ses soins à soulager les travaux des artisans par la subtilité de ses inventions. En quoi il s'attira d'autant plus l'estime et l'amitié de M Descartes, que de son côté il songeoit déja aux moiens de perfectionner la méchanique, pour abréger et adoucir les travaux des hommes. Ce fut M Des Argues qui contribua principalement à le faire connoître au Cardinal De Richelieu : et quoi que M Descartes ne prétendît tirer aucun avantage de cette connoissance, il ne laissa pas de se reconnoître trés-obligé au zéle que M Des Argues faisoit paroître pour le servir. Il a survêcu à M Descartes de quelques années.

M De Beaugrand secrétaire du roy, mathématicien de Gaston Duc D'Orléans, que M Gassendi appelloit encore un jeune homme en 1631, a passé aussi pendant quelque têms pour l'amy de M Descartes ; peut-être parce qu'il l'étoit du P Mersenne. On ne peut pas nier qu'ils ne se soient connus assez particuliérement : mais leurs liaisons ne furent jamais fort étroites ; et l'estime que M Descartes faisoit de son sçavoir sur le rapport de leurs amis communs, diminua beaucoup depuis qu'il eut publié son traitté de la géostatique. Il mourut prés de dix ans avant M Descartes.

On peut mettre pareillement au nombre des amis que M Descartes acquit à Paris M Silhon, M De Serisay, et M Sarazin, aux intérets desquels il n'étoit pas indifférent, puis qu'il étoit curieux, même dans sa retraite de Hollande, d'apprendre de leurs nouvelles de têms en têms, quoi qu'ils ne parussent pas trop se mêler de mathématiques. M Silhon, étoit natif de Sos en Gascogne : il fut honoré de la qualité de conseiller d'etat, du têms du Cardinal Mazarin, auquel il se rendit agréable et nécessaire. Il étoit l'un de ceux que le Cardinal De Richelieu avoit choisis pour remplir le nombre des quarante académiciens, lors qu'il fut question de former un corps régulier de l'académie françoise en 1634. Outre ce qu'il a fait de politique et d'historique, nous avons de lui un ouvrage *in quarto* , qui avoit quelque rapport avec les études de M Descartes. C'est celuy de l'immortalité de l'ame, qui selon M Pélisson, est comme une théologie naturelle. Il a survêcu de plusieurs années à M Descartes, et il a eu pour successeur à la place d'académicien, M Colbert ministre d'etat en 1667.

M De Serisay étoit parisien de naissance, et intendant de la maison de M Le Duc De La Rochefoucaud. Il fut l'un des prémiers d'entre les sçavans et les beaux esprits, qui par leurs assemblées libres donnérent la naissance à l'academie françoise, quatre ou cinq ans avant qu'elle fût établie par edit du roy. Quoiqu'il se fût opposé à la proposition que le Cardinal De Richelieu avoit faite à leur assemblée de former un corps sous sa protection, et de s'assembler réguliérement par une autorité publique : on ne laissa pas de le créer directeur de l'académie à l'instant de son érection. Ce fut lui qui malgré les attaches qu'il avoit aux intérêts de son maître ennemi du Cardinal De Richelieu, fut chargé par la compagnie de composer la lettre par laquelle ce cardinal étoit supplié d'honorer l'académie de sa protection. M De Serisay resta dans le monde prés de trois ans au delà de M Descartes, et il laissa sa place d'académicien à M Pélisson maître des requêtes.

M Sarazin étoit de Caen en Normandie, et il fut sécrétaire de M Le Prince De Conty, (Armand De Bourbon). Ses études, non plus que celles de M De Serisay, n'avoient pas beaucoup de rapport avec celles de M Descartes. Il n'en étoit pourtant pas moins son amy : et M Descartes, qui avoit le goût de la politesse et du bel-esprit, sçavoit l'estimer autant, et peut-être plus que quelques-uns qu'on voioit dans l'académie à son préjudice. Ils se faisoient des complimens, se rendoient des civilitez mutuelles par la médiation de quelque amy commun de Paris durant leur absence, et nous voyons que M Sarazin avoit soin de lui faire présent de ses livres.

Nous ne devons pas omettre M De Boissat, puisque M Chorier nous apprend qu'il étoit des amis de M Descartes. Dans cette supposition l'on pourra faire remonter leur amitié jusqu'à une source plus haute que n'est celle des autres amis que M Descartes n'a connus qu'à Paris. Il est trés-probable qu'ils s'étoient déja vûs dés l'an 1625 au siége de Gavi en Italie, ou M De Boissat avoit servi sous le connêtable De Lesdiguiéres en qualité de capitaine d'une compagnie dans le régiment de Sancy. Il n'étoit pas moins amy de M Gassendi que de M Descartes : mais ayant à se déterminer sur une secte de philosophie, il préféra celle de M Descartes, dont il se rendit le disciple depuis qu'il eût publié ses livres. M Gassendi n'en eut point de jalousie, il ne l'en aima pas moins, et le loüa même de son choix suivant la bonté de son naturel, qui lui faisoit au moins tourner en éloges les approbations que son intérêt particulier lui faisoit refuser à la philosophie de M Descartes. M De Boissat Seigneur De Licieu en lionnois étoit un gentilhomme du Dauphiné, qui n'avoit pas moins d'esprit que de cœur. Il étoit de prés de huit ans plus jeune que M Descartes, et il vêcut douze ans aprés luy.

Il avoit été reçû dans l'académie dés l'an 1634, avec Messieurs Voiture et De Vaugelas : et il eut pour successeur dans cette place M Furetiére l'an 1662.

Il semble qu'on pourroit aussi rapporter au têms de la demeure de M Descartes à Paris, l'amitié qu'il eut avec M Frenicle, qu'il appelle souvent M De Bessy simplement ; avec M De Sainte Croix, M De Marandé, et M Picot, quoi que je n'aye pu encore fixer le commençement de leur connoissance. M Frenicle Sieur De Bessy étoit parisien, mais originaire de la province de Bourgogne, et il passoit à Paris pour l'un des grands arithméticiens du siécle. Il y a eu deux hommes de lettres de ce nom en même têms, tous deux mathématiciens, tous deux poëtes. C'est avec l'ancien que M Descartes paroît avoir eu ses habitudes. Ils s'écrivoient quelquefois de l'un à l'autre : mais pour l'ordinaire le Pére Mersenne recevoit les questions ou les demandes de M De Bessy pour M Descartes, et les réponses ou solutions de M Descartes pour M De Bessy.

M De Sainte Croix, étoit un autre arithméticien insigne, mais encore plus intime amy de M Descartes.

Je crois que c'est le même que nous trouvons appellé par d'autres personnes André Jumeau, qui étoit prieur de sainte croix, et qui avoit été précepteur de M Le Duc De Verneuïl. M Descartes témoignoit estimer trés particuliérement la connoissance profonde que M De Sainte Croix avoit de l'arithmétique et de l'algébre : et il se faisoit un plaisir singulier de répondre à ses questions, parce qu'il y trouvoit presque autant de satisfaction que M De Sainte Croix en témoignoit pour ses réponses. Il mourut avant M Descartes.

Pour M De Marandé, l'on peut dire que ses livres l'ont fait assez connoître dans le monde. Mais il faut prendre garde de ne le pas confondre avec un ecclésiastique de même surnom et du même têms.

Celuy-cy se nommoit Léonard De Marandé, se qualifioit conseiller et aumônier du roy, et se mêloit de théologie. Mais l'amy de M Descartes étoit gréffier de la cour des aydes, et donnoit le reste du têms que luy laissoit son office à des traductions fra nçoises, et à des exercices de philosophie et de mathématiques.

Mais de tous ces amis de M Descartes, personne n'entra plus avant dans sa familiarité et dans la connoissance de ses affaires que le Sieur Claude Picot prieur du Rouvre, que nous appellons communément l'abbé Picot. Il ne se contentoit pas de se déclarer publiquement le disciple et l'admirateur de M Descartes, il voulut être encore le traducteur de ses *principes*

son correspondant pour les

lettres qu'il avoit à recevoir et à rendre ; son hôte à Paris, dans les derniers voyages qu'il fit de Hollande en France ; l'agent de ses affaires domestiques ; le receveur de ses rentes de Bretagne et de Poitou. Cét abbé étoit fils d'un receveur général des finances de Bourdeaux. Il avoit deux fréres, dont l'un fut d'abord prémier valet de chambre de la garderobbe du roy, puis receveur général aprés son pére ; l'autre étoit conseiller à la cour des aydes de Guienne à Bourdeaux.

M Descartes étant à Paris, ne songeoit qu'à rendre utiles les habitudes qu'il avoit avec ses amis et les gens de lettres, lors qu'on y reçût la nouvelle de la mort du chancelier Bacon, arrivée le neuviéme jour d'avril 1626. Cette nouvelle toucha sensiblement ceux qui aspiroient après le rétablissement de la véritable philosophie, et qui sçavoient que Bacon travailloit à ce grand dessein depuis plusieurs années. Ceux qui avoient espéré de le voir venir à bout d'une entreprise si extraordinaire regretérent sa perte plus particuliérement que les autres, voyant que Dieu qui l'avoit retiré en la soixante sixiéme année de son âge, ne lui avoit pas accordé assez de vie pour l'éxécution de son dessein. Il est vray que six ans avant sa mort il avoit mis en lumiére le prémier volume de son grand ouvrage du rétablissement de la philosophie sous le titre *d'instauratio magna* dont son *nouvel organe* fait partie. Mais ce n'étoit qu'un essay de ses sublimes projets, capable seulement de laisser dans l'esprit de ses lecteurs une idée trés-grande de ce qu'il faisoit espérer à la postérité. Aussi voyons nous qu'il n'y approfondit rien ; que les propositions et les axiomes qu'il y avance sont plutôt des avis et des expédiens pour donner des ouvertures à méditer, que des maximes propres à établir des principes.

Il faut avoüer que l'exécution d'un dessein aussi héroïque que celui de rétablir la vraye philosophie étoit réservée à un génie encore plus extraordinaire que le sien. Mais c'est avec beaucoup de justice qu'il a reçu les éloges de toutes les personnes judicieuses qui n'ont pas pû ne pas goûter le plan qu'il avoit donné pour rebâtir sur de nouveaux fondemens. Il avoit remarqué que l'esprit humain se trouvoit embarassé de plus en plus dans la recherche de la vérité principalement depuis que les péripatéticiens étoient venus à bout de faire recevoir presque par tout leur méthode scholastique. Il n'avoit pû voir sans peine que cét esprit fût privé des vrays secours pour cette recherche, ou qu'au moins il ne sçût pas bien user de ceux qu'il avoit ; que de cette privation ou de ce mauvais usage des vrays secours fût venuë une ignorance presque totale des choses naturelles suivie de mille inconvéniens. Dans cette vuë il avoit crû devoir employer toute son industrie pour tâcher de réconcilier l'esprit humain avec la nature ou les choses naturelles, et de rétablir leur commerce. Il avoit jugé qu'il falloit commencer d'abord à corriger les erreurs passées, et à établir les moyens de prévenir celles qui pourroient arriver dans la suite des têms. Mais il ne pouvoit espérer ces bons effets ni des forces particuliéres de l'entendement humain, ni des secours de la dialectique, parce que les premiéres notions que nôtre esprit reçoit des choses luy paroissoient vicieuses et confuses, et que l'on faisoit mal, selon lui, de séparer ces notions des choses mêmes. C'est delà néantmoins que dépendent les secondes notions et les autres connoissances qui sont du ressort de la raison humaine, de sorte que tout le systéme des sciences naturelles ne lui parut qu'une masse confuse de fausses idées. Il ne s'agissoit donc de rien moins que de dresser un systéme nouveau sur des fondemens tout différens de ceux des anciens qui lui avoient paru si ruïneux. Mais il ne se rebuta point de la difficulté de l'entreprise : et il voulut bien s'exposer au danger de passer pour le plus téméraire des hommes, afin de fendre au moins la glace à ceux des esprits de sa trempe qui pourroient venir aprés luy.

M Descartes n'eût aucun besoin de son exemple, si ce n'est peut être pour justifier la hardiesse qu'il avoit euë d'abandonner le chemin des anciens, comme avoit fait ce chancelier. Mais quoyqu'il se fût fait une route toute nouvelle, avant que d'avoir jamais oüy parler de ce grand homme, ni de ses desseins, il paroît néanmoins que ses écrits ne luy furent pas entiérement inutiles. L'on voit en divers endroits de ses lettres qu'il ne desapprouvoit point sa méthode, et qu'il la jugeoit assez propre pour ceux qui vouloient travailler à l'avancement des sciences sur des expériences faites à leurs dépens. Quand les vûës de Bacon, qu'il n'appelle jamais autrement que *verulamius* ou *verulamio* à cause de la baronie de Vérulam qu'il possédoit avec le vicomté de Saint Albans, luy auroient été absolument inutiles, on peut dire que la devise, ou plûtôt la prophétie de ce magistrat, (…), servit beaucoup à l'encourager dans l'espérance que d'autres qui viendroient aprés luy pourroient continuer ce qu'il auroit commencé.

Nous avons pû remarquer que M Descartes ne voyoit aprés le Pére Mersenne aucun de ses amis avec plus d'assiduité que M Mydorge, qui a été le seul parmi un si grand nombre, qu'il ait appellé son *prudent et fidelle ami* . Aussi n'en avoit-il trouvé aucun dont la conversation luy fût plus avantageuse, et les services plus réels et plus sensibles. C'est ce qu'il éprouva particuliérement au sujet des verres que M Mydorge luy fit tailler à Paris durant les années 1627 et 1628, qu'ils joüissoient l'un de l'autre à loisir. Rien au monde ne luy fut plus utile que ces verres pour connoître et pour expliquer, comme il a fait depuis dans sa dioptrique, la nature de la lumiére, de la vision, et de la réfraction. M Mydorge luy en fit faire de paraboliques et d'hyperboliques, d'ovales et d'élliptiques. Et comme il avoit la main aussi sûre et aussi délicate que l'esprit subtil, il voulut décrire luy-même les hyperboles et les éllipses. C'est ce qui fut d'un secours merveilleux à M Descartes non seulement pour mieux comprendre qu'il n'avoit fait jusqu'alors la nature de l'éllipse et de l'hyperbole, leur proprieté touchant les réfractions, la maniére dont on doit les décrire ; mais encore pour se confirmer dans plusieurs belles découvertes qu'il avoit déja faites auparavant touchant la lumiére, et les moyens de perfectionner la vision.

Il devint luy-même en trés peu de têms un grand maître dans l'art de tailler les verres : et comme l'industrie des mathématiciens se trouve souvent inutile par la faute des ouvriers dont l'adresse ne répond pas toûjours à l'esprit des auteurs qui les font travailler, il s'appliqua particuliérement à former la main de quelques tourneurs qu'il trouva les plus experts, et les mieux disposez à ce travail. En quoy il eut la satisfaction de voir le succez de ses soins avant que de sortir de la France pour se retirer en Hollande.

C'est ce qu'il fit connoître neuf ou dix ans aprés, à l'un de ses amis qui luy avoit envoyé un verre à éxaminer. En luy marquant les défauts de ce verre taillé par un tourneur hollandois, il luy parle en ces termes, de la maniére dont il en avoit fait tailler un à Paris par le moyen du tour. Le verre, dit-il, que je fis tailler il y a huit ou neuf ans, réussit parfaitement bien. Car encore que son diamétre ne fût pas plus grand que la moitié du vôtre, il ne laissoit pas de brûler avec beaucoup de force à la distance de huit pouces : et l'ayant mis à l'épreuve d'un morceau de carte avec de petits trous, on voyoit que tous les rayons qui passoient par ces trous s'approchoient proportionnellement jusqu'à la distance de huit pouces, où ils se trouvoient trés-éxactement assemblez en un. Mais je vous diray les précautions dont on usa pour le tailler.

Prémiérement je fis tailler trois petits triangles tous égaux qui avoient chacun un angle droit, et l'autre de trente degrez, en sorte que l'un de leurs côtez étoit double de l'autre. Ils étoient l'un de cristal de montagne, l'autre de cristalin ou verre de Venise, et le tr oisiéme de verre moins fin. Puis, je fis faire aussi une régle de cuivre avec deux pinnules, pour y appliquer ces triangles, et mesurer les refractions : et delà, j'appris que la réfraction du cristal de montagne étoit beaucoup plus grande que celle du cristalin ;

et celle du cristallin que celle du verre moins pur. Aprés cela M Mydorge, que je tiens pour le plus éxact à bien tracer une figure de mathématique qui soit au monde, décrivit l'hyperbole qui se rapportoit à la réfraction du cristal de Venise sur une grande lame de cuivre bien polie, et avec des compas dont les pointes d'acier étoient aussi fines que des aiguilles. Puis il lima exactement cette lame suivant la figure de l'hyperbole, pour servir de patron, sur lequel un faiseur d'instrumens de mathématiques nommé Ferrier tailla au tour un moûle de cuivre encavé en rond, de la grandeur du verre qu'il vouloit tailler. Et afin de ne corrompre point le prémier modéle en l'ajustant souvent sur ce moule, il coupoit seulement dessus des piéces de carte, dont il se servit en sa place, jusqu'à ce qu'ayant conduit ce moule à sa perfection, il attacha son verre sur le tour, et l'appliquant auprés avec du grais entre deux, il le tailla fort heureusement. Mais voulant aprés en tailler un concave de la même maniére, la chose luy fut impossible, à cause que le mouvement du tour étant moindre au milieu qu'aux extrémitez, le verre s'y usoit toûjours moins, quoy qu'il s'y düt user davantage. Mais si j'eusse alors considéré que les défauts du verre concave ne sont pas de si grande importance que ceux du convexe, comme j'ay fait depuis, je crois que je n'eusses pas laissé de luy faire faire d'assez bonnes lunettes avec le tour.

Ce Ferrier dont parle M Descartes, et qui luy avoit apparemment été adressé par M Mydorge, n'étoit pas un simple artisan qui ne sçût remuer que la main. Il possedoit encore la théorie de sa profession, et sçavoit l'optique et la méchanique aussi sûrement qu'un professeur du collége royal. Il n'étoit pas tout-à-fait ignorant dans le reste des mathématiques ; et nonobstant sa condition il étoit reçu parmi les sçavans, comme s'il eût été de leur nombre. Il s'attacha particuliérement à M Descartes qui le prit en affection, et qui non content de l'employer d'une maniére à rehausser sa fortune voulut encore luy apprendre les moyens de se perfectionner dans son art. L'un des instrumens les plus excellens qu'il luy fit faire, fut une lunette nouvelle composée de verres hyperboliques, à laquelle il ne s'étoit encore rien vû de semblable. M De Ville-Bressieux qui l'avoit vuë, et qui de plus avoit été present à sa fabrique, assuroit que par son moyen l'on découvroit distinctement les feüilles des plantes à trois lieuës de distance.

On peut considérer ce qui arriva à M Descartes pendant cét espace des trois ans et demi qu'il passa dans Paris, comme un abrégé des révolutions que son esprit avoit souffertes jusqu'alors, et qu'il souffrit encore depuis touchant ses études et les occupations de sa vie. Il s'étoit engagé de nouveau dans l'enfoncement des sciences abstraites, ausquelles il avoit renoncé auparavant : mais le peu de gens avec qui il en pouvoit communiquer, même au milieu de cette grande ville, l'en avoit dégoûté une seconde fois. Il avoit repris l'étude de l'homme qu'il avoit tant cultivée durant ses voyages. Cette étude de nôtre nature et de nôtre état l'avoit encore persuadé plus qu'autrefois que ces sciences abstraites ne nous sont pas trop convenables, et elle luy avoit fait appercevoir, que luy-même en les pénétrant s'égaroit encore plus que les autres hommes en les ignorant.

Il avoit cru trouver au moins parmi tant d'honnêtes gens beaucoup de compagnons dans l'étude de l'homme, puisque c'est celle qui nous convient le plus. Mais il s'étoit vû trompé, et il avoit remarqué que dans cette ville qui passe pour l'abrégé du monde, comme à Rome, à Venise, et par tout où il s'étoit trouvé, il y a encore moins de gens qui étudient l'homme que la géométrie.

Cela le fit resoudre encore tout de nouveau à se passer de luy seul autant qu'il luy seroit possible, et à se contenter d'un petit nombre d'amis pour le soulagement de la vie. Mais sa réputation fut un grand obstacle à cette résolution. Elle avoit fait de la maison de M Le Vasseur une espéce d'academie, en y attirant une infinité de gens qui s'introduisoient chez luy à la faveur de ses amis. Les curieux de littérature ne manquérent pas de s'y glisser parmi les autres : et se joignant à ceux de ses amis qui se plaisoient le plus à répandre sa réputation, ils s'hazardérent de luy proposer de prendre la plume pour faire part de ses connoissances et de ses découvertes au public. Les libraires même, qui ne cherchent qu'à trafiquer de la réputation des auteurs, semblérent vouloir être aussi de la conspiration de ceux qui l'assiégeoient chez M Le Vasseur. Il nous apprend luy même que dés ce têms là il se trouva des gens de cette profession qui le sollicitérent, et lui firent offrir des présens pour l'engager à leur promettre la copie de ce qu'il pourroit composer, n'étant pas honteux de vouloir acheter l'honneur de le servir.

Ces compagnies commencérent à luy rendre le séjour de Paris onéreux, et à luy faire sentir sa propre réputation comme un poids insupportable. Ce n'est pas qu'étant homme il n'eût une assez grande idée du reste des hommes pour souhaiter de se voir dans l'estime de tout le genre humain s'il en eût été connu. Il a toujours porté si haut la grandeur et la force de la raison de l'homme, qu'il ne faut pas douter de la passion qu'il auroit euë de s'y trouver avantageusement placé. Mais il ne prétendoit pas que cette estime dût être accompagnée de tant d'incommoditez : et pour commencer à se délivrer des importunitez de ceux qui le fréquentoient trop souvent, il quitta la maison de M Le Vasseur, et alla se loger en un quartier où il devoit se dérober à leur connoissance, et ne se rendre visible qu'à un tres-petit nombre d'amis qui avoient son secret. M Le Vasseur à qui il n'avoit pas jugé à propos de le communiquer fut quelque têms en inquiétude, ne trouvant personne qui pût luy apprendre de ses nouvelles. Mais le hazard luy ayant fait rencontrer son valet de chambre dans les ruës au bout de cinq ou six semaines, il l'arrêta sur le lieu, et l'obligea après beaucoup de résistance de lui découvrir la demeure de son maître. Le valet aprés luy avoir ainsi révélé le principal de son sécret, ne fit plus difficulté de luy déclarer le reste. Il luy conta toutes les maniéres dont son maître se gouvernoit dans sa retraite, et lui dit entre autres choses qu'il avoit coûtume de le laisser au lit tous les matins lors qu'il sortoit pour éxécuter ses commissions, et qu'il espéroit de l'y retrouver encore à son retour.

Il étoit prés d'onze heures, et M Le Vasseur qui revenoit du palais voulant s'assurer sur l'heure de la demeure de M Descartes, obligea le valet de se rendre son guide, et se fit conduire chez Monsieur Descartes.

Lors qu'ils y furent arrivez ils convinrent qu'ils entreroient sans bruit, et le fidéle conducteur ayant ouvert doucement l'antichambre à M Le Vasseur, le quitta aussi tôt pour aller donner ordre au dîner.

M Le Vasseur s'étant glissé contre la porte de la chambre de M Descartes se mit à regarder par le trou de la serrure, et l'apperçût dans son lit, les fenêtres de la chambre ouvertes, le rideau levé, et le guéridon avec quelques papiers prés du chevet. Il eut la patience de le considérer pendant un têms considérable, et il vid qu'il se levoit à demy-corps de têms en têms pour écrire, et se recouchoit ensuite pour méditer. L'alternative des ces postures dura prés d'une demie heure à la vuë de M Le Vasseur. M Descartes s'étant levé ensuite pour s'habiller, M Le Vasseur frappa à la porte de la chambre comme un homme qui ne faisoit que d'arriver et de monter l'escalier. Le valet qui étoit entré par une autre porte vint ouvrir, et affecta de paroître surpris.

Monsieur Descartes le fut tout de bon quand il vid la personne qu'il attendoit le moins. M Le Vasseur luy fit quelques reproches de la part de Madame Le Vasseur qui s'étoit crû méprisée dans la maniére dont il avoit abandonné sa maison. Pour luy il se contenta de luy demander à dîner afin de se racommoder ensemble. Aprés midy ils sortirent ensemble pour aller trouver Madame Le Vasseur, à qui M Descartes fit toute la satisfaction qu'elle pouvoit attendre, non d'un philosophe, mais d'un galant homme qui sçavoit l'art de vivre avec tout le monde. Aprés son retour il eut beau regretter la douceur de sa retraite, et chercher les moiens de réparer la perte de sa liberté : il ne pût détourner le cours de sa mauvaise fortune, et il se vid en peu de jours retombé dans les inconvéniens dont il s'étoit délivré en se cachant.

Le déplaisir qu'il en eut le chassa de son quartier, et luy fit naître le desir d'aller voir le siége de La Rochelle.

Le siége de La Rochelle qui a été l'un des plus remarquables du siécle étoit déja fort avancé lors que Monsieur Descartes y arriva. Il avoit été formé dés le mois de septembre de l'année précédente aprés l'arrivée de Gaston De France, que le roy avoit déclaré général de l'armée. Le roy lui même s'y étoit rendu au mois d'octobre suivant, pour animer toutes choses de sa présence. Le reste de l'année avoit été employé à construire quelques forts au tour de La Rochelle sur le continent ; à faire venir l'armée navalle du roy devant la ville ; et à jetter les fondemens de la fameuse digue dans le canal de la baye, pour empêcher la communication des rochelois avec les anglois, qui étoient descendus au secours des rebelles. Au mois de février de l'année suivante, le roy étoit revenu à Paris ayant laissé le soin du siége et de toute l'armée au Cardinal De Richelieu, qu'il avoit fait son lieutenant général sous prétexte de l'absence du Duc D'Orléans. Le roy étoit retourné au siége au mois d'avril, où il avoit trouvé son camp plus incommodé des maladies que des sorties des rochelois. La bonne police que le Cardinal De Richelieu avoit mise dans l'armée, le bel ordre qu'on observoit dans les travaux du siége, l'obstination et les miséres des assiégez attiroient de toutes parts une infinité de curieux pour voir un spectacle qui passoit de loin ceux d'Ostende et de Breda pour sa singularité.

M Descartes se rendit au pays d'Aunis vers la fin du mois d'août dans le même têms que le Comte De Soissons arriva de son voyage de Piémont pour saluër le roy : et l'une des prémiéres nouvelles qu'il apprit au camp fut celle de la mort du Duc De Buckingham général des anglois qui venoit d'être assassiné par un anglois nommé Felton. Il se joignit avec quelques autres gentilshommes comme membre de la noblesse de Bretagne et de Poitou, que le roy avoit mandée pour combatre les anglois, qu'on croyoit devoir bien-tôt paroître. Aprés avoir vu le quartier du roy, celuy du Cardinal De Richelieu, et tout ce qui méritoit le plus d'être remarqué dans la disposition du camp, il s'appliqua particuliérement à considérer les travaux qu'on avoit faits autour de la ville, tant sur terre que sur mer.

Il trouva sur tout dequoi satisfaire sa curiosité à observer les forts et les redoutes de la ligne de communication, et la construction de la digue.

La ligne de communication environnoit la ville de La Rochelle et la tenoit entiérement fermée à une demy-lieuë de distance. Elle avoit trois lieuës de long, huit pieds d'ouverture et six pieds de creux : de sorte que la cavalerie et l'infanterie alloient à couvert du canon de La Rochelle aux forts et aux redoutes par son moyen. Il y avoit sur cette ligne douze forts considérables et environ dix-huit redoutes. Les forts étoient tres-réguliérement batis, et presque tous égaux pour la force et les autres avantages. Mais le Fort-Louïs commandé par M De Toiras étoit plus large que les autres, et accompagné de plus de bastions et de demy-lunes. La digue achevoit sur le canal la cloture de la ville que faisoit la ligne de communication sur terre. Elle avoit deux forts à ses extrémitez, celuy de Tavanes et celuy de

Marillac. Elle étoit en tout de cent soixante pas, et elle avoit dix-huit pieds d'assiéte en largeur finissant en plate-forme à cinq pieds de talû. La plus grande partie de cette digue étoit de pierres, et le reste étoit de ponts bâtis sur des vaisseaux enfoncez et entourez de pieux et de pierres jettées en talû pour fortifier ces ponts. La digue avoit une ouverture par le milieu, faisant de chaque côté de l'ouverture un coude qui avançoit en mer, où l'on avoit mis une batterie de canon. Vis à vis de l'ouverture du côté de l'océan l'on avoit bati un fort sur l'eau pour en empêcher l'entrée aux anglois, et de l'autre côté de l'ouverture l'on avoit fait au dedans de la baye une palissade flotante composée de trente-sept grands vaisseaux attachez les uns aux autres et tournez en proüë vers la mer. Prés de la palissade étoient cinquante-neuf navires enfoncez, et un fort de bois en triangle commencé par Pompée Targon, qui étoit un ingénieur célébre, plus capable néanmoins de concevoir de grands desseins que de les exécuter, selon le jugement qu'en porta le Marquis De Spinola, qui étoit venu voir le siége de La Rochelle en passant des Païs-Bas pour retourner en Espagne. Derriére la digue vers la pleine mer, étoient les chandeliers de M De Marillac.

C'étoient de longues machines de bois enfoncées et liées d'une grosse charpente par dessus : elles étoient rangées en forme de haye le long de la digue à la distance du fort qu'on avoit bâti devant l'ouverture.

Ensuite se voïoient les machines de M Du Plessis-Besançon disposées en paralléle des chandeliers de M De

Marillac : et ces machines étoient couvertes d'une demi-lune de vingt-quatre vaisseaux rangez en triangle ou en chevron, dont la pointe regardoit l'ocean.

Voila ce que M Descartes fut curieux de remarquer, comme une infinité d'autres personnes, que ce spectacle avoit attirées au siége de La Rochelle.

Il ne se contenta pas d'en repaître ses yeux : il se procura encore le plaisir de s'en entretenir avec les ingénieurs, et particuliérement avec son amy M Des Argues, qui avoit eû quelque part à tous ces desseins, et qui étoit considéré du Cardinal De Richelieu pour la grande connoissance qu'il avoit de la méchanique.

Le dessein du siége n'étoit pas de prendre la ville d'assaut, mais de la réduire à la nécessité de se rendre ; en quoy le roy avoit fait l'honneur de dire au Marquis De Spinola qu'il vouloit imiter la conduite que ce grand capitaine avoit tenuë au siége de Breda. Quelques longueurs que dût produire cette maniére, M Descartes ne put se resoudre à partir du camp avant la reddition de la ville. Les assiégez étoient déja réduits depuis plusieurs jours à ne vivre que de cuirs boüillis avec du suif, de pain fait de racines de chardon, de limaçons et des insectes qu'ils pouvoient déterrer. Ces miséres en avoient attiré encore d'autres tout-à-fait inoüies, contre lesquelles les femmes même s'étoient toûjours obstinées, jusqu'à ce que la présence de la mort les fit résoudre à recourir à la miséricorde du roy. Leurs députez allérent le dimanche 10 de septembre se jetter à ses pieds sur la digue, et luy demander le pardon que ce bon prince leur accorda avec une facilité, dont ils abusérent dés le lendemain par une perfidie qui étoit soûtenuë de l'espérance du secours des anglois.

En effet ce secours qui consistoit en une armée navale de 40 vaisseaux conduite par le Comte De Damby, accompagné de M De Soubize et du Comte De Laval, parut devant Saint Martin De Ré le vendredy 29 de septembre. Le roy manda aussi-tôt les volontaires que la curiosité de voir le païs avoit écartez de l'armée ; et il alla luy-même reconnoître l'ennemi au village de Laleu. Les volontaires, principalement les gentilshommes se rendirent avec ardeur auprés du roy dans le dessein de signaler leur zéle. Le nombre en fut si grand qu'on fut obligé de les séparer en trois brigades, dont la prémiére fut commandée par le Comte De Harcourt, la seconde par le Comte De La Rochefoucaud, et la troisiéme par le Marquis De Nesle. Ainsi Monsieur Descartes qui croioit en partant de Paris n'aller au siége de La Rochelle que comme un voiageur, se trouva engagé de nouveau dans le service, à l'éxemple des autres gentilshommes de sa sorte, qui étoient venus comme luy sans dessein de se servir de leur épée. C'est peut-être la seule occasion qui puisse aider à la justification de ce que le Sieur Borel a avancé touchant ce voiage de M Descartes, lorsqu'il a prétendu qu'il n'avoit pas été simplement spectateur du siége de la ville, mais qu'il y avoit fait des fonctions militaires en qualité de volontaire.

M Descartes se trouvant au quartier du roy par ce glorieux engagement, eut le loisir de considérer la vigilance et les soins que prenoit ce prince à disposer luy-même son armée par mer et par terre. Le mardy 3 d'octobre les anglois s'étant approchez furent battus quoiqu'ils eussent le vent favorable ; et n'aiant pas réüssi le lendemain à vouloir recommencer le combat, ils furent obligez de se retirer avec perte : ce qui acheva de désespérer les rochelois, qui avoient inutilement usé leur artillerie dans ces deux combats. Les anglois obtinrent du roy une cessation d'armes pour quinze jours, pendant laquelle le Lord Montaigu vint avec un sauf-conduit salüer le roy de la part du Roy D'Angleterre, de qui il avoit ordre de faire des propositions de paix. à la faveur de cette cessation quantité de seigneurs anglois vinrent voir l'armée de France et les travaux de la digue et de la ligne de communication ; et plusieurs gentilshommes françois, parmi lesquels étoit M Descartes, furent à leur tour visiter la flote angloise.

Les rochelois qui étoient dans l'armée des anglois ne voïant plus de ressource à leurs affaires, députérent vers le roy pour demander leur grace : et dés le lendemain qui étoit le vendredy 27 d'octobre, les assiégez sans sçavoir la démarche de leurs compatriotes de dehors, envoïérent aussi des députez pour implorer la miséricorde du roy, qui leur fut accordée avec une bonté qui les interdît et qui surprît toute la terre. Le traité de la réduction de la ville fut conclu le jour de S Simon S Jude ; et le lendemain le Maréchal De Bassompierre conduisit les députez qui devoient se prosterner aux pieds du roy, et demander pardon au nom de toute la ville : ce qu'ils firent aprés avoir été présentez par le Cardinal De Richelieu. L'entrée des troupes dans la ville fut réglée pour les trois jours suivans.

Il ne s'étoit point vû de spectacle plus affreux depuis le sac de la ville de Jérusalem. Il n'y eut point de soldat qui ne fût saisi d'horreur et touché en même têms de compassion, lors qu'on apperçeut dans la ville, non pas des hommes ordinaires, mais des squélétes mouvans qui se jettoient sur le pain avec une impétuosité, qui soulevoit le cœur et arrachoit des larmes aux plus insensibles. Il falut des réglemens de police pour empêcher que l'avidité de manger ne fit périr le peu de gens qui avoit pû résister à la famine et aux autres calamitez du siége. Le jour de la toussains l'on célébra solennellement la messe dans l'eglise des prêtres de l'oratoire qu'on y avoit rétablis la veille. Le Cardinal De Richelieu voulut dire la prémiére messe, et l'Archevêque De Bourdeaux dit la seconde. Le roy fit son entrée l'aprés midy sans beaucoup de pompe ; et il n'y eut point de cérémonie plus remarquable que celle des habitans qui sortirent de la ville au devant de luy deux à deux, et se prosternérent tête nuë dans la bouë lors qu'il passoit. Le *te deum* fut chanté ensuite par toute la cour et l'armée ; et la prédication faite par le Pére Suffren. La procession solennelle du saint sacrement par les ruës de la ville fut remise au vendredy 3 de novembre à cause du service des morts, dont la commémoration échéoit au jeudy. M Descartes n'aïant plus rien à voir au païs d'Aunis aprés la consommation de cette célébre expédition revint en poste à Paris, où il se trouva pour la Saint Martin.

Durant l'espace de neuf années entiéres que M Descartes avoit emploiées à déraciner de son esprit toutes les erreurs qu'il croioit s'y être glissées, il avoit affecté de ne prendre aucun parti sur les opinions et les difficultez qui ont coûtume de partager les sçavans et les philosophes dans leurs disputes. Si l'on s'en rapporte à son témoignage, l'on sera obligé de croire qu'il n'avoit pas encore *commencé à chercher les fondemens d'aucune philosophie plus certaine que la vulgaire.*

l'éxemple de plusieurs excellens esprits qui n'avoient pas réüssi dans le dessein qu'ils en avoient eû, luy avoit représenté la difficulté si grande, qu'il n'auroit peut-être pas osé l'entreprendre encore si-tôt, si l'on n'eût déja fait courir le bruit qu'il en étoit venu à bout. Cette opinion s'étoit établie parmi les curieux sans sa participation, et elle ne pouvoit avoir eû de fondement que sur la demangeaison que ses amis avoient de publier ce qu'ils en sçavoient.

Pour luy il prétend que s'il avoit contribué quelque chose à cette opinion par ses discours, ce seroit seulement pour avoir confesse plus ingénûment ce qu'il ignoroit, que n'ont coûtume de faire ceux qui ont un peu étudié, et pour avoir fait voir les raisons qu'il avoit de douter de beaucoup de choses que les autres estiment certaines. Mais la bonté de son cœur ne luy permettant pas de souffrir qu'on le prît pour autre qu'il n'étoit, il crut qu'il devoit faire tous ses efforts pour se rendre digne de la réputation qu'on luy donnoit.

Ce desir le fit résoudre à s'éloigner de tous les lieux où il pouvoit avoir des connoissances, et à se retirer dans le fonds de la Hollande. Mais dans la crainte de rencontrer des obstacles à une résolution si extraordinaire de la part de ses parens et de plusieurs de ses amis, il voulut éviter l'occasion de ne pouvoir résister à leur autorité. Au lieu d'aller prendre congé d'eux, il se contenta de leur écrire sur le point de son départ, et s'excusa de ne pouvoir les embrasser et prendre leurs ordres de vive voix sous le prétexte du peu de têms que lui avoit laissé la précipitation de ses affaires. Il établit le P Mersenne son correspondant pour le commerce des lettres qu'il devoit entretenir en France : et il convint avec luy de la maniére dont il luy garderoit le secret pour le lieu particulier de sa retraite, et pour la liberté dont ils useroient ensemble dans leurs sentimens sur les personnes et sur les choses dont il seroit question entre eux. Il commit le soin de ses affaires domestiques et de ses revenus à l'Abbé Picot, et n'ayant dit adieu qu'aux plus particuliers d'entre ses amis, il sortit de la ville vers le commencement de l'avent de l'an 1628.

Il ne jugea point à propos d'aller droit en Hollande pour ne pas exposer d'abord sa santé à la rigueur de la saison : mais il se retira en un endroit de la campagne qui nous est entiérement inconnu. Nous sçavons seulement que ce n'étoit point hors de la France, et qu'il passa l'hyver dans ce lieu de retraite loin des commoditez des villes, pour s'accoûtumer au froid et à la solitude, et pour faire l'apprentissage de la vie qu'il devoit mener en Hollande.

C'est ce que nous apprenons d'une lettre qu'il a écrite à un de ses amis, auquel il étoit en peine de persuader que dans quelque train de vie que nous nous engagions, nous ne devons passer d'une extrémité à l'autre que par degrez : et que le changement subit incommode plus la santé qu'il ne la rétablit dans ceux même qui sont obligez de changer de lieu ou d'état pour se remettre.

L'hiver se passa, et M Descartes prit la route de Hollande vers la fin du mois de mars de l'an 1629. Il achevoit alors la trente-troisiéme année de son âge : et à peine fut-il arrivé à Amsterdam, qu'il reçût avis du mécontentement de ceux qui murmuroient contre sa retraite, et qui blâmoient sa résolution. Les plaintes qu'on en forma n'avoient point, à vray dire, d'autre source que l'estime et l'amitié des personnes de sa connoissance qui se croioient abandonnées. Elle se réduisoient à trois sortes de reproches qu'on luy faisoit ; prémiérement d'avoir quitté la France, où la reconnoissance pour sa naissance et son éducation sembloit devoir l'attacher ; ensuite d'avoir choisi la Hollande préférablement à tout autre endroit de l'Europe ; et enfin d'avoir renoncé à la société humaine en fuyant les compagnies.

M Descartes, qui avoit préparé son esprit à tout événement, s'étoit aussi endurci le cœur contre la fausse tendresse : et persuadé que sa conduite n'avoit besoin d'aucune justification, il ne se mit pas en peine de faire cesser les plaintes de ses proches et de ses amis. Mais aprés que le têms eût dissipé leurs ressentimens dont la raison n'auroit peut-être pû venir à bout sur l'heure, il voulut bien donner des éclaircissemens à sa conduite pour la satisfaction de ceux qui auroient été touchez de ces sortes de reproches.

Il témoigne en divers endroits de ses écrits avoir eû deux raisons principales de quitter la France, dont le sejour ne luy avoit point paru compatible avec ses études. La prémiére se tiroit du côté des personnes avec lesquelles il auroit eû à vivre au dehors. Il n'auroit pû se dispenser de répondre à son rang, et à la maniére de vivre établie dans son païs pour les personnes de sa qualité. De ces engagemens naissoit une espéce d'obligation d'aller de têms en têms à la cour et de se conformer à toutes ses pratiques. C'est ce qui luy auroit fait perdre la meilleure partie de son têms, comme il le marque à M De Ville-Bressieux. Cette raison subsista toûjours dans son esprit, sans que la longueur de son absence y pût apporter du changement.

C'est ce qui parut encore neuf ans aprés, lorsque sur les propositions honorables qu'on luy avoit faites de la part du Cardinal De Richelieu, il récrivit en ces termes au Pére Mersenne. Il n'y a rien qui fût plus contraire à mes desseins que l'air de Paris, à cause d'une infinité de divertissemens qui y sont inévitables : et pendant qu'il me sera permis de vivre à ma mode, je demeureray toûjours à la campagne en quelque païs où je ne puisse être importuné des visites de mes voisins non plus que je le suis icy en un coin de la Nort-Hollande. Il ajoûte que c'est la seule raison qui luy avoit fait quitter son païs, où les civilitez, pour ne pas dire les importunitez de ses alliez et de ses parens, n'étoient pas moins préjudiciables à son loisir et au repos de ses études que celles de ses voisins, et de ses amis, comme il l'a fait connoître dans les occasions ausquelles il fut obligé de s'en expliquer pour fermer la bouche à quelques-uns de ses envieux. Il ne laissoit pourtant pas d'alléguer encore une autre raison qui l'avoit porté à cette résolution. C'étoit la chaleur du climat de son païs qu'il ne trouvoit point favorable à son tempérament par rapport à la liberté de son esprit, dont la jouïssance ne pouvoit être sans quelque trouble, lorsqu'il étoit question de concevoir des véritez, où l'imagination ne devoit point se mêler. Il s'étoit apperçû que l'air de Paris étoit mêlé pour luy d'une apparence de poison trés-subtil et trés-dangereux ; qu'il le disposoit insensiblement à la vanité ; et qu'il ne luy faisoit produire que des chimères. C'est ce qu'il avoit particuliérement éprouvé au mois de juin de l'année 1628, lorsque s'étant retiré de chez M Le Vasseur pour étudier loin des compagnies, il entreprit de composer quelque chose sur la divinité. Son travail ne pût luy réüssir faute d'avoir eû les sens assez rassis ; outre qu'il n'étoit peut-être pas d'ailleurs assez purifié ny assez exercé pour pouvoir traiter un sujet si sublime avec solidité.

Pour satisfaire à ceux qui prétendoient luy former des scrupules sur le choix qu'il avoit fait de la Hollande pour sa retraite, il répondit prémiérement qu'étant né libre, et qu'aiant reçû assez de bien de ses parens pour n'être à charge à personne, il ne croioit pas qu'on pût luy interdire aucun endroit de la terre : que son dessein aiant été de vivre par tout où il se trouveroit sans engagement et sans employ, il n'avoit pas eû sujet de craindre de faire des-honneur aux habitans du païs où il auroit cherché à s'établir. Il leur fit entendre que ce n'étoit pas le caprice qui luy avoit fait préférer la Hollande aux autres endroits de l'Europe : et qu'il ne l'auroit pas choisie, s'il avoit trouvé quelque lieu plus propre à ses desseins.

C'étoit un païs où il n'avoit aucune connoissance, sur tout dans la Nort-Hollande et la Frise, qu'il n'avoit vûë dans ses voiages qu'en passant du Holstein pour revenir en France. La longue durée de la guerre y avoit fait établir si bon ordre, que les armées qu'on y entretenoit sembloient ne servir qu'à conserver les particuliers dans une jouïssance sure et tranquille des fruits de la paix qui régnoit dans le fonds des provinces-unies. Il avoit considéré que la coûtume du païs ne portoit pas que l'on s'entrevisitât si librement que l'on faisoit en France, et qu'ainsi il luy seroit plus commode de vaquer à ce qu'il appelloit *ses divertissemens d'étude* . Il étoit assuré de vivre aussi solitaire, aussi retiré que dans les déserts les plus écartez parmi la foule d'un grand peuple fort actif, mais plus soigneux de ses propres intérêts que curieux de ceux d'autruy, avec des gens attachez si généralement à leurs affaires, qu'il ne devoit point appréhender qu'ils voulussent s'ingérer des siennes. Il étoit au reste si bien persuadé d'avoir fait un bon choix, et il paroissoit si favorablement prévenu pour la Hollande, qu'il ne pût s'empêcher de proposer son éxemple à suivre à ceux de ses amis qui luy témoignoient quelque envie de vouloir se retirer du monde. Rien n'est plus glorieux pour la Hollande que la maniére dont il en écrivit deux ans aprés à M De Balzac, qui luy avoit fait espérer de l'aller voir dans sa retraite en luy mandant le dessein qu'il avoit conçû de se retirer de la cour et du monde. Je ne trouve pas étrange, dit-il, qu'un esprit grand et généreux comme le vôtre ne se puisse accommoder à ces contraintes serviles où l'on se trouve dans la cour. Et puisque vous m'assurez tout de bon que Dieu vous a inspiré de quitter le monde, je croirois pécher contre le S Esprit, si je tâchois de vous détourner d'une si sainte résolution.

Vous devez même pardonner à mon zéle, si je vous convie de choisir Amsterdam pour vôtre retraite : et de le préférer, je ne diray pas seulement à tous les couvents des capucins et des chartreux où beaucoup de gens se retirent, mais aussi à toutes les plus belles demeures de France et d'Italie, et même à ce célébre hermitage dans lequel vous étiez l'année passée.

Quelque accomplie que puisse être une maison des champs, il y manque toûjours une infinité de commoditez qui ne se trouvent que dans les villes : et la solitude même qu'on y espére ne s'y rencontre jamais toute parfaite.

Je veux que vous y trouviez un canal qui fasse rêver les plus grands parleurs, une vallée si solitaire qu'elle puisse leur inspirer du transport et de la joye. Mais il est difficile que vous n'aiez aussi quantité de petits voisins qui vont quelquefois vous importuner, et de qui les visites sont encore plus incommodes que celles que vous recevez à Paris. Au lieu qu'en cette grande ville où je suis, n'y ayant aucun homme, excepté moy, qui n'éxerce la marchandise, chacun est tellement attentif à son profit, que j'y pourrois demeurer toute ma vie sans être jamais vû de personne. Je vas me promener tous les jours parmi la confusion d'un grand peuple avec autant de liberté et de repos que vous pourriez faire dans vos allées : et je n'y considére pas autrement les hommes qui me passent devant les yeux, que je ferois les arbres qui se trouvent dans vos forêts, où les animaux qui y paissent. Le bruit même de leur tracas n'interrompt pas plus mes rêveries que feroit celuy de quelque ruisseau.

Que si je fais quelquefois réfléxion sur leurs actions, j'en reçois le même plaisir que vous feriez de voir les païsans qui cultivent vos campagnes, considérant que tout leur travail sert à embellir le lieu de ma demeure, et à faire ensorte que je n'y manque d'aucune chose. Que s'il y a du plaisir à voir croître les fruits dans vos vergers, et à s'y trouver dans l'abondance jusques aux yeux ; pensez vous qu'il n'y en ait pas bien autant à voir venir icy des vaisseaux qui nous apportent abondamment tout ce que produisent les Indes, et tout ce qu'il y a de rare dans l'Europe ? Quel autre lieu pourroit-on choisir au reste du monde où toutes les commoditez de la vie et toutes les curiositez que l'on peu souhaiter soient si faciles à trouver qu'en ce-luy- toutes les curiositez que l'on peut souhaiter soient si faciles à trouver qu'en celuy-cy ? Sçavez-vous un autre pays où l'on puisse jouïr d'une liberté si entiére ; où l'on puisse dormir avec moins d'inquiétude ; où il y ait toujours des armées sur pied pour nous garder sans nous être à charge ; où les empoisonnemens, les trahisons, les calomnies soient moins connuës ; et où il soit demeuré plus de reste de l'innocence de nos ayeux. Je ne sçay comment vous pouvez tant aimer l'air d'Italie, avec lequel on respire si souvent la peste ; où la chaleur du jour est insupportable, la fraicheur du soir mal-saine ; et où l'obscurité de la nuit couvre des larcins et des meurtres. Si vous craignez les hivers du septentrion, dites moy quelles ombres, quel évantail, quelles fontaines pourroient si bien vous préserver à Rome des incommoditez de la chaleur, comme un poële et un grand feu pourront icy vous exempter du froid. Mais quelque avantage que la Hollande eût au dessus de l'Italie dans la pensée de M Descartes, la vuë de la religion catholique l'auroit infailliblement déterminé à se retirer au delà des Alpes, sans la crainte des maladies que la chaleur de l'air à coûtume de causer en Italie, où il proteste qu'il auroit passé tout le têms qu'il a vêcu en Hollande. Par ce moyen il auroit ôté tout prétexte à la calomnie de ceux qui le soupçonnoient d'aller au préche : mais il n'auroit peut-être pas vêcu dans une santé aussi entiére et aussi longue qu'il fit jusqu'à son voyage de Suéde.

Pour ce qui est du reproche qu'on luy faisoit de fuir la compagnie des hommes, il étoit bien persuadé que c'étoit moins sa cause particuliére que celle de tous les grands philosophes, qui pour se procurer la liberté de vacquer à l'étude et à la méditation ont abandonné la cour des princes, le séjour de leur patrie, et souvent leur propre famille. Aussi n'avoit-il garde de répondre à cette accusation, s'estimant assez glorieux de pouvoir être condamné avec tant de grands hommes. Ses envieux qui ne pouvoient nier que rien n'est plus commode pour l'étude de la vraye philosophie que la retraite et la solitude, ont tâché de tourner la sienne à sa honte, comme si au lieu d'user de sa solitude en philosophe, il en eût abusé dans la mollesse ou dans quelque oisiveté criminelle ; il avoit certainement l'humeur fort éloignée de celle des mélancholiques et des misanthropes : et s'il n'avoit eu à vivre dans Paris qu'avec d'honnêtes gens, qu'avec des personnes capables de l'édifier, il n'auroit point cherché de séparation.

Le mêlange des uns avec les autres l'a fait résoudre de se priver de l'avantage qu'il auroit trouvé dans la compagnie des gens de bien et des sçavans, pour n'avoir pas à souffrir celle des personnes qui n'avoient point ces qualitez. C'est ce qu'il fit connoître long-têms aprés à M Chanut. Je me plains, dit-il, de ce que le monde est trop grand à raison du peu d'honnêtes gens qui s'y trouvent. Je voudrois qu'ils fussent tous assemblez en une ville : et alors je serois ravi de quitter mon hermitage pour aller vivre avec eux, s'ils me vouloient recevoir en leur compagnie. Car encore que je fuye la multitude à cause de la quantité des impertinens et des importuns qu'on y rencontre, je ne laisse pas de penser que le plus grand bien de la vie est de joüir de la conversation des personnes qu'on estime. Ce n'étoit ni la fierté ni l'impatience qui luy mettoit ces expressions dans la bouche : et il ne parloit de la sorte que dans la persuasion où il étoit que Dieu demandoit de luy autre chose que de supporter les defauts des autres, ou de condescendre aux volontez de la multitude.

Lors que M Descartes arriva à Amsterdam, la republique se trouvoit encore occupée de la distribution des richesses que les flotes des deux compagnies des Indes orientales et occidentales avoient enlevées depuis peu aux espagnols et aux portugais, et qui répandirent dans la Hollande cette prodigieuse abondance qui l'a renduë si florissante.

Le Prince D'Orange Fréderic Henry commençoit le siége de Bosleduc, qui mérita d'être conté parmi les plus remarquables de ce siécle : et la ville que les espagnols avoient toujours considérée comme imprenable changea de maître par une capitulation signée le 14 de septembre suivant. M Descartes content de la connoissance qu'il avoit acquise du train de ce monde dans ses voyages s'étoit deffait de la curiosité qui l'avoit fait intéresser jusqu'alors dans les affaires publiques, et il ne songea qu'à se procurer un lieu de repos.

Au milieu des commoditez qu'il trouva pour ses desseins, il se regarda toujours comme un étranger qui n'aspiroit points aux droits de citoien, et ne se logea qu'avec la résolution de changer souvent de demeure. L'espace de plus de vingt-ans qu'il passa en Hollande, qu'il appelloit son hermitage, n' ût presque rien de plus stable que le séjour des israëlites dans l'Arabie déserte.

La diversité de ses stations est quelque chose de si obscur et de si embarassant pour la connoissance de sa vie, que j'ay crû obliger le lecteur en lui rassemblant comme dans une carte les lieux différens de ces stations selon l'ordre qu'il a tenu dans sa route.

D'Amsterdam il alla demeurer en Frise prés de la ville de Franeker en 1629 ; et il revint dés la même année à Amsterdam, où il passa l'hyver avec une grande partie de l'année suivante. S'il éxécuta le dessein de son voyage d'Angleterre, ce ne fut qu'en 1631 ; et il revint achever cette année à Amsterdam, au lieu de faire le voyage de Constantinople dont il avoit été sollicité. On ne sçait pas évidemment où il passa l'année 1632 : mais en 1633 il alla demeurer à Déventer dans la province d'Over-Iffel. Delà il retourna à Amsterdam, où il passa une partie de l'année 1634, durant laquelle il fit quelques tours à La Haye et à Leyde, mais qui furent de peu de durée. Il fit ensuite le voyage de Danemarc avec M De Ville-Bressieux, et il revint à Amsterdam, d'où il fit une retraite de quelques mois à Dort, aprés quoi il alla à Amsterdam, et delà il passa pour une seconde fois à Déventer en 1635. Il retourna ensuite dans la Frise occidentale, et demeura quelque têms à Liewarden, qui est la ville principale de la province.

Il y passa l'hiver, et il revint ensuite à Amsterdam, où il demeura quelques mois, au bout desquels il passa a Leyde, pour vacquer sans doute à l'édition de ses ouvrages. Il alla demeurer ensuite prés de la ville d'Utrecht. Delà il fut pour la prémiére fois s'habituer à Egmond De Binnen ou De Abdye, le plus beau village de la Nort-Hollande dans le territoire de la ville d'Alcmaer, dont nous aurons occasion de parler aussi bien que de deux autres villages du nom d'Egmond, dans l'un desquels il fit aussi quelque séjour. Il semble qu'il retourna ensuite à Utrecht pour peu de têms, et qu'en 1639 il alla demeurer à Harderwic, ville de la Veluve située sur les bords du Zuyder-Zée, et passa delà dans une maison de campagne prés d'Utrecht. Il se retira ensuite à Leyde vers le commencement de l'an 1640. Six mois aprés il fut à Amersfort ville de la seigneurie d'Utrecht.

L'année suivante il passa encore à Leyde, d'où aprés un séjour de quelques mois il se retira dans le village d'Endegest ou Eyndegeest à une demy-lieuë de Leyde.

Il y demeura jusqu'à la fin de l'hyver de l'an 1643, aprés quoi il se retira à Egmond De Hoef, qui est aussi prés d'Alcmaer, et y loüa une maison depuis le prémier jour de may de cette année jusqu'à pareil jour de l'an 1644. Il retourna ensuite à Leyde, et delà il fit son prémier voyage de France, depuis le mois de juin jusqu'en novembre. Etant revenu en Hollande il s'établit si bien à Egmond De Binnen qu'il n'en sortit plus pour aller s'habituer ailleurs, mais seulement pour faire ses voiages dans la résolution de retourner toujours en ce lieu. De sorte que pour expliquer favorablement la pensée de ceux qui ont crû qu'il avoit demeuré tantôt à Alcmaer et tantôt à Harlem, il faut dire que c'étoit des lieux de correspondance pour luy où l'on recevoit de ses nouvelles, et où l'on addressoit ses paquets et ses lettres pendant son séjour d'Egmond. On ne peut nier néanmoins qu'il n'ait demeuré pendant quelque têms dans une maison de campagne prés de Harlem, mais il n'est pas aisé d'en marquer le têms précisément. D'Egmond il fut quelquefois à La Haye, mais seulement pour se promener et pour voir la Princesse Elizabeth De Bohéme, comme il avoit fait souvent d'Endegeest les années précédentes. Il fut aussi delà à Amsterdam voir M Chanut. S'il fit encore quelques courses à Leyde, à Utrecht, et à Groningue en Frise, durant sa demeure à Egmond, ce fut pour solliciter des affaires qu'il avoit contre des ministres et des théologiens du pays. L'an 1647 il fit son second voyage en France par la Haye, Rotterdam, et Middelbourg, qui furent moins des lieux de séjour que de passage pour ce voyage. Il dura depuis le mois de juin jusqu'à l'entrée de l'hiver qu'il retourna à Egmond avec l'Abbé Picot qui l'avoit accompagné en Touraine, en Poitou et en Bretagne. Aprés son troisiéme voyage en France qu'il fit l'année suivante, et dont il fut de retour à la fin du mois d'août, il ne quitta plus Egmond que pour aller en Suede, d'où Dieu ne permit pas qu'il revint.

Quoi qu'il se vantât de pouvoir garder la solitude au milieu de la foule des peuples aussi aisément que dans le fonds des deserts, il évitoit néanmoins le cœur des grandes villes, et affectoit de loger au bout de leurs fauxbourgs. Il leur préféroit toujours les villages, et les maisons détachées au milieu de la campagne, autant qu'il en pouvoit trouver de commodes pour son usage, pourvu qu'elles fussent dans le voisinage des villes pour en tirer sa subsistance avec plus de facilité. Jamais ou rarement faisoit-il addresser les lettres et les paquets qu'on luy envoyoit au lieu de sa demeure en droiture, afin de vivre mieux caché. C'étoit tantôt à Dort par M Beeckman ; à Harlem par M Bloemaert ; à Amsterdam par Mad Reyniers ou M Van-Sureck ; et tantôt à Leyde par

M Hooghland. Il n'y avoit ordinairement que le P Mersenne en France, qui eût son secret là dessus : et il le luy garda si religieusement que plusieurs des gens de lettres, et des curieux de France qui voyagérent pendant tout ce têms en Hollande, furent privez de la satisfaction de le voir pour n'avoir pû le déterrer. De son côté lors qu'il écrivoit à ses amis, sur tout avant qu'il se fût établi à Egmond, il datoit ordinairement ses lettres non pas du lieu où il demeuroit, mais de quelque ville comme Amsterdam, Leyde etc. Où il étoit assuré qu'on ne le trouveroit pas. Lors qu'il commençoit à être trop connu en un endroit, et qu'il se voyoit visité trop fréquemment par des personnes qui lui étoient inutiles, il ne tardoit pas de déloger pour rompre ces habitudes et se retirer en un autre lieu où il ne fût pas connu. Ce qui luy réussit jusqu'à ce que sa réputation servît à le découvrir par tout où elle le suivoit comme son ombre.

Voila l'éclaircissement que j'ay crû nécessaire pour les stations diverses du séjour de M Descartes en Hollande, étant persuadé que leur arrangement contribuera beaucoup à débarasser la suite de sa vie dans l'esprit des lecteurs.

Pour reprendre son histoire à son arrivée de France à Amsterdam où nous l'avions interrompuë, nous remarquerons qu'aprés une délibération de peu de jours il passa en Frise pour être encore plus éloigné du grand monde. Il se retira prés de Franeker, ville où se trouvoient quelques sçavans à cause de l'université qu'on y avoit établie depuis l'an 1581 : et il se logea dans un petit château qui n'étoit séparé de la ville que par un fossé. Il jugea le lieu d'autant plus commode pour luy que l'on y disoit la messe en toute sûreté, et qu'on luy laissoit une liberté entiére pour les autres éxercices de sa religion.

Ce fut là qu'ayant renouvellé devant les autels ses anciennes protestations de ne travailler que pour la gloire de Dieu et l'utilité du genre humain, il voulut commencer ses études par ses méditations sur l'éxistence de Dieu et l'immortalité de nôtre ame. Mais pour ne rien entreprendre sur ce qui est du ressort de la théologie, il ne voulût envisager Dieu dans tout son travail que comme l'auteur de la nature à qui il prétendoit consacrer tous ses talens. Ce n'étoit pas la théologie naturelle, mais seulement celle de révélation qu'il excluoit de ses desseins. Il est bon de l'entendre s'expliquer au P Mersenne sur ce sujet. Pour vôtre question de théologie, dit-il, quoi qu'elle passe la capacité de mon esprit, elle ne me semble pas toutesfois hors de ma profession, parce qu'elle ne touche point à ce qui dépend de la révélation, ce que je nomme proprement théologie : mais elle est plûtôt métaphysique, et elle se doit éxaminer par la raison humaine. Or j'estime que tous ceux à qui Dieu a donné l'usage de cette raison sont obligez de l'employer principalement à le connoître, et à se connoître eux-mêmes. C'est par là que j'ay tâché de commencer mes études. Et je vous diray que je n'eusses jamais sçû trouver les fondemens de la physique, si je ne les eusses cherchez par cette voye. Mais c'est la matiére que j'ay le plus étudiée de toutes, et dans laquelle, graces à dieu, j'ay trouvé assez de satisfaction. Au moins pensé-je avoir trouvé comment on peut démontrer les véritez métaphysiques d'une façon qui est plus évidente que les démonstrations de géométrie. Je dis cecy selon mon jugement, car je ne sçay pas si je le pourrois persuader aux autres. Les neuf prémiers mois que j'ay été en ce pays je n'ay travaillé à autre chose, et je croy que vous m'aviez déja oüy dire auparavant que j'avois fait dessein d'en mettre quelque chose par écrit, mais je ne juge pas à propos de le faire que je n'aie vû prémiérement comment la physique sera reçûë. Si toutesfois le livre dont vous parlez étoit quelque chose de fort bien fait, les matiéres qu'il traite sont si dangereuses que je me sentirois peut-être obligé d'y répondre sur le champ, s'il me tomboit entre les mains. Mais je ne laisseray pas de toucher dans ma physique plusieurs questions métaphysiques, et particuliérement celle-cy ; que les véritez mathématiques que vous nommez éternelles ont été établies de Dieu et en dépendent entiérement, aussi bien que tout le reste des créatures. C'est en effet parler de Dieu comme d'un Jupiter ou d'un Saturne, et l'assujettir au styx et au destin, de dire que ces véritez sont indépendantes de lui. Ne craignez point, je vous prie, d'assurer et de publier par tout, que c'est Dieu qui a établi ces loix dans la nature, de même qu'un roy établit des loix dans son royaume. Or il n'y en a aucune en particulier que nous ne puissions comprendre si nôtre esprit se porte à la considérer ; et elles sont toutes gravées dans nôtre ame et comme nées avec nous, de même qu'un roy imprimeroit ses loix dans le cœur de tous ses sujets, s'il en avoit aussi bien le pouvoir.

Au contraire nous ne pouvons comprendre la grandeur de Dieu encore que nous la connoissions. Mais ce qui nous la fait juger incompréhensible est justement ce qui nous la fait estimer davantage ; de même qu'un roy à plus de majesté lors qu'il est moins familiérement connu de ses sujets, pourvû néanmoins qu'ils ne s'imaginent pas être sans roy, et qu'ils le connoissent assez pour n'en point douter. On vous dira que si Dieu avoit établi ces véritez, il les pourroit changer comme un roy fait ses loix : à quoi il faut répondre qu'ouy, si sa volonté peut changer. Mais je les comprens comme éternelles et immuables : et moy je juge la même chose de Dieu. Mais sa volonté est libre : ouy, mais sa puissance est incompréhensible.

Et généralement, nous pouvons bien assurer que Dieu peut faire tout ce que nous pouvons comprendre ; mais non pas, qu'il ne peut faire ce que nous ne pouvons pas comprendre. Car il y auroit de la témérité à penser que nôtre imagination à autant d'étenduë que sa puissance.

Sur cét essay l'on peut juger de la liaison que M Descartes prétendoit mettre entre sa philosophie et la théologie naturelle. Pour l'autre théologie qui a ses fondemens sur l'inspiration divine, il se contenta toujours de la recevoir avec un profond respect sans vouloir jamais l'éxaminer : et sa délicatesse a été si grande sur ce point, qu'encore qu'il ne pût se résoudre à recevoir la maniére scholastique de la traiter, parce qu'il la trouvoit entiérement assujettie à Aristote, il a toujours mieux aimé se taire ou se rétracter que de rien avancer de contraire aux décisions de la foy.

L'espace de neuf mois qu'il témoigne avoir donné à ses méditations sur l'éxistence de Dieu et celle de nos ames, nous fait voir qu'il voulut poursuivre cette étude aprés avoir quitté sa demeure de Franeker où il ne demeura pas plus de cinq ou six mois. Il la continua durant les prémiers mois de son retour à Amsterdam l'hiver suivant. Mais le traitté qu'il en avoit commençé fut interrompu par d'autres études, et il ne le reprit que dix ans aprés.

Ce qui l'empêcha d'abandonner tout à fait cét ouvrage fut un extrait que le P Mersenne luy envoya l'année suivante de ce dangereux écrit dont nous avons parlé, ne croyant pas qu'il luy fût permis de ne se pas opposer aux pernicieuses maximes qu'il renfermoit touchant la divinité. Je vous ay trop d'obligation, dit-il dans sa réponse à ce pére, de la peine que vous avez prise de m'envoyer un extrait de ce manuscrit. Le plus court moyen que je sçache pour répondre aux raisons qu'il apporte contre la divinité, et en même têms à toutes celles des autres athées, est de trouver une démonstration évidente qui fasse croire à tout le monde que Dieu est. Pour moy j'oserois me vanter d'en avoir trouvé une qui me satisfait entiérement, et qui me fait sçavoir plus certainement que Dieu est, que je ne sçay la vérité d'aucune proposition de géométrie.

Mais je ne sçay pas si je serois capable de la faire entendre à tout le monde de la même maniére que je l'entens : et je crois qu'il vaut mieux ne toucher point du tout à cette matiére que de la traitter imparfaitement. Le consentement universel de tous les peuples est suffisant pour maintenir la divinité contre les injures des athées : et un particulier ne doit jamais entrer en dispute contre eux, s'il n'est trés assuré de les convaincre. J'éprouveray dans la dioptrique si je suis capable d'expliquer mes conceptions, et de persuader aux autres une vérité, aprés que je me la suis persuadée, ce que je ne pense nullement. Mais si je trouvois par expérience que cela fût, je pourrois bien achever quelque jour un petit traitté de métaphysique que j'ay commencé étant en Frise, et dont les principaux points sont de prouver l'éxistence de Dieu et celle de nos ames lors qu'elles sont séparées du corps, d'où suit leur immortalité. Car je suis en colére quand je songe qu'il y a des gens au monde si audacieux et si impudens que de combatre contre Dieu.

Mr Descartes n'abondonnoit pas tellement son têms à la métaphysique, qu'il n'en réservât quelque portion pour les expériences naturelles, et particuliérement pour celles de la dioptrique, ausquelles il s'étoit déja beaucoup appliqué en France. à peine se vid-il établi en Frise qu'il se souvint d'avoir laissé à Paris le Sieur Ferrier, ce célébre ouvrier d'instrumens de mathématiques qu'il avoit employé pour la taille des verres. Il ne se crût pas déchargé du soin qu'il avoit pris autrefois de sa fortune pour le rendre aisé, et de son instruction pour le perfectionner dans son art. L'affection qu'il avoit conçûë pour cét homme, depuis que M Mydorge le luy eût recommandé luy fit naître l'envie de l'attirer auprés de luy. Il n'oublia rien pour rendre trés-avantageuses les conditions qu'il luy proposoit tant pour les commoditez de la vie que pour la satisfaction de l'esprit. Il luy écrivit le dix-huitiéme de juin, d'une maniére également honnête et pressante, et data sa lettre d'Amsterdam où il luy donna son addresse pour n'être pas obligé de découvrir le lieu de sa demeure. Il luy marqua pour l'inviter à venir encore plus volontiers, que depuis qu'il l'avoit quitté il avoit appris beaucoup de choses nouvelles touchant leurs verres : et qu'il espéroit le faire aller au delà de tout ce qui s'étoit jamais vû. Tout ce qu'il avoit dans l'esprit là-dessus luy paroissoit si facile à éxécuter, et en même têms si certain, qu'il ne doutoit presque plus de ce qui pouvoit dépendre de la main, comme il avoit fait auparavant. Mais parce que ces choses ne pouvoient se mander par lettres, à cause de mille rencontres qui ne se prévoient pas sur le papier, et que l'on corrige souvent d'une parole lors qu'on est présent, il étoit nécessaire qu'ils fussent ensemble.

Il luy promit que s'il étoit assez *brave homme*

pour faire le voyage et venir passer quelque têms avec luy *dans le desert* , il luy laisseroit tout le loisir de s'éxercer sans que personne le pût divertir ; qu'il éloigneroit de luy tous les objets capables de luy donner de l'inquiétude ; en un mot qu'il ne seroit en quoi que ce fût plus mal que luy, et qu'ils vivroient ensemble *comme fréres* . Il s'obligea de le défraier de toutes choses aussi long-têms qu'il luy plairoit de demeurer avec luy, et de le remettre dans Paris lors qu'il auroit envie d'y retourner. Ne pouvant luy faire donner d'argent à Paris sans faire connoître le lieu de sa demeure qu'il vouloit tenir caché, il lui fournit d'autres expédiens tant pour la dépense de sa personne que pour l'achât des outils et des meubles utiles à leur ménage. Il luy marqua sa route par Calais jusqu'à Rotterdam ou à Dort, où il l'addressa à M Beeckman recteur du collége, qui devoit luy fournir de sa part de l'argent, et tout ce dont il pourroit avoir besoin pour achever son voyage. Il luy conseilla d'apporter du sien tout ce qu'il auroit de la peine à quitter : et en cas d'embarras, de venir plûtôt tout nud que d'y manquer.

Il lui témoigna pourtant que s'il avoit actuellement quelque bonne fortune, il seroit faché de le débaucher ; mais que s'il n'étoit pas mieux que lors qu'il l'avoit quitté, il ne devoit point mettre en délibération le voyage qu'il luy proposoit. Enfin il luy manda qu'en l'attendant il prendroit un logis entier pour eux seuls, où ils pourroient vivre tous deux *à leur mode et à leur aise* .

La réponse que fit le Sieur Ferrier à des offres si avantageuses luy fit connoître qu'il manquoit de résolution pour ce voyage, et qu'il ne devoit point s'attendre à luy, soit à cause de l'honneur qu'il avoit d'être actuellement employé pour Gaston De France frére du roy, soit par l'espérance de rendre sa fortune meilleure à Paris qu'ailleurs.

M Descartes avoit déja fait provision d'un garçon qui sçeût faire la cuisine à la mode de France. Il songeoit à acheter des meubles, et vouloit prendre pour trois ans une partie du petit château de Franeker, où il s'étoit contenté jusques-là d'un simple appartement. Mais voyant que le Sieur Ferrier ne venoit pas, il disposa ses affaires d'une autre maniére : de sorte qu'il quitta la Frise pour venir demeurer dans Amsterdam vers le commencement d'octobre.

Il ne laissa point de servir le Sieur Ferrier avec son affection ordinaire, et il luy en donna de nouvelles marques dés la prémiére semaine de son établissement à Amsterdam. Ferrier luy avoit écrit vers la fin de juillet ou le commencement d'août, pour luy faire sçavoir l'espérance qu'on luy avoit donnée de pouvoir travailler pour le roy. M Descartes pour luy faciliter les moyens d'avancer cette affaire, l'avoit recommandé aux péres de l'oratoire, dont la plûpart étoient ses amis particuliers. La chose réussissoit déja au gré de l'un et de l'autre, lors que la mort du

Cardinal De Bérulle, vint à rompre les mesures qui s'étoient prises sous sa protection.

Ferrier ne manqua pas d'en récrire sur l'heure à M Descartes, et il tacha de luy faire sentir combien cét accident faisoit de tort à ses intérets particuliérs. M Descartes n'y fut pas insensible, et il luy fit connoître par la lettre qu'il luy écrivit d'Amsterdam le huitiéme d'octobre combien il auroit souhaité que la fortune luy eût été plus favorable. Il luy manda qu'il ne devoit pas encore desespérer de pouvoir se loger au Louvre, nonobstant l'absence du Pére De Gondren qui devoit succeder au Cardinal De Bérulle dans la supériorité générale de sa congrégation. Il luy donna même avis d'aller trouver le Pére Gibieuf ou le Pére De Sancy, s'il venoit quelque place à vacquer avant le retour du Pére De Gondren, et de les engager par ses importunitez à luy garantir ce que l'un de leurs péres, luy avoit fait obtenir. Ferrier qui à la recommandation de M Descartes et de M Mydorge s'étoit donné de l'accez chez les sçavans, et chez les grands même, étoit tombé insensiblement dans la négligence par un peu trop de complaisance pour luy même. M Descartes s'en apperçût, et sans vouloir aller jusqu'à la cause, il luy conseilla d'employer le têms présent, sans trop se fier sur l'avenir : et il luy dit nettement qu'il n'avanceroit jamais, s'il différoit toujours de trois mois en trois mois jusqu'à ce que ses affaires domestiques fussent en meilleur état. Il luy donna encore d'autres avis particuliérs sur divers instrumens qu'il avoit à faire, et principalement sur les verres qu'il devoit tailler. Il voulut même luy envoyer les modéles de ce qu'il avoit pensé la dessus, et il luy promit qu'il ne luy manqueroit aucune chose de ce qui pourroit dépendre de luy, non plus que s'il étoit à Paris.

Le Sieur Ferrier eut pour toutes ces bontez de M Descartes tous les sentimens de reconnoissance dont il étoit alors capable : et il luy récrivit le 26 du même mois pour le remercier, et luy demander l'éclaircissement de quelques difficultez sur ce qu'il luy avoit envoyé. Il luy témoigna vouloir incessamment se mettre en état de travailler sur ses instructions, tant pour les modéles et les machines qu'il luy avoit décrites, que pour la taille des verres dont il luy avoit prescrit la maniére. Mais sa mauvaise fortune forma divers obstacles à ces beaux desseins à mesure qu'il faisoit paroître quelque bonne résolution. Le refroidissement qu'il trouvoit dans l'affection dont M Mydorge comme ami de M Descartes l'avoit honoré jusqu'alors contribuoit aussi à l'abatre : et il sembloit l'assujettir tellement à suivre ses ordres et ses lumiéres dans son travail, qu'il ne luy laissoit point la liberté de suivre celles de M Descartes.

C'est au moins ce que le Sieur Ferrier voulut insinuer dans sa lettre à M Descartes, qu'il n'auroit peut être pas été fâché de broüiller avec M Mydorge, et de le prévenir, dans la pensée de tirer quelque avantage des soupçons mutuels de ces deux anciens amis.

M Descartes fit semblant d'écouter ses plaintes, et insistant sur toutes choses à luy faire employer sans delay *le téms présent à quelque prix que ce fût* , il lui conseilla de changer de demeure, et de souffrir plûtôt ailleurs toutes sortes d'incommoditez, pourvû qu'il pût avoir du têms pour travailler à ce qu'il luy marquoit. Au cas qu'il ne pût déloger, il luy persuada de dire ouvertement son dessein à M Mydorge plûtôt que de différer à travailler ; de luy faire connoître, même de sa part s'il en étoit besoin, qu'il étoit impossible de réussir sur la maniére qu'il luy avoit prescrite.

Ferrier ne souffrit qu'avec peine, sur tout depuis le départ de M Descartes, l'assiduité avec laquelle Monsieur Mydorge pressoit et éxaminoit son travail.

Il trouvoit un peu étrange qu'il le taxât si souvent d'ignorance, de lenteur, et de mal-adresse sans lui rien apprendre : au lieu que M Descartes non content de le traiter toûjours avec douceur et beaucoup d'honnêteté, avoit encore eu la bonté de l'instruire de toutes choses, et de luy gouverner la main. Ferrier prétendoit devoir tout à M Descartes, et rien à M Mydorge. Il eut même l'indiscrétion de publier que M Mydorge se faisoit passer pour le prémier auteur de divers secrets, dont il ne tenoit la connoissance que de M Descartes. Mais M Descartes sans s'arrêter à ses petits ressentimens voulut luy donner un exemple de son desintéressement, en luy marquant en général que la vanité des gens qui s'attribuent la gloire d'une chose à laquelle ils n'ont rien contribué, ne fait point d'impression sur ceux qui ne sont attentifs qu'à leurs devoirs. Il paroît que le Sieur Ferrier ne trouvoit ses affaires domestiques en mauvais état, que pour avoir voulu trop se distinguer des artisans de sa profession, et pour s'être enfoncé dans la théorie de la méchanique au préjudice de son travail. Il avoit été seur de sa subsistance tant que M Descartes avoit été à Paris. Sa retraite devoit luy ouvrir les yeux sur la nécessité de travailler pour vivre, aprés avoir perdu un patron dont le semblable ne se trouvoit plus parmi les sçavans de Paris à son égard. Mais la douceur qu'il avoit trouvée dans la méditation, et dans les entretiens des mathématiciens, avoit beaucoup diminué en luy l'habitude du travail. De sorte que M Descartes se crût obligé de l'exhorter fortement à réprendre la fabrique des instrumens communs, et des autres choses qui donnoient du profit présent selon sa profession. Que s'il avoit du têms de reste pour travailler dans l'espérance d'un plus grand profit à l'avenir, il luy conseilloit de l'employer aux verres.

Que pour réussir surement dans cette derniére occupation, il falloit préparer toutes les machines à loisir, parce que ce seroit le moyen de pouvoir tailler ensuite chaque verre en un quart d'heure. Mais qu'au reste, il ne devoit pas espérer faire des merveilles du prémier coup avec ces machines. C'est un avis qu'il luy donnoit pour ne le pas laisser repaître de fausses espérances, et ne le pas engager à y travailler qu'il ne fût résolu d'y employer beaucoup de têms. Mais il luy faisoit espérer que s'il avoit un an ou deux pour pouvoir disposer tout ce qui étoit nécessaire, on viendroit à bout de voir par son moyen s'il y a des animaux dans la lune.

M Descartes ne se contenta pas de luy relever le courage par ses exhortations, il luy donna encore tous les éclaircissemens qu'il luy avoit demandez, avec de nouvelles instructions dans une longue lettre qu'il luy envoya peu de têms aprés. Comme il ne songeoit plus à l'attirer en Hollande, il eut soin de le recommander particuliérement au P Mersenne, à qui il en écrivit, pour le prier de luy chercher quelque lieu plus commode que celuy où il étoit, tant pour vivre que pour travailler. Je suis assuré, dit-il à ce pére, de l'éxécution des verres du Sieur Ferrier, pourvû qu'il y travaille seul, et qu'il soit en repos. C'est assurément quelque chose de plus grande importance que l'on ne s'imagine. Il y a tant de gens à Paris qui perdent de l'argent à faire soufler des charlatans : n'y en auroit-il point quelqu'un, qui voulût tenir le Sieur Ferrier six mois ou un an à ne faire autre chose du monde que cela ? Car il luy faudroit du têms pour préparer ses outils ; et il en est de même qu'à l'imprimerie où la prémiére feuille coûte plus de têms à faire que plusieurs autres.

Cette inquiétude et cette ardeur que M Descartes faisoit paroître dans l'empressement avec lequel il embrassoit les intérêts de Ferrier, méritoit bien que cét homme fit de son côté quelques démarches pour s'aider et correspondre à tant de soins. Néanmoins M Descartes ne reçut point de réponse à la lettre qu'il avoit pris la peine de luy écrire le tréziéme de novembre, et il n'entendit plus parler de luy du reste de l'année.

La lettre où M Descartes recommandoit le Sieur Ferrier au Pére Mersenne, contenoit aussi la réponse qu'i faisoit à ce que ce pére luy avoit mandé du fameux phénoméne qui avoit paru à Rome cette année, et qui avoit donné de l'éxercice aux philosophes du têms.

Le Xx de mars on avoit vû dans cette ville cinq soleils en même têms, c'est à dire, quatre *parhélies*

ou faux soleils autour du soleil. Le Pére Scheiner jésuite allemand, qui étoit pour lors à Rome, en avoit fait l'observation avec quelques autres mathématiciens du lieu : et le Cardinal Barberin qui étoit toujours fort zélé pour l'avancement des sciences, en avoit envoyé une description à M De Peiresc conseiller au parlement de Provence, avec la figure du phénoméne. M De Peiresc en avoit fait faire plusieurs copies, pour communiquer la chose à tous les sçavans de sa connoissance, et pour les exciter à donner leurs réfléxions sur le phénoméne. Il en envoya une à M Gassendi qui étoit pour lors en Hollande, et qui étoit parti de France avec M Luillier maître des comptes dés la fin de l'année précédente pour le voyage des pays-bas. M Gassendi ayant trouvé dans Amsterdam deux amis que M Descartes y avoit faits tout nouvellement avant que de se retirer en Frise, voulut aussi se lier avec eux, tant en considération de leur mérite particulier, que par le désir d'avoir pour amis ceux de M Descartes, qu'il estimoit infiniment, mais qu'il n'avoit vû qu'une seule fois de sa vie, et qu'il ne connoissoit pas encore assez pour entretenir avec luy un commerce d'habitudes.

Le prémier de ces deux amis étoit M De Waessenaer gentil-homme de l'une des plus anciennes maisons de la province, mais qui étoit réduit à professer la médecine. Il avoit un fils qui étoit habile mathématicien, et dont nous aurons occasion de parler avec plus d'étenduë dans la suite de la vie de M Descartes.

L'autre amy étoit le Sieur Henry Reneri ou Renier, qui est appellé mal à propos M Reveri dans les lettres de M Descartes, que M Clerselier a fait imprimer, et dans la vie du P Mersenne écrite par le P Hilarion De Coste.

Ce Reneri qui a passé pour le prémier des sectateurs que la philosophie de M Descartes se soit faits dans les païs étrangers, étoit natif de la petite ville de Huy ou Hoey sur la Meuse dans le pays de Liége.

Son pére n'étoit qu'un simple marchand et receveur du chapitre de Huy : mais son grand-pére avoit été homme de grande considération à la cour de Bruxelles, sous Marguerite Princesse De Parme, fille de Charles-Quint gouvernante des Pays-Bas ; et il avoit été choisi pour être gouverneur du Prince Alexandre son fils. Nôtre Reneri étoit de trois ans plus âgé que M Descartes : il avoit fait ses humanitez à Liége, et sa philosophie à Louvain. Mais étant revenu à Liége pour y étudier en théologie, il eut le malheur de tomber sur les institutions de Calvin, dont la lecture luy changea tellement l'esprit qu'il abjura la religion catholique. L'obstination qu'il fit paroître à vouloir demeurer dans sa nouvelle résolution luy attira la disgrace de ses proches, et il ne put se soustraire à l'indignation de son pére que par la fuite. Il se retira en Hollande, et alla à Leyde étudier l'ecriture sainte au collége des françois, où il trouva des gens qui voulurent bien contribuer à sa subsistance. Cinq ans aprés sa fuite, son pére se crût obligé de le deshériter aprés avoir inutilement travaillé pour le faire revenir. Reneri pour tâcher de remédier à son indigence ouvrit une école particuliére dans Leyde, où il s'entretint pendant quelque têms de la rétribution de ses écoliers. Sa fortune l'ayant mis ensuite un peu plus au large, il s'appliqua particuliérement à la philosophie. C'est ce qui luy donna accez auprés de M Desc à qui il se fit connoître dés son arrivée en Hollande par l'entremise de M Béeckmam, ou de quelqu'autre de ses anciens amis de la province.

M Gassendi s'étant trouvé à Amsterdam au commençement du mois de juillet, avoit reçû de Waessenaer et de Reneri tous les bons offices que les prémiéres ardeurs d'une amitié récente peuvent suggérer à des amis. Il fut si satisfait de leurs honnêtetez, que par reconnoissance il leur promit en partant d'Amsterdam pour Utrecht le dixiéme de juillet, d'envoyer incessamment à l'un la description du phénoméne des *parhélies* avec le discours de l'observation qui avoit été faite à Rome, telle qu'elle luy avoit été envoyée par M De Peiresc ; et à l'autre une explication ample et raisonnée sur les parhélies, qu'il devoit composer à son prémier loisir.

M Waessenaer n' ût pas plûtôt reçû l'observation, que M Reneri en tira une copie qu'il envoya sur le champ à M

Descartes. Il lui fit la même priére qu'à M Gassendi, pour l'engager à dire sa pensée sur le phénoméne. Mais M Descartes qui étoit occupé à quelque chose de plus important, ne parut pas si diligent que M Gassendi. Celuy-cy se voyant pressé d'acquiter sa parole par une lettre que M Reneri lui avoit écrite le croyant encore à Utrecht, et qu'il recût à Leyde, travailla sur l'heure à sa dissertation dans les mouvemens et les embarras de son voyage ; et l'ayant achevée à la Haye, il la lui envoia dés le 14 de juillet. Il y ajoûta un billet d'addition contenant une autre observation de quatre *parhélies*

ou faux soleils, qui avoient autrefois paru en Angleterre le huitiéme d'avril de l'an 1223 sous le regne de Henry Iii. Cette observation étoit tirée de l'histoire de Mathieu Paris, et elle lui avoit été envoiée de Leyde à La Haye par J Gerard Vossius, qui lui avoit promis ce qu'il pourroit trouver dans ses papiers sur ce sujet.

M Descartes voulant faire de plus amples informations, avant que de dire son sentiment sur le phénoméne de Rome, en écrivit au Pére Mersenne, et lui demanda en particuliér la description qu'il avoit de ce phénoméne, pour sçavoir si elle s'accordoit avec celle qu'on lui avoit fait voir. Le P Mersenne, quoique hors de Paris depuis plus d'un mois pour le voyage des Pays-Bas, ne manqua pas de la lui envoyer par la prémiére commodité : et M Descartes l'ayant confrontée avec l'autre n'y trouva point d'autre différence, sinon que celle du P Mersenne marquoit qu'on avoit vû le phénoméne à Tivoli et à Rome, au lieu que celle de Reneri ou de Gaffendi marquoit que c'étoit à Frescati et à Rome ; en quoi il se pouvoit faire que le bon Pére Mersenne eût pris par inadvertance le mot de Tusculi, qui étoit dans l'original envoyé de Rome par le Cardinal Barberin, pour la ville de Tivoli. Cette différence étoit assez importante pour embarasser M Descartes, qui attendit du P Mersenne un nouvel éclaircissement sur ce point.

C'est à cette observation des *parhélies* , que le public est redevable en partie du beau traitté des météores que M Descartes lui donna quelques années après. Il interrompit ses méditations métaphysiques, pour éxaminer par ordre tous les météores : et il travailla plusieurs jours sur cette matiére, avant que d'y trouver dequoi se satisfaire. Mais enfin s'étant mis en état par ses observations de rendre raison de la plûpart des météores, il en écrivit au P Mersenne incontinent aprés être revenu de Franeker à Amsterdam : et il lui manda qu'il étoit résolu d'en faire un petit traitté qui contiendroit l'explication des couleurs de l'arc-en-ciel qui lui avoient donné plus de peine que tout le reste, et généralement de tous les phénoménes sublunaires. Il le pria en même têms de n'en parler à personne, parce que son dessein étoit de l'exposer en public comme un essay ou un *échantillon* de sa philosophie, et d'y demeurer caché comme le peintre derriére son tableau, pour entendre plus surement ce que l'on en diroit. C'est, dit-il à ce pére, l'une des plus belles matiéres que je sçaurois choisir, et je tacheray de l'expliquer de telle sorte, que tous ceux qui entendront seulement le françois puissent prendre plaisir à le lire. J'aimerois mieux qu'il fût imprimé à Paris qu'ici : et si la chose ne vous étoit point à charge, je vous l'envoierois lors qu'il seroit fait, tant pour le corriger, que pour le mettre entre les mains d'un libraire. M Descartes ne se hâta point d'écrire : mais son delay ne le fit point manquer à la parole qu'il avoit donnée pour expliquer le phénoméne des quatre faux soleils, dont l'un avoit une longue queuë à la maniére des cométes, et qui étoient accompagnez d'un grand cercle blanc et de deux iris ou arcs-en-ciel de diverses couleurs. Il s'en acquita d'une maniére plus courte et plus nette, mais au jugement du public plus éxacte, que n'avoient fait les astronomes romains et françois qui l'avoient prévenus. Il fit voir pourquoi de ces quatre faux soleils, les deux qui étoient plus prés du vrai soleil étoient colorez dans leurs bords, moins ronds et moins brillans que le vrai soleil, d'où il prouvoit qu'ils étoient formez par réfraction : et pourquoi les deux qui étoient plus éloignez étoient plus ronds mais moins brillans que les deux autres, et tout blancs sans mélange d'aucune autre couleur dans leurs bords, ce qui montroit qu'ils étoient causez par réfléxion. Il expliqua comment celuy de ces soleils que l'on voioit vers le couchant avoit la figure changeante et incertaine, et jettoit hors de soi une grosse queuë de feu qui paroissoit tantôt plus longue et tantôt plus courte. Il n'oublia point la nature des deux couronnes qui avoient paru autour du vrai soleil, peintes des mêmes couleurs que l'arc-en-ciel : et il fit voir pourquoi l'intérieure étoit beaucoup plus vive et plus apparente que l'extérieure ; pourquoi il n'en paroît pas toujours de telles lors qu'on void plusieurs soleils ; et pourquoi le soleil n'est pas toujours exactement le centre de ces couronnes, qui peuvent avoir divers centres, quoi qu'elles soient l'une autour de l'autre.

Voila ce qui a donné occasion au dixiéme ou dernier discours de son traitté des météores, où il a éxaminé particuliérement la maniére dont se forment les nuës qui font paroître plusieurs soleils. Il prétend dans cét ouvrage, qu'il se fait comme un anneau de glace autour de ces nuës dont la surface est assez polie ; que cette glace est ordinairement plus épaisse vers le côté du soleil que vers les autres ; que c'est ce qui la soûtient ; et que c'est ce qui fait paroître quelquefois dans le ciel un grand cercle blanc qui n'a aucun astre pour son centre, comme on l'avoit vû au phénoméne de Rome. Il explique comment on peut voir jusqu'à six soleils dans ce cercle blanc ; le prémier directement ; les deux suivans par réfraction ; et les trois autres par réfléxion.

Pourquoi ceux qu'on void par réfraction ont d'un côté leurs bords peints de rouge, et de l'autre de bleu ; et pourquoi les trois autres ne sont que blancs, et ont peu d'éclat. D'où il arrive qu'on n'en void quelquefois que cinq, quelquefois que quatre, quelquefois que trois : et pourquoi lors qu'on n'en void que trois, il ne paroît quelquefois au lieu du cercle blanc qu'une barre blanche qui les traverse. Pourquoi le soleil étant plus haut ou plus bas que ce cercle blanc, il ne laisse pas de paroître à même hauteur ; et pourquoi cela le peut faire voir encore aprés qu'il est couché, et avancer ou reculer de beaucoup l'ombrage des horloges ou cadrans. Il rapporte aussi en quel cas on peut voir un septiéme soleil au dessus ou au dessous des six précédens, ainsi que M Gassendi dans la vie de M De Peiresc a remarqué que le Pére Scheiner en avoit vû pareil nombre dans la même ville de Rome au mois de janvier de l'année suivante. Enfin M Descartes explique dans ce traité, comment on peut voir aussi trois soleils l'un sur l'autre ; et pourquoi en ce cas-là l'on n'a point coûtume d'en voir d'autres à côté, quoi qu'il ne soit pas impossible d'en voir quelquefois jusques à douze, et même en plus grand nombre.

Mr Descartes à son retour de Frise perdit un excellent directeur, et un ami tres-sincére en la personne du Cardinal Pierre De Bérulle prémier instituteur et supérieur général de la congrégation des prêtres de l'oratoire. Ce saint homme tomba saisi du mal à l'autel disant la messe le 2 jour d'octobre 1629 dans l'hôtel du Bouchage ; et fut porté sur un lit dressé à la hâte, où il expira sur l'heure âgé seulement de 55 ans. Sa vertu lui avoit toûjours donné beaucoup d'éloignement pour les emplois où il y avoit quelque rang de distinction et quelques honneurs attachez. Il avoit refusé les prélatures les plus considérables du royaume, qui lui avoient été offertes. Il avoit travaillé avec beaucoup de zéle pour rétablir l'union entre la reine mére Marie De Médicis, et le Roy Louis Xiii son fils. Cet empressement qu'il avoit fait paroître pour la paix de la famille royale n'avoit pas été fort agréable au Cardinal De Richelieu, qui pour le lui faire connoître avoit trouvé moien de lui procurer quelque petit chagrin à la cour. En effet le Cardinal De Bérulle (selon le récit que le Sieur Ferrier en fit à M Descartes) étant à Fontainebleau deux ou trois jours avant sa mort, et ayant remarqué que le roy ne l'avoit pas vû de bon œil, s'en étoit revenu sur l'heure à Paris avec un saisissement, auquel on attribua l'accident de sa mort. Ce qui donna lieu à certains plaisans du nombre de ceux qui vivoient à la mode du siécle, de dire que *M Le Cardinal De Bérulle ne seroit pas canonisé, parce qu'il n'étoit pas mort en grace* . Le Cardinal De Richelieu ayant profité de ses bénéfices, et particuliérement de l'abbaye de Marmoutier, ne trouva plus de difficultez à se réconcilier avec sa mémoire. Il avoit fondé la congrégation de l'oratoire dés l'an 1611, et l'institut en avoit été approuvé et confirmé deux ans aprés par le Pape Paul V. Enfin il avoit été élevé au cardinalat l'an 1627 par le Pape Urbain Viii.

M Descartes avoit toûjours eu beaucoup de vénération pour son merite, beaucoup de déférence pour ses avis.

Il le considéroit aprés Dieu comme le principal auteur de ses desseins et de sa retraite hors de son pays : et il eut la satisfaction aprés sa mort de trouver de ses disciples, je veux dire des prêtres de l'oratoire, entre les mains desquels il pût confier la direction de sa conscience pendant tout le tems de sa demeure en Hollande.

La mort avoit fait un autre tort au public un peu auparavant en luy enlevant le célèbre Gaspar Bartolin, philosophe et médecin de Danemarck, à qui l'on est redevable d'une partie des connoissances que l'on a acquises en ce siécle pour la médecine, et particuliérement pour l'anatomie. Le cours de sa vie n'avoit pas été assez long pour lui donner lieu de se perfectionner dans sa profession, étant mort au mois de juillet vers le milieu de la 45 année de son âge.

Mais ce défaut fut avantageusement réparé par les écrits et les expériences de ses doctes enfans Thomas, et Gaspar ; de plusieurs autres habiles médecins de ces derniers têms ; et particuliérement par les soins que M Descartes prit de donner quelque accroissement à la médecine, dont la science n'avoit point encore paru assez heureusement cultivée jusqu'alors.

Il ne se fut pas plûtôt établi à Amsterdam que ne pouvant oublier la fin de sa philosophie, qui n'étoit autre que l'utilité du genre humain, il résolut de faire une étude sérieuse de la médecine, et de s'appliquer particuliérement à l'anatomie et à la chymie. Il s'étoit imaginé que rien n'étoit plus capable de produire la félicité temporelle de ce monde qu'une heureuse union de la médecine avec les mathématiques. Mais avant que de pouvoir contribuer au soulagement des travaux de l'homme, et à la multiplication des commoditez de la vie par la méchanique, il jugea qu'il falloit chercher les moiens de garantir le corps humain de tous les maux qui peuvent troubler sa santé, et lui ôter la force de travailler.

Il est juste de l'entendre lui-même faire le récit de ses projets sur ce sujet. Ayant acquis, dit-il, quelques notions générales touchant la physique, et commençant à les éprouver dans diverses difficultez particuliéres, j'ay remarqué jusqu'ou elles peuvent conduire, et combien elles différent des principes dont on s'est servi jusqu'à présent. Elles m'ont fait voir qu'il est possible de parvenir à des connoissances fort utiles à la vie ; et qu'au lieu de cette philosophie spéculative qu'on enseigne dans les écoles, on en peut trouver une pratique, par laquelle connoissant la force et les actions du feu, de l'eau, de l'air, des astres, des cieux, et de tous les autres corps qui nous environnent, aussi distinctement que nous connoissons les métiers divers de nos artisans, nous les pourrions employer de la même façon à tous les usages ausquels ils sont propres, et ainsi nous rendre comme maîtres et possesseurs de la nature. C'est ce qui seroit à desirer non seulement pour l'invention d'une infinité d'artifices qui nous feroient joüir sans aucune peine des fruits de la terre et de toutes les commoditez qui s'y trouvent ; mais principalement encore pour la conservation de la santé, qui est sans doute le prémier bien, et le fondement de tous les autres biens de cette vie. Car l'esprit même dépend si fort du tempéramment et de la disposition des organes du corps, que s'il est possible de trouver quelque moien qui rende communément les hommes plus sages et plus habiles qu'ils n'ont été jusqu'icy, je crois que c'est dans la médecine qu'on doit le chercher. Il est vray que celle qui est maintenant en usage contient peu de choses dont l'utilité soit fort considérable : mais je m'assure sans aucun dessein de la mépriser, qu'il n'y a personne même parmi ceux qui en font profession, qui n'avoüe que tout ce qu'on y sçait n'est presque rien auprés de ce qui reste à sçavoir.

On pourroit s'éxemter d'une infinité de maladies tant du corps que de l'esprit, et peut être même de l'affoiblissement de la vieillesse, si on avoit assez de connoissance de leurs causes, et de tous les remédes dont la nature nous a pourvûs. Or dans le dessein que j'ay d'emploier toute ma vie à la recherche d'une science si nécessaire, j'ay rencontré un chemin qui me fait espérer de la trouver infailliblement en le suivant, à moins que la briéveté de la vie ou le défaut d'expériences n'y mettent des obstacles. J'ay crû qu'il n'y avoit point de meilleur reméde contre ces deux empéchemens, que de communiquer de bonne foy au public le peu que j'aurois trouvé, et de convier en même têms les bons esprits à faire leurs efforts pour aller encore au dela, en contribuant chacun selon son pouvoir aux expériences qu'il faudroit faire. Ceux-cy seroient secondez par d'autres qui viendroient aprés-eux, et qui commenceroient où les précédens auroient fini : et joignant ainsi les vies et les travaux de plusieurs, nous irions tous ensemble beaucoup plus loin que chacun en particuliér ne pourroit faire.

Ce fut donc dans cette persuasion qu'il voulut commencer l'éxécution de ses desseins par l'étude de l'anatomie, à laquelle il employa tout l'hiver qu'il passa à Amsterdam. Il témoigne au P Mersenne que l'ardeur qu'il avoit pour cette connoissance le faisoit presque aller tous les jours chez un boucher pour luy voir tuer des bêtes, et que delà il faisoit apporter dans son logis les parties de ces animaux qu'il vouloit anatomiser plus à loisir. Il en usa de même tres-souvent dans tous les autres lieux où il se trouva depuis ; ne croyant pas qu'il y eût rien de honteux pour luy, ni rien d'indigne de sa condition dans une pratique qui étoit tres-innocente en elle même, et qui pouvoit devenir trés-utile dans ses effets. Aussi se mocqua-t'il des reproches de quelques esprits mal-faits parmi ses envieux, qui prétendant se divertir aux dépens de sa réputation, avoient tâché de lui en faire un crime, et l'accusoient *d'aller par les villages pour voir tuer des pourceaux* quoique le fait fût

absolument faux en ce qui regarde les villages. Il faut avoüer qu'il lisoit peu alors, et qu'il écrivoit encore moins. Il ne négligea pourtant pas de voir ce que Vesalius, et quelques autres auteurs des plus expérimentez avoient écrit sur l'anatomie. Mais il s'instruisit d'une maniére beaucoup plus sure en faisant lui-même la dissection des animaux de différentes espéces : et il découvrit par sa propre expérience beaucoup de choses plus particuliéres que celles que tous ces auteurs ont rapportées dans leurs livres. Il continua plusieurs années dans cét éxercice, en diversifiant néanmoins ses occupations par d'autres études. Son éxactitude alla si loin dans l'éxamen des moindres parties du corps de l'animal, que pas un médecin de profession ne pouvoit se vanter d'y avoir pris garde de plus prés que luy. Il assuroit au P Mersenne qu'aprés dix ou onze ans de recherches qu'il avoit faites dans l'anatomie, il n'avoit trouvé aucune chose si petite qu'elle parût, dont il ne crût pouvoir expliquer en particulier la formation par les causes naturelles, de même qu'il a expliqué celle d'un grain de sel où d'une petite étoile de neige dans ses météores. Mais aprés un nombre infini d'expériences et une assiduité de tant d'années pour cette sorte d'étude, il n'eut pas la vanité de se croire encore capable de guérir seulement une fiévre. Ce long travail n'avoit produit en lui qu'une connoissance de l'animal en général, qui n'est nullement sujet à la fiévre. C'est ce qui l'obligea dans la suite à s'appliquer plus particuliérement à l'étude de l'homme qui y est sujet.

Il joignit l'étude de la chymie à celle de l'anatomie dés la fin de l'an 1629 ; et il témoigne qu'il apprenoit tous les jours dans cette science comme dans l'autre quelque chose qu'il ne trouvoit pas dans les livres. Mais avant que de se mettre à la recherche des maladies et des remédes, il voulut sçavoir s'il y avoit moyen de trouver une médecine qui fût fondée en démonstrations infaillibles.

Et il pria agréablement le P Mersenne, qui lui avoit mandé au commencement de l'an 1630 qu'il étoit affligé d'une érésipéle, et ses autres amis, de conserver au moins leur santé jusqu'à ce qu'il fût parvenu à ce degré de connoissance dans la médecine.

Dans toute cette étude de médecine, comme dans celles qu'il faisoit en même-têms de la physique et de la métaphysique, il songeoit bien moins à se faire jamais connoître au public, qu'à s'instruire lui-même. C'est ce qui lui donna quelque repentir d'avoir laissé croire à ses amis à son départ de Paris, qu'il quittoit la France pour pouvoir plus commodément composer des écrits de sa philosophie, et d'avoir encore promis l'été dernier au P Mersenne un traité des météores au sujet du phénoméne des *parhélies* . Il en écrivit à ce pére au mois d'avril, pour lui faire part des sentimens qu'il en avoit. Il lui protesta que nonobstant la promesse qu'il avoit faite d'écrire, jamais il n'en éxécuteroit le dessein, sans la crainte de passer pour un homme qui n'en auroit point sçû venir à bout. Car je ne suis pas si sauvage, dit-il à son ami, que je ne sois bien-aise, si on pense à moi, qu'on en ait bonne opinion : mais j'aimerois beaucoup mieux qu'on n'y pensât point du tout. Je crains plus la réputation que je ne la desire, estimant qu'elle diminuë toûjours en quelque façon la liberté et le loisir de ceux qui l'acquiérent. Cette liberté et ce loisir sont deux choses que je posséde si parfaitement, et que je mets à si haut prix, qu'il n'y a point de monarque au monde qui fût assez riche pour les acheter de moi. Cela ne m'empêchera pas d'achever le petit traité que j'ay commencé ; mais je ne desire pas qu'on le sçache afin d'avoir toûjours la liberté de le desavoüer : et j'y travaille fort lentement, parce que je prens beaucoup plus de plaisir à m'istruire moi-même, qu'à mettre par écrit le peu que je sçai.

C'est ce qui me porte à vous prier de faire en sorte auprés de ceux qui croyent que je persévére toûjours dans le dessein d'écrire, qu'ils se défassent de cette opinion. Au reste je passe si doucement le têms en m'instruisant moi-même, que je ne me mets jamais à écrire mon traité que par contrainte, et pour m'acquitter de la résolution que j'ai prise de le mettre en état de vous l'envoyer au commencement de l'année 1633, si Dieu me conserve la vie jusques-là. Je vous détermine le têms pour m'y obliger davantage, et afin que vous m'en puissiez faire des reproches si j'y manque. Vous vous étonnerez sans doute que je prenne un si long terme pour écrire un discours qui sera si court, que je m'imagine qu'on le pourra lire en une aprés-dînée. La raison est, que j'ai plus de soin d'apprendre ce qui m'est necessaire pour la conduite de ma vie, à quoi il m'est beaucoup plus important de m'appliquer, que de m'amuser à publier le peu que j'ai appris. Que si vous trouvez étrange que je n'aye pas continué quelques autres traitez que j'avois commencez étant à Paris, je vous en dirai la raison.

C'est que pendant que j'y travaillois, j'acquerois un peu plus de connoissance que je n'en avois eu en commençant : et me voulant accommoder selon cet accroissement de connoissance, j'étois contraint de faire un nouveau projet un peu plus grand que le prémier. De même que si quelqu'un aiant commencé un bâtiment pour sa demeure, acqueroit cependant des richesses qu'il n'auroit pas esperées ; et changeant de condition en sorte que son bâtiment commencé fût trop petit pour lui, on ne le blâmeroit pas de le voir recommencer un autre édifice plus convenable à sa fortune.

Pendant que M Descartes disposoit ainsi les fondemens de sa nouvelle philosophie, celle d'Aristote qui s'enseignoit avec éclat dans l'université de Leyde perdit l'un de ses meilleurs appuis par la mort de François Burgersdick, qui avoit vécu en réputation d'habile homme, et qui avoit passé pour l'un des plus éclairez et des moins entêtez d'entre les péripatéticiens de son siécle. Burgersdick qui avoit toûjours eu une haute estime pour le génie d'Aristote, ne l'avoit jamais crû loüable d'avoir affecté d'écrire avec obscurité : et il ne le trouvoit excusable que sur la parole de Themistius son disciple, qui protestoit que ce grand maître n'avoit jamais eu intention d'écrire pour le public. Il sçavoit mauvais gré à la plûpart de ses interprétes, sans en excepter même Saint Thomas et Scot, de l'avoir rendu encor plus obscur et plus embarassé, en le faisant parler selon leur sens sous prétexte de l'éclaircir. Il eut assez de courage pour entreprendre de mieux faire que ceux qui l'avoient devancé, et de porter le reméde jusqu'à la source du mal : et quoiqu'il ne soit pas seur de s'en tenir au rapport de ceux qui prétendent qu'il y a réüssi, on ne peut disconvenir que ses ecrits ne soient aujourd'hui des plus estimez parmi les ouvrages de cette secte.

Lorsqu'il fut question de lui choisir un successeur pour la chaire de philosophie, on jetta les yeux sur le Sieur Reneri l'ami de M Descartes et de M Gassendi, comme sur la personne la plus capable de remplir la place du défunt, et de soûtenir la réputation de l'université de Leyde qui étoit l'une des plus florissantes de l'Europe. Cette fameuse académie étoit alors au plus haut point de sa gloire. Jamais elle n'avoit été composée de tant de sçavans professeurs, et jamais on n'y en a vû tant à la fois depuis ce têms-là.

Les quatre professeurs en théologie étoient Jean Polyander de Mets, André Rivet de Saint-Maixant en Poitou, Antoine Walaeus ou De Wale de Gand, et Antoine Thysius d'Anvers, tous célébres par leurs écrits. Les deux regens ou recteurs des deux colléges théologiques étoient Festus Hommius, et Daniel Colonius. On peut y joindre Loüis De Dieu, quoiqu'il ne fût que ministre. Les plus célébres professeurs en droit depuis Bronchorstius mort prés de deux ans auparavant, étoient Pierre Cunaeus et Corneille Swanemburg, dont nous avons les ouvrages.

Othon Heurnius et Adolphus Vorstius enseignoient avec éclat dans la faculté de médecine. Mais sur tout celle des arts, quoiqu'affoiblie par la mort de Gilbert Zacchée ecossois professeur en physique arrivée l'année précédente, par celle de Willebrord Snellius professeur en mathématiques, et par la retraite de J Meursius professeur en langue grecque, ne laissoit pas de se soûtenir avec beaucoup de dignité par le moyen de Daniel Heinsius professeur en politique et en histoire, bibliothécaire et sécrétaire de l'université ; de Jacques Golius professeur des langues orientales et des mathématiques ; de Gerard Jean Vossius professeur en eloquence et en chronologie ; de Gaspar Barlaeus professeur en eloquence et en philosophie ; et de François Schooten ou Schotenius professeur de la mathématique pratique en langue vulgaire. Plusieurs de ces sçavans professeurs ont été depuis des amis de M Descartes ; et particuliérement Rivet qui étoit de son païs ; Golius qui étoit de son âge ; et Schooten dont nous aurons occasion de parler ; outre l'illustre M De Saumaise, qui ne vint à Leyde que deux ans aprés recevoir la qualité de professeur honoraire, que Scaliger avoit portée avant lui.

Reneri s'estimoit trés-honoré de pouvoir devenir le collégue de tant d'habiles gens, qui l'assuroient tous de leur faveur et de leur bienveillance. Les curateurs de l'université lui faisoient les conditions de cet emploi si avantageuses, qu'ils l'avoient obligé de rejetter toutes les propositions de divers autres engagemens utiles et honorables qu'on lui avoit faites dans l'intervalle de la vacance de la chaire. Mais voyant que l'élection d'un professeur tiroit en longueur, et craignant que ces delais ne servissent à fortifier les intrigues de ses concurrens, il préféra aux espérances d'un avantage incertain la condition présente d'un préceptorat de trois enfans qu'on lui présenta dans Leyde, avec des appointemens beaucoup plus grands que n'étoient ceux de la chaire qu'on briguoit pour lui. Ce qui acheva de le déterminer à cet emploi, fut la promesse que les parens des enfans lui firent par écrit d'une pension honnête qui devoit courir du jour qu'il quitteroit leurs enfans, et qui devoit le faire vivre en repos le reste de ses jours.

Ce nouvel engagement fait au mois de décembre éloigna Reneri du voisinage de M Descartes, en l'obligeant de quitter Amsterdam pour passer à Leyde au commencement de l'année suivante. Mais il ne changea rien à la conduite de ses études particuliéres de philosophie, dont il voulut que M Descartes fût le conseiller et le directeur. à l'égard des études de ses éléves, il aima mieux s'adresser à M Gassendi, qui se mêloit de belles lettres plus que M Descartes, et qui avoit passé par la profession des humanitez. Il lui en écrivit de Leyde le 6 de janvier : et aprés l'avoir informé de sa nouvelle fortune, il lui demanda son avis sur la méthode qu'il jugeoit la meilleure pour avancer les enfans dans les études, et le pria de décider sur les trois qu'il lui proposoit, sçavoir s'il est plus à propos 1 de les faire beaucoup lire ou traduire ; 2 de les faire apprendre beaucoup par cœur ; 3 de les faire beaucoup écrire ou composer, ce qui s'appelle faire des thémes au langage des colléges ? M Gassendi le satisfit un mois aprés par une ample réponse, où il tâcha de lui persuader l'utilité qu'il y a de joindre ensemble ces trois maniéres d'étudier, en les réglant avec discrétion sur la portée des esprits des enfans.

Il n'oublia pas de le féliciter sur la pension viagére qui lui donneroit lieu de philosopher à son aise, en le dégageant des inquiétudes qui ont coûtume de troubler ceux qui sont obligez de travailler pour vivre. Mais sur tout il le consola d'avoir manqué la chaire de professeur, sur ce que la philosophie qui s'enseigne dans les écoles n'est pour l'ordinaire qu'une philosophie de théatre, dont l'appareil ne consiste que dans l'ostentation, tandis que la vraye philosophie se trouve refugiée sous le toit de quelques particuliers, qui tâchent de la retenir, et de la cultiver à l'ombre et dans le silence.

Mr Gassendi n'étoit pas encore rentré en France de son voyage des Païs-Bas, lorsque le Pere Mersenne se mit en chemin pour faire le même voyage. C'est ce qu'on peut supposer sur la foi d'une lettre que M Gassendi étant à Paris écrivit incontinent aprés son retour au Sieur Béeckman recteur ou principal du collége de Dordrecht. La lettre est dattée du 15 de Septembre de l'an 1629 : et elle nous apprend que le Pere Mersenne avoit déja vû le Sieur Béeckman à Dordrecht, et qu'il étoit actuellement à Gorckum, ville éloignée de trois lieuës de là. Le P Hilarion de Coste n'a marqué ce voyage qu'en l'an 1630, parce qu'il dura effectivement jusqu'au mois de septembre de cette année, et que cét auteur n'avoit pas entrepris d'entrer dans le détail des courses, et des autres actions du P Mersenne. De sorte que si dans les lettres que M Descartes, et M Gassendi écrivirent durant cét intervalle, l'on s'imagine voir le pére Mersenne au milieu de Paris, par la maniére dont il y est parlé de lui, il faut l'attribuer à l'industrie de ce pére, qui sçavoit servir ses amis par tout où il se trouvoit avec tant d'activité et de succés, qu'on ne s'apperçevoit pas de ses absences ni de ses empêchemens.

Ce pére étant à Dordrecht avoit eu de longs entretiens avec le Sieur Béeckman sur le sujet de M Descartes, qu'il sçavoit être son ami particulier depuis plusieurs années. Le discours étoit souvent tombé sur les connoissances favorites de ce pére, je veux dire sur la musique, et tout ce qui concerne les sons. Béeckman n'avoit rien dans son cabinet qui pût lui être plus agréable que la copie du petit traitté de musique que M Descartes avoit autrefois composé en sa considération lors qu'il étoit en garnison dans la ville de Breda, où ils avoient jetté les prémiers fondemens de leur amitié. Les honnêtetez et les témoignages d'estime dont le P Mersenne accompagnoit les conférences qu'il avoit avec lui augmentérent un peu la bonne opinion que Béeckman avoit déja de lui même. Le P Mersenne étant sorti de Dordrecht continua de le traitter avec les mêmes civilitez dans les lettres qu'il lui écrivit, c'est ce qui fit croire enfin au Sieur Béeckman qu'il étoit effectivement tel que ce pére ne le dépeignoit que par compliment. La crainte de nuire à sa bonne fortune l'empêcha de démentir ce pére dans ses réponses : et croyant mettre le comble à sa réputation, il lui insinua dans une de ses lettres que M Descartes avoit appris de lui une bonne partie de ce qu'il sçavoit, tant sur la musique que sur la géométrie. Il colora cette vanité le mieux qu'il put par la vray-semblance qu'il établissoit sur leur ancien commerce de Breda, et sur le double de l' âge de M Descartes, qui pouvoit lui former un extérieur de maître par rapport à la jeunesse de M Descartes. Mais Béeckman eut le malheur d'écrire ces pauvretez à un homme qui connoissoit M Desc artes mieux que luy. La sincérité avec laquelle le P Mersenne étoit en pratique de mander à M Descartes tout ce qui se passoit à son égard, ne permit pas qu'il lui dissimulât ce trait de l'ingratitude du Sieur Béeckman, qui devoit à M Descartes ce qu'il se vantoit de lui avoir donné.

M Descartes ne parut pas beaucoup touché de la conduite du Sieur Béeckman ; mais il ne laissa pas d'en récrire au P Mersenne dans les termes de la liberté dont on use auprés d'un ami, avec lequel on n'a point de mesures à garder lors qu'on n'écrit que pour lui. Vous m'avez obligé, lui dit-il, de m'avertir de l'impertinence de mon ami. L'honneur que vous lui avez fait de lui écrire lui a sans doute donné tant de vanité, qu'il s'est ébloüy : et il a crû que vous auriez meilleure opinion de lui, s'il vous écrivoit qu'il a été mon maître il y a dix ans. Mais il se trompe fort. Car il n'y a pas de gloire d'avoir instruit un homme qui ne sçait rien, et qui le confesse par tout librement. Je ne lui en manderai rien puis que vous ne le voulez pas, encore que j'eusses dequoi lui faire honte, principalement si j'avois sa lettre toute entiére.

Cependant le commerce de nouvelles et de sçiences continuoit toujours entre M Descartes et le Sieur Béeckman qui demeuroit en repos sur la discrétion du Pére Mersenne. Mais M Descartes lui ayant redemandé, comme par occasion de quelque autre chose, son petit traité de musique, dont il avoit l'original depuis onze ans, c'est-à-dire, depuis le têms de sa composition, l'inquiétude où le mit une demande si inopinée le fit écrire trois ou quatre fois de suite à M Descartes pour le prier de luy laisser un ouvrage dont il croyoit avoir acquis la propriété, tant par l'indifférence qu'il avoit témoignée pour lui aprés l'avoir composé, que par la longueur du têms qui s'étoit écoulé depuis qu'il lui en avoit fait présent.

Ses instances lui furent inutiles, et il fallut se dessaisir d'un bien, que M Descartes pour se divertir de lui reconnoissoit pouvoir lui appartenir, *si dix ans suffisent pour la prescription* .

Béeckman se douta enfin de ce que le Pére Mersenne pouvoit avoir mandé à M Descartes : et comme si la honte l'eût empêché de lui faire des excuses, il voulut recourir à des éclaircissemens, pour lui faire entendre que l'ouvrage qu'il s'étoit attribué étoit un manuscrit de sa main, où la ressemblance des choses avec celles de l'original du traité de la musique dont il étoit question avoit fait croire au P Mersenne que c'étoit l'ouvrage de M Descartes. Ce détour déplut à M Descartes, qui auroit souhaité que tout le monde eût eu la même droiture de cœur que lui ; et qui sur le rapport éxact du P Mersenne qui avoit employé plus d'un jour à la lecture de ce manuscrit dans Dordrecht, ne pouvoit pas douter que Béeckman ne se fit passer pour l'auteur de son ouvrage. Il étoit véritablement touché de voir que cét homme se vantât d'avoir écrit de si belles choses sur la musique, dans un têms où il n'en sçavoit que ce qu'il en avoit appris du livre de Jacques Le Févre d'Etaples. Mais ni cette considération, ni les autres sujets qu'il avoit de se plaindre de l'ingratitude de cét homme qu'il avoit reconnuë en beaucoup d'autres rencontres n'auroient jamais attiré de réponse à Béeckman, si M Descartes ne se fût trouvé dans la nécessité de mettre l'honneur du Pére Mersenne à couvert de ses insultes. Vous vous trompez, lui dit-il, et vous jugez tres-mal de l'honnêteté d'une personne aussi religieuse qu'est le *p* mersenne, si vous le soupçonnez de m'avoir fait quelque rapport de vous. Mais pour ne me point engager à la justification ni de ce pere ni d'aucun de ceux que vous pourriez accuser aussi injustement que lui : il faut vous dire que ce n'est ni de lui ni d'aucun autre, mais de vos lettres mêmes que j'ay appris ce que je trouve à reprendre en vous.

M Descartes venant de France au sortir de l'hiver de l'an 1629 pour se retirer en Hollande, étoit allé droit à Dordrecht voir le Sieur Béeckman comme un ancien amy avec lequel il prétendoit lier une société d'étude plus étroite que jamais. Pendant le peu de jours qu'il resta dans cette ville, Béeckman loin de lui donner quelques lumiéres, et de l'assister dans ses études, en arrêta le progrés durant quelque têms par les empêchemens qu'il y forma en lui demandant lui même du secours. Tout occupé qu'il étoit à des considérations dont Béeckman se reconnoissoit incapable, il fallut céder à ses importunitez, et luy apprendre des choses qu'il avoit quittées depuis longtêms comme des exercices de jeunesse. Béeckman lui fit voir un livre qu'il avoit composé sous le titre de *mathematico-physique* . M Descartes eut assez de complaisance pour lui témoigner quelque estime de son ouvrage : et pour le combler de ses honnêtetez, il lui dit en le quittant qu'il s'estimeroit toujours heureux de pouvoir profiter de ses lumiéres, et qu'il feroit gloire de se dire *son écolier et son serviteur* .

Civilité françoise dont ce bon hollandois fut la duppe.

Car aprés une correspondance de plus de six mois, entretenuë par des lettres tres-fréquentes, puis interrompuë par la vanité et l'indiscrétion du Sieur Béeckman, pendant un an entier, celuy-cy jaloux de la réputation de M Descartes s'avisa de lui écrire aprés le retour du Pére Mersenne en France, et de lui mander que s'il vouloit veiller au bien de ses études il devoit retourner prés de luy à Dordrecht, et qu'il ne pouvoit nulle part profiter d'avantage que sous sa discipline. Il lui tint encore d'autres discours aussi frivoles, feignant de s'intéresser beaucoup à son avantage, et d'avoir pour lui toutes les tendresses dont un maître et un ami peutêtre capable pour un disciple bien-aimé. Ce langage fit croire à M Descartes que Béeckman n'avoit composé cette lettre que pour la montrer aux autres avant que de la lui envoyer, et pour répandre le bruit qu'il avoit souvent reçû de ses enseignemens. C'est ce qui le porta à luy répondre le Xvii d'Octobre 1630, par une remontrance écrite en stile de maître. Il feignit de lui demander le dénouëment de l'intrigue de sa lettre, témoignant qu'il ne le croioit pas déchû de sa raison jusqu'à se méconnoître à son égard. Il aima mieux soupçonner d'artifice que de stupidité un homme qui se vantoit au dehors de lui avoir appris quelque chose, lors que sa conscience lui dictoit le contraire au dedans.

Pour le guérir de sa foiblesse ou de sa malice, il voulut bien en considération de leur ancienne amitié lui faire connoître les choses qu'une personne peut apprendre à une autre. Il lui fit remarquer qu'il n'y a que ceux qui peuvent nous persuader par leurs raisons, ou du moins par leur autorité, qui méritent de passer pour des gens qui en seignent les autres. Si quelqu'un sans y être porté par le poids d'aucune autorité ni d'aucune raison qu'il ait apprise des autres, vient à croire quelque chose ; l'eût-il entendu dire à plusieurs, il ne faut pas s'imaginer pour cela qu'ils la lui ayent enseignée. Il se peut faire même qu'il la sçache étant poussé par de vrayes raisons à la croire ; et que les autres ne l'ayent jamais sceuë quoiqu'ils ayent été dans le même sentiment, à cause qu'ils l'ont déduite de faux principes. Sur ce raisonnement il avertit le Sieur Béeckman qu'il n'avoit rien appris davantage de sa physique imaginaire qu'il qualifioit du nom de *mathematico-physique* , qu'il avoit fait autrefois de la batrachomyomachie d'Homére, ou des contes de la cicogne. Jamais son autorité ne lui avoit servi de motif pour croire aucune chose, et ses raisons ne lui avoient jamais rien persuadé. M Descartes pouvoit avoir approuvé des choses qu'il avoit entenduës de Béeckman, comme il arrive souvent dans la conversation : mais il prétend que cela avoit été si rare à son égard, que le plus ignorant des hommes en auroit pû dire autant par hazard qui s'accorderoit avec la vérité : outre que plusieurs peuvent sçavoir la même chose sans qu'aucun l'ait apprise des autres.

Il trouvoit Béeckman assez ridicule de s'amuser avec tant de soin à distinguer dans la possession des sciences ce qui étoit à lui de ce qui n'en étoit pas, comme s'il eût été question de la possession d'une terre ou de quelque somme d'argent. Béeckman étoit bien persuadé que ce qu'il sçavoit étoit entierement à lui, quoiqu'il l'eût appris d'un autre : ainsi c'étoit par une étrange jalousie qu'il prétendoit empêcher les autres qui auroient sceu la même chose, de dire qu'elle leur appartenoit. C'est ce qui portoit M Descartes à le considérer comme ces malades d'esprit que la folie rend heureux, et à le croire aussi opulent que cet homme qui s'imaginoit que tous les vaisseaux qui abordoient au port de sa ville lui appartenoient. Mais il le jugeoit trop aveuglé de sa bonne fortune lorsqu'il vouloit être seul possesseur d'un bien commun, et ne pas souffrir que les autres s'attribuassent non seulement ce qu'ils sçavoient et qu'ils n'avoient jamais appris de lui, mais aussi ce qu'il confessoit lui-même avoir appris d'eux. C'est une injustice dont il le convainquit sans peine à son égard.

Béeckman prétendoit que l'algébre que M Descartes lui avoit mise autrefois entre les mains lui étoit devenuë tellement propre, qu'il ne restât pas même à M Descartes la liberté de s'en dire l'auteur. Il lui avoit aussi écrit auparavant en des termes semblables touchant le traité de musique. Mais il ne lui suffisoit pas d'avoir la copie de son algébre et l'original de sa musique, pour pouvoir se dire le prémier inventeur de l'une et de l'autre. Il avoit encore eu l'assurance de lui demander les prémiers broüillons qu'il en avoit faits, afin que son usurpation ne rencontrât plus d'obstacle à la gloire frivole qu'il recherchoit : comme si la mémoire que M Descartes avoit de ces écrits n'eût pas été capable d'ailleurs de découvrir au public ce qu'ils contenoient.

Béeckman avoit eu la prévoyance de marquer dans le registre, ou le manuscrit qu'il avoit fait voir au P Mersenne, le têms auquel il prétendoit avoir pensé chaque chose ; mais l'inquiétude même qui paroissoit dans cette vaine précaution fut ce qui fit douter au P Mersenne de la vérité de ces remarques, et de la fidélité du manuscrit. C'est ce qui fit dire à M Descartes que le Sieur Béeckman étoit malheureux au milieu de tant de richesses qui craignoient les voleurs, et qui demandoient tant de soins pour être conservées. Mais afin de le servir encore, malgré sa mal-honnêteté, dans la passion qu'il avoit d'acquérir de la gloire, il voulut bien lui apprendre les trois genres de choses que l'on peut trouver, pour lui faire juger s'il avoit jamais rien inventé qui méritât véritablement quelque loüange.

Le prémier genre, dit-il, des choses qu'on peut inventer est de celles que nous pouvons trouver par la force seule de notre esprit, et par la conduite de notre raison. Si vous en avez de ce genre qui soient de quelque importance, j'avoüe que vous méritez des loüanges : mais je nie que pour cela vous deviez apprehender les voleurs. L'eau est toûjours semblable à l'eau ; mais elle a tout un autre goût lorsqu'elle est puisée à sa source, que lorsqu'on la prend dans une cruche ou dans un ruisseau. Tout ce qu'on transporte du lieu de sa naissance en un autre, se corrige quelquefois : mais le plus souvent il se corrompt, et jamais il ne conserve tellement tous les avantages que le lieu de sa naissance lui donne, qu'il ne soit tres-facile de reconnoître qu'il a été transporté d'ailleurs. Vous publiez que vous avez appris beaucoup de choses de moy. Je n'en demeure pas d'accord. Mais je vous permets de vous servir des choses que vous croyez avoir apprises de moi, et de vous les attribuer, si vous le jugez à propos. Je ne les ay point écrites sur des regîtres, et n'ay point marqué le têms auquel je les ay pû inventer. Je suis neanmoins tres-assuré que quand je voudrai que les hommes sçachent quel est le fonds de mon esprit, si petit qu'il puisse être, il leur sera aisé de connoître que ces fruits viennent de mon fonds, et qu'ils n'ont point été cuëillis dans celui d'un autre.

Il y a un autre genre d'inventions qui ne vient point de l'esprit, mais de la fortune : et j'avouë qu'il demande quelque soin pour être garanti des voleurs.

Car si vous trouvez quelque chose par hazard, et que par un semblable hazard un autre vienne à entendre cela de vous : ce qu'il aura entendu sera aussi-bien à lui, que ce que vous aurez trouvé sera à vous ; et il aura autant de droit de se l'attribuer que vous. Mais de telles inventions ne méritent pas beaucoup de loüanges, sur tout lorsqu'elles sont d'aussi petite conséquence que tout ce qui est dans vôtre manuscrit, où je m'assure que l'on ne trouvera pas la moindre chose du vôtre qui vaille mieux que sa couverture.

Le troisiéme genre d'inventions est celui des choses qui n'étant que de tres-petite valeur ou méprisables en elles-mêmes, ne laissent pas d'être estimées par leurs inventeurs comme des choses de grand prix. Mais ces personnes au lieu de loüanges n'attirent que la risée et la compassion de ceux qui reconnoissent leur aveuglement.

Le Sieur Béeckman se vantoit d'avoir appris principalement deux choses à M Descartes, *le tremblement des cordes, et l'hyperbole* . M Descartes lui fit voir que la prémiére de ces deux connoissances lui étoit venuë d'Aristote ; mais qu'il ne juroit pas qu'Aristote qui avoit volé tant de philosophes ne fût aussi le voleur du Sieur Béeckman, auquel en ce cas-là il conseilloit d'appeller cet ancien en jugement pour le faire condamner à lui restituer sa pensée. Sur ce qu'il alléguoit de *l 'hyperbole* qu'il prétendoit lui avoir enseignée, il n'y eut que la compassion qui empêcha M Descartes de rire, se souvenant que Béeckman ne sçavoit pas même ce que c'est *qu'hyperbole* , et qu'il n'en pouvoit parler tout au plus que comme un grammairien. M Descartes avoit rapporté quelques-unes des propriétez de *l'hyperbole* , particuliérement celle qu'elle a de détourner les rayons, dont la démonstration lui étoit échappée de la mémoire, et qui ne se présentoit pas pour lors à son esprit sur le champ. Mais il avoit démontré au Sieur Béeckman sa converse dans *l'éllipse* , et il lui avoit expliqué en même têms certain théorêmes d'où elle pouvoit si facilement être déduite, que pour peu qu'on y prît garde, on ne pouvoit manquer de la rencontrer. C'est pourquoi il l'avoit exhorté à la chercher de lui-même ; ce qu'il n'auroit jamais fait, aprés que Béeckman lui eût avoüé qu'il ne sçavoit rien des coniques, s'il n'eût jugé que cette recherche étoit trés-facile. Béeckman chercha donc cette converse de *l'hyperbole* sur ses avis. Il la trouva, et la montra à M Descartes, qui témoigna en être réjoüi : et lui dit qu'il se serviroit de cette démonstration, si jamais il écrivoit sur ce sujet. Béeckman le prit au mot, sans considérer que M Descartes en avoit usé comme un maître, qui apprenant à son écolier à faire des vers, lui donneroit une epigramme dont il lui dicteroit de telle sorte le sens et la matiére, qu'il n'y eût qu'à transposer un mot ou deux pour mettre l'epigramme dans sa perfection ; et qui témoigneroit de la joye voyant l'écolier réüssir à transposer ainsi ce peu de mots. Mais Béeckman agissoit à l'égard de M Descartes, de même que si cet écolier se croyoit grand poëte, et vouloit regarder son maître comme son disciple, sous prétexte que le maître pour l'encourager auroit ajoûté que si jamais il avoit à composer une epigramme sur le même sujet, il ne voudroit pas se servir d'autres vers que des siens.

Mais le mal qui faisoit principalement crier le Sieur Béeckman, étoit la peine de voir qu'ayant souvent donné des loüanges à M Descartes, celui-ci ne lui en avoit rendu aucune. Il s'en plaignit comme d'une injustice. Mais M Descartes, qui étoit d'un caractére d'esprit fort opposé, lui récrivit qu'il avoit lui-même à se plaindre de ces loüanges, et qu'il ne l'avoit pas traité en ami toutes les fois qu'il avoit entrepris de le loüer. Ne vous ai-je pas supplié plusieurs fois, lui dit-il, de ne me point traiter de la sorte, et même de vous abstenir de parler de moi en aucune maniére. La conduite que j'ai toûjours gardée jusqu'à présent, ne montre-t-elle pas assez que je suis ennemi de ces loüanges ?

Ce n'est pas que je sois insensible : mais j'estime que c'est un plus grand bien de joüir de la tranquillité de la vie et d'un honnête loisir, que d'acquérir beaucoup de renommée ; et j'ai de la peine à me persuader que dans l'état où nous sommes, et de la maniére que l'on vit dans le monde, on puisse posséder ces deux biens ensemble. Mais vos lettres montrent clairement le sujet qui vous a porté à me loüer. Car aprés toutes vos belles loüanges, vous ne laissez pas de dire librement que vous avez coûtume de préférer vôtre *mathématico-physique* à mes conjectures, et que vous le faites sçavoir à nos amis. Ne faites-vous pas voir par là que vous ne cherchez à me loüer que pour tirer plus de gloire de cette comparaison ; et que vous ne rehaussez le siége que vous voulez fouler, qu'afin d'élever d'autant plus haut le trône de vôtre vanité ? Une remontrance si peu attendüe interdit un peu le Sieur Béeckman, qui ne sçavoit peut-être pas encore jusqu'où s'étendent les devoirs de l'amitié, ou qui ne croyoit pas M Descartes capable de les remplir avec tant de force et de liberté. Il en parut d'autant plus vivement touché, qu'il avoit reconnu de tout têms l'humeur de M Descartes moins vindicative et plus indifférente pour la réputation et la gloire. Il communiqua le sujet de son chagrin à celui qui partageoit avec lui le rectorat du collége de Dordrecht, et il voulut décharger une partie de ses peines dans son sein. Ce collégue tâcha de secourir son ami, et prit la iberté d'écrire à M Descartes pour empêcher la rupture ou le refroidissement de l'amitié qu'il avoit entretenüe avec le Sieur Béeckman.

M Descartes pour ne lui pas refuser cette satisfaction, voulut lui faire connoître qu'il se servoit de cette occasion comme d'une pierre de touche pour lui faire éprouver la sincérité et la solidité de l'amitié qu'il avoit pour lui. Il voulut bien excuser ses imperfections sur le défaut d'éducation et le peu de politesse qu'il avoit toûjours remarqué en lui ; et lui conserver son amitié sous les mêmes conditions qu'auparavant. Mais leur commerce de lettres et de nouvelles ne recommença point si-tôt : de sorte que M Descartes fut quelque têms dans la pensée qu'il ne lui écriroit plus de sa vie.

Le Pére Mersenne avoit passé la plus grande partie de l'hiver en Hollande, où il avoit eu le loisir d'entretenir M Descartes, et de joüir de sa présence dans Amsterdam, comme il auroit pû faire dans Paris.

Il n'y eut point de ville, point de lieu tant soit peu considérable dans toutes les provinces-unies, qu'il ne fût bien-aise de parcourir ; et il ne fit point difficulté de contracter amitié avec les sçavans et les curieux du païs qu'il pût connoître, sans s'arrêter à la diversité des religions. Vers le commencement du printêms il revint dans les Païs-Bas de la domination espagnole, et il apporta autant de curiosité à visiter les provinces catholiques, qu'il avoit fait à l'égard de la Hollande. Mais lorsqu'il fut arrivé à Anvers, il y trouva des gens qui avoient appris une partie de ce qu'il avoit fait en Hollande, et qui pensérent lui susciter des affaires à ce sujet. Il paroît que ses confréres sur tout, et quelques autres catholiques scrupuleux voulurent lui faire un crime du danger où il avoit exposé la sainteté de sa robe, et des démonstrations d'amitié qu'il avoit données et reçüës de plusieurs hérétiques couverts du manteau de sçavans. Ce pauvre pére prit cet accident pour une mauvaise fortune : et il écrivit à M Descartes pour lui faire part du chagrin qu'il avoit de voir que les mesures qu'il avoit prises pour tenir secrétes les habitudes qu'il avoit faites en Hollande lui eussent si mal réüssi. M Descartes le consola de cet accident, comme d'une chose sans reméde. Il voulut lui persuader même qu'il n'étoit pas tant à plaindre qu'il se l'étoit imaginé, et qu'étant moralement impossible de tenir long-têms secret son voyage dans les villes de Hollande, il valoit mieux que la chose se fût passée comme elle lui étoit arrivée à Anvers, que si on fût venu à le sçavoir plus tard en un têms où il n'auroit pas été si aisé de remédier à la fiction et à la calomnie.

Le Pére Mersenne ayant vû les villes et les sçavans les plus considérables de la Flandre et du Brabant, prit sa route vers l'evêché de Liége pour aller aux eaux de Spa. La crainte d'arriver trop tard pour prendre les eaux à propos et dans leur saison, le fit avancer avec tant de diligence qu'il se trouva à Liége quinze jours plûtôt qu'il ne falloit pour faire le voyage de Spa, qui est à huit lieuës environ de cette ville. La longueur de ce sejour lui parut ennuyeuse, et M Descartes à qui il le fit sçavoir lui manda que de son côté il regrettoit beaucoup ces quinze jours qu'ils auroient pû employer ensemble à se promener et à s'entretenir de leurs études. Ce pére aprés avoir visité le païs du Bas Rhin, revint à Paris dans son couvent de la place royale vers le mois d'octobre, aprés plus d'un an d'absence. C'est le calcul que l'on en peut faire sur la datte des lettres de M Gassendi ; mais qui ne laisse pas de souffrir des difficultez, qu'on peut laisser à lever à ceux qui se chargeront de faire une nouvelle vie du P Mersenne.

Cependant le Sieur Ferrier ouvrier d'instrumens de mathématiques, se sentoit de plus en plus accablé de la misére où il étoit tombé, pour avoir négligé de suivre les avis de M Descartes. La présomption qui lui avoit fait croire qu'il pourroit marcher seul dans le travail des verres jointe au déplaisir de n'avoir pû mettre mal M Mydorge dans l'esprit de M Descartes, l'avoit porté à faire plusieurs démarches contre son devoir, et à perdre le respect qu'il devoit à l'un et à l'autre. La place qu'il attendoit dans le Louvre lui manqua.

Le P De Gondren nouveau général de l'oratoire, à qui M Descartes avoit écrit en sa faveur, le P Gibieuf et le P De Sancy ausquels il l'avoit recommandé, n'avoient pas réussi à le servir aussi efficacement qu'ils auroient souhaité pour l'amour de M Descartes.

Ce petit revers de fortune lui fit ouvrir les yeux sur sa mauvaise conduite : et sans faire réfléxion aux sujets de mécontentement qu'il avoit donnez à M Descartes, il lui fit proposer par le P Mersenne de souffrir qu'il l'allât trouver en Hollande pour le servir, et pour travailler sous ses ordres. Le P Mersenne avoit quitté M Descartes depuis quelques semaines, lors qu'il reçût la lettre du Sieur Ferrier ; et il en écrivit sur le champ à M Descartes, pour l'avertir que cét homme se disposoit à se rendre auprés de lui, sans même se soucier de sçavoir sa volonté par avance. Il lui fit aussi un petit détail de ce qu'il avoit appris à son sujet depuis son éloignement de Paris, outre ce qu'il avoit pû lui dire de bouche touchant ses négligences ; et il lui manda qu'il avoit abandonné l'instrument que M Morin professeur en mathématiques lui faisoit faire par ordre de monsieur frére du roy.

M Descartes parut surpris de ces propositions dont le Sieur Ferrier ne lui avoit rien mandé. Il y avoit cinq ou six mois qu'il n'avoit reçû de ses nouvelles, quoi qu'il lui eut écrit deux grandes lettres qui ressembloient plûtôt à des volumes, où il lui expliquoit la plus grande partie de ce qu'il avoit pensé touchant la construction des lunettes. Il récrivit sur la fin du mois de mars au Pére Mersenne qui étoit pour lors à Anvers : et il le pria de faire sçavoir promptement au Sieur Ferrier qu'il ne songeoit plus à l'attirer auprés de lui, depuis qu'il lui en avoit ôté l'espérance, lors que l'année précédente étant à Franecker en Frise, il l'avoit convié d'aller demeurer avec lui. Il le fit souvenir du dessein qu'il avoit de faire le voiage d'Angleterre dans cinq ou six semaines, comme il croioit lui en avoir déja écrit. Il lui représenta que quand même il ne bougeroit de la ville d'Amsterdam, il ne pourroit plus avoir le Sieur Ferrier chez lui sans incommodité. D'ailleurs ce que le P Mersenne lui avoit ajouté touchant l'instrument de M Morin que le Sieur Ferrier n'avoit pû achever, lui auroit fait perdre l'envie de le recevoir, quand il en auroit eu la commodité. Ferrier avoit mandé à M Descartes l'année précédente que monsieur lui avoit ordonné d'achever cét instrument, et qu'on lui avoit fait venir exprés des étoffes d'Allemagne. Mais Ferrier n'ayant pû venir à bout de cét instrument depuis prés de trois ans qu'il y travailloit, ne donnoit pas lieu à M Descartes d'espérer qu'il *éxecutât* les verres, pour lesquels il lui faudroit préparer des machines qu'il tenoit plus difficiles que cét instrument. Il craignoit que si aprés l'avoir gardé deux ou trois ans il ne venoit à bout de rien qui surpassât le commun, on ne pût lui en imputer la faute, où du moins celle de l'avoir fait venir pour rien. Ce n'est pas qu'il n'aimât encore le Sieur Ferrier comme auparavant, et qu'il ne le considérât toujours comme un honnête homme. Mais parce qu'il ne connoissoit que deux personnes avec lesquelles il eût jamais eu affaire, et qu'il se plaignoit de toutes deux nonobstant leur mérite singulier, il jugeoit delà qu'il étoit trop difficile, ou trop malheureux. Aprés tout, il ne pouvoit s'empêcher de plaindre le sort de cét homme, et il auroit souhaité sincérement pouvoir le soulager dans sa mauvaise fortune. Il témoignoit ne connoître point en lui d'autre défaut, sinon qu'il ne faisoit jamais son conte sur le pied des choses présentes, mais seulement de celles qu'il espéroit, ou qui étoient passées ; et qu'il avoit une certaine irrésolution qui l'empêchoit d'éxécuter ce qu'il entreprenoit.

Le P Mersenne ayant reçû la lettre de M Descartes, récrivit d'Anvers au Sieur Ferrier pour le dissuader de son entreprise, sous prétexte du voyage que M Descartes devoit faire en Angleterre ; et sans lui marquer ouvertement les dispositions où il se trouvoit à son égard, il ne laissa pas de lui faire conjecturer qu'il y avoit quelque refroidissement.

Cette nouvelle le fit tomber dans un abatement d'esprit qui le rendit languissant durant prés de six mois sans sçavoir à quoi se résoudre. Il ne sçavoit à qui, du Pére Mersenne, ou de Mydorge attribuer sa prétenduë disgrace : mais lors qu'il réfléchissoit sur luy même, il se faisoit la justice de ne s'en prendre qu'à sa mauvaise conduite. Il alla souvent solliciter les amis que M Descartes avoit dans Paris pour ménager sa paix, et il attira leur compassion tantôt en leur dépeignant son malheur, tantôt en se jettant sur les éloges de M Descartes. Il s'addressa particuliérement aux péres de l'oratoire et à M Gassendi, qu'il attendrit et qu'il surmonta par ses importunitez. Les prémiers luy donnérent des lettres de recommandation à M Descartes. Plusieurs autres personnes en firent de méme. Mais M Gassendi s'étant excusé de lui écrire en droiture, sur ce que leur amitié ne consistoit point dans le commerce des lettres, voulut bien écrire à M Reneri leur ami commun, à qui le Sieur Ferrier addressoit le pacquet de lettres pour le faire tenir à M Descartes. Sa lettre dattée du 22 de Novembre 1630 est assez courte pour pouvoir tenir icy sa place.

Il y a plus de deux mois, dit-il à M Reneri, que je vous ay récrit touchant vôtre analyse. Je vous parlois aussi du traitté que j'ay fait pour la défense du P Mersenne contre Robert Fludd, et de l'édition que j'ay fait faire ici de ma dissertation des parhélies, dont je vous envoyois un exemplaire avec une lettre pour M Golius. Aujourd'huy je vous écris à l'occasion du pacquet qui vous est addressé pour M Descartes. Celui qui vous l'envoie est un ouvrier d'instrumens de mathématiques nommé Ferrier, dont je ne crois pas que l'industrie et l'habileté vous soient inconnuës. Cét homme qui a toujours fait paroître de grands sentimens de respect et d'affection pour M Descartes a eu la malheur de tomber dans sa disgrace, je ne sçay par quel accident ; et il est au desespoir du refroidissement qu'il a remarqué dans l'affection et les bontez dont il avoit coutume de le combler. Il lui écrit une lettre pleine de soumission pour se justifier auprés de luy ; et il m'a pressé de l'accompagner de l'une des miennes pour rendre témoignage à son innocence. Je m'en suis excusé sur ce que n'ayant pas eu l'honneur de parler à M Descartes plus d'une fois de ma vie, et n'en usant pas avec lui dans les termes d'une si grande familiarité, il pourroit trouver à redire à ma liberté, et auroit sujet de mépriser la recommandation d'une personne qui semble le toucher de trop loin. Mais ne voulant rien négliger de ce qui peut dépendre de moy pour la satisfaction du Sieur Ferrier, j'ay pris le parti de m'addresser à vous, comme à une personne trés-étroitement liée à M Descartes, et qui peut beaucoup sur son esprit. Au reste je crois connoître assez le Sieur Ferrier pour vous répondre de la disposition de son cœur. Je l'ay vû souvent ; j'ay eu de fréquentes conversations avec luy. Mais il ne m'a presque jamais entretenu que de M Descartes, et toujours avec tant de témoignages d'estime, et des éloges si extraordinaires, que si je n'avois connu d'ailleurs le mérite de M Descartes, je n'aurois pû me défendre de considérer des loüanges si magnifiques et si fréquentes, comme de véritables hyperboles. Jamais il ne m'en a parlé que comme d'une divinité descenduë du ciel pour le bien du genre humain, prétendant n'admirer que lui dans le monde, et protestant qu'il luy est redevable de toutes choses.

Enfin je l'ay toujours trouvé si uniforme et si constant dans son estime, dans son affection, et dans le zéle qu'il a pour son service, qu'il y auroit dequoi être surpris du refroidissement de M Descartes, s'il n'avoit quelque autre raison que l'on ne connoît pas icy. Pour moy si j'avois à me faire mettre en réputation, je n'en voudrois pas confier le soin à d'autres qu'au Sieur Ferrier : et je serois sûr de l'acquerir au plus haut degré, s'il l'entreprenoit avec le zéle qu'il a pour M Descartes, à qui vous ferez connoître, si vous le jugez à propos, qu'elle est ma disposition à son égard, et la sincérité avec laquelle je suis son tres-humble serviteur. Le Sieur Ferrier souhaite qu'on luy renvoye le pacquet au cas qu'on ne le rende point surement à M Descartes en Hollande, ou qu'on ne puisse le lui faire tenir éxactement en Angleterre, où on luy a mandé qu'il avoit dessein d'aller dans peu de têms. Etc.

M Reneri ne manqua point de faire tenir le pacquet à M Descartes, qui fut surpris d'y trouver un si grand nombre de lettres sur le même sujet. Il fut trés-satisfait de voir des témoignages de tant d'amis en faveur du Sieur Ferrier. Mais de crainte que la facilité qu'il avoit à l'excuser en leur considération ne leur donnât leu de croire que le Sieur Ferrier ne fût innocent dans son malheur, il prit la peine de récrire à tous en particulier, faisant les uns juges de sa conduite, et donnant aux autres des éclaircissemens sur celle de Ferrier, qui ne leur avoit pas été assez connuë. Il écrivit aussi au Sieur Ferrier, et fit un pacquet de toutes ces réponses qu'il addressa au P Mersenne au mois de décembre. Il les lui envoya toutes ouvertes, afin qu'il les lût avant que de les rendre, qu'il fût informé des pratiques secrétes du Sieur Ferrier, et qu'il pût remédier aux impressions que les plaintes de cét homme auroient pû faire sur l'esprit de ses amis. Pour mettre ce pére en repos sur les soupçons de Ferrier, qui auroit pû rejetter sur luy ou sur M Mydorge la cause de sa disgrace, il assura ce pére que pas un de ceux qui luy avoient écrit en faveur de Ferrier, ne l'avoit mêlé dans les plaintes de cét homme. Il ne prit point la liberté d'écrire à M Gassendi, dont M Reneri luy avoit communiqué la lettre : mais il chargea le P Mersenne de le voir de sa part, de luy faire ses civilitez, et de le bien justifier auprés de luy. Pour les autres lettres qu'il écrivit à ce sujet, elles se sont presque toutes perduës : et l'on n'a encore rendu publiques que celle qu'il addressoit au P De Gondren, et celle qui étoit pour le Sieur Ferrier. Il témoignoit au P De Gondren qu'il auroit souhaité qu'il lui eût ordonné quelque chose de plus difficile que de vouloir du bien au Sieur Ferrier, pour pouvoir luy donner des preuves encore plus grandes de son obéissance, et de sa vénération. Qu'il étoit fort éloigné de vouloir du mal au Sieur Ferrier ; mais qu'il s'estimeroit heureux de pouvoir seulement s'éxempter de ses plaintes. On ne peut sans cruauté, dit-il, vouloir du mal à une personne si affligée ; et pour ses plaintes, je les excuse de même que s'il avoit la goute, ou que son corps fût tout couvert de blessures. On ne sçauroit toucher si peu à des gens qui sont en cét état, qu'ils ne crient, et qu'ils ne disent souvent des injures aux meilleurs de leurs amis, et à ceux qui s'efforcent le plus de remédier à leurs maux.

J'eusses été fort aise d'apporter quelque soulagement aux siens : mais parce que je ne m'en juge point capable, il m'obligeroit beaucoup de me laisser en repos, et de ne m'accuser pas des maux qu'il se fait à luy même. Je luy ay pourtant obligation de s'être addressé particuliérement à vous pour se plaindre : et je m'estime heureux que vous daignez prendre connoissance du différent qu'il prétend avoir avec moi.

Je ne prétens pas vous ennuier en plaidant icy ma cause : ma is j'ai prié le Pére Mersenne, qui sçait parfaitement toute cette affaire, de vouloir vous en instruire. Je me contente de vous dire que le Sieur Ferrier n'est fâché que de ce que j'ai vû plus clair qu'il ne souhaitoit. Il sçait fort bien dans sa conscience que je n'ai rien appris qui le touchât que de lui-même. S'il veut faire croire que l'on m'ait fait de lui quelques faux rapports, ce n'est que pour avoir plus de prétexte de se plaindre et de s'excuser. Mais il s'est trompé lorsqu'il a crû me desobliger beaucoup dans une chose qui m'étoit indifférente. Si vous trouvez que j'aye tort, vous m'obligerez extrémement de ne me point flater : et je ne manquerai pas d'obéïr exactement à tout ce que vous ordonnerez.

La lettre que M Descartes écrivit au Sieur Ferrier sur le même sujet, fit voir qu'il ne s'étoit point dépoüillé des sentimens de l'affection qu'il avoit euë pour lui. Il se contenta de lui remettre devant les yeux, mais avec sa douceur et sa bonté ordinaire, une partie des sujets qu'il lui avoit donnez de n'être pas satisfait de lui, en lui offrant néanmoins ses services comme auparavant. Voici les termes ausquels il voulut bien s'excuser auprés de lui. Je vous assure, monsieur, que je n'ay point eu dessein de vous faire aucun déplaisir, et que je suis aussi prêt que jamais de m'employer pour vous en tout ce qui sera de mon pouvoir.

J'ai discontinué de vous écrire, parce que j'ay vû par expérience que mes lettres vous étoient dommageables, et vous donnoient occasion de perdre le têms. J'ai mandé à un de mes amis ce que je reconnoissois de vôtre humeur, parce que sçachant que vous aviez accoûtumé de vous plaindre de tous ceux qui avoient tâché de vous obliger, j'étois bien-aise, si vous veniez quelque jour à vous plaindre de moy, qu'une personne de son mérite et de sa condition pût rendre témoignage de la vérité. Je l'ai aussi averti de ce que vous m'aviez écrit de lui, et lui ai fait voir vôtre lettre. Car étant témoin des obligations que je lui ai ; et sçachant trés-certainement que vous ne le blâmiez que pour me prévenir, et m'empêcher de croire les véritez qu'il me pourroit dire à vôtre desavantage quoiqu'il ne m'en ait jamais rien appris, j'aurois crû commettre un grand crime, et me rendre complice de vôtre peu de reconnoissance, si je ne l'en eusse averti. Mais puisque je tiens la plume, il faut une bonne fois que je tâche de me débarasser de toutes vos plaintes, et de vous rendre conte de toutes mes actions. Si j'avois connu vôtre humeur et vos affaires dés le commencement, je ne vous aurois jamais conseillé de travailler à ce que j'avois pensé touchant les réfractions. Mais vous sçavez qu'à peine vous avois-je vû une fois ou deux, quand vous vous y offrîtes de vous-même. Le desir que j'avois d'en voir l'éxécution m'empêcha de m'enquérir plus diligemment si vous en pourriez venir à bout ; et je ne fis point difficulté de vous communiquer ce que j'en sçavois. Car je jugeois bien que c'étoit un ouvrage qui demandoit beaucoup de peine et de dépense.

Souvenez-vous, s'il vous plaît, que je vous dis alors distinctement que l'éxécution en seroit difficile, et que je vous assurois bien de la vérité de la chose, mais que je ne sçavois pas si elle se pouvoit réduire en pratique, et que c'étoit à vous d'en juger et d'en chercher les inventions. C'est ce que je vous disois expressément, afin que si vous y perdiez du têms, comme vous avez fait, vous ne m'en pussiez attribuer la faute, ni vous plaindre de moi. Ayant connu depuis les difficultez qui vous avoient arrêté, et étant touché du têms que vous y aviez inutilement employé, j'ai pour l'amour de vous abaissé ma pensée jusques aux moindres inventions des méchaniques : et lorsque j'ai cru en avoir trouvé suffisamment pour faire que la chose pût réüssir, je vous ai convié de venir ici pour y travailler. Pour vous en faciliter davantage les moyens, je me suis offert d'en faire toute la dépense, aux conditions que vous en auriez tout le profit, s'il s'en pouvoit retirer. Je ne vois pas encore que vous puissiez vous plaindre de moi jusques-là. Lorsque vous m'eûtes mandé que vous ne pouviez venir ici, je ne vous conviai plus d'y travailler : au contraire, je vous conseillai expressément de vous employer aux choses qui pouvoient vous apporter du profit présent, sans vous repaître de vaines espérances. Ensuite je jugeai par vos lettres que ce que je vous avois écrit de venir ici vous avoit diverti de vos autres ouvrages.

Vous feignîtes de vous préparer pour ce voyage, lorsque la chose vous étoit devenuë impossible, et que je n'étois plus en état de vous recevoir auprés de moi. De sorte que pour vous empêcher de traîner deux ou trois ans suivant vôtre humeur dans cette vaine espérance, et pour qu'au bout du conte, voyant que je n'aurois plus été disposé à vous recevoir, vous ne vous plaignissiez pas de ce que vous vous y seriez préparé ; je vous mandai que vous ne vous y attendissiez plus, d'autant que je serois peut être sur le point de m'en retourner, avant que vous fussiez prêt de venir. Pour vous en ôter le desir, je vous écrivis une partie de ce que j'avois pensé, et je m'offris de vous aider par lettres autant que j'en serois capable. Mais, si vous y avez pris garde, je vous avertissois par les mêmes lettres de ne vous point engager à y travailler, si vous n'aviez beaucoup de loisir et de commoditez pour cela ; et que la chose seroit longue et difficile. Je ne veux pas m'enquérir de ce que vous avez fait depuis. Car si vous avez plus estimé mes inventions que mon conseil, et que vous y ayez travaillé inutilement, ce n'est pas ma faute, puisque vous ne m'en avez pas averti. Vous avez été ensuite de cela sept ou huit mois sans m'écrire. Je ne veux ni vous en dire la cause, ni vous la demander.

Car comme vous ne la pouvez ignorer, je vous prie aussi de croire que je l'ai fort bien sçûë, quoique personne que vous ne me l'ait apprise. Toutefois je ne m'en suis jamais mis en colére comme vous vous l'imaginez. J'ai seulement eu pitié de voir que vous vous trompiez vous-même : et parce que mes lettres vous en avoient donné la matiére, je ne vous ai plus voulu écrire. Vous sçavez bien que si j'avois eu dessein de vous nuire, je l'aurois fait il y a plus de six mois ; et que si un petit mot qu'on a vu de mon écriture vous a fait recevoir du déplaisir, mes priéres et mes raisons jointes à l'assistance de mes amis n'eussent pas eu moins de pouvoir. Je vous assure de plus qu'il n'y a personne qui m'ait rien mandé à vôtre desavantage ; et que celui que vous blâmez de vous avoir prié que vous lui fissiez voir mes lettres, ne l'avoit pas fait par une vaine curiosité comme vous le dites : mais parce que je l'en avois tres-humblement supplié sans lui en dire la raison, et qu'en cela même il pensoit vous faire plaisir. Mais afin que vous ne preniez pas occasion de dire que j'aye des soupçons mal fondez, et que je me suis trompé dans mes jugemens, je vous prie de faire voir ces mêmes lettres que je vous avois écrites il y a quatorze ou quinze mois à ceux à qui vous avez donné la peine de m'écrire. Elles ne contiennent rien que je desire que vous teniez secret, comme vous le feignez : et si j'ai fait quelquefois difficulté de le dire à d'autres, ç'a été purement pour l'amour de vous. Mais vous sçavez bien que ceux à qui je vous prie de les montrer ne vous y feront point de tort : et aprés les avoir vuës, s'ils trouvent que j'aye manqué en quelque chose, et que j'aye eu de vous une autre opinion que je ne devois, je m'oblige de vous faire toutes les satisfactions qu'ils jugeront raisonnables.

M Descartes aprés avoir bien voulu descendre dans tout ce détail, pour se justifier contre les plaintes et la mauvaise humeur du Sieur Ferrier, qui avoit pensé le commettre si mal-à-propos avec ses amis, oublia de bon cœur les fautes que l'ingratitude avoit fait commettre à cet homme. Il le servit et l'assista de ses conseils et de son crédit comme auparavant. Il nous est resté parmi ses lettres des marques du commerce qu'il avoit encore avec lui neuf ou dix ans aprés : et nous avons les éloges qu'il fit encore depuis de son honnêteté, de sa reconnoissance, et de son habileté à des personnes ausquelles il le recommandoit pour lui rendre service.

Le P Mersenne dans le cours de ses voyages avoit mandé à M Descartes parmi les diverses nouvelles de littérature celle de l'impression d'un livre du Pére Gibieuf, qui étoit sorti depuis peu de la presse de Cottereau à Paris, et qui étoit écrit en latin sous le titre *de la liberté de Dieu et de la créature* . Il lui avoit rendu conte en même-têms des choses principales, qui étoient contenuës dans le livre. L'importance des matiéres et la considération de l'auteur excitérent dans M Descartes le desir d'avoir incessamment ce livre.

Mais en attendant que les libraires d'Amsterdam en fussent pourvûs, il récrivit au Pére Mersenne en ces termes. Si vous voyez le Pére Gibieuf, vous m'obligerez extrémement de lui témoigner combien je l'estime, lui et le Pére De Gondren, et combien je vous ai témoigné que j'approuvois et suivois les opinions que vous m'avez dit être dans son livre. Vous lui direz que je n'ai encore osé lui écrire, parce que je suis honteux de ne l'avoir encore pû recouvrer pour le lire, n'en ayant eu des nouvelles que depuis que vous avez été hors de Paris. Je ne serai pas fâché qu'il sçache aussi plus particuliérement que mes autres amis, que j'étudie à quelque autre chose qu'à l'art de tirer des armes. Pour les autres, vous m'avez obligé de leur parler comme vous avez fait, (en leur ôtant la pensée que j'aye aucun dessein de jamais rien faire imprimer de ma vie, et que je veüille étudier dans d'autres vuës que celle de mon instruction particuliére).

Le Pére Gibieuf n'avoit pas oublié M Descartes dans la distribution des présens qu'il vouloit faire de son livre à ses amis. Mais la commodité de lui faire tenir l'exemplaire qu'il lui avoit destiné, lui avoit toûjours manqué pendant tout le têms de l'absence du Pére Mersenne, qui étoit le seul en France qui sçût le lieu de la demeure de M Descartes. Ce pére ne manqua point de le lui envoyer à son retour avec d'autres livres, et ce qu'il avoit pû ramasser de nouveautez ou curiositez du têms selon sa coûtume. M Descartes reçût le paquet vers la fin de l'année ; et il répondit à ce pére vers le mois de février de l'année suivante, pour le remercier et lui dire sa pensée en ces termes. Je n'ai encore lû que fort peu du livre du Pére Gibieuf : mais j'estime beaucoup ce que j'en ai vû, et je souscris tout-à-fait à son opinion. M Reneri m'a prié de le lui prêter, ce qui m'a empêché de le lire tout entier. D'ailleurs, comme j'ai maintenant l'esprit rempli d'autres pensées, j'ai crû que je ne serois pas capable de bien entendre cette matiére, qui est à mon avis l'une des plus hautes et des plus difficiles de la métaphysique. Si vous voyez le P Gibieuf, je vous prie de ne lui point témoigner que j'aye encore reçu son livre. Car mon devoir seroit de lui écrire dés maintenant pour l'en remercier. Mais je serai bien-aise de différer encore deux ou trois mois, afin de lui apprendre par le même moyen des nouvelles de ce que je fais.

Nous avons perdu la lettre que M Descartes écrivit au P Gibieuf, pour lui rendre conte du fruit qu'il tira de la lecture de son livre : mais nous apprenons par ce qu'il en a mandé dans les occasions au P Mersenne, qu'il approuvoit beaucoup cet ouvrage ; qu'il étoit entiérement d'accord avec son auteur sur le libre arbitre ; et qu'il s'est étudié dans la suite à expliquer l'indifférence de Dieu et de l'homme, et les autres matiéres concernant la volonté et la liberté, de la même maniére que cet auteur. Lorsqu'on lui fit des objections dix ans aprés sur l'endroit de ses méditations où il parle de cette matiére, il ne crut pas devoir trop s'embarasser d'y répondre, jugeant que c'étoit plûtôt la cause du P Gibieuf que la sienne, ou du moins qu'il auroit en lui un habile avocat. Quant à ce que j'ai écrit, dit-il, que l'indifférence est plûtôt un défaut qu'une perfection de la liberté en nous, il ne s'ensuit pas delà qu'il en soit de même en Dieu. Et toutefois je ne sçache point qu'il soit de foy de croire qu'il est indifférent ; et je me promets que le Pére Gibieuf défendra bien ma cause en ce point. Car je n'ai rien écrit qui ne s'accorde avec ce qu'il a mis dans son livre *de la liberté de Dieu et de la créature* .

Le livre du P Gibieuf fit dans sa naissance beaucoup d'éclat parmi les sçavans, sur tout parmi ceux qui se mêloient de théologie. Un religieux de l'ordre des augustins nommé A Riviere, prêta son nom à un théologien célébre qui demeuroit à Lyon pour l'éxaminer. Ce théologien ne fut pas tout-à-fait du goût de M Descartes dans le jugement qu'il en fit.

Car ayant publié dés la même année un livre contre les calvinistes sur la liberté de l'homme et la grace de Jésus-Christ, sous le titre de (…), il parut avoir voulu donner au calvinisme des bornes plus étenduës qu'il n'avoit euës jusqu'alors, et y renfermer divers catholiques romains, dont les principaux étoient Bannés ou Bagnez dominicain espagnol, Estius chancelier de l'université de Doüay, et particuliérement le P Gibieuf. Mais ce prétendu Riviére ne réüssit pas à décrier la doctrine de ces auteurs ; et il eut la confusion de se voir luy même condamné à Rome, où son livre fut mis à *l'index* , et censuré dans un decret de la sacrée congrégation donné le Xix jour de Mars de l'an 1633.

La réputation que M Descartes s'étoit faite en France sur les mathématiques donnoit beaucoup d'éxercice au P Mersenne. Les particuliers sçachant qu'il n'y avoit point d'autre voye de communication que le canal de ce pére pour envoyer leurs consultations à M Descartes, et pour en recevoir les réponses, alloient en foule à son couvent lui porter leurs questions, et retournoient y prendre les solutions et les éclaircissemens de M Descartes. Ce concours donnoit à ce pére une occupation dont il avoit la bonté de ne jamais se plaindre : et non content d'exhorter M Descartes à répondre à toutes les questions qui luy étoient proposées dans les paquets qu'il luy envoyoit, il le provoquoit encore à luy envoyer de son côté des problêmes à proposer aux autres, dont il se chargeoit de lui renvoyer les solutions. M Descartes qui n'avoit peut-être pas la patience du P Mersenne, le fit souvenir qu'il avoit renoncé à l'étude des mathématiques depuis plusieurs années ; et qu'il tachoit de ne plus perdre son têms à des opérations stériles de géométrie et d'arithmétique, dont la fin n'aboutissoit à rien d'important. Il lui fit connoître qu'il n'étoit plus dans le dessein de proposer aucun probléme aux autres, et qu'il croyoit beaucoup prendre sur luy même que de se reduire dorênavant à ne résoudre que les problémes des autres, dont il se trouvoit déja fort fatigué.

Dans l'année même que M Descartes envoyoit au P Mersenne pour la derniére fois des problémes de sa façon, qu'il avoit trouvez longtêms auparavant sans autre secours que celui de la géométrie simple, c'est-à-dire, de la régle et du compas, le public perdit l'un des prémiers mathématiciens de ce siécle en la personne de Jean Képler, qui mourut au mois de novembre. Il étoit né à Weyl en Soüabe dans le duché de Wirtemberg le 27 jour de Décembre de l'an 1571, et il s'étoit fait connoître dés l'an 1595 par des ouvrages qui lui avoient attiré l'estime de Galilée et de Tyco Brahé. Il avoit particuliérement cultivé l'astronomie et l'optique : et quoi qu'il ait laissé aprés lui beaucoup de choses à découvrir ou à perfectionner, il faut avoüer néanmoins que la lecture de ses écrits n'avoit pas été inutile à M Descartes. Il avoit été professeur des mathématiques à Graecz en Styrie depuis l'an 1594, jusqu'à ce qu'en 1600 il alla demeurer en Bohéme avec Tyco Brahé ; et il fut fait mathématicien de l'empereur, à condition néanmoins qu'il ne quitteroit pas Tyco, et qu'il travailleroit sous luy. Le soin de ses appointemens l'ayant fait aller à la diéte de Ratisbonne qui se tenoit en 1630, il fut attaqué dans cette ville d'une maladie, qui l'emporta au commençement de novembre, aprés 58 ans dix mois et quelques jours de vie.

Dans ce même têms M Le Comte De Marcheville nommé par le roy pour être son ambassadeur à la porte, songeoit aux préparatifs de son voyage pour se mettre en état de partir à la fin de l'hyver. Ce comte qui n'avoit pas moins de générosité pour avancer les sciences songeoit à rendre son ambassade remarquable, sur tout par le nombre et le mérite des sçavans qu'il prétendoit mener à Constantinople et dans le levant.

M Gassendi étoit retenu pour faire le voyage, et il en avoit déja écrit à ses amis d'Allemagne et des Pays-Bas, pour leur offrir ses services dans tous les lieux où il devoit aller. Le Sieur Jean Jacques Bouchard parisien demeurant à Rome, le Sieur Holstein ou Holstenius de Hambourg chanoine du vatican, et quelques autres sçavans d'Italie se préparoient pour se joindre à l'ambassade. M De Chasteüil et le Pére Théophile Minuti minime devoient se trouver incessamment chez M De Peiresc à Beaugensier pour y attendre l'ambassadeur : et l'on ne parloit de rien moins que d'enlever à l'orient tous ses manuscrits et ses autres raretez concernant l'avancement des sciences. Le Comte De Marcheville fit pier M Descartes de vouloir bien honorer l'ambassade de sa compagnie, et le Sieur Ferrier qui cherchoit toutes les occasions de se remettre en commerce avec M Descartes se fit charger de la commission de lui en écrire. M Descartes fut extrémement surpris de la proposition de M De Marcheville, parce qu'il ne croyoit pas être connu de luy, et qu'ils n'avoient rélation ensemble par aucun endroit. C'est ce qui lui rendit suspecte la fidélité du Sieur Ferrier, et qui l'obligea d'en récrire au P Mersenne en ces termes. Il y a huit jours que j'ay reçû du Sieur F une lettre, par laquelle il me convie comme de la part de M De Marcheville à faire le voyage de Constantinople. Je me suis mocqué de cela : car outre que je suis maintenant fort éloigné du dessein de voiager, j'ay crû plûtôt que c'étoit une feinte de mon homme pour m'obliger à luy répondre, que de m'imaginer que M De Marcheville, de qui je n'ay point du tout l'honneur d'être connu, luy en eût donné charge, comme il me le mande. Néanmoins, si par hazard cela étoit vray, ce que vous pourrez sçavoir sans doute de M Gassendi qui doit faire le voyage avec luy ; je seray bien aise qu'il sçache que je me ressens extrémement obligé à le servir pour les offres honnêtes qu'il me fait, et que j'eusse cheri une telle occasion il y a quatre ou cinq ans, comme l'une des meilleures fortunes qui eussent pu m'arriver. Mais je suis maintenant occupé à des desseins qui ne me la peuvent permettre : et M Gassendi m'obligeroit extrémement, s'il vouloit prendre la peine de luy dire cela de ma part, et de luy témoigner que je suis son trés-humble serviteur. Pour le Sieur Ferrier, comme ce n'est pas un homme sur les lettres de qui je me voulusses assurer pour prendre quelque résolution, aussi n'ay-je pas crû devoir lui faire réponse. Je seray bien-aise que vous fassiez voir à M Gassendi ce que je vous écris sur ce sujet, et que vous l'assuriez que je l'estime et l'honnore extrémement. Je lui aurois écrit particuliérement pour cela, si j'eusse pensé que ce qu'on me mandoit fût véritable. Au reste je seray bien-aise qu'on sçache que je ne suis pas, graces à dieu, en condition de voyager, pour chercher fortune ; et que je suis assez content de celle que je posséde, pour ne me mettre pas en peine d'en avoir une autre : mais que si je voyage quelquefois, c'est seulement pour apprendre, et pour contenter ma curiosité.

M Descartes ne fut pas le seul qui manqua au voyage de Constantinople. M Gassendi malgré toute l'envie qu'il en témoignoit ne put en être. Bouchard et Holstenius avec toute leur diligence ne purent tenir leurs affaires prêtes pour le têms du départ, quoique M De Marcheville eût été obligé de le différer jusqu'au 20 jour de Juillet 1631. Il n'y eut de tant de sçavans que M De Chasteüil qui s'embarqua à Marseille avec m. L'ambassadeur. Ce n'étoit pas dans le dessein de rechercher des manuscrits ni de faire des observations physiques que M De Chasteüil entreprenoit ce voyage. Mais il avoit engagé à sa compagnie le P Minuti, qui quelque têms auparavant avoit rapporté du levant à M De Peiresc, un beau manuscrit du pentateuque samaritain sur lequel M De Chasteüil avoit fait de sçavantes notes, et qui étoit encore chargé par le même M De Peiresc de rechercher et d'acheter ce qu'il pourroit trouver de manuscrits de langues orientales, comme avoit fait Golius.

M De Chasteüil surnommé le solitaire du mont Liban, étoit un gentil-homme de la ville d'Aix En Provence, plus âgé que M Descartes d'un peu plus de sept ans et demi. Il s'étoit fait remarquer dés sa prémiére jeunesse par la pratique des vertus chrétiennes, et par l'éxercice de ses études dans les sçiences humaines, et particuliérement dans les mathématiques et les langues orientales. Il avoit renoncé ensuite aux mathématiques, et sur tout à l'astrologie, pour se réduire à l'unique étude de l'ecriture sainte selon le sens littéral.

Cette étude acheva de le dégouter de la compagnie des personnes du monde, et augmenta beaucoup l'amour de la solitude, que l'application aux mathématiques lui avoit donné. Elle lui inspira même le desir d'abandonner ses parens et son propre pays, pour se retirer dans des lieux où il ne pût être connu ni fréquenté des personnes de sa connoissance. Il crut que le mont Liban pourroit lui fournir la retraitte la plus avantageuse qu'il eût sçû trouver pour ses fins, tant parce que les maronites qui y habitent sont des peuples catholiques, soumis au s. Siége, vivans dans la misére et la pauvreté, que parce qu'il espéroit trouver dans les monastéres de ses deserts des religieux assez intelligens dans les langues orientales, pour lui lever les difficultez de l'ecriture sainte, que les sçavans de l' occident ne pouvoient résoudre. Dans cette résolution il suivit l'ambassadeur de France jusqu'à Constantinople, d'où aprés diverses conférences qu'il eut avec les juifs sur le texte de l'ecriture, il passa au mont Liban l'année suivante. Il y demeura jusqu'à la mort dans les éxercices d'une vie austère et pénitente, et se sanctifia dans une solitude exquise, qui ne put être altérée, ni par les sollicitations du monde, ni par les mouvemens intérieurs de ses passions, ni par les pratiques de l'ennemi de nôtre salut.

La solitude de Monsieur Descartes n'étoit point de la même nature : et il ne nous appartient pas de vouloir pénétrer dans les desseins de Dieu, qui fait toujours reconnoître la sagesse de sa providence dans la diversité des routes par lesquelles il conduit les hommes à leur fin. Il semble qu'elle ait été interrompuë cette même année par le voyage d'Angleterre, qu'il n'avoit pû faire l'année précédente selon les prémiéres mesures qu'il en avoit prises.

Nous avons vû qu'il s'étoit préparé à ce voyage dés le mois de mars de l'an 1630 dans le dessein de s'embarquer au mois d'avril suivant. Les difficultez qui lui survinrent alors le conduisirent jusqu'au mois de décembre, où il fit connoître qu'il n'en avoit pas encore perdu le dessein : et il est trés-probable qu'il attendit à l'éxécuter dans le printêms ou dans l'eté de l'année suivante. L'incertitude du têms auquel il faudroit placer ce voyage n'est pas une raison suffisante pour nous porter à nier qu'il l'ait fait.

La maniére dont il parla neuf ans aprés de la ville de Londres, et de quelques observations qu'il sembloit avoir faites dans le voisinage de cette ville, ne nous permet presque pas de le révoquer en doute. Voici comme il s'en expliqua pour lors au P Mersenne, qui lui avoit envoyé l'observation des déclinaisons de l'ayman qui varient en Angleterre, par une lettre du quatriéme jour de mars de l'an 1640. Comme je ne crois pas, dit-il, que les déclinaisons de l'ayman viennent d'ailleurs que des inégalitez de la terre, aussi ne crois-je point que la variation de ces déclinaisons ait une autre cause que les altérations qui se font dans la masse de la terre ; soit que la mer gagne d'un côté et perde de l'autre, comme on void à l'œil qu'elle fait dans ce pays ; soit qu'il s'engendre d'un côté des mines de fer, ou qu'on en épuise de l'autre ; soit seulement qu'on ait transporté quelque quantité de fer, ou de brique, ou d'argile d'un côté de la ville de Londres vers l'autre. Car je me souviens que voulant voir l'heure à un quadran où il y avoit une aiguille frottée d'ayman, étant aux champs proche d'une maison qui avoit de grandes grilles de fer aux fenêtres, j'ai trouvé beaucoup de variation dans l'aiguille, en m'éloignant même à plus de cent pas de cette maison, et passant de sa partie orientale vers l'occidentale, pour en mieux remarquer la différence. Pour le ciel, il n'est pas croyable qu'il y soit arrivé assez de changement en si peu d'années, pour causer cette variation : car les astronomes l'auroient aisément remarquée.

Mr Descartes joüissoit au milieu de la Hollande de tous les avantages d'une parfaite solitude et depuis que, malgré les promesses qu'il avoit faites à ses amis avant que de sortir de France, il s'étoit défait de la résolution de faire jamais rien imprimer, et d'acquérir de la réputation, il ne paroissoit plus rien qui fût capable de troubler la tranquillité d'esprit avec laquelle il cultivoit sa nouvelle philosophie.

Le Sieur De Chandoux, dont nous avons eu occasion de parler ailleurs, ne fit pas un usage si innocent de la sienne. L'ostentation avec laquelle nous avons vû qu'il produisoit ses nouveautez, ne se termina qu'à des fumées ; et l'événement de sa fortune ne servit pas peu pour justifier le jugement que M Descartes avoit fait de sa philosophie. Chandoux depuis la fameuse journée où il avoit discouru avec tant d'éclat devant le Cardinal De Berulle, le nonce de Bagné, et plusieurs sçavans, s'étoit jetté dans les éxercices de la chymie, mais d'une chymie qui par l'altération et la falsification des métaux tendoit à mettre le desordre dans le commerce de la vie. La France étoit alors remplie de gens qui avoient voulu profiter des troubles du royaume, pour ruiner la police des loix qui regardoient la fabrique et l'usage des monnoyes ; et l'impunité y avoit introduit une licence qui alloit à la ruine de l'etat. Le Roy Loüis Xiii pour la réprimer fut obligé d'établir dans l'arsenal à Paris une chambre souveraine qui fut appellée *chambre de justice* , par des lettres patentes données à S Germain le 14 de Juin 1631.

Chandoux y fut accusé et convaincu d'avoir fait de la fausse monnoye avec plusieurs autres, et il fut condamné à être pendu en Gréve.

M Descartes quoique trés-sensible aux biens et aux maux de sa patrie, ne sçavoit de ses mouvemens et de ses troubles que ce que ses amis vouloient bien lui en mander. Mais rarement l'entretenoient-ils des affaires publiques. Les uns ne songeoient qu'à lui proposer des problêmes de mathématiques, et lui parler d'observations physiques. Les autres ne se soucioient que de le féliciter du bonheur de sa solitude, et de lui témoigner la jalousie qu'ils en avoient. M De Balzac fut du nombre de ces derniers. Il étoit revenu à Paris vers le carême, aprés une retraite de dix-huit mois qu'il avoit faite à sa terre de Balzac prés d'Engoulême : et M Descartes avoit toûjours différé de lui récrire, dans la pensée qu'il seroit incessamment de retour à la ville ou à la cour, comme il le lui avoit fait espérer. Ayant appris son retour à Paris par le moyen du Pére Mersenne, il lui fit sçavoir de ses nouvelles : et pour montrer qu'il n'ignoroit pas l'art du compliment auprés d'un ami qui en étoit un grand maître, il lui demanda sa part du têms qu'il avoit résolu de perdre à l'entretien de ceux qui devoient l'aller visiter dans Paris, et il lui fit accroire que depuis deux ans qu'il étoit sorti de cette ville, il n'avoit pas été tenté une seule fois d'y retourner, sinon depuis qu'on lui avoit mandé qu'il y étoit. M De Balzac sçut bien enchérir sur ce compliment. Il lui récrivit le 25 d'Avril 1631, et lui manda qu'il ne vivoit plus que de l'espérance de l'aller voir à

Amsterdam, *et d'embrasser cette chere tête si pleine de raison et d'intelligence* . Il alla même jusqu'à lui faire espérer de choisir pour l'amour de lui le lieu de sa demeure en Hollande, et de vivre avec lui dans une même solitude. Ne pensez pas, lui dit-il, que je vous fasse cette proposition au hazard. Je parle fort sérieusement : et pour peu que vous demeuriez au lieu où vous êtes, je suis Hollandois aussi bien que vous ; et messieurs les etats n'auront pas un meilleur citoyen que moy, et qui ait plus de passion pour la liberté. Quoi que j'aime extrémement le ciel d'Italie, et la terre qui porte les orangers, vôtre vertu seroit capable de m'attirer sur les bords de la mer glaciale et jusqu'au fonds du septentrion. Il y a trois ans que mon imagination vous cherche, et que je meurs d'envie de me réünir à vous, afin de ne m'en séparer jamais.

Etc.

Il faut avoüer que M De Balzac ne parloit presque à ses amis que par figures, particuliérement dans ses lettres ; et M Descartes qui le connoissoit depuis long-têms par ses conversations et par ses écrits, ne pouvoit pas n'étre pas accoûtumé à ses hyperboles. Mais aprés la protestation qu'il lui avoit faite en cette rencontre de lui parler *fort sérieusement* , il est à croire qu'il y a eu d'autres obstacles que sa volonté, qui se sont opposez à l'éxécution de son dessein. M De Ville-Bressieux médecin de Grenoble, vint plus facilement à bout de ceux qui l'auroient pû empêcher d'aller trouver M Descartes. Son éloignement n'avoit servi qu'à augmenter la passion qu'il avoit conçüë pour sa philosophie, sur tout aprés l'avoir entendu raisonner dans l'assemblée qui s'étoit tenuë au sujet du Sieur De Chandoux. Depuis ce têms là il n'avoit pas cessé de se considérer comme son disciple : et sa présence fut d'autant plus agréable en Hollande à M Descartes, qu'il connoissoit en lui avec une grande facilité d'esprit beaucoup de génie pour les méchaniques, et beaucoup d'inclination pour la chymie.

Il demeura d'abord avec luy pendant l'espace de quelques années, et il voulut être le compagnon de ses voyages, de ses études, et de ses expériences. Il s'en retourna ensuite en France, et les avantages qu'il avoit reçûs auprés de M Descartes le firent re venir prés de lui au bout de quelques années, jusqu'au prémier voyage que M Descartes fit en France, où il le laissa lors qu'il reprit la route de Hollande.

Depuis long-têms l'on n'avoit vû une année plus funeste que celle de 1632, pour le grand nombre de princes, de seigneurs, de généraux d'armées, et d'hommes célébres qui moururent en différentes postures.

Mais nous n'en connoissons aucun qui eût la moindre relation avec M Descartes, si l'on n'en excepte deux princes, avec les filles desquels la providence lui destinoit des habitudes pour la philosophie, et sur tout pour la connoissance du souverain bien, et celle de la nature. Le prémier de ces princes étoit le roy de Suéde, qui fut tué à la journée de Lutzen, dans le combat qu'il avoit donné aux impériaux le seiziéme jour de novembre. Sa fille unique et son héritiére Christine n'étoit pour lors âgée que de six ans. L'autre étoit l'infortuné comte palatin du Rhin roy de Bohéme pére de l'illustre philosophe et Princesse Elizabeth. Sa mort suivit d'assez prés celle du roy de Suéde. Il étoit aux termes de rentrer dans la possession de ses etats, lors qu'il fut arrété dans Mayence par la contagion dont il fut frappé. On étoit venu néanmoins à bout d'expulser le venin, et il s'étoit mis en état de relever. Mais la nouvelle de la mort du roy de Suéde le toucha et l'abatit tellement, qu'elle le fit retomber, et le mit au tombeau le vingt-neuviéme jour de novembre étant de deux ans moins âgé que le roy de Suéde.

M Descartes étoit alors dans une suspension d'étude qui luy dura le reste de l'année, et qui le tint éloigné de ses livres et de ses papiers pendant prés de quatre mois. Pour s'y remettre il jugea à propos de changer de demeure vers le printêms de l'année suivante, et il choisit la ville de Déventer en Over-Issel, peut-être parce que M Reneri lui en avoit vanté le séjour. Cét homme avoit quitté quelque têms auparavant le préceptorat qu'il avoit à Leyde, et il étoit allé depuis peu s'établir à Déventer, où il avoit été appellé pour y enseigner la philosophie. M Descartes manda cinq ou six jours aprés cette nouvelle au P Mersenne, comme une chose assez avantageuse à leur amy commun. Pour le mieux persuader de l'avantage de cette nouvelle condition, il luy dit que l'université ou collége de Déventer est une academie peu renommée à la vérité, mais où les professeurs ont plus de gages, et vivent plus commodément qu'à Leide ni à

Franecker, où M Reneri eût pû avoir place auparavant, s'il ne l'eût point refusée ou négligée.

M Descartes étant à Déventer se remit tout sérieusement à l'étude, et reprit le soin de continuer divers ouvrages qu'il avoit interrompus, et particuliérement sa dioptrique et son traitté du monde. Il s'appliqua tout de nouveau à la connoissance des choses célestes, afin de s'en acquiter avec encore plus d'exactitude : et il pria le P Mersenne de lui envoyer ce qu'on disoit que le P Scheiner faisoit imprimer touchant les parhélies qu'il avoit observées à Rome, au sujet dequoi cét auteur devoit traitter de divers autres phénoménes. Il est vray que ce pére travailloit actuellement à cét ouvrage : mais il apporta tant de delais à sa publication, qu'il le laissa encore manuscrit à sa mort, qui arriva cinq mois aprés celle de M Descartes.

Aprés quelques mois d'application particuliére aux observations astronomiques, il s'apperçut de la nécessité d'étudier à fonds la nature des cométes, et il écrivit au P Mersenne pour luy mander que s'il sçavoit quelque auteur qui eût particuliérement recuëilli les diverses observations qui avoient été faites des cométes jusqu'alors, il l'obligeroit de lui en donner avis. Car depuis deux ou trois mois, dit-il, je me suis engagé fort avant dans le ciel ; et aprés m'être satisfait touchant sa nature et celle des astres que nous y voyons, et plusieurs autres choses que je n'eusses pas seulement osé espérer il y a quelques années : je suis devenu si hardi, que j'ose maintenant chercher la cause de la situation de chaque étoile fixe. Car encore qu'elles paroissent fort irréguliérement éparses çà et là dans le ciel, je ne doute pourtant pas qu'il n'y ait entre-elles un ordre naturel qui est régulier et déterminé. La connoissance de cét ordre est la clef et le fondement de la plus haute et plus parfaite science que les hommes puissent avoir touchant les choses matérielles, d'autant que par son moyen on pourroit connoître *a priori* toutes les diverses formes et essences des corps terres tres ; au lieu que sans elle il nous faut contenter de les deviner *a posteriori* , et par leurs effets. Or je ne trouve rien qui me pût tant aider pour parvenir à la connoissance de cét ordre, que l'observation de plusieurs cométes. C'est pourquoi comme je n'ay point de livres, et que quand j'en aurois, je plaindrois le têms qu'il faudroit employer à les lire, je serois bien-aise d'en trouver qu'elqu'un, qui eût recuëilli tout ensemble ce que je ne sçaurois sans beaucoup de peine tirer des auteurs particuliers, dont chacun n'a écrit que d'une cométe ou deux seulement.

M Descartes prit occasion de cette sorte d'étude pour faire au Pére Mersenne le plan d'une histoire des apparences célestes telle qu'il la concevoit, sur ce que ce pére lui avoit mandé qu'il connoissoit des gens qui se plaisoient à travailler pour l'avancement des sciences, jusqu'à vouloir même faire toutes sortes d'expériences à leurs dépens. Si quelqu'un de cette humeur, dit-il, vouloit entreprendre d'écrire l'histoire des apparences célestes selon la méthode de Verulamius, et que sans y mettre aucunes raisons ni hypothéses il nous décrivît exactement le ciel tel qu'il paroît maintenant ; quelle situation a chaque étoile fixe au respect de ses voisines ; quelle différence, ou de grosseur, ou de couleur, ou de clarté, ou du plus et du moins étincelant, etc. De plus, si cela répond à ce que les anciens astronomes en ont écrit, et quelle différence il s'y trouve ; car je ne doute point que les étoiles ne changent toujours quelque peu de situation entre elles, quoi qu'on les estime fixes. Aprés cela, qu'il y ajoutât les observations des cométes, mettant une petite table du cours de chacune, comme Tycho Brahé à fait de trois ou quatre qu'il a observées ; et enfin les variations de l'écliptique, et des apogées des planétes : ce seroit un ouvrage qui seroit plus utile au public qu'il ne semble peut-être d'abord, et qui me soulageroit de beaucoup de peine. Mais je n'espére pas qu'on le fasse, comme je n'espére pas aussi de trouver ce que je cherche à présent touchant les astres. Je crois que c'est une science qui passe la portée de l'esprit humain : et toutefois je suis si peu sage que je ne sçaurois m'empêcher d'y réver, encore que je juge que cela ne servira qu'à me faire perdre du têms, comme il m'est déja arrivé depuis deux mois que je n'ay avancé de rien dans mon traitté *du monde* , que je ne laisserai pourtant pas d'achever avant le terme que je vous ay mandé.

Le terme que M Descartes s'étoit prescrit pour achever son traitté du monde, étoit le têms de pâques de l'an 1633 : et malgré la résolution qu'il avoit prise deux ou trois ans auparavant de ne rien mettre au jour, il s'étoit laissé aller aux instances du Pére Mersenne et de ses autres amis de Paris, à qui il faisoit espérer de le faire imprimer pour les étreines de l'an 1634. Mais le desir d'apprendre de plus en plus, et l'espérance de découvrir de jour en jour quelque chose de nouveau l'empêchérent de finir pour pâques : et il manda au P Mersenne, que s'il différoit à s'acquiter de sa dette, c'étoit avec intention de lui en payer l'intérêt. Ce qui le retarda fut la délibération de sçavoir s'il y décriroit la maniére dont se fait la génération des animaux. Il se résolut enfin de n'en rien faire, parce que cela le tiendroit trop long-têms. De sorte qu'ayant achevé tout ce qu'il avoit dessein d'y mettre touchant les corps inanimez, il ne lui restoit plus qu'à y ajoûter quelque chose touchant la nature de l'homme : aprés quoi il devoit le mettre au net, et l'envoyer au Pére Mersenne. Mais il voulut le laisser reposer pendant quelques mois, afin de pouvoir mieux connoître ses fautes, et d'y ajouter ce qui lui seroit échappé.

On peut dire que ce traitté qu'il appelloit *son monde* , parce que c'étoit l'idée d'un monde qu'il avoit imaginé sur celui où nous vivons, renfermoit toute sa physique en abrégé. Il avoit eu dessein d'y comprendre tout ce qu'il croioit sçavoir avant que de l'écrire touchant la nature des choses matérielles. Mais comme les peintres, ne pouvant également bien représenter dans un tableau de plate peinture toutes les diverses faces d'un corps solide, en choisissant une des principales qu'ils mettent seule vers le jour, et *ombrageant* les autres ne les font paroître qu'entant qu'on les peut voir en la regardant : de même craignant de ne pouvoir renfermer dans son discours tout ce qu'il avoit dans la pensée, il entreprit seulement d'y exposer au long ce qu'il concevoit de la lumiére. Puis à son occasion il avoit ajoûté quelque chose du soleil et des étoiles fixes, à cause qu'elle en procéde presque toute ; des cieux, à cause qu'ils la transmettent ; des planétes, des cométes, et de la terre, à cause qu'elles la font réfléchir ; et en particulier de tous les corps qui sont sur la terre, à cause qu'ils sont ou colorez, ou transparens, ou lumineux ; et enfin de l'homme, à cause qu'il en est le spectateur.

Pour *ombrager* même toutes ces choses, et pouvoir dire plus clairement ce qu'il en jugeoit sans être obligé de suivre ni de refuter les opinions qui sont reçûës parmi les doctes, il prit resolution de laisser ce monde-ci à leurs disputes, et de parler seulement de ce qui arriveroit dans un nouveau monde, si Dieu créoit dans les espaces imaginaires assez de matiére pour le composer. Il supposoit que Dieu voulût agiter diversement et sans ordre les diverses parties de cette matiére, de sorte qu'il en composât un chaos aussi confus que les poëtes en puissent feindre ; et qu'ensuite il ne fît autre chose que prêter son concours ordinaire à la nature, et la laisser agir suivant les loix qu'il a établies. Dans cette supposition il décrivit d'abord cette matiére : et pour la représenter d'une maniére plus claire et plus intelligible, il supposa expressément qu'il n'y avoit dans cette matiére aucune de ces formes ou qualitez dont on dispute dans les écoles, ni généralement aucune chose dont la connoissance ne fût si naturelle à nos ames, qu'on ne pût pas même feindre de l'ignorer.

Il fit voir qu'elles étoient les loix de la nature : et sans appuyer ses raisons sur aucun autre principe que sur les perfections infinies de Dieu, il tâcha de démontrer toutes celles dont on eût pû avoir quelque doute. Il montra ensuite comment la plus grande partie de la matiére de ce chaos devoit en conséquence de ces loix se disposer et s'arranger d'une certaine maniére qui la rendoit semblable à nos cieux : comment cependant quelques-unes de ses parties devoient composer une terre, et quelques-unes des planétes et des cométes, et quelques autres un soleil et des étoiles fixes. Aprés, il s'arrêta particuliérement sur le sujet de la lumiére, et il expliqua avec étenduë qu'elle étoit celle qui devoit se trouver dans le soleil et les étoiles. Il fit voir comment delà elle traversoit en un instant les espaces immenses des cieux, et comment elle se refléchissoit des planétes et des cométes vers la terre. Il y ajoûta aussi plusieurs choses touchant la substance, la situation, les mouvemens, et toutes les qualitez diverses de ces cieux et de ces astres, tâchant de faire connoître par tout, qu'il ne se remarque rien dans ceux de ce monde, qui ne dût, ou du moins qui ne pût paroître tout semblable dans ceux du monde qu'il décrivoit. Delà il vint à parler de la terre en particulier, faisant voir comment toutes ses parties ne laissoient pas de tendre exactement vers son centre, quoiqu'il eût expressément supposé que Dieu n'avoit mis aucune pesanteur dans la matiére dont elle étoit composée. Il expliqua comment cette terre ayant de l'eau et de l'air sur sa surface, la disposition des cieux et des astres, mais sur tout de la lune, y devoit causer un flux et reflux qui fût semblable en toutes ses circonstances à celui qui se remarque dans nos mers ; et outre cela, un certain cours tant de l'eau que de l'air du levant vers le couchant, tel qu'on le remarque aussi entre les tropiques. Comment les montagnes, les mers, les fontaines, et les riviéres pouvoient naturellement s'y former ; les métaux y venir dans les mines ; les plantes y croître dans les campagnes ; et généralement tous les corps mêlez ou composez s'y engendrer.

Mais parce qu'aprés les astres il ne connoissoit rien au monde que le feu qui produise de la lumiére, il s'appliqua particuliérement à nous faire entendre clairement tout ce qui regarde sa nature. Il voulut expliquer comment il se fait, comment il se nourrit, comment il a quelquefois de la chaleur sans lumiére, et quelquefois de la lumiére sans chaleur ; comment il peut introduire diverses couleurs en divers corps et avec plusieurs autres qualitez ; comment il en fond quelques-uns et en durcit d'autres ; comment il peut les consumer presque tous, ou les réduire en cendres et en fumée ; et comment de ces cendres il forme du verre par la seule violence de son action.

De la description des corps inanimez et des plantes, il voulut passer à celle des animaux, et particuliérement à celle des hommes. Mais il ne crut pas en avoir encore assez de connoissance pour en parler du même stile, c'est à dire, en démontrant les effets par les causes, et en faisant voir de quelles semences et en quelle maniére la nature les doit produire. Il se contenta de supposer que Dieu formât le corps d'un homme de cet autre monde entiérement semblable à l'un des nôtres, tant pour la figure extérieure de ses membres, que pour la conformation intérieure de ses organes. Selon ce principe, Dieu ne devoit point composer ce corps d'une autre matiére que de celle qu'il avoit décrite ; ni mettre en lui au commencement aucune ame raisonnable, ni aucune autre chose pour y servir d'ame végétante ou sensitive. Il devoit seulement exciter dans son cœur un de ces feux sans lumiére qu'il avoit déja expliquez, et qu'il ne concevoit point d'une autre nature que celui qui échauffe le foin, lorsqu'on l'a renfermé avant qu'il fût sec, ou qui fait boüillir le vin nouveau, lorsqu'on le laisse cuver sur la rape. Car examinant les fonctions que ce corps pouvoit avoir ensuite de cela, il y trouvoit exactement toutes celles qui sont en nous sans que nous y pensions, ni par conséquent que nôtre ame (dont la nature selon lui n'est que de penser) y contribuë. Ces fonctions n'étoient point différentes de celles qui font que les animaux sans raison nous ressemblent ; et il n'y en trouvoit encore aucune de celles qui étant dépendantes de la pensée sont les seules qui nous appartiennent entant qu'hommes : au lieu qu'il les y trouvoit toutes, aprés avoir supposé que Dieu créât une ame raisonnable, et qu'il la joignît à ce corps d'une certaine maniére dont il donnoit la description.

Il s'étendit particuliérement sur l'anatomie, pour la connoissance de laquelle il avoit fait depuis trois ans la dissection d'une infinité d'animaux de différentes espéces. Il s'étendit sur le mouvement du cœur et du sang : et afin que ceux qui ne connoissent pas la force des démonstrations mathématiques, et qui ne sont pas accoûtumez à distinguer les vrayes raisons des vrai-semblables ne pussent rien nier de ce qu'il avançoit sans l'examiner, il fit voir que ce mouvement qu'il expliquoit, suivoit aussi nécessairement de la seule disposition des organes du cœur, de la chaleur et de la nature du sang, que fait le mouvement d'une horloge, de la force, de la situation, et de la figure de ses contrepoids et de ses roüës. Il montra aussi la fabrique et les fonctions des muscles et des nerfs, d'où il prit occasion d'expliquer les changemens qui se font dans le cerveau pour causer la veille, le sommeil, et les songes ; pour recevoir les idées que la lumiére, les sons, les odeurs, les goûts, la chaleur, le froid, et toutes les autres qualitez des objets extérieurs y peuvent imprimer par l'entremise des sens ; et même celles que la faim, la soif, et les autres passions intérieures peuvent aussi y envoyer.

Il montra ce qui doit y être pris pour le sens commun où ces idées sont reçûës ; pour la mémoire qui les conserve ; et pour la fantaisie qui peut les changer diversement, et en composer de nouvelles. Quoique cette partie ne fût point la derniére de son traité du monde, selon la méthode qu'il lui avoit donnée, ce fut pourtant par elle qu'il en finit la composition, parce qu'il avoit été obligé d'anatomiser durant l'hiver de l'an 1633 un grand nombre de têtes d'animaux, pour découvrir certainement et expliquer en quoi consistent l'imagination et la mémoire. Par la distribution des esprits animaux dans les muscles, il montra ce qui fait mouvoir les membres de ce corps en autant de façons, et à propos d'autant d'objets qui se présentent à ses sens, et d'autant de passions intérieures qui sont en lui, que les nôtres se puissent mouvoir sans que la volonté les conduise. Ce qui l'engagea insensiblement à établir la différence qu'il trouvoit entre les automates ou machines mouvantes et le corps humain, entre les bêtes et l'homme.

Enfin il mit le comble à son traité par l'exposition de l'ame raisonnable. Il fit voir qu'elle ne peut être tirée de la puissance de la matiére comme les autres choses dont il avoit parlé, mais qu'elle doit être expressément créée : qu'il ne suffit pas qu'elle soit dans le corps humain comme un pilote sur son vaisseau, sinon peut-être pour en mouvoir les membres ; mais qu'elle doit être plus étroitement unie avec lui, pour avoir outre cela des sentimens et des appetits semblables aux nôtres, et composer ainsi un homme véritable. Ce sujet lui parut trop important pour ne le point traitter avec plus d'étenduë que les autres : et il crut devoir précautionner les esprits foibles ou ignorans contre la surprise de ceux qui prétendent que l'ame des bêtes est de même nature que la nôtre, et que par conséquent nous n'avons rien à espérer, ni rien à craindre aprés cette vie.

Mr Descartes aprés avoir laissé reposer le traitté de *son monde* pendant quelques mois, commençoit à le revoir pour l'envoyer ensuite au P Mersenne, et le mettre entre les mains des imprimeurs de Paris avec le privilége du roi, lorsqu'il apprit la nouvelle de l'accident qui étoit arrivé à Galilée.

Ce célébre mathématicien avoit secoüé depuis long-têms le joug de la crainte qui retient les italiens et les autres peuples soumis à l'inquisition dans la réserve et la contrainte à l'égard de leurs sentimens. Se croyant à couvert de toute attaque sous la protection du grand duc de Toscane, laquelle le suivoit par tout, il s'étoit presque toûjours mocqué de la précaution dont les autres étoient obligez d'user, et il s'étoit hazardé de publier son opinion du mouvement de la terre dans ses écrits avec la même liberté dont il avoit coûtume d'en parler dans ses entretiens. Dés l'an 1613 il avoit été dénoncé au saint office, pour avoir enseigné que le soleil est le centre du monde et immobile ; mais que la terre ne l'est pas, et qu'elle tourne d'un mouvement journalier. Les cardinaux députez de la congrégation de l'inquisition, avoient commis des théologiens et des docteurs pour examiner cette opinion qu'il avoit publiée, particuliérement dans son livre des *taches du soleil* , et dans quelques autres de ses écrits. Ces censeurs avoient trouvé cette opinion non seulement *absurde et fausse en philosophie* , mais encore *erronée en la foy* et l'on s'étoit

contenté pour cette fois de censurer l'opinion sans vouloir causer d'autre chagrin à son auteur, qui étoit en considération parmi plusieurs cardinaux et autres personnes de marques, et qui étoit particuliérement chéri et estimé du Pape Urbain Viii.

Quelque têms aprés on eut avis à Rome que Galilée continuoit de dogmatiser sur le mouvement de la terre : et dans la sacrée congrégation tenuë devant sa sainteté le Xxix jour de Février de l'an 1616, il fut ordonné que le Cardinal Bellarmin feroit venir ce philosophe chez lui, pour lui faire des remontrances en particulier, et pour le porter à se défaire volontairement de son opinion. Ce cardinal qui considéroit le mérite de Galilée ne crut pas devoir employer avec lui d'autres moyens que ceux de l'exhortation, et il avoit eu parole de lui pour tout ce que la sacrée congrégation en vouloit exiger.

Nonobstant ces bonnes dispositions le commissaire du saint office, assisté de notaire et de témoins, ne laissa pas de lui porter le commandement d'y renoncer dans les formes, avec défense de l'enseigner jamais ni en public ni en particulier. Galilée avoit promis d'obéïr, et avoit été renvoyé sans autre caution que sa parole. La congrégation assemblée le V du mois de mars suivant, avoit dressé un decret contre cette doctrine de la mobilité de la terre et de l'immobilité du soleil qu'elle attribuoit à Pythagore, et qu'elle tenoit fausse et contraire à l'ecriture sainte. Elle n'y avoit pas épargné le nom de Copernic, qui l'avoit renouvellée depuis le Cardinal De Cusa ; ni celui de Diegue De Zuniga qui l'avoit enseignée dans ses commentaires sur Job ; ni celui du Pére Foscarini carme italien, qui venoit de prouver dans une sçavante lettre addressée à son général, qu'elle n'étoit point contraire à l'ecriture. Mais elle avoit eu tant d'égards pour la personne de Galilée, qu'elle s'étoit abstenuë de le nommer parmi les autres, s'étant contentée de condamner généralement les autres livres qui renfermoient cette doctrine. Les mathématiciens des païs étrangers, qui ne croyoient pas que le tribunal de l'inquisition portât le caractére de l'infaillibilité, et qui n'en prenoient pas les juges pour de grands astrologues, parlérent de la conduite de cette congregation avec une liberté qui fit quelque honte à Galilée. Il eut de la peine de s'être engagé si solennellement à ne plus enseigner son opinion, sur tout depuis que la congrégation par un decret de l'an 1620 eût apporté de la modification à la censure des ouvrages de Copernic, et qu'elle eût permis de supposer le mouvement de la terre et de le défendre même par hypothése, pourvû qu'on n'en voulût pas faire une vérité indubitable. C'est pourquoi il prit occasion de ce nouveau decret pour feindre qu'il vouloit défendre l'honneur de sa nation, et faire voir que ses juges n'étoient pas si peu instruits dans l'astronomie, qu'on ne dût déférer à leur jugement aussi aveuglément qu'il avoit fait. Ce fut ce qui le porta, disoit-il, à composer ses dialogues du *systéme du monde* selon Ptolémée et Copernic, qu'il fit imprimer à Florence l'an 1632. Le public en leur donnant son approbation n'eut pas de peine à découvrir sa ruse : et l'on crut y trouver une apologie pour son opinion contre ses juges, plûtôt qu'une défense de ses juges contre son opinion, comme il sembloit l'avoir fait espérer. Messieurs de l'inquisition ne furent pas long-têms trompez : et ayant appris qu'il y enseignoit son opinion comme auparavant, ils le citérent tout de nouveau devant leur tribunal, le renfermérent dans les prisons de l'inquisition, et le firent accuser par le procureur fiscal du saint office. Nonobstant le decret modifié de l'an 1620, il fut déclaré suspect et atteint d'hérésie touchant le mouvement de la terre et le repos du soleil, pour avoir avancé qu'on pouvoit défendre comme probable une opinion qui avoit été déclarée contraire à l'ecriture. On lui signifia *qu'en conséquence il avoit encouru toutes les censures et les peines des sacrez canons, dont néanmoins on lui promit l'absolution, pourvû que d'un cœur sincére et d'une foi non feinte il abjurât et détestât devant ses juges les erreurs et hérésies susdites* .

Galilée se soumit à ce jugement, qui fut rendu le 22 de Juin 1633. Il abjura et détesta sa prétenduë erreur de bouche et par écrit, dans le couvent de la Minerve dés le même jour : et ayant promis à genoux la main sur les saints evangiles, qu'il ne diroit et ne feroit jamais rien de contraire à cette ordonnance, il fut remené aux prisons de l'inquisition. Son grand âge, joint à la considération du grand duc son protecteur et de ses autres patrons, ne permit pas qu'il y fut long-têms retenu. Il fut élargi, et renvoyé dés le mois de juillet. Néanmoins afin que sa faute ne demeurât point entiérement impunie, et qu'il pût servir d'exemple à ceux qui voudroient prendre de semblables libertez à l'avenir, il fut ordonné que ses dialogues seroient défendus par un decret public ; que l'auteur seroit arrêté et mis dans les prisons du saint office ; et que pour pénitence salutaire il diroit trois ans durant une fois la semaine les sept pseaumes pénitentiaux. Il fut de plus obligé de se retirer à la campagne dans une maison du territoire de Florence, d'où les inquisiteurs lui défendirent de sortir le reste de ses jours.

La nouvelle de cette avanture s'étant répanduë par le moyen de M Naudé qui étoit à Rome, et des autres sçavans du lieu qui en écrivirent à leurs amis, fit des impressions différentes selon la disposition des esprits. Les protestans d'Allemagne, de Hollande et d'Angleterre crurent pouvoir s'en divertir au préjudice de l'autorité de l'inquisition : mais les catholiques, et sur tout les mathématiciens de France en furent d'autant plus touchez, qu'ils appréhendoient qu'on ne rendît l'eglise catholique responsable des décisions des inquisiteurs sur les véritez naturelles.

Les plus sensibles à cet accident furent M Boüilliaud, qui l'avoit appris de M L'Huillier maître des comptes, et M Gassendi qui demeuroit alors en Provence. L'un et l'autre trompez sur un faux bruit de la prompte délivrance de Galilée, sans prétendre changer leur opinion qui étoit semblable à la sienne, firent ce qu'ils purent pour mettre à couvert l'honneur du saint siége, auquel ils étoient trés soumis. Mais le prémier ne put s'empêcher de faire voir que cette opinion n'a rien de contraire ni à l'ecriture ni aux définitions des conciles et des péres. Le second sembloit vouloir répondre de l'innocence de Galilée, et se rendre caution de sa foi : et dans l'incertitude où il étoit encore six mois aprés de sçavoir s'il étoit en liberté ou non, il lui écrivit une lettre de consolation le Xix de Janvier 1634 pour le fortifier contre tous les événemens de la fortune. On peut juger que M De Peiresc n'y fut pas plus insensible que les autres, aprés avoir fait éclater si hautement la joye qu'il avoit euë l'année précédente, lors qu'il vid paroître les dialogues de Galilée, et aprés avoir publiquement félicité nôtre siécle pour la connoissance du mouvement de la terre, à la faveur duquel Galilée et Gilbert avoient enfin appris au genre humain le flux et reflux de la mer, et les propriétez de l'ayman.

Mais il semble que personne n'ait paru plus surpris de cét accident que M Descartes, parce que personne n'avoit plus de vray respect et plus de soumission que luy pour le saint siége ; et que personne en même têms n'étoit peut-être plus persuadé que luy, que l'opinion du mouvement de la terre est la plus vray-semblable, et la plus commode sans préjudice à l'autorité de l'ecriture. Il ne sçavoit encore rien de cette aventure sur la fin d'octobre, lors que l'obligation de s'acquiter de la promesse qu'il avoit faite d'envoyer *son monde* au P Mersenne pour le jour de l'an, le fit songer à y mettre la derniére main. Il fut curieux pour cét effet de voir ce que Galilée auroit pû dire du mouvement de la terre dans son nouveau livre, et de confronter son opinion avec la sienne : et ayant écrit de Déventer où il demeuroit pour lors à ses amis de Leyde et d'Amsterdam pour faire chercher ce livre, ce fut par leurs réponses qu'il apprit la fortune du livre et la disgrace de l'auteur. Cét accident cause dans son esprit une révolution que le public auroit peine à croire, s'il en étoit informé par d'autres que lui même.

J'appréhende si fort le travail, dit-il au Pére Mersenne, que si je ne vous avois promis *il y a plus de trois ans* de vous envoyer mon traitté dans la fin de cette année, je ne crois pas que j'en pusses venir à bout de long-têms. Je veux faire au moins comme les mauvais payeurs, qui vont prier leurs créanciers de leur donner un peu de delay, lors qu'ils sentent approcher le terme de leur dette. En effet je m'étois proposé de vous envoyer *mon monde* pour ces étreines ; et il n'y a pas plus de quinze jours que j'étois encore tout résolu de vous en envoier au moins une partie, si le tout ne pouvoit être transcrit pour ce têms-la. Mais je vous diray que m'êtant fait enquerir ces jours passez à Leyde et à Amsterdam si le systéme du monde de Galilée ne s'y trouveroit point, parce que j'avois appris qu'il avoit été imprimé en Italie l'année derniére : on m'a mandé qu'il étoit vray que le livre avoit été imprimé, mais que tous les exemplaires en avoient été brûlez à Rome dans le même têms, et l'auteur condamné à quelque amende. Ce qui m'a si fort étonné, que je me suis presque résolu de brûler tous mes papiers, ou du moins de ne les laisser voir à personne. Car je n'ay pû m'imaginer qu'un homme qui est italien, et qui plus est trés-bien venu du pape, à ce que j'apprens, ait pû être *criminalizé* pour autre chose, que parce qu'il aura sans doute voulu établir le mouvement de la terre, que je sçay bien avoir été autrefois censuré par quelques cardinaux.

Mais je croyois avoir oüy dire que depuis ce têms-là on ne laissoit pas de l'enseigner publiquement, même dans Rome ; et j'avouë que si ce sentiment du mouvement de la terre est faux, tous les fondemens de ma philosophie le sont aussi, parce qu'il se démontre par eux évidemment. Il est tellement lié avec toutes les parties de mon traitté, que je ne l'en sçaurois détacher sans rendre le reste tout défectueux. Mais comme je ne voudrois pour rien du monde qu'il sortît de moy un discours, où il se trouvât le moindre mot qui fût desaprouvé par l'eglise : aussi aimé-je mieux le supprimer, que de le faire paroître estropié.

Toutes les choses que j'expliquois dans mon traitté (parmi lesquelles se trouve aussi cette opinion du mouvement de la terre, condamnée comme hérétique dans le livre de Galilée) dépendoient tellement les unes des autres, que c'est assez pour moy de sçavoir qu'il y en ait une qui soit fausse, pour me faire connoître que toutes les raisons dont je me servois n'ont point de forces. Quoique je les crusses appuyées sur des démonstrations trés-certaines et trés-évidentes, je ne voudrois toutesfois pour rien du monde les soutenir contre l'autorité de l'eglise. Je sçay qu'on pour roit dire que tout ce que les inquisiteurs de Rome ont décidé, n'est pas incontinent un article de foy pour cela, et qu'il faut prémiérement que le concile y ait passé. Mais je ne suis point si amoureux de mes pensées, que de vouloir me servir de telles exceptions, pour avoir le moyen de les maintenir. Le desir que j'ay de vivre en repos, et de continuer la vie cachée que j'ay commençée, fait que je suis plus content de me voir délivré de la crainte que j'avois d'acquerir plus de connoissances que je ne désire par le moyen de mon écrit, que je ne suis faché d'avoir perdu le têms et la peine que j'ay employée à le composer. Je n'ay jamais eu l'humeur portée à faire des livres : et si je ne m'étois engagé de promesse envers vous et quelques autres de mes amis, dans la pensée que le desir de vous tenir parole m'obligeroit d'autant plus à étudier, jamais je n'en serois venu à bout. Aprés tout, je suis assuré que vous ne m'envoieriez point de sergent pour me contraindre à m'acquiter de ma dette ; et vous serez peut-être bien-aise d'être exemt de la peine de lire de mauvaises choses. Il y a déja tant d'opinions en philosophie qui ont de l'apparence, et qui peuvent étre soutenuës dans les disputes, que si les miennes n'ont rien de plus certain, et si elles ne peuvent êtres approuvées sans controverse, je ne les veux jamais publier. Toutesfois parce que j'aurois mauvaise grace, si, aprés vous avoir tout promis et si long-têms, je pensois ne vous payer qu'en défaites : je ne laisserai donc pas de vous faire voir ce que j'ay fait le plûtôt que je pourray : mais je vous demande encore s'il vous plaît un an de delay pour le revoir et le polir. Vous m'avez averti du mot d'Horace, (…), et il n'y en a encore que trois que j'ay commençé ce traitté.

Cependant M Descartes souffroit pour Galilée dans son cœur, et s'intéressant à sa cause autant qu'aucun mathématicien catholique de France, il pria le P Mersenne de lui mander ce qu'il sçauroit de son affaire, et de son livre qu'il n'avoit encore pû trouver en Hollande. Ce pére ne manqua point de lui faire part de tout ce qu'il en apprenoit, et il luy envoya un petit abrégé de ce que contenoit son livre du systéme du monde, en lui donnant avis qu'il y avoit un ecclésiastique de sa connoissance dans Paris, qui nonobstant le decret de l'inquisition ne laissoit pas de faire imprimer un traitté exprés pour prouver le mouvement de la terre. M Descartes parut surpris de cette liberté dans un prêtre, quoi qu'il sçût assez que le clergé de France n'est pas plus justiciable de l'inquisition que les laïcs du royaume, où ce tribunal n'est point reconnu. Il s'offrit de le servir dans son travail et de lui donner quelques avis : et l'ecclésiastique accepta ces offres avec joye. Mais M Descartes ayant vû depuis un manifeste ou une relation de la condamnation de Galilée imprimée à Liége le Xx de Septembre 1633, où étoient ces mots (…) ; et jugeant que l'intention de messieurs de l'inquisition étoit de deffendre qu'on se servît même de cette hypothése dans l'astronomie, nonobstant la permission qu'ils en avoient donnée en 1620, changea de résolution à l'égard de cét ecclésiastique. Il ne le crût pas en sûreté même au milieu de Paris, de quelque maniére qu'il entreprît d'expliquer ou d'excuser son opinion du mouvement de la terre : et la crainte qu'il avoit de lui nuire fit qu'il n'osa lui envoyer aucun avis ni aucune des pensées qu'il avoit sur ce sujet.

La censure de Rome lui parut trop violente pour pouvoir subsister long-têms dans sa vigueur. Aussi ne voyant pas, disoit-il au P Mersenne, que cette censure eût encore été autorisée par le pape, ni par le concile, mais seulement par une congrégation particuliére des cardinaux inquisiteurs, ne perdoit-il pas l'espérance de voir qu'il en seroit de cette censure comme de celle des antipodes, qui avoient été condamnez à Rome prés de neuf cens ans auparavant d'une maniére assez semblable. Cependant il fut curieux de sçavoir ce que l'on pensoit en France de cette censure, et il pria son ami de lui mander si elle y étoit bien reçûë, et si elle y devoit avoir quelque autorité. Ce n'étoit point dans le dessein de se deffaire de ses scrupules, puis qu'il faisoit profession d'ailleurs de déférer entiérement aux inquisiteurs et aux cardinaux de la congrégation établie pour la censure des livres, et qu'il n'eût pas honte de dire encore trois ans aprés, que *l'autorité de ces messieurs n'avoit guéres moins de pouvoir sur ses actions que sa propre raison en avoit sur ses pensées* . En effet l'année du delay qu'il avoit demandée au P Mersenne étant expirée, il ne trouva point de prétexte plus spécieux que celuy de sa soumission à l'eglise, pour s'excuser de lui envoier son traitté sans se rendre coupable d'infidélité à ses promesses. La connoissance, lui dit-il, que j'ai de vôtre vertu me fait espérer que vous n'aurez que meilleure opinion de moy, voyant que j'ay voulu entiérement supprimer le traitté que j'avois fait de ma philosophie, et perdre presque tout mon travail *de quatre ans* , pour rendre une entiére obéïssance à l'eglise en ce qu'elle a défendu l'opinion du mouvement de la terre. En quoi il témoigna vouloir parler le langage confus qui regne dans les pays d'inquisition, plûtôt que de s'exposer à être inquiété, si l'envie de publier son sentiment l'obligeoit de recourir à la distinction que nous faisons de l'autorité du s. Siége d'avec celle d'une congrégation particuliére.

Enfin il vint à bout de recouvrer le livre de Galilée que lui apporta le Sieur B au mois de février, et qui le lui prêta depuis le soir d'un samedy jusqu'au matin du lundy suivant. Il apprit en même têms que l'on attribuoit aux jésuites de Rome une partie des procédures que la sacrée congrégation avoit fait faire contre Galilée. Mais quoique les jésuites n'eussent point en général la réputation d'être des amis de ce mathématicien, il ne put soupçonner personne dans leur compagnie qui eût été capable de lui joüer ce tour hormis le Pére Scheiner qui étoit broüillé avec luy depuis plusieurs années. Ce pére venoit d'être rappellé de Rome par l'empereur pour enseigner les mathématiques en Allemagne : mais il avoit eu le loisir de déférer Galilée à l'inquisition avant son départ. M Descartes avoit si bonne opinion de la capacité des jesuites, et de celle de Scheiner en particulier, qu'il ne pouvoit croire que ce pére même en son ame n'estimât l'opinion de Copernic véritable, sur tout aprés tant de preuves que les observations du livre de Galilée venoient de fournir pour ôter au soleil les mouvemens qu'on lui attribuë. Mais il vaut peut-être mieux épargner la sincérité et la bonne foy de ce pére que sa capacité et sa science : et les ouvrages qu'il a donnez de son vivant et qu'il a laissez aprés sa mort sur le mouvement de la terre ne nous persuaderont pas qu'il y eût de la dissimulation dans tout ce qu'il a fait contre Galilée.

M Descartes feüilleta le livre de Galilée tout entier dans le peu de têms qu'on lui avoit donné pour le lire. Il trouva que l'auteur raisonnoit assez bien du mouvement. Ce n'est pas qu'il approuvât généralement tout ce qu'il en disoit : mais selon ce qu'il en avoit pû voir, il croyoit que Galilée manquoit plûtôt dans les endroits où il suit les opinions déja reçûes que dans ceux où il s'en éloigne, excepté néanmoins en ce qu'il dit du flux et du reflux, qu'il concevoit autrement que ne l'explique Galilée, quoi qu'il le fit dépendre du mouvement de la terre aussi bien que lui.

Il remarqua dans cét ouvrage quelques unes des pensées qu'il croyoit lui être tellement propres, que s'il les eût publiées auparavant, il auroit pû soupçonner Galilée de les lui avoir dérobées. Il reconnoissoit que les raisons de cét italien pour prouver le mouvement de la terre sont fort bonnes, mais qu'il ne les étalle pas assez pour persuader ses lecteurs ; et que les digressions qu'il y mêle font qu'on ne se souvient plus des prémiéres lorsqu'on lit les derniéres.

Mais aprés avoir considéré avec un peu d'attention la maniére dont Galilée s'explique sur le mouvement de la terre, il la trouva si différente de la sienne, qu'il revint un peu de l'étonnement où la censure de Rome l'avoit jetté. Il comprit que les inquisiteurs pouvoient raisonnablement avoir condamné cette maniére dans Galilée, sans qu'il dût appréhender que cette condamnation pût retomber sur celle dont il concevoit le mouvement de la terre, et dont il l'avoit exprimé dans son traité du monde qu'il vouloit supprimer.

Comme il sçavoit que ces messieurs ne s'arrêtent souvent qu'aux termes et aux expressions des choses, quand il s'agit de les censurer, il crût que le moyen de les éviter sans néanmoins changer de sentiment étoit *de nier le mouvement de la terre* , et de continuer sur le pied qu'il avoit commencé. C'étoit sans doute se rendre suspect d'équivoque et de dissimulation, s'il n'eût eu soin de prévenir cette pensée dans nôtre esprit. On pourra juger d'abord, dit-il, que c'est de bouche seulement que je nie le mouvement de la terre afin d'éviter la censure de Rome, à cause que je retiens le systême de Copernic. Mais lorsqu'on examinera mes raisons, je suis persuadé qu'on trouvera qu'elles sont sérieuses et solides, et qu'elles font voir clairement qu'il faut plûtôt dire que la terre se meut en suivant le systême de Tyco, qu'en suivant celui de Copernic expliqué de la maniére que je l'explique. Or si on ne peut suivre aucun de ces deux systêmes, il faut revenir à celui de Ptolémée, auquel je ne crois pas que l'eglise nous oblige jamais, vû qu'il est manifestement contraire à l'expérience. Tous les passages de l'ecriture qui semblent être contre le mouvement de la terre ne regardent point le systême du monde, mais seulement la maniére de parler des peuples. De sorte que prouvant, comme je fais, que pour parler proprement il faut dire que *la terre ne se meut point* en suivant le systême que j'expose, je satisfais entiérement à ces passages.

M Descartes s'avisa de cét expédient pour tâcher de contenter également les personnes qui n'agissent que par raison, et celles qui ne se ouvernent que par autorité ou par scrupules. Il laissa les prémiers dans la liberté de penser ce qu'il leur plairoit, et de donner tel nom qu'ils voudroient au transport qui se fait de la terre dans sa sphére : et il empêcha les autres de s'allarmer contre cette hypothése, puisqu'en effet ce n'est que fort improprement qu'on peut attribuer du mouvement à la terre. Car ayant supposé que le mouvement n'est autre chose que l'application successive d'un corps par tout ce qu'il a d'extérieur aux diverses parties des corps qui l'environnent, il faisoit voir que ce qu'on nomme le *mouvement journalier* de la terre appartient plûtôt à la masse composée de la terre, de la mer, et de l'air, qu'à la terre en particulier. Elle peut être censée selon lui dans un parfait repos, tandis qu'elle se laisse emporter par le torrent de la matiére où elle nage ; de même que l'on dit qu'un homme qui dort dans un navire est en repos pendant que le navire se meut véritablement. Par le même raisonnement il prétendoit que ce qui s'appelle *mouvement annuel* de la terre ne lui appartient aucunement, non pas même à la masse composée de la terre, des eaux et de l'air, mais plûtôt à la matiére céleste qui emporte cette masse autour du soleil.

Quelque changement que M Descartes ait donné au tour de ses expressions touchant le mouvement de la terre en faveur des délicats et des scrupuleux, il ne changea jamais de sentiment sur ce point. Mais ayant supprimé son traité du monde, il en transporta cette opinion dans le livre de ses principes qu'il fit imprimer dix ans aprés, animé par l'exemple de tout ce qu'il y avoit d'habiles philosophes et mathématiciens catholiques, à qui le decret de l'inquisition n'avoit point fait tant de peur qu'à lui. L'éclat que fit l'affaire de Galilée par toute l'Europe réveilla aussi divers prédicateurs luthériens et calvinistes élevez sous la discipline d'Aristote et de Ptolémée.

Plusieurs d'entre eux se trouvérent pour cette fois unis de sentimens avec les inquisiteurs romains. M Descartes crut que les philosophes de l'eglise catholique sectateurs de Copernic pourroient tirer quelque avantage de cette disposition : et il sembloit souhaiter dans cette vûë que les ministres protestans continuassent de déclamer et d'écrire contre ce systême. Je ne suis point fâché, dit-il au P Mersenne, que les ministres fulminent contre le mouvement de la terre : cela conviera peut être nos prédicateurs à l'approuver. Mais à propos de cela, si vous écrivez à M Naudé domestique du Cardinal De Bagni, vous m'obligeriez de l'avertir que rien ne m'a empêché jusqu'ici de publier ma philosophie que la défense du mouvement de la terre.

Je ne l'en sçaurois séparer, à cause que toute ma physique en dépend. Vous pourrez lui mander que je serai peut être obligé de la publier à cause des calomnies de quelques personnes, qui faute d'entendre mes principes veulent persuader au monde que j'ai des sentimens fort éloignez de la vérité. Priez-le de sonder son cardinal sur ce sujet, parce qu'étant extrémement son serviteur, je serois tres-marri de lui déplaire ; et qu'étant tres-zélé à la religion catholique j'en révére généralement tous les chefs. Je n'ajoûte point que je ne veux pas me mettre au hazard de leur censure. Car croyant tres-fermement l'infaillibilité de l'eglise, et ne doutant point aussi de mes raisons, je ne puis craindre qu'une vérité soit contraire à l'autre.

C'étoit l'envie d'être orthodoxe en tout jusqu'aux moindres choses qui faisoit parler M Descartes avec tant de confiance. Il ne se croyoit point capable d'excés dans la bonne opinion qu'il avoit de tous ses sentimens qui pouvoient avoir rapport à la foi de l'eglise ; et il ne trouvoit rien dans toute la théologie et la religion, avec quoi sa philosophie ne s'accordât beaucoup mieux que la vulgaire. Il espéroit même que si ses opinions étoient jamais reçûës, toutes les controverses qui s'agitent dans la théologie pourroient tomber d'elles-mêmes, parce qu'elles sont fondées pour la plûpart sur des principes de philosophie qu'il estimoit faux. Mais malgré tout ce qu'il avoit avancé pour expliquer et justifier son sentiment touchant le mouvement de la terre, il n'osoit en parler encore long-têms aprés avec cet air de présomption qu'il faisoit paroître par tout le reste.

Il ne me reste plus qu'un seul scrupule, dit-il à l'un de ses amis, qui est touchant le mouvement de la terre.

Et pour cela j'ai donné ordre que l'on consultât pour moi un cardinal, qui me fait l'honneur de m'avoüer pour un de ses amis depuis plusieurs années, et qui est l'un des cardinaux de cette congrégation qui a condamné Galilée. J'apprendrai volontiers de lui comment je me dois comporter en ce point : et pourvû que j'aye Rome et la Sorbonne de mon côté, ou du moins que je ne les aye pas contre moi, j'espére pouvoir soûtenir seul sans beaucoup de peine tous les efforts de mes envieux.

Cette nouvelle consultation qu'il fit faire à Rome auprés de ce cardinal de ses amis qu'il ne nomme pas, étoit toute différente de la tentative qu'il fit faire du côté du Cardinal De Baigné par le moyen du Pére Mersenne, quoiqu'il n'y eût point de différence, soit pour la matiére, soit peut-être pour le têms. Il ne seroit point nécessaire de multiplier ainsi ses démarches vers la cour de Rome, si le Cardinal De Baigné avoit été de la congrégation qui avoit condamné Galilée. De tous les juges ou inquisiteurs généraux de cette congrégation députez pour connoître de l'affaire de Galilée, il n'y avoit que François Barberin, autrefois legat en France, qui fût particuliérement de ses amis. Les autres cardinaux étoient Borgia, Centino, Bentivoglio, Scaglia, Antoine Barberin, Zacchia, Gessi ou Gipsi, Verospi, et Ginetti. Ce qui ne nous laisse aucun lieu de douter que cette consultation nouvelle qu'il fit faire à Rome touchant son sentiment du mouvement de la terre ne s'adressât au Cardinal François Barberin, dans l'amitié et la protection duquel il paroissoit n'avoir pas moins de confiance que dans celle du Cardinal De Baigné.

Mr Descartes ne se trouvoit point mal de son séjour de Déventer, où il demeuroit depuis le mois d'Avril de l'an 1633. Sa solitude y étoit fort entiére et fort tranquille. Il n'avoit en ce lieu presque point d'autre conversation que celle de son ami M Reneri qui y professoit la philosophie. Mais la douceur de la vie qu'il y menoit ne se trouvoit plus accompagnée des secours qu'il avoit accoûtumé de recevoir par le moyen des habitudes qu'il entretenoit auparavant avec divers sçavans de France. Il s'apperçut même de la diminution de son commerce avec le P Mersenne, soit que la ville de Déventer fût un peu trop écartée des grandes routes, soit que les messagers du païs manquassent d'exactitude ou de fidélité. En effet, la plûpart des lettres qu'il avoit écrites à ce pére sur la fin de novembre et vers le commencement de décembre s'étoient perduës, aussi-bien que celles que le même pére lui avoit adressées vers le même-têms. Nonobstant les soupçons qu'il avoit de la mauvaise curiosité de quelque jaloux qui connoissoit leur écriture, et qui lui paroissoit tres-capable de rompre et de retenir leurs lettres, il aima mieux attribuer ces effets au hazard. C'est ce qui le fit résoudre à quitter la demeure de déventer pour retourner à Amsterdam, d'où il manda au P Mersenne qu'ils recevroient dorénavant avec plus de sûreté ce qu'ils pourroient s'envoyer l'un à l'autre.

La résolution qu'il avoit faite de vivre dans cette ville aussi retiré qu'auparavant ne l'empêcha pas de faire de têms en têms le voyage de La Haye, pour y visiter l'ambassadeur de France, qui étoit alors le Baron De Charnassé, et qui

378

l'honoroit particuliérement de son amitié. Il alla féliciter cet ambassadeur du succés avec lequel il venoit de ménager un nouveau traitté entre la France et la Hollande : traitté qui fut comme le gage et l'avant-coureur de la guerre que le Roi Loüis Xiii déclara l'année suivante à l'Espagne, par les conseils du Cardinal De Richelieu.

M De Ville-Bressieux, qui selon toutes les apparances étoit demeuré à Amsterdam, ou s'étoit promené dans diverses villes de Hollande durant le séjour de M Descartes à Déventer, vint se renfermer avec lui dans Amsterdam pour continuer ses études et ses expériences auprés d'un maître si affectionné.

Depuis l'an 1627 qu'il s'étoit donné à M Descartes, il avoit fait des progrés merveilleux dans la méchanique et dans la perspective. Il avoit un génie tout particulier pour appliquer heureusement les refléxions que M Descartes lui faisoit faire sur les régles qu'il lui donnoit pour travailler. Sur l'observation qu'il lui avoit fait faire à Paris avant que de quitter la France touchant la perspective naturelle, il avoit ingénieusement imaginé l'instrument pour redresser les objets qui paroissent tracez et peints mais renversez dans une chambre bien fermée, lorsque la lumiére les pousse dedans par le moyen d'un trou, au bout duquel est le verre, sur une feüille de papier opposée, qui les reçoit tous renversez. Cela ne fut pas inutile à la dioptrique de M Descartes, qui en composa le cinquiéme discours sur cette observation, pour expliquer les images qui se forment sur le fonds de l'œil. Il en prit occasion pour faire voir que l'on s'étoit trompé jusques-là de croire que l'œil allât prendre les images dans les objets, et que les objets s'approchassent de l'œil : mais que cela se fait par la lumiére qui frappe l'objet. Cette lumiére étant réfléchie peint ou imprime dans le fonds de l'œil cette image qui se représente au fonds de l'œil, de même qu'elle paroît dans la chambre fermée, et qu'on la voyoit dans l'instrument de M De Ville-Bressieux avant qu'on y mît le miroir qui la redressoit contre la superficie d'un plan de couleur blanche. M Descartes estimoit d'autant plus cette observation de M De Ville-Bressieux, que sa machine tendoit à faire deux offices à la fois. Le prémier étoit de redresser l'objet, qui étoit un effet que M Descartes ne lui avoit proposé d'abord que comme possible, M De Ville-Bressieux ayant fait le reste par sa propre industrie. Le second étoit que sa machine se portoit par tout où le point de vuë étoit plus agréable à voir.

C'est ce qu'il jugeoit digne du plus grand prince de la terre, mais d'un prince philosophe et perfectionné dans le raisonnement. C'est pourquoi il voulut persuader à M De Ville-Bressieux de tenir son instrument secret.

M Descartes ne semoit pas dans une terre stérile ou ingrate, en communiquant ses lumiéres à M De Ville-Bressieux. Il n'avoit pas encore trouvé de disciple plus reconnoissant : et je crois que c'est au sujet de cette invention dont il le congratule, qu'il faut attribuer la maniére dont M De Ville-Bressieux le remercia quelques années depuis en ces termes. Je ne puis assez dignement vous remercier des obligations que je vous ai. Il m'est impossible de m'en revencher qu'en vous faisant souvenir du bien que vous m'avez fait en général et en détail. Je vous ai si longuement étudié lorsque vous me faisiez l'honneur de m'aimer, et de vous servir de moi à vôtre voyage de la basse Allemagne, et à Paris pour l'exécution du grand miroir elliptique que vous me fites faire de marbre artificiel. Il avoit six pieds de haut, et deux et demi de large. Etant enfermé dans la chambre il recevoit les objets du dehors par un trou assez petit, et rejettoit la figure au dehors par le même trou, et il la faisoit paroître redressée contre l'ordinaire des miroirs concaves, qui renversent l'objet dés qu'il est par delà le foyer ou le point brûlant, d'où je m'étois étonné d'un tel effet. Mais je viens d'apprendre que cela se fait, parce qu'il ne peut recevoir l'objet par un trou qu'entiérement renversé : et sa nature étant de renverser les images qu'il a reçûës droites, c'est ce qui est la cause d'un tel miracle.

Ces traits de reconnoissance engagérent M Descartes à disputer de la modestie contre M De Ville-Bressieux.

Il prit occasion de lui faire quelquefois le dénombrement de ses expériences et de ses inventions, afin de donner plus de lieu au prétexte qu'il vouloit avoir de têms en têms pour lui donner des éloges. Et plus celui-ci affectoit de rejetter sur M Descartes la cause et les progrés de ses ouvrages , plus M Descartes s'attachoit à dissimuler qu'il y eût part, afin d'en laisser toute la gloire à un disciple si modeste.

C'étoit sur ses préceptes, et principalement sur sa grande maxime *que les choses les plus simples sont d'ordinaire les plus excellentes* , que M De Ville-Bressieux avoit trouvé la machine propre pour élever les eaux en grande quantité et avec beaucoup de facilité. Néanmoins M Descartes lui en fit compliment, comme s'il eût inventé et découvert cette belle machine *par son pur genie* . Il faut avoüer qu'il s'étoit contenté de lui montrer la raison par laquelle cela devoit se faire. Aussi-tôt M De Ville-Bressieux se tint assuré de l'effet, de même que s'il en avoit fait l'épreuve *en grand et en petit*

parce que M Descartes l'avoit accoûtumé

de bonne heure à se faire éclaircir de la cause de tous les effets que nous remarquons dans la nature.

Parmi les autres inventions particuliéres que M De Ville-Bressieux avoit imaginées auprés de M Descartes, nous trouvons 1 la spirale double pour décendre d'une tour en bas sans danger ; 2 les tenailles de bois pour monter par une corde menuë ; 3 le tour fait avec deux bâtons ou morceaux de bois pour monter et pour décendre ; 4 le pont roulant pour escalader une place qui a un profond et large fossé ; 5 le bateau à passer les riviéres fait de quatre ais de bois, qui se plioit et se portoit sous le bras. 6 mais sur tout M Descartes l'exhortoit à donner au public son *chariot-chaise* , jugeant cette machine fort utile à tout le monde, et particuliérement aux soldats blessez. La structure n'en étoit ni difficile, ni d'une grande dépense. Elle se pouvoit faire par tout où il y avoit des cerceaux de tonneau, et les deux roües ne pouvoient en aucune maniére incommoder la personne qui étoit dans le chariot. Sa principale commodité consistoit en ce qu'on y pouvoit être mené en santé et en maladie dans toutes sortes de chemins par un seul homme avec moins de peine que n'en ont deux qui portent une chaise, et qu'on y étoit aussi mollement que dans une chaise ou une litiére.

M Borel qui avoit appris de M De Ville-Bressieux son ami particulier ce qu'il a écrit touchant M Descartes, remarque que pendant qu'ils furent ensemble ils ne s'occupérent à rien tant qu'à des expériences de dioptrique. Il prétend que M Descartes fit voir à M De Ville-Bressieux une infinité de choses qui passoient de loin la portée des autres mathématiciens, principalement en ce qui regarde l'usage des lunettes et des miroirs. Il faisoit devant lui toutes ses épreuves, tantôt avec de la glace, tantôt avec du marbre noir *artificiel* . Il lui en faisoit polir et creuser de toutes grandeurs et de toutes figures ; et aprés avoir produit tous les effets qu'il en pouvoit souhaiter, il les lui faisoit briser, et lui en faisoit faire de nouveaux de la même matiére. Toutes simples et toutes naturelles que fussent ces merveilles qu'il opéroit de jour en jour dans l'optique, elles ne laissoient pas de causer beaucoup d'étonnement dans l'esprit de M De Ville-Bressieux. Mais jamais il ne parut plus surpris que lorsque M Descartes lui fit passer devant les yeux une compagnie de soldats au travers de sa chambre en apparence. L'artifice ne consistoit qu'en de petites figures de soldats qu'il avoit soin de cacher ; et par le moyen d'un miroir il faisoit grossir et augmenter ces petites figures jusqu'à la juste grandeur de l'homme au naturel, et sembloit les faire entrer, passer, et sortir de la chambre.

M Descartes pour ne le pas tenir dans un enchantement perpetuel, trouva bon qu'il lui tint compagnie dans le voyage de Danemarck et de la basse Allemagne, qu'il entreprit vers ce têms-là. Ce qu'ils firent ensemble pendant tout ce voyage est devenu un mystére pour le public par le peu de soin qu'ils ont eu d'en informer leurs amis. Nous sçavons seulement qu'étant décendus dans la Frise orientale, ils s'arrêtérent quelque têms à Embden pour y observer ce qu'ils y trouveroient de plus remarquable. Là M De Ville-Bressieux fit une *speculation* sur la façade de la maison de ville que M Descartes trouva fort bien imaginée et fort utile aux ingénieurs, aux peintres, et à toutes les personnes qui tirent des plans tant réguliers qu'irréguliers. Car il ne faut pas avoir, disoit-il, beaucoup d'habitudes à la peinture pour lever ou tracer un plan élevé en perspective sans connoître les regles de la perspective, et sans sçavoir même les principes de géométrie, dont on se sert ordinairement dans les leçons que l'on y donne pour la perspective commune et ordinaire. C'est ce qui fait souvent que les maîtres n e sçavent pas dans cette profession ce qu'ils sont obligez de sçavoir ; et que les apprentifs y sont ordinairement fort embarrassez, sur tout dans les choses qui ne sont pas entiérement réguliéres, comme sont des *plans inclinez, ou en grotte, ou circulaires* . Cette considération augmentoit encore l'estime qu'il faisoit de cette nouvelle invention de M De Ville-Bressieux : et il la jugeoit d'autant plus singuliére, qu'elle n'avoit été trouvée par aucun des anciens, qu'elle étoit tres-simple et trés facile, qu'elle pouvoit s'apprendre par les esprits les plus lents et les plus grossiers, et que par son moien un apprentif se trouvoit en état de faire plus d'ouvrage en une demi-heure et mieux, que les peintres n'en peuvent faire en une semaine selon la maniére ordinaire.

Etant remontez dans le vaisseau au sortir d'Embden ils prirent la route de Hambourg, et M De Ville-Bressieux témoigna depuis n'avoir point trouvé de momens dans toute sa vie plus avantageusement emploiez que ceux de ce trajet. M Descartes voulut profiter du loisir que lui donnoit l'espace de ce passage pendant lequel il se trouvoit hors d'état de s'occuper, pour lui inculquer divers principes, sur lesquels M De Ville-Bressieux a fait depuis des expériences qui l'ont fait passer dans l'université de Montpellier et dans plusieurs autres lieux, pour un génie extraordinaire dans la chymie et la méchanique.

La principale des leçons qu'il luy donna, et dont il profita le plus sensiblement, fut de considérer la cause par laquelle se font toutes les choses qui nous paroissent les plus simples, et les effets de la nature les plus clairs et les moins composez. *la grande méchanique n'étant autre chose*, selon lui, *que l'ordre que Dieu a imprimé sur la face de son ouvrage, que nous appellons communément* la nature.

Il estimoit qu'il valoit mieux regarder ce grand modéle, et s'attacher à suivre cét éxemple, que les régles et les maximes établies par le caprice de plusieurs hommes de cabinet, dont les principes imaginaires ne produisent point de fruit, parce qu'ils ne conviennent ni à la nature ni à la personne qui cherche à s'instruire.

M Descartes ne fit pas un fort long séjour en Danemarck. Il y laissa M De Ville-Bressieux : et se voyant de retour à Amsterdam, il alla à Dordrecht pour visiter son ancien amy Beeckman que la vieillesse et les maladies sembloient menacer de la mort. Il avoit reçû peu de jours auparavant des nouvelles de M De Ville-Bressieux qui lui avoit écrit des frontiéres de Danemarck, pour lui mander les observations qu'il y avoit faites depuis leur séparation, et lui rendre conte du têms qu'il avoit employé auprés d'un ami chez qui il l'avoit laissé. Etant revenu à Amsterdam, il lui récrivit en ces termes. J'ay parcouru et éxaminé la plûpart des choses qui sont contenuës dans vôtre mémoire pendant le cours du voyage que j'ay fait ces jours passez à Dort, d'où je suis revenu pour vous attendre à Amsterdam, où je suis arrivé en bonne santé. Vous me trouvérez dans nôtre logis du vieux prince ; et là je vous dirai mon sentiment sur toutes ces choses. Je vous conseilleray de les mettre la plûpart en forme de proposition, de problême, et de théorême ; et de leur laisser voir le jour, pour obliger quelque autre à les augmenter de ses recherches et de ses observations. C'est ce que je souhaiterois que tout le monde voulût faire, pour être aidé par l'expérience de plusieurs à découvrir les plus belles choses de la nature, et bâtir une physique claire, certaine, démontrée, et plus utile que celle qui s'enseigne d'ordinaire. Vous pourriez beaucoup servir de vôtre côté à desabuser les pauvres malades d'esprit touchant les *sophistications* des métaux, sur lesquels vous avez tant travaillé et si inutilement, sans que vous ayez vû rien de vray en douze années d'un travail assidu et d'un grand nombre d'expériences qui serviroient fort utilement à tout le monde en avertissant les particuliers de leurs erreurs. Il me semble même que vous avez déja découvert des *généralitez* de la nature ; comme, qu'il n'y a qu'une substance matérielle qui reçoit d'un agent externe l'action ou le moien de se mouvoir localement, d'où elle tire diverses figures ou modes, qui la rendent telle que nous la voyons dans ces prémiers composez que l'on appelle les élémens. De plus vous avez remarqué que la nature de ces élemens ou prémiers composez appellez terre, eau, air, et feu, ne consiste que dans la différence des fragmens ou petites et grosses parties de cette matiére, qui change journellement de l'un en l'autre par le chaud et le mouvement des grossiéres en subtiles ; ou en *innobles* , c'està-dire, de subtiles en grossiéres, lors que l'action du chaud et du mouvement vient à manquer. Que de la prémiére mixtion de ces quatre prémiers il résulte un mélange qui pourroit être appellé le cinquiéme élement, ce que vous appellez principes, ou la plus noble préparation des élemens ; puis qu'elle est, dites vous, une semence productive ou une vie matérielle qui se spécifie en toutes sortes de ces nobles individus particuliers qui sont sans contredit l'objet de nôtre admiration. Je suis au reste fort satisfait de vôtre sentiment, lors que vous me dites que les quatre élémens qui ont fourni la matiére, et le cinquiéme qui en résulte, se sont tellement changez tous cinq dans ce sujet, qu'aucun d'eux n'est plus ce qu'il étoit : mais que tous ensemble sont ou l'animal, ou la plante, ou le minéral. Ce qui quadre beaucoup avec ma maniére de philosopher, et qui revient merveilleusement à toutes les expériences méchaniques que j'ay faites de la nature sur ce sujet.

Ce fut en 1634, et selon toutes les apparences aprés le voiage de Danemarck que M Descartes écrivit par maniere d'ébauche un petit traité de *l'homme et de l'animal* , qu'il fit voir depuis à la Princesse Elizabeth De Bohéme fille du feu electeur palatin du Rhin : mais il se crût obligé de le refaire douze ou treize ans depuis, pour le mettre en état d'être plus agréablement reçû de cette princesse. Ce travail qui n'étoit que le résultat des réfléxions que lui faisoient faire ses exercices d'anatomie qu'il continuoit avec son assiduité ordinaire, ne fit point de diversion à ceux de méchanique : et M De Ville-Bressieux étant venu le rejoindre à son retour de Danemarck, il s'occupoit à rectifier ses observations et ses études, lors qu'il apprit le changement qui se faisoit dans la fortune de son autre disciple M Reneri.

Les magistrats d'Utrecht excitez par l'éxemple de plusieurs villes des Pays-Bas et de l'Allemagne avoient résolu depuis quelque têms de changer le collége de leur ville en académie ou université. Ils avoient trouvé les fonds nécessaires pour l'entretien des bâtimens et la subsistance des professeurs, et ils avoient fait expédier les titres de l'érection dés le Xvi jour de Mars de cette année 1634. Ils s'appliquérent ensuite à chercher pour remplir leurs chaires les personnes du mérite le plus reconnu, et les plus capables de répondre au desir qu'ils avoient de rendre leur université la plus florissante des Pays-Bas. Le prémier de ceux sur qui ils jettérent les yeux fut M Reneri, qu'ils trouvérent moyen de détacher de la ville de Déventer dés la même année, quoique les autres professeurs ne dussent participer aux honneurs et aux priviléges nouvellement établis qu'au commençement de l'an 1636. Ces professeurs furent pour la théologie, Gisbert Voet, autrement Vout, dit Voetius, qui étoit déja ministre, et qui avoit même assisté au synode de Dordrecht ; Charles De Maets, qui s'appelle en latin quelquefois Maetius et le plus souvent Dematius ; Meinard Schotanus : pour le droit, Antoine Matthieu le jeune, (car l'ancien professoit le droit actuellement à Groningue, où il mourut l'année suivante âgé de 73 ans ;) Cyprien Regneri appellé simplement Cyprianus, que M De Saumaise a tâché de deshonorer en ne le faisant connoître que sous le nom de Coprianus ; Bernard Schotanus, qui occupa la chaire de mathématique avec celle de droit : pour la médecine, Guillaume Stratenus, retenu pour enseigner la médecine pratique et l'anatomie ; puis Henry De Roy, dit Regius, médecin d'Utrecht professeur extraordinaire en médecine théorétique, et en botanique : Berckringer De Danemarck, outre M Reneri dont nous avons parlé : pour les belles lettres, Antoine Emilius d'Aix La Chapelle professeur en eloquence ; et Juste De Lire ou Lyreus professeur en histoire et en chronologie. Tous ces professeurs sont assez connus du public par leurs écrits indépendemment de ce que je pourrois dire à leur avantage. Tous se sont trouvez intéressez dans les affaires de M Descartes peu de têms aprés l'établissement de cette université, qui a été la prémiére école où l'on ait publiquement enseigné sa philosophie nouvelle, et le prémier théatre où ses sectateurs et ses adversaires ayent commencé à éprouver leurs forces.

M Reneri qui avoit puisé tout à loisir la philosophie de M Descartes dans sa source lors qu'il jouissoit de sa présence à Déventer, ne fit point difficulté de la communiquer à ses disciples. Mais il le fit avec une discrétion qui auroit été capable seule de nous persuader que la sagesse étoit l'ame de cette nouvelle philosophie. Il étoit fort éloigné de faire croire à ses écoliers que ce qu'il avoit à leur debiter fût la philosophie de Platon, d'Aristote, ou de Descartes : mais suivant les régles de la méthode de ce dernier, il établissoit dans leur esprit les principes de la nature, qu'elle lui faisoit paroître les plus conformes à la vérité. On ne trouva point mauvais qu'il frondât (…) des pythagoriciens ; et que sans se soumettre aveuglément à l'autorité d'aucun de nos maîtres, il usât particuliérement envers Aristote de la liberté qu'Aristote avoit prise à l'égard de Platon dont il avoit été le disciple. Il eût été à souhaiter que M Regius l'un de ses collégues dans cette nouvelle université, se fût conduit avec autant de prudence et de circonspection, lors qu'il entreprit de son côté d'introduire la doctrine de M Descartes dans sa profession. Il auroit sans doute épargné beaucoup d'inquiétudes et d'embarras à M Descartes, qu'il honoroit d'ailleurs comme son maître, et il se seroit peut-être garenti lui même de la tache qu'il a faite à son nom aprés la mort de M Descartes, en tombant dans l'ingratitude.

Sur la fin de l'année 1634 ou au commencement de la suivante M Descart es reçût le présent que M Morin professeur royal des mathématiques lui fit du livre *des longitudes célestes et terrestres* nouvellement imprimé In

Quarto à Paris. Il en avoit déja ouy parler au P Mersenne, à qui il avoit écrit qu'il apprendroit avec plaisir l'histoire de ce nouvel ouvrage d'un de ses anciens amis ; et qu'il seroit curieux de sçavoir, si M Morin, qui sembloit être extraordinairement suscité pour rétablir l'honneur de l'astrologie (même de la judiciaire s'il eût été possible), seroit capable de mettre cette science en quelque estime parmi les gens de cour. M Descartes n'eût pas plûtôt reçû ce livre qu'il en écrivit une lettre de remerciment à l'auteur, sans attendre qu'il en eût fait la lecture. Il en usa ainsi par la crainte de blesser sa conscience, et d'aller contre sa sincérité ordinaire dans le compliment qu'il lui en vouloit faire. Il se contenta de lui mander que la peine qu'il avoit prise pour trouver les longitudes ne méritoit rien moins qu'une récompense publique. Mais, dit-il, comme les inventions des sciences sont d'un si haut prix, qu'elles ne peuvent être payées ce qu'elles valent avec de l'argent : il semble que Dieu ait tellement ordonné le monde, que cette sorte de récompense n'est communément réservée que pour des ouvrages méchaniques, ou pour des actions basses et serviles.

Ainsi, ajoute-t'il, je suis persuadé qu'un artisan qui auroit fait de bonnes lunettes en pourroit tirer beaucoup plus d'argent que moy de toutes les réveries de ma dioptrique, si j'avois dessein de les vendre. M Descartes qui étoit assez ennemi de la flaterie et peu prodigue d'éloges ne s'est point démenti dans ce compliment, puis que ce qu'il y avançoit d'avantageux à M Morin, retomboit plûtôt sur la bonne volonté de l'auteur et le dessein de l'ouvrage, que sur le succés de l'éxécution. M Morin croyoit avoir fait un chef-d'œuvre d'astronomie, et il ne croyoit pas qu'on pût commettre d'excés dans les loüanges qu'on auroit voulu lui donner : mais il ne trouva point autant de complaisance parmi les mathématiciens de Paris, que dans M Descartes. Il avoit prié M Mydorge, M Boulanger, M De Beaugrand, et M Gassendi, d'éxaminer son livre, et de luy en dire leur sentiment.

Mais sa résignation à leur discernement n'étoit point sans réserve ; et pour n'en point mentir c'étoit moins un jugement qu'une approbation qu'il leur demandoit sous le nom d'éxamen. C'est à quoi ces messieurs, sur tout Mm Mydorge, Boulanger, et De Beaugrand n'avoient peut-être pas pris garde, lors qu'ils s'avisérent de luy dire un peu trop ingénûment ce qu'ils pensoient de quelques endroits de son livre. De sorte que de ses juges il en fit ses parties. M Gassendi qui étoit alors à Aix chez M De Peiresc, craignant qu'il ne luy voulût aussi faire un procés s'il usoit de la même liberté, ne jugea point à propos de risquer une amitié si facile à perdre, et il retint sa plume au milieu de la lettre, où pour lui obéir il avoit commencé à luy en marquer son sentiment.

Sans entrer donc dans la discussion des matiéres de son livre, il se contenta de lui faire des lieux communs sur les épines qui accompagnent les roses, et sur la malignité du public qui censure souvent ce qu'il devroit approuver. Il joüit encore pendant quelques années des fruits de cette circonspection : mais enfin il fallut tomber comme plusieurs autres dans la disgrace de M Morin, à qui la mauvaise humeur et la présomption firent perdre un grand nombre d'illustres amis, sans en excepter même M Descartes, qui ménagea son cœur autant qu'il luy fut possible, et qui rendit d'ailleurs bonne justice à son habileté qui étoit plus que médiocre.

C'est à l'hyver de l'an 1635, que le public est redevable de ce que M Descartes à écrit sur la nége : et l'observation qu'il fit alors de celle qui se forme à six pointes, et qui se nomme *héxagone* , fut une des causes du traité des météores qu'il mit au jour dix-huit mois aprés. Il s'étoit contenté quelques années auparavant d'étudier pour luy seul tout ce qui peut concerner la nége, la grêle, et la pluie. Il avoit éxaminé ce que Kepler avoit écrit et publié dés l'an 1611 à Francford (…). Au milieu de ces recherches il se souvint que M Gassendi étant à Sedan avec M Luillier dans le cours de son voyage des Pays-Bas, avoit fait quelques observations sur la nége à six angles, qu'il avoit vû tomber dans cette ville le Xix jour de Janvier de l'an 1629. Il en écrivit au P Mersenne pour le prier de lui faire sçavoir, s'il se trouvoit dans ces remarques de M Gassendi quelque autre chose que ce qu'il avoit vû dans Kepler. Aprés toutes ces précautions il se mit à la composition de son petit traité de la nége, de la pluie, et de la grêle, qui fait aujourd'hui le sixiéme discours de ses météores. Il s'attacha particuliérement à expliquer comment les petites parties de glace qui composent les nuës s'entassent en divers floccons ; comment ces floccons se grossissent, et tombent tantôt en nége, tantôt en grêle, et tantôt en pluie. D'où vient la figure de pyramide ou de pain de sucre à la grêle, et celle de rouë ou d'étoile de six rays à la nége. Il éxamina tout ce que nôtre curiosité peut nous faire souhaiter sur cette matiére avec sa briéveté et sa netteté ordinaire : et il parût si content des observations que la nége *héxagone* luy fit faire, qu'il témoigna depuis à M Chanut, qu'il auroit souhaité que toutes les expériences dont il avoit besoin pour le reste de sa physique *pussent luy tomber ainsi des nuës* , et qu'il ne fallût que des yeux pour les connoître.

M Descartes ne se souvenant plus des incommoditez que le commerce de ses correspondans avoit reçûës de sa solitude de Déventer, voulut retourner en cette ville pour se dégager des visites qu'il étoit obligé de recevoir à Amsterdam. Aprés cinq ou six mois de retraite et d'étude il passa en Frise vers la fin de l'automne, et alla se retirer à Liewarden, ville principale de la province à deux lieuës de Franecker, où il avoit demeuré dés l'an 1629. Là, il fit réfléxion sur la priére que M De Zuytlichem luy avoit faite de luy donner quelque chose sur les méchaniques. M De Zuytlichem dont le nom étoit Constantin Huyghens seigneur de Zuytlichem, de Zeelhem, et de quelques autres lieux, se trouvoit depuis quelques années au nombre des plus intimes d'entre les amis de M Descartes. C'étoit un gentilhomme hollandois originaire du Brabant, conseiller et sécrétaire des commandemens du Prince D'Orange, homme fait également pour la cour, pour la guerre, et pour le cabinet ; homme d'un esprit délicat, aisé, agréable, appliqué, profond, mais libre et dégagé ; d'une érudition fort diversifiée dans les langues et les sciences qu'il possédoit, et dans les arts libéraux dont il sçavoit la pratique autant que la spéculative. Il avoit conçû d'abord pour M Descartes, outre une estime toute extraordinaire une inclination trés-violente à le servir ; et il s'étoit rendu son correspondant en Hollande pour les lettres et les pacquets qui s'addressoient de France, d'Angleterre, et des Pays-Bas à ce philosophe, et pour une grande partie de ce qu'il avoit à envoyer en divers pays.

Les services et la bienveillance dont il étoit redevable à un tel amy luy ôtoient donc la liberté de lui rien refuser de ce qui dépendoit de lui : et ce fut pour luy obéir qu'il écrivit son petit traité des méchaniques vers la fin de l'hyver, qui commença l'année 1636. M De Zuytlichem l'avoit surpris dans un têms où il étoit le moins en disposition de travailler à des matiéres de cette nature : mais il fallut faire violence à son humeur. On peut dire qu'il brocha ce petit traité plûtôt qu'il ne le composa ; et il prit à la lettre l'intention de son amy, qui ne luy en demandoit que *trois petits feüillets* . Il ne se hâta point de le luy envoyer le voyant occupé au camp devant le fort de Skein, que le Prince D'Orange avoit envie de reprendre sur les espagnols, qui s'en étoient rendus les maîtres la nuit du 16 de Juillet de l'année précédente. La place se rendit au prince le dernier jour d'avril aprés un siége de prés de huit mois : mais M De Zuytlichem qui resta pendant quelque têms sur les lieux pour faire rétablir et fortifier cette importante place ne fut de retour à La Haye que vers le milieu du mois de juin.

M Descartes qui par la fidélité et l'exactitude de ses correspondans se trouvoit à Lieuwarden aussi commodément que dans Amsterdam pour le commerce des lettres, recevoit beaucoup de satisfaction des nouvelles qu'il apprenoit de ses amis. Ceux qu'il avoit à Paris étoient des plus ardens à le presser sur la publication de sa philosophie ; et leurs importunitez le rappellérent enfin à Amsterdam vers le commencement du mois de Mars, pour délibérer de plus prés avec eux sur leurs demandes. Il fit une observation en venant de Frise, dont il crut devoir faire part à un de ses amis de Leyde, qui l'avoit convié à son arrivée de prendre un logement chez luy.

Etant de nuit sur le Zuyder-Zée pour passer de Frise à Amsterdam, il s'étoit tenu le soir assez long-têms la tête appuyée sur la main droite, dont il fermoit l'œil droit tandis que l'autre demeuroit ouvert. L'air étant assez obscur on apporta une chandelle dans la chambre où il étoit : et ouvrant les yeux incontinent, il apperçût deux couronnes autour de cette chandelle plus parfaitement qu'il n'eût crû qu'elles pussent être. La plus grande de ces deux couronnes étoit bordée de deux cercles. Celuy du dehors étoit d'un rouge fort bien coloré, et celuy du dedans étoit bleu. Les autres couleurs de l'arc-en-ciel se faisoient un peu remarquer entre ces deux cercles : mais elles n'y occupoient que fort peu d'espace. L'intervalle qui étoit entre les deux couronnes paroissoit autant et plus noir que l'air d'alentour.

La petite couronne n'étoit qu'un cercle fort rouge comme l'autre, mais plus chargé de couleur en dehors qu'en dedans.

L'intervalle entre ce petit cercle rouge et la flamme de la chandelle étoit tout blanc et comme lumineux.

Cela dura de la sorte jusqu'à ce qu'il se fût endormi, c'est-à-dire, pendant l'espace d'environ trois heures.

Il apprit de cette observation que les couronnes qui se forment autour des chandelles sont disposées tout au contraire de celles qui paroissent autour des astres, sçavoir le rouge en dehors ; et qu'elles ne se forment point dans l'air, mais seulement de la disposition de nos yeux. Car fermant l'œil droit il ne les voyoit point du tout, fermant le gauche il ne les en voyoit pas moins, et mettant seulement le doit entre son œil et la flamme de la chandelle elles disparoissoient.

Cette expérience luy plut tellement qu'il ne put s'empêcher de luy donner place dans son traité des météores, où il explique les causes de ces couronnes, et même des rayons qui s'étendent en ligne droite autour des flambeaux. Mais il n'est point hors de propos de rapporter ici sur le même sujet ce qu'il en avoit mandé six ans auparavant au P Mersenne, et que le desir d'être court ne permit pas qu'il insérât dans son traité. Vous m'étonnez, marque-t'il à ce pére, de dire que vous avez vû tant de fois une couronne autour de la chandelle. De la maniére que vous la décrivez, il semble que vous ayez moyen de la voir quand il vous plaît. Je me suis frotté et tourné les yeux en toutes façons, pour tâcher d'appercevoir quelque chose de semblable : mais il m'a été impossible. Je suis pourtant d'accord avec vous pour en rapporter la cause aux humeurs de l'œil. Et pour cette raison je serois bien aise de sçavoir de vous si c'est en vous levant la nuit, et lors que vôtre vûë est encore chargée des vapeurs du sommeil, ou bien aprés avoir beaucoup lû, ou veillé, ou jeûné, que vous les voyez.

La chose ainsi supposée, je pense en pouvoir rendre la raison assez distinctement. Le pére Mersenne luy manda quelque têms aprés l'opinion de quelques autres personnes sur le même sujet : et sur ce qu'il luy marqua qu'il avoit ouy dire touchant ces couronnes que le milieu en étoit verd ou bleu, et que l'une des extrémitez étoit rouge, et l'autre jaune, il lui répondit que cela étoit sans fondement et certainement faux. Il ajouta qu'il valoit beaucoup mieux s'en tenir à l'expérience de Monsieur Gassendi, dont l'autorité étoit beaucoup plus considérable. Je sçay par épreuve, dit-il, et par raison, que dans tous les cercles ou iris qui peuvent se former il n'y a point d'autre ordre pour les couleurs que celuy-cy. La prémiére est de *rouge-pourpré* , la suivante *d'incarnat* , la troisiéme *d'orangé* , la quatriéme de *jaune* , la cinquiéme de *verd* , la sixiéme de *bleu* , la septiéme de *gris-de-lin* . Or il paroît plus ou moins de ces couleurs selon que l'iris est plus ou moins parfaite. En certaines iris, le rouge est au cercle convexe, et le bleu ou gris-de-lin au concave. Ce qui a trompé la personne qui avoit voulu vous persuader la chose autrement, ce sont sans doute vos couronnes de la chandelle, ausquelles il aura vû comme vous un cercle verd entre deux autres, dont l'un étoit rouge, et l'autre jaune ou orangé. La raison est que ce qui paroit autour de la chandelle n'est pas une couronne seule, mais deux différentes, dont chacune est rouge en convéxe, et celle de dehors verte en concave. Mais celle du dedans se terminant à la chandelle ne peut dégénérer en aucune couleur moins teinte que la flamme même, comme seroient le verd, le bleu, et le gris-de-lin : c'est pourquoi elle demeure jaune jusqu'à la chandelle. C'est ainsi que Monsieur Descartes sans avoir vû les choses dont il étoit question, réformoit souvent les remarques de ceux même qui les avoient vûës et qui croyoient les avoir bien observées.

Depuis la condamnation de Galilée il avoit achevé et revû son traité des lunettes, qu'il avoit eu dessein d'incorporer à *son monde* avant cét accident. Mais depuis son retour à Amsterdam, il considéra que ce petit traité n'avoit rien de commun avec les raisons qui l'obligeoient de supprimer son ouvrage. Ce fut ce qui le porta à l'en détacher dans le dessein de le faire imprimer à part. Je ne sçay s'il se présenta quelque nouvel obstacle à l'éxécution de ce dessein : mais il paroît qu'ayant appris qu'un de ses amis travailloit sur le même sujet, il lui envoya la partie de ce traité qui regardoit particuliérement la pratique ; et que ce qui pouvoit luy être resté s'est trouvé fondu depuis dans sa dioptrique.

Ce fut vers la fin de cette année que Monsieur Descartes perdit le plus ancien des amis qu'il eût acquis dans la

Hollande en la personne du Sieur Isaac Beeckman principal du collége de Dordrecht. Il s'étoit rendu habile dans la musique et dans les autres parties des mathématiques, particuliérement depuis l'aventure de Breda, qui lui avoit procuré dix-neuf ans auparavant la connoissance et l'amitié de M Descartes. Il paroît que son sçavoir l'avoit fait distinguer parmi les habiles gens de sa province, puisque les étrangers qui y voyageoient le mettoient au nombre de ceux qu'ils devoient visiter. La mort enleva encore vers le même têms deux autres mathématiciens assez célébres, mais qui étoient de l'Allemagne. Le prémier étoit Daniel Schwenter de Nuremberg âgé pour lors de cinquante années, professeur dans l'université d'Altorf, dont nous avons une géométrie pratique, et quelques autres ouvrages mêlez de physique et de mathématique. L'autre étoit Guillaume Schickard de Hernberg en Soüabe et professeur à Tubingue, qui avoit des habitudes particuliéres avec Monsieur Gassendi, principalement pour des observations astronomiques. Nous ne voyons pas que M Descartes eût de grandes relations avec luy, quoi qu'il ne fût inconnu à aucun des habiles mathématiciens de l'Europe. C'est lui qu'il allégue au dernier discours de ses météores sous le nom général de *mathématicien de Tubingue* touchant une observation des parhélies, qu'il avoit faite au mois de juin de l'an 1633, quatre ans aprés celle de Rome, dont nous avons eu occasion de parler. Ce n'est pas que Schickard eût jamais écrit à M Descartes en particulier touchant ce phénoméne : mais il en avoit publié à Tubingue dés l'an 1633 une dissertation que M Descartes avoit luë. Il fut emporté de la peste aprés environ quarante cinq années de vie au mois de novembre de l'année 1635 plûtôt que de la suivante, nonobstant l'autorité de quelques auteurs qui en ont écrit autrement.

Apres la résolution que M Descartes avoit faite de ne point laisser imprimer ses ouvrages de son vivant, il semble qu'il ne s'agissoit plus que de le tuer pour mettre le public en possession d'un bien qui devoit lui appartenir. Ses amis lui firent faire réfléxion sur l'injustice de sa conduite, et le tirérent du danger de se voir immoler à la colére publique en le relevant de sa protestation.

Il y avoit huit ans achevez qu'il vivoit retiré en Hollande, où il s'étoit trouvé autant seul et dégagé au milieu des peuples du plus grand commerce, que s'il avoit été dans les deserts les plus écartez. La longueur de ce terme sembloit fournir de justes prétextes aux reproches que luy faisoient ceux qui n'avoient consenti à son éloignement de Paris que pour récuëillir les fruits de sa solitude. D'ailleurs le nombre de quarante années de vie luy avoit acquis une maturité d'esprit capable de le mettre à couvert de tout ce qu'on a coûtume d'alléguer contre la précipitation des jeunes gens qui veulent paroître auteurs avant l' âge. Ces considérations le portérent à mettre en ordre ce qu'il trouvoit parmi ses papiers qui lui paroissoit le plus en état de voir le jour : et dés qu'il fut arrivé de Frise à Amsterdam, il fit sçavoir au Pére Mersenne que c'étoit tout de bon qu'il alloit se faire auteur, et qu'il n'étoit venu en cette ville que dans le dessein d'imprimer. Il y avoit long-têms que les Elzeviers soit par compliment soit par un sérieux empressement lui faisoient témoigner qu'ils s'estimeroient fort honorez de pouvoir être ses libraires. Appuyez sur ce qu'il leur avoit toujours fait répondre avec civilité, et qu'il ne leur avoit point paru rejetter leurs propositions, ils le virent tranquillement à Amsterdam sans se soucier de le prévenir : et présumant qu'il ne leur échapperoit pas, ils voulurent le laisser venir, et parurent avoir envie de se faire prier. M Descartes crut avoir pénétré d'abord dans leur esprit ; et il se résolut sur l'heure de se passer d'eux. Il pouvoit choisir d'autres libraires dans Amsterdam, à Leyde, où dans telle autre ville de Hollande qu'il luy auroit plû : mais avant que de rien déterminer, il voulut en délibérer avec le P Mersenne qui tenoit son conseil à Paris. Il manda à ce pére qu'il étoit prêt de luy envoyer ses écrits, s'il jugeoit qu'ils pussent être imprimez à Paris plus commodément qu'en Hollande, et s'il vouloit bien prendre soin de l'impression selon les offres obligeantes qu'il luy en avoit faites autrefois. Dans cette supposition il le prévint sur les fautes nombreuses d'ortographe et de ponctuation qu'il auroit à corriger, et sur les figures tracées de sa main, c'est-à-dire assez mal, qu'il auroit à rectifier, et à faire comprendre au graveur de Paris.

Il lui permit même de choisir un libraire, et de traiter avec luy pour la stipulation de deux cens exemplaires, et la qualité du papier et des caractéres, sans achever néanmoins de conclure le traité, avant qu'il lui eût donné avis de ce qu'il auroit fait. Il lui envoya par avance le titre des quatre traitez qu'il s'agissoit d'imprimer, et qui, selon son calcul, ne devoient faire ensemble qu'un volume de cinquante ou soixante feüilles, de la forme qui s'appelle *in quarto* . Ce titre étoit alors conçû en ces termes, *le projet d'une science universelle qui puisse élever nôtre nature à son plus haut degré de perfection. Plus la dioptrique, les météores, et la géometrie ; où les plus curieuses matiéres que l'auteur ait pû choisir pour rendre preuve de la science universelle qu'il propose sont expliquées, en telle sorte que ceux même qui n'ont point étudié les peuvent entendre* .

Le P Mersenne qui n'ignoroit point l'art d'accommoder le service de ses amis avec la pratique de la régle de son couvent, n'auroit pas manqué de conduire heureusement cette affaire jusqu'à la fin. Mais l'appréhension que M Descartes eut des embarras qu'elle auroit causez à ce pére, jointe à la considération de la netteté des caractéres, de l'excellence du papier, et des autres commoditez qu'il pourroit recevoir d'une impression de Hollande, à laquelle sa présence ne seroit pas inutile, le fit résoudre à choisir Jean Maire imprimeur de Leyde. Il pouvoit se contenter du privilége que ce libraire obtint des etats le Xxii de Décembre de l'an 1636.

Mais son cœur n'auroit pas été content, si pour marquer son amour et sa parfaite soumission à son roy, et pour procurer à son livre les avantages de ceux qui s'impriment en France par autorité publique, il ne s'étoit mis en devoir d'obtenir un privilége du roy trés-chrétien. Il lui fut accordé avec de grandes marques d'estime et de distinction le quatriéme de May de l'an 1637, pour faire imprimer non seulement les quatre traitez dont il étoit question, mais encore tout ce qu'il avoit écrit jusques-là, et tout ce qu'il pourroit écrire dans la suitte de sa vie, *en telle part que bon luy sembleroit, dedans et dehors le royaume de France,* etc. Quoique le roy fût déja informé du mérite de M Descartes, il paroît que la faveur qu'on luy faisoit, regardoit moins sa personne que l'intérêt du bien public.

Il ne laissa point de la considérer comme si elle eût été pour luy seul. Il le pouvoit, sur la maniére des termes du privilége, qui portoient que sa majesté *desiroit le gratifier, et faire connoître que c'etoit à lui que le public avoit l'obligation des inventions* qu'il avoit à publier ; et que *l'invention des sciences et des arts accompagnez de leurs démonstrations et des moiens de les mettre en exécution, etant une production des esprits qui sont plus excellens que le commun, a été cause que les princes et les etats en ont toujours reçû les inventeurs avec toutes sortes de gratifications, afin que les lieux de leur obéissance où ces choses s'introduisent en deviennent plus florissans .*

Un privilége conçû en des termes si honorables auroit été un grand sujet de vanité à bien des auteurs : et quelqu'un de ceux qui se picquoient d'en connoître la valeur avoit déja dit hautement, *qu'il l'estimoit plus qu'il n'auroit fait des lettres de chevalerie .*

Mais ce qui pouvoit causer de la jalousie aux autres ne servit qu'à donner de la confusion et de l'embarras à M Descartes. Pour se décharger de l'envie, il tâcha de rejetter l'affaire sur le P Mersenne : et voulant trouver à redire au zéle que ce pére avoit fait paroître pour son service en cette rencontre, il luy fit des reproches sur l'affectation qu'il avoit montrée à le vouloir faire distinguer des autres auteurs en ce point ; sur la facilité qu'il avoit euë à faire voir sa copie à quelques curieux contre sa volonté ; et sur le peu de discrétion qu'il avoit eu pour rompre le secret, et déclarer son nom, aprés ce qu'il lui avoit mandé sur la résolution qu'il avoit prise de demeurer anonyme.

Il lui récrivit dans le mouvement du chagrin que lui causoit le retardement de ses affaires, qu'il auroit beaucoup mieux aimé un privilége dans la forme la plus simple, comme il l'en avoit expressément prié ; et il le fit souvenir qu'il avoit rejetté ce qui paroissoit trop en sa faveur dans le projet qu'il lui en avoit envoyé. Il le pressa de l'envoyer de telle forme qu'il pût être, ou de lui mander qu'on l'avoit refusé plûtôt que de différer davantage. Il trouvoit mauvais que ce pére eût demandé un privilége général pour tous ses ouvrages faits ou a faire, parce que c'étoit donner un juste sujet à m. Le chancelier de le refuser même pour la copie dont il étoit question. Car outre qu'il le faisoit parler dans ce privilége d'une maniére assez immodeste, et toute contraire à ses intentions, en lui faisant demander *octroy* pour des livres qu'il avoit témoigné n'avoir pas dessein d'imprimer : il sembloit vouloir le rendre malgré luy *faiseur et vendeur* de livres, ce qui étoit fort opposé à son humeur et trés indigne de sa profession. Tout ce qui pouvoit le regarder en cela étoit seulement la permission d'imprimer : car pour le privilége il n'est que pour les libraires ; qui craignent que d'autres ne contrefassent l'impression, en quoi les auteurs n'ont point d'intérêt.

Le P Mersenne se trouva un peu mortifié de la réprimende que lui faisoit son amy. M Descartes s'en apperçût par la réponse que luy fit ce pére : et craignant d'avoir traité avec trop de dureté une personne qui n'avoit manqué que par excez de bienveillance, il luy en fit excuse, et luy protesta qu'il n'avoit eu dessein de se plaindre que du trop de soin qu'il faisoit paroître pour l'obliger. C'étoit un effet de l'appréhension qu'il avoit de ce qui étoit effectivement arrivé depuis, que ce pére ne mît la copie (qu'il ne lui avoit envoyée uniquement que pour la faire voir à m. Le chancelier) entre les mains de gens qui la retinssent pour la lire, sans se soucier de presser le privilége, nonobstant l'impatience du libraire de Leide, qui étoit déja à la fin de son impression. Sur ce que M Descartes avoit ajouté dans sa lettre de réprimende, *qu'il n'osoit écrire tout ce qu'il en pensoit,* le P Mersenne s'étoit imaginé qu'il le soupçonnoit d'avoir voulu retenir son ouvrage pour le transcrire, et le convertir à son usage au préjudice de son auteur. Cette pensée l'avoit véritablement affligé, croyant que sa fidélité étoit devenuë suspecte. M Descartes plus vivement touché de cét endroit que du reste, luy récrivit en ces termes. Je craignois que ceux à qui vous aviez laissé voir ma copie, afin d'avoir d'autant plus de têms pour la lire et en faire ce qu'ils jugeroient à propos, ne vous eussent persuadé de demander un privilége général, qui ne manqueroit pas d'étre refusé à ces conditions ; et qu'ainsi il ne s'écoulât beaucoup de têms dans tous ces mouvemens. C'est pour cela seul que je vous mandois que je *n'osois écrire ce que j'en pensois* .

Car je vous jure qu'il ne m'est jamais entré dans la pensée que vous eussiez envie de vous prévaloir de ce qui est dans ce livre ; et que je suis trés-éloigné d'avoir de telles opinions d'une personne, de l'amitié et de la sincérité de qui je suis trés-assuré : vû que je ne l'ay pas même pû avoir de ceux que j'ay sçû ne m'aimer pas, et être gens d'ailleurs qui tachent d'acquerir de la réputation à fausses enseignes, comme de B H F et leurs semblables. Si je me suis plaint de la forme du privilége, ce n'a été qu'afin que ceux à qui vous en pourriez parler ne crussent point que ce fût moy qui l'eusses fait demander en cette sorte : parce qu'on auroit eu ce me semble trés-juste raison de se mocquer de moy, si j'avois osé le prétendre si avantageux, et qu'il m'eût été refusé. Mais l'ayant obtenu, je ne laisse pas de l'estimer extrémement, et de vous en avoir une trés-grande obligation… quant à ce que vous avez dit mon nom à quelques-uns, et que vous leur avez fait voir ce livre, je suis trés-persuadé que vous ne l'avez fait que pour m'obliger ; et il faudroit que je fusses bien de mauvaise humeur si je m'offensois d'une chose que je sçay qu'on n'a faite que pour me servir : mais je me sens particuliérement redevable à cette dame qui vous a écrit, de ce qu'il luy plaît de juger de moy si favorablement.

Le P Mersenne content de la satisfaction que lui faisoit M Descartes, et des éclaircissemens qu'il en avoit reçûs, redoubla ses soins pour faire expédier le privilége, auquel il ne se trouva aucun obstacle ni delay de la part de m. Le chancelier. Aprés l'avoir retiré du sçeau il en retint une copie collationnée pour s'en servir aux occasions, et envoia l'original à Jean Maire à Leyde par le prémier ordinaire de la poste, comme M Descartes l'en avoit prié. Le libraire, à qui cette attente avoit fait suspendre son impression et diffrer de tirer la derniére feüille, fit lire le privilége à M Descartes qui se trouvoit à Leyde depuis quelque têms. Il parut frappé lors qu'il vid son nom exprimé dans le privilége, contre ce qu'il avoit expressément mandé au P Mersenne. Il se mit dans la meilleure contenance qu'il put pour ne point laisser paroître son mécontentement ; et se servant du reméde qui luy restoit en main, il retira son privilége, et se contenta d'en donner un extrait au libraire, où il supprima le nom de l'auteur.

Le reméde fut presque sans effet : et lors qu'il fut question de distribuer les présens de son livre, il s'apperçût au moins qu'il étoit inutile de dissimuler le nom de la personne, de la part de qui on devoit les recevoir. Il faut avoüer (dit-il à un gentil-homme de la cour du Prince D'Orange) que n'ayant pas voulu mettre mon nom à mes ecrits, je ne m'étois point attendu qu'ils me dussent donner occasion de le faire dire à des personnes aussi hautes que celles à qui il s'agit de les presenter. Mais ayant reçû ces jours derniers un privilége du roy dans lequel il a été mis, quelque soin que j'aye eu de le celer, je crois devoir faire maintenant comme si j'avois eu dessein de le publier ; et je ne puis presque plus supposer qu'il soit inconnu.

Mais parce qu'on a ajoûté quelques clauses dans ce privilége que je n'ay jamais vuës en d'autres livres, et qui sont beaucoup plus avantageuses pour moy que je ne mérite, bien que je ne les aye point desirées, et que je n'aye demandé qu'à être reçû au nombre des ecrivains les plus vulgaires : j'en suis tellement obligé au roy que je ne sçay quels moiens je dois chercher pour lui faire paroître ma reconnoissance. Car je ne crois pas que nous soyons seulement redevables aux grands des faveurs que nous recevons immédiatement de leurs mains, mais aussi de toutes celles qui nous viennent de leurs ministres, tant parce qu'ils leur en donnent le pouvoir, que parce qu'ayant fait choix de telles personnes plûtôt que d'autres, nous devons croire que leurs inclinations à nous obliger sont les mêmes que nous remarquons en ceux ausquels ils donnent pouvoir de nous faire du bien. Ainsi quoique je n'aye pas la vanité de croire que les pensées du roy se soient abbaissées jusqu'à moy, et qu'il sçache rien du privilége que m. Le chancelier a eu la bonté de me scéeller, je ne laisse pas d'en avoir la prémiére et la principale obligation à sa majesté. Je reconnois en cela que la France est bien autrement et beaucoup mieux gouvernée que n'étoit autrefois la ville d'Ephése, où il étoit deffendu d'exceller : vû qu'on y gratifie non seulement ceux qui excellent, au rang desquels je n'ose aspirer, mais même ceux qui font quelque effort pour bien faire, encore que ce soit par des voies extraordinaires, qui est une chose de laquelle j'avouë qu'on auroit eu droit de m'accuser, si j'avois vécu parmi les ephésiens.

Le privilége du roy mis entre les mains du libraire de Hollande fit achever l'impression des essais de la philosophie de M Descartes quelque têms aprés qu'il eût quitté la ville de Leyde. Les quatre traitez qui les composoient, sortirent de la presse le Viii de Juin 1637, mais sous un autre titre que celui que l'auteur avoit envoyé au Pére Mersenne pour l'édition qu'on en vouloit faire à Paris. Il est exprimé en ces termes. *discours de la méthode pour bien conduire sa raison, et chercher la vérité dans les sciences. plus, la dioptrique, les météores, et la géométrie, qui sont des essais de cette méthode.* ce nouveau titre semble marquer les intentions de l'auteur avec un peu plus de simplicité et de modestie que celui qui ne promettoit rien moins que le projet d'une sçience universelle, qui pût élever nôtre nature au plus haut degré de sa perfection. Mais ce titre, au moins pour le prémier traité, ne répondoit pas encore assez parfaitement à l'idée de son travail. Son dessein n'étoit pas d'y enseigner toute sa méthode ; mais de n'en proposer que ce qu'il estimoit suffisant pour faire juger que les nouvelles opinions qui se verroient dans la dioptrique et dans les météores, n'étoient point conçûës *à la légére* , et qu'elles valoient peut-être la peine d'être examinées. Quoique les traitez de la dioptrique, des météores, et de la géométrie ne fussent que les essais de cette méthode, il ne put néanmoins montrer l'usage de cette méthode dans ces trois traitez, parce que l'ordre qu'elle prescrivoit pour chercher les choses étoit différent de celuy dont il crut devoir user pour les expliquer.

Il commence ce discours de la méthode par diverses considérations touchant les sçiences. Il propose ensuite les principales régles de la méthode qu'il a cherchée pour son usage particulier dans la maniére de conduire sa raison. Aprés il avance quelques maximes de la morale qu'il a tirée de cette méthode. Puis il fait une déduction des raisons par lesquelles il prouve l'éxistence de Dieu, et de l'ame humaine, qui sont les fondemens de sa métaphysique. On y void ensuite l'ordre des questions de physique qu'il a cherchées, et particuliérement l'explication du mouvement du cœur, et de quelques autres difficultez qui regardent la médecine, avec la différence qui se trouve entre nôtre ame et celle des bêtes. En dernier lieu il y fait une déduction des choses qu'il croid être requises pour aller plus avant dans la recherche de la nature qu'on n'avoit fait jusqu'alors. Il finit en protestant que toutes ses vûës ne tendent qu'à l'utilité du prochain, mais qu'il est trés-éloigné de vouloir jamais s'appliquer *à ce qui ne peut être utile aux uns qu'en nuisant aux autres* , ne demandant pour toute reconnoissance à ceux qui devoient profiter de ses recherches, que la liberté de joüir de son loisir sans trouble.

Plusieurs ont considéré ce discours de la méthode de M Descartes comme la logique de sa philosophie : et il est difficile de n'être pas de leur sentiment, lors qu'on considére que la fin de sa méthode n'est autre que de former le jugement, et de prescrire des régles à l'esprit pour se conduire. Quelques uns ont prétendu que la véritable logique de M Descartes n'étoit autre que sa géométrie, parce qu'ils l'ont regardée comme la clef de tous les arts libéraux, et de toutes les sciences. Ils ont supposé dans cette pensée que sans le secours d'aucune autre régle ni connoissance qu'on dût avoir apprise auparavant, elle peut servir seule non seulement à nous faire juger trés-heureusement de tout ce qui concerne la philosophie, mais encore à faire une épreuve juste et certaine des inventions des autres, et à éxaminer ce qu'il y a de défectueux et de superflu dans ce qui a paru jusqu'ici, et ce qui reste à ajoûter pour porter les sciences et les arts à leur perfection, et pour les acquerir.

D'autres ont estimé que la vraye logique de M Descartes est proprement le traité qu'il donna trois ans aprés sous le titre de méditations métaphysiques, parce que c'est là principalement, où aprés avoir proposé le dépoüillement de tout préjugé et de toute connoissance acquise par l'éducation, la coûtume, et l'autorité, il établit la pensée pour le grand principe sur lequel il vouloit bâtir toute sa philosophie. M Gassendi qui est l'un des principaux auteurs de cette opinion s'est donné la peine de reduire cét ouvrage à ses principaux points, et d'en faire un abrégé, qu'il a intitulé Logica Cartesii.

Nous connoissons d'autres auteurs qui ont parlé de la logique de M Descartes, comme d'un ouvrage qui n'a point encore vû le jour. Le P Rapin qui est de ce nombre, avoit oüy dire que M Descartes avoit commencé une logique, mais qu'il ne l'avoit pas achevée ; et qu'il en étoit resté quelques fragmens entre les mains d'un de ses disciples sous le titre *de l'érudition* .

Ce disciple ne peut être que M Clerselier qui s'est trouvé le possesseur unique de tout ce que M Descartes avoit jamais écrit, tant de ce qui étoit fini que de ce qui n'étoit que commencé. Mais aprés une recherche éxacte qui s'est faite de cette logique prétenduë parmi ses papiers, il ne s'est rien trouvé sous le titre *d'erudition* , ny même rien qui puisse passer pour logique, si l'on en excepte *ses regles pour la direction de l'esprit dans la recherche de la verité* , qui peuvent servir de modéle pour une excellente logique, et qui font sans doute une portion considérable de sa méthode, dont ce que nous avons d'imprimé à la tête de ses essais ne fait qu'une petite partie.

Mais tant que l'ouvrage concernant la direction de l'esprit de l'homme dans la recherche de la vérité demeurera enseveli dans les ténebres, il nous sera permis de regarder le discours qu'il a publié de sa méthode comme sa vraye logique. Il faut avoüer que ce n'est qu'une ébauche d'une juste dialectique, dont il s'est contenté de donner quelques traits. Il n'a point prétendu y former l'esprit dans toutes ses fonctions, soit pour les sciences, soit pour la vie civile ; mais lui apprendre seulement à découvrir certaines véritez par la seule lumiére naturelle. On prétend neanmoins que ce peu qu'il a donné, mérite mieux le nom de logique ou d'entrée à la philosophie et à toutes les autres sciences, que l'organe d'Aristote, parce que cela est plus simple et moins métaphysique, et que cela paroît plus propre à des esprits qui ne sont encore prévenus d'aucune connoissance. Mais ce que M Descartes s'étoit contenté d'ébaucher, a été depuis porté à sa perfection par ses disciples : et aprés ce que Clauberg professeur de Duysbourg en Allemagne, et principalement l'auteur de *l'art de penser* en France ont publié sur ce sujet, il n'est plus permis de se plaindre que la philosophie de M Descartes soit destituée d'une logique réguliére et méthodique.

Je laisse trés-volontiers aux sectateurs de nôtre philosophe le soin de nous faire voir les avantages de sa méthode au dessus de l'organe d'Aristote, et de toutes les autres logiques. On n'a point eu jusqu'ici grand sujet de les accuser de négligence sur ce point.

Mais il faut avoüer que ce que ses adversaires y ont reconnu de singulier et d'excellent mérite encore plus d'attention. Ils conviennent entre-eux que ce que M Descartes propose dans ce discours n'est pas mal imaginé ; et qu'encore que cela soit nouveau, il n'y paroît rien d'odieux, ni rien qui rebute nôtre esprit.

Ils reconnoissent que pas un des modernes n'a mieux rêvé que luy, et qu'on y trouve une profondeur de méditation qui luy est particuliére. S'ils se partagent dans leurs opinions, c'est pour dire avec H Moore, qu'il y fait voir une modestie d'esprit qui le rend aimable, et une grandeur d'ame qui le fait admirer : ou avec le P Rapin, qu'on y trouve des traits de sincérité qui découvrent le véritable fonds de son esprit, sur tout dans les endroits semblables à celui où il dit que l'on n'acquiert par la philosophie que le moien de parler vray-semblablement de toutes choses, et de se faire admirer par les moins sçavans.

Les défauts de ce traité sont peut être les mêmes que ceux qu'on a coûtume de remarquer dans les ouvrages que les auteurs n'ont faits d'abord que pour eux-mêmes, et qui ne doivent leur publication qu'au hazard. Car il est bon d'avertir ceux qui ont soupçonné M Descartes d'avoir voulu faire le maître et le docteur dans ce traité, que ce n'est pas une méthode qu'il eût jamais eu la pensée de prescrire aux autres, mais qu'il avoit suivie lui même, par le droit que lui donnoit la liberté de se conduire selon les lumiéres naturelles qu'il avoit reçûës de Dieu. Ses adversaires ont trouvé dans ce discours de la méthode moins d'ordre, moins de régularité, que dans l'organe d'Aristote ; et ils ont crû que c'étoit le moins méthodique de ses ouvrages.

Aussi faut-il avoüer que c'est moins un traité dogmatique de sa philosophie, qu'une narration familiére de ses études et de ses imaginations, qu'il a crû devoir écrire d'un stile simple et négligé, pour être plus clair, et pour se rendre plus intelligible aux esprits les plus médiocres. Mais personne ne mérite mieux d'être écouté sur les défauts de ce traité que lui même. Il contoit pour rien cette prétenduë négligence que ses adversaires y appercevoient, et cette confusion que le mélange des matiéres morales, physiques, et métaphysiques sembloit y produire. Il paroissoit indifférent à ces défauts, si l'on excepte l'obscurité, qu'il reconnoissoit dans l'article où il avoit essayé de parler de l'éxistence de Dieu. Voici comme il s'en excusa à un pére jésuite qui lui avoit rendu des témoignages fort avantageux de ce traité, et des autres qu'il y avoit joints. Il est vray que j'ay été trop obscur en ce que j'ay écrit de l'éxistence de Dieu, dans ce traité de la méthode. Et quoi que ce soit la piéce la plus importante, j'avouë que c'est la moins travaillée de tout l'ouvrage : ce qui vient en partie de ce que je ne me suis résolu de l'y joindre que sur la fin, et lors que le libraire me pressoit.

Mais la principale cause de son obscurité vient de ce que je n'ay osé m'étendre sur les raisons des scéptiques, ny dire toutes les choses qui sont nécessaires pour dégager l'esprit des sens. Car il n'est pas possible de bien connoître la certitude et l'évidence des raisons qui prouvent l'éxistence de Dieu selon ma maniére, qu'en se souvenant distinctement de celles qui nous font remarquer de l'incertitude dans toutes les connoissances que nous avons des choses matérielles : et ces pensées ne m'ont point paru propres à mettre dans un livre, où j'ay voulu que les femmes mêmes pussent entendre quelque chose, tandis que les plus subtils y trouveroient aussi assez de matiére pour occuper leur attention. J'avouë aussi que cette obscurité vient en partie, comme vous l'avez fort bien remarqué, de ce que j'ay supposé que certaines notions, que l'habitude de penser m'a rendu familiéres et évidentes, le devoient être aussi aux autres : sur quoi je me suis proposé de donner quelques éclaircissemens dans une seconde impression.

Ceux qui trouveront dans ce discours de la méthode d'autres endroits qu'ils jugeront avoir besoin d'éclaircissement, pourront être renvoiez aux commentaires qui ont été faits par les cartésiens pour les expliquer. Les plus importants des ouvrages qui ont paru sur ce sujet, sont le livre du Sieur Clauberg professeur de Duysbourg, qui publia deux ans aprés la mort de nôtre philosophe à Amsterdam une ample exposition de sa méthode, avec des défenses contre Revius et Lentz ou Lentulus ; et celuy du Pére Poisson prêtre de l'oratoire, qui fit imprimer à Vendôme en 1670 les remarques qu'il avoit faites sur cette méthode.

Ce n'étoit pas assez que les adversaires de M Descartes crussent ou voulussent faire croire qu'il ne connoissoit point d'autre *logique* que ce qu'il en debite dans sa méthode : il falloit encore qu'ils publiassent qu'il n'avoit point d'autre *morale* que les quatre maximes qu'il s'étoit prescrites pour la conduite particuliére de sa vie, et que nous avons rapportées à la fin du cinquiéme chapitre du prémier livre de cet ouvrage. S'il avoit prétendu rendre la prémiére de ces maximes générale et commune à toutes sortes de personnes, il faut avoüer que ce seroit fait de sa réputation parmi les chrêtiens. Elle consiste à obéïr aux loix de son pays ; à vivre dans la religion de ses péres ; à suivre un genre de vie qui soit également éloigné des deux extrémitez. Il n'y a aucune de ces trois conditions qui puisse faire rejetter cette maxime comme pernicieuse, si l'on considére que M Descartes ne l'a établie que pour un homme tout semblable à luy, c'est-à-dire pour un françois, pour un catholique, et pour un philosophe de vie commune que Dieu ne conduisoit point par les voyes de M De Chasteüil, de M De Pont-Château, de M De La Trappe, et des autres solitaires françois, que la providence à choisis parmi la noblesse et les sçava ns, pour faire des exemples de la pratique la plus sévére des conseils évangéliques. M Descartes n'avoit reçû cette maxime que pour lui seul ; et il auroit été le prémier à la condamner dans un homme qui auroit eu d'autres qualitez, d'autres engagemens, et d'autres dispositions que lui. C'est à quoi ses adversaires ont négligé de prendre garde. Mais sans nous arrêter à leur procédé, contentons nous de leur faire sçavoir que les quatre maximes de morale qui se trouvent dans la méthode de M Descartes, toutes excellentes qu'elles sont, n'ont jamais passé dans son esprit pour un corps régulier et accompli de philosophie morale. Persuadé qu'il n'avoit point de vocation pour donner des loix aux autres, il est toujours demeuré soumis à celles qui lui étoient légitimement prescrites : et l'on peut assurer qu'il n'a jamais embrassé ni débité d'autre philosophie morale, que celle de S Thomas qui étoit son auteur favori, et presque l'unique théologien qu'il eût jamais voulu étudier.

Le prémier essai de la méthode de M Descartes est le traité de la *dioptrique* , qu'il a partagé en dix parties qui sont autant de discours sur la lumiére, sur la réfraction, sur l'œil et les sens, sur les images qui se forment dans le fonds de l'œil, sur la vision, sur les lunettes, et la taille des verres. Le dessein de l'auteur dans ce traité étoit de nous faire voir que l'on peut aller assez avant dans la philosophie, pour arriver par son moyen jusqu'à la connoissance des arts qui sont utiles à la vie. Il n'y a rien omis de ce qui pourroit être nécessaire pour expliquer ce qu'il y a de plus important dans l'optique et la catoptrique. Mais il y a éclairci toute cette matiére d'une maniére si solide et si nouvelle, que l'étonnement public, qui fit naître l'admiration et la reconnoissance dans les esprits desireux de s'instruire, produisit dans quelques mathématiciens une jalousie qui n'aboutit qu'à des animositez et à des disputes. Elles allumérent entre-eux une petite guerre, dont les suites ont été longues et facheuses, mais utiles néanmoins au public, et glorieuses à M Descartes. Si ce traité a eu ses adversaires comme les autres, il a eu aussi ses défenseurs et ses commentateurs. Ceux d'entre-eux qui se sont signalez du vivant de nôtre philosophe pourront fournir de la matiére à l'histoire de sa vie dans la suite de cét ouvrage.

Le traité qui fait le second essai de sa méthode est celuy des *météores* qu'il a divisé en autant de parties ou chapitres que celuy de la dioptrique. Il y traite des corps terrestres ; des vapeurs et exhalaisons ; du sel ; des vents ; des nuës ; de la pluie, de la nége, et de la grêle ; des tempêtes, de la foudre, et des autres feux qui s'allument en l'air ; de l'arc-en-ciel ; de la couleur des nuës, et des cercles ou couronnes qui paroissent quelquefois autour des astres ; des parhélies ou apparition de plusieurs soleils. Nous avons rémarqué ailleurs que ce traité doit principalement son origine à l'observation des parhélies qui fut faite à Rome au mois de Mars de l'an 1629. Cette occasion luy avoit fait interrompre ses autres études, pour éxaminer ce phénoméne : et la satisfaction qu'il avoit reçûe de luy même en ce point, l'avoit fait passer de suite à la recherche des météores, dont il n'abandonna point l'étude qu'aprés s'être mis en état d'en pouvoir rendre raison. Mais il ne s'assujettit point à continuer l'ouvrage pour le conduire à sa fin. Les occasions qui se présentérent de faire depuis d'autres observations sur les météores, luy fournirent la matiére de quelques chapitres qu'il ne composa que quelques années aprés ; et il ne s'avisa de les incorporer au reste, que lors qu'il fut question de mettre le traité sous la presse. La lecture de cét ouvrage produisit à M Descarte s l'effet qu'il en avoit espéré. Cét effet n'étoit autre que la persuasion qu'il prétendoit donner à tout le monde de la différence totale qui se trouvoit entre sa maniére de philosopher, et celle qui étoit en usage dans les écoles. En quoi l'on peut dire qu'il a rencontré moins d'adversaires pour ses météores que pour tous ses autres ouvrages.

Le derniér des essais de sa méthode qu'il voulût donner pour lors au public est son traité de *géométrie* qui comprend trois livres, où il s'agit principalement de la construction des problémes. Le dessein de l'auteur dans cét ouvrage étoit de faire voir par voye de démonstration qu'il avoit trouvé beaucoup de choses qui avoient été ignorées avant luy, et d'insinuer en même têms qu'on en pouvoit découvrir encore beaucoup d'autres, afin d'exciter plus efficacement tous les hommes à la recherche de la vérité. Il ne s'étoit pas résolu d'abord à rien publier de sa géométrie parmi les essais de sa méthode, et l'on commençoit déja l'impression de ses météores, lors qu'il s'avisa d'y travailler. Les plus habiles mathématiciens n'ont pû se persuader que ce fût un ouvrage fait à la hâte : mais il n'a point voulu que nous doutassions de ce fait aprés avoir écrit à un pére jésuite en ces termes. Ma géométrie est un traité que je n'ay presque composé que pendant qu'on imprimoit mes météores, et même j'en ay inventé une partie pendant ce têms-là. Mais je n'ay pas laissé de m'y satisfaire autant et plus que je ne me satisfais d'ordinaire de ce que j'écris. On se tromperoit au reste de croire que M Descartes eût eu intention de donner les élémens de la géométrie dans cét ouvrage, qui demande d'autres lecteurs que des écoliers en mathématiques. Il s'étoit étudié dans les trois traitez qui précédent celuy-cy, à se rendre intelligible à tout le monde, parce qu'il étoit question de faire comprendre des choses qui n'avoient pas encore été enseignées, ou dont on n'avoit pas encore donné les véritables principes. Mais voyant qu'il s'étoit fait avant luy beaucoup d'ouvrages de géométrie, ausquels il ne trouvoit rien à redire, il ne crût pas devoir répéter dans son traité ce qu'il avoit vû de bon et de fort bien démontré dans les autres. Loin de vouloir les rendre inutiles par son travail, il contribua solidement à les rendre nécessaires, puis qu'il faut les avoir lûs pour pouvoir comprendre sa géométrie. C'est pourquoi il ne commença que par où ils ont fini. Il supprima les principes de la plus grande partie de ses régles, et leurs démonstrations. Il avoit prévu même que plusieurs de ceux qui auroient lû les autres géométres, mais qui n'auroient acquis qu'une connoissance commune de cette science, pourroient trés-difficilement parvenir à l'intelligence de son écrit. Je sçay, dit-il au médecin Plempius, que le nombre de ceux qui pourront entendre ma géométrie sera fort petit. Car ayant omis toutes les choses que je jugeois n'être pas inconnuës aux autres, et ayant tâché de comprendre, ou du moins de toucher plusieurs choses en peu de paroles, (même toutes celles qui pourront jamais être trouvées dans cette science,) elle ne demande pas seulement des lecteurs trés-sçavans dans toutes les choses qui jusqu'icy ont été connuës dans la géométrie et dans l'algébre, mais aussi des personnes trés-laborieuses, trés-ingénieuses, et trés-attentives.

Aprés tout, ce fut un peu par affectation et par malice qu'il se rendit difficile à entendre dans sa géométrie : et s'il est fâcheux qu'il ait mérité pour ce point d'être mis en paralléle avec Aristote au sujet de son obscurité étudiée, il est encore plus fâcheux qu'il trouve aujourd'huy tant de gens qui prétendent qu'il ait eu plus de raison qu'Aristote d'en user de la sorte. On en jugera par ce qu'il en écrivit dix-huit mois après à M De Beaune en ces termes. J'ay omis dans ma géométrie, dit-il, beaucoup de choses qui pouvoient y être ajoutées pour la facilité de la pratique. Toutesfois je puis assurer que je n'ay rien omis qu'à dessein, excepté le cas de *l'asymptote*

que j'ay oublié. Mais j'avois prévû que certaines gens qui se vantent de sçavoir tout n'auroient pas manqué de dire que je n'avois rien écrit qu'ils n'eussent sçû auparavant, si je me fusses rendu assez intelligible pour eux : et je n'aurois pas eu le plaisir de voir l'incongruité de leurs objections. Outre que ce que j'ay omis ne nuit à personne. Car pour les autres, il leur sera plus avantageux de faire des efforts pour tâcher de l'inventer d'eux-mêmes, que de le trouver dans un livre. Pour moy je ne crains pas que ceux qui s'y entendent, prennent aucune de ces omissions qu'ils m'imputent pour des marques de mon ignorance. Car j'ay eu soin de mettre en toute rencontre ce qu'il y a de plus difficile, et de ne laisser que ce qu'il y a de plus aisé.

Le peu de solidité qui a paru dans cette raison que M Descartes n'a point été honteux de débiter encore au Pére Mersenne, et à quelques autres de ses amis, a fait juger à ses ennemis que sa solitude et sa philosophie n'avoient pas encore entiérement épuré ses passions. Ce qui donna aussi lieu à des jugemens si peu avantageux fut la bonne opinion qu'il parut avoir pour sa géométrie, et qu'ils ne manquérent pas d'attribuer à des mouvemens de quelque secréte vanité, dans le têms même qu'ils joignoient leurs voix avec celles de ses admirateurs pour reconnoître qu'il ne s'étoit point vû de plus grand géomettre depuis la naissance du monde. Il auroit apparemment prévenu cette médisance, si la complaisance pour des amis à qui il n'étoit point en état de rien refuser, ne l'avoit engagé à en dire ingénûment sa pensée. Je ne suis pas bien aise, dit-il à l'un d'eux, d'être obligé de parler avantageusement de moy même. Mais parce qu'il y a peu de gens qui puissent entendre ma géométrie, et que vous desirez que je vous mande quelle est l'opinion que j'en ay, je crois qu'il est à propos que je vous dise *qu'elle est telle que je n'y souhaite rien d'avantage* . J'ay tâché par la dioptrique et par les météores de persuader que ma méthode est meilleure que la méthode ordinaire : mais je prétends l'avoir démontré par ma géométrie. Car dés le commencement j'y résous une question qui par le témoignage de Pappus n'a pû être trouvée par aucun des anciens : et l'on peut dire qu'elle ne l'a pû être non plus par aucun des modernes, puis qu'aucun n'en a écrit, et que néanmoins les plus habiles ont tâché de trouver les mêmes choses que Pappus dit au même endroit avoir été cherchées par les anciens. C'est ce qu'ont fait les auteurs de l'Apollonius Redivivus, de l'Apollonius Batavus, et les autres, du nombre desquels il faut mettre aussi m. Vôtre conseiller, de Maximis et Minimis. Mais aucun de ces modernes n'a sçû rien faire que les anciens ayent ignoré.

Aprés cela, ce que je donne au second livre touchant la nature et les propriétez des lignes courbes, et la façon de les examiner, est, ce me semble, autant au delà de la géométrie ordinaire, que la rhétorique de Cicéron est au delà de l'a, b, c, des enfans. M Descartes parloit ainsi de luy même à des amis qui avoient sa confiance, et qu'il croyoit discrets, sans songer que ce que la prudence tient caché entre amis pendant la vie, est souvent sujet à devenir public aprés la mort des uns ou des autres. Ses envieux qui paroissoient beaucoup plus ingénieux à ruiner sa réputation que ses amis ne l'étoient à la ménager, tâchérent de luy faire un nouveau crime du discernement qu'il avoit entrepris de faire entre ceux qu'il croyoit capables d'entendre sa géométrie, et ceux qu'il n'en jugeoit point capables. Il mettoit au rang des prémiers M De Méziriac gentil-homme de Bresse de l'académie françoise, qui n'étoit que de trois ans plus âgé que luy. Il faisoit un cas tout particulier de son génie et de sa capacité, sur tout pour l'arithmétique et l'algébre, qu'il possédoit en un degré de profondeur qui l'égaloit à M Viéte. Il s'en expliqua au P Mersenne vers le mois de février de l'année 1638 en ces termes. Je m'attens fort à M Bachet pour juger de ma géométrie. J'ay regret que Galilée ait perdu la vuë, je me persuade qu'il n'auroit pas méprisé ma dioptrique. Mais il ne pût recevoir de M De Méziriac pour sa géométrie la satisfaction qu'il ne pouvoit espérer de Galilée pour sa dioptrique : parce que M De Méziriac perdit la vie vers le même têms dans la plus grande vigueur d'un âge d'homme, n'ayant guéres que quarante-cinq ans lors qu'il mourut.

Son travail sur Diophante d'Aléxandrie est plus que suffisant pour justifier l'estime que M Descartes faisoit de luy : mais il est à croire que le public auroit encore enchéri sur cette estime, s'il avoit vû le traité d'algébre de M De

Méziriac, et quelques autres manuscrits de cét auteur, dont le plus important est celuy des Xiii livres des *eléments d'arithmétique servant pour l'algébre* , écrit en latin, et acheté des héritiers de M De Méziriac depuis environ quinze ou seize années, par une personne de la religion réformée, qui n'a point oublié de l'emporter hors du royaume au têms de la révolution de l'état où étoient les religionaires avant la révocation de l'edit de Nantes.

Outre M De Méziriac il se trouvoit encore en France quelques autres mathématiciens que M Descartes estimoit tres-capables d'entendre sa géométrie. Il mettoit de ce nombre ses amis Messieurs Mydorge et Hardy, et il n'en excluoit pas M De Fermat, lors qu'il eût reconnu son habileté. Il connoissoit aussi quelques personnes dans les Pays-Bas, à la portée desquels il ne la jugeoit pas disproportionnée. Parmi ceux qui l'entendoient parfaitement dans la Hollande, il contoit deux particuliers qui faisoient profession d'enseigner les mathématiques aux gens de guerre, et dont l'un étoit le Sieur Gillot qui avoit été quelque têms à M Descartes. Il ne croyoit point les Pays-Bas espagnols dépourvûs de mathématiciens assez habiles pour l'entendre. Il mettoit de ce nombre le Sieur Vander Wegen gentil-homme brabantin, et Godefroy Wendelin chanoine De Condé en Haynaut et curé de Herck sur les confins du Brabant et du pays de Liege ami particulier de M Gassendi : et il en écrivit au médecin Vopiscus Fort Plempius, pour le prier de luy faire sçavoir le sentiment qu'en auroient ces messiers. Mais il ne préféroit personne de quelque pays que ce fût à M De Beaune conseiller au présidial de Blois, pour l'intelligence de sa géométrie. Il reconnut par un écrit que le P Mersenne lui envoya de luy, qu'il l'entendoit *tres-bien, et qu'il en sçavoit plus que ceux qui se vantoient plus que luy* . Il se confirma de plus en plus dans cette persuasion, et il s'en expliqua au même pére l'année suivante en ces termes. Le développement que M De Beaune a fait de mes solutions sert à démontrer deux choses ; l'une, que M De Beaune en sçait plus que ceux qui n'en ont sçû venir à bout ; l'autre, que les régles de ma géométrie ne sont pas inutiles, ny si obscures qu'on ne les puisse entendre, ny si défectueuses qu'elles ne suffisent à un homme d'esprit pour faire plus que par les autres méthodes. Car il les a entenduës sans aucun interpréte, et il s'en sert à faire ce que vos plus grands géométres de Paris ignorent.

C'étoit certainement une marque de grande distinction parmi les prémiers mathématiciens du siécle de se trouver sans prés omption en état de pouvoir comprendre la géométrie de M Descartes. Ceux à qui il avoit bien voulu rendre luy-même ce témoignage pouvoient s'assûrer d'être trés-profondément dans son estime : mais il y avoit d'autant moins de confusion à craindre pour les autres, que la matiére étoit plus difficile et plus supérieure à la portée des esprits du commun. M Descartes luy-même ne prétendoit pas ôter le titre de mathématicien à ceux qui ne pouvoient aspirer à l'intelligence de sa géométrie. Il est pourtant fâcheux pour la réputation de la prémiére université de

Hollande, qu'il n'ait pas trouvé un professeur de l'ecole publique en mathématiques à Leyde qui pût l'entendre, non pas même Jacques Golius, qui étoit son ami d'ailleurs ; mais qui sembloit se distinguer davantage par la connoissance des langues orientales, et sur tout de l'arabe, que par celle des mathématiques qu'il professoit. Il n'avoit pas meilleure opinion des professeurs d'Amsterdam. Martin Hortensius de Delpht en étoit sans doute le plus célèbre et le plus habile, au jugement même de M Gassendi qui le connoissoit trés-particuliérement. Cependant il est nommé par M Descartes parmi ceux qui ne comprenoient point sa géométrie. Il ne sçavoit point assez de mathématiques, et particuliérement assez d'algébre pour cela, et il l'entendoit encore moins que Golius.

Pour les autres mathématiciens et philosophes de Hollande, ils parurent la plûpart si éloignez d'y rien comprendre (si l'on en excepte le Sieur François Schooten qui l'étudia depuis, et le Sieur Jean Hudden qu'on ne connoissoit pas encore) qu'ils n'y trouvérent pas même un mot capable de leur ouvrir la bouche, quoy qu'ils fussent excitez d'ailleurs à parler, soit par leur propre jalousie, soit par la mauvaise volonté des ministres et autres théologiens protestans qui n'aimoient pas M Descartes, et qui n'en étoient pas aimez.

à l'égard des mathématiciens de Paris et de quelques provinces de France, qu'il soupçonnoit de ne pouvoir atteindre à sa géométrie, il se peut faire qu'il en ait jugé un peu de trop loin. Il se peut faire aussi qu'il n'ait été ny trop précipité, lors qu'il en a dit sa pensée au P Mersenne en ces termes. Vos analystes n'entendent rien en ma géométrie, et je me mocque de ce qu'ils disent. Les constructions et les demonstrations de toutes les choses les plus difficiles y sont : mais j'ay omis les plus faciles, afin que leurs semblables n'y pussent mordre. Mais il n'avoit peut-être consulté que ses ressentimens dans le jugement qu'il porta depuis sur l'habileté de ceux qui trouvérent à redire à sa géométrie. Il n'auroit sans doute osé dire à un autre qu'au P Mersenne à qui il découvroit toutes ses foiblesses, qu'il ne croyoit aucun de ses adversaires capable d'apprendre en toute sa vie tout ce qu'elle contient, pourvû qu'il ne fût pas plus habile que M De Roberval. Il avoit pris des sûretez et des mesures suffisantes pour ne pouvoir être surpris ny convaincu dans son jugement et dans sa prédiction. C'est ce qui a paru par la maniére dont il a traité la fameuse question de Pappus mathématicien d'Aléxandrie, vivant du têms de Théodose l'ancien, à laquelle il avoit témoigné quatre ans auparavant avoir employé cinq ou six semaines pour en trouver la solution. La solution de cette question, qui demande un homme consommé dans l'analyse des anciens et dans l'algébre des modernes avoit été tentée par Euclide, et poursuivie par Apollonius, sans que ny Euclide, ny Apollonius, ny aucun des mathématiciens jusqu'à Pappus, ny enfin ceux qui avoient paru dans le monde depuis Pappus jusqu'à M Descartes fussent venus à bout de l'achever. Il ne crut pas devoir prodiguer au public la découverte qu'il en avoit faite, pour ne pas donner lieu aux mathématiciens de Paris qui luy portoient envie, de luy ravir ce petit honneur, et de se vanter aprés qu'ils la luy auroient dûë, de l'avoir apprise d'ailleurs, et dés auparavant, indépendemment de luy. Le bon de cette affaire, dit-il, touchant cette question de Pappus est, que je n'en ay mis que la construction et la démonstration, sans en mettre toute l'analyse, laquelle ces messieurs s'imaginent que j'ay mise seule, en quoy ils témoignent qu'ils l'entendent bien peu. Mais ce qui les trompe, c'est que j'en fais la construction comme les architectes font les bâtimens, en prescrivant seulement tout ce qu'il faut faire, et laissant le travail des mains aux charpentiers et aux massons. Ils ne connoissent pas aussi ma démonstration, à cause que j'y parle par A, B : ce qui ne la rend toutefois en rien différente de celle des anciens, sinon que par cette façon je puis mettre souvent en une ligne ce dont il leur falloit remplir deux ou trois pages. Et pour cette cause elle est incomparablement plus claire, plus facile, et moins sujette à l'erreur que la leur. Pour l'analyse, j'en ay omis une partie, afin de retenir les esprits mal intentionnez dans leur devoir. Car si je la leur eusses donnée, ils se fussent vantez de l'avoir sçûë long-têms auparavant : au lieu que maintenant ils n'en pourront rien dire qui ne fasse connoître leur ignorance.

Voila quels furent les prémiers essais publics de la philosophie de M Descartes, qui sans s'attacher à vouloir donner des compositions d'esprit achevées dans des proportions trop exactes, et polies selon les régles les plus scrupuleuses de la critique, n'a songé qu'à faire de simples épreuves de sa méthode. Mais il n'avoit point négligé de choisir dans toute sa philosophie les morceaux qu'il jugeoit les plus propres pour donner une juste idée de ce que le public pouvoit espérer de luy. Il avoit au reste si bonne opinion de ces essais, qu'il ne croyoit pas qu'on y pût trouver la valeur de trois lignes à rejetter ou à changer ; et il ne faisoit pas difficulté de dire que s'il se trouvoit quelque chose de faux dans quelqu'une des moindres parties de ce qu'il venoit de faire imprimer, tout le reste de sa philosophie ne valoit rien.

Quoique les matiéres de ces traitez semblent d'abord assez éloignées, il a fait en sorte néanmoins que les trois derniers eussent une liaison trés-étroite avec le prémier. C'est pour cela qu'aprés avoir proposé un échantillon d'une méthode générale qu'il avoit adoptée, sans pourtant prétendre l'enseigner aux autres, il a choisi dans la dioptrique un sujet mêlé de philosophie et de mathématique ; dans les météores un de philosophie pure sans mêlange ; et dans la géométrie un de mathématique pure, pour faire voir qu'il n'y auroit rien dans tout ce qu'il pourroit avoir de connoissances naturelles qu'il n'eût dessein de rapporter et de réduire à cette méthode, et où il n'espérât réüssir parfaitement, pourvû qu'il eût les expériences qui y seroient nécessaires, et le têms pour les considérer.

Sa maniére d'écrire dans tous ces traitez est celle que les honnêtes gens se sont toûjours prescrite dans tous les têms et les lieux où l'on a sçû vivre en hommes. Il s'est contenté d'y exposer ses pensées toutes unies sans songer à réfuter personne : et quoiqu'il ne pût oublier en écrivant, la distance dont il s'écartoit du commun des philosophes, il témoigne avoir été fort éloigné de vouloir insulter à la moindre des opinions qui sont reçûës dans les ecoles.

Quant à sa maniére de raisonner, il paroît qu'elle étoit considérée par les autres d'une façon toute différente qu'elle n'étoit effectivement selon luy. Il n'étoit point d'accord sur ce sujet avec ceux qui publioient que les explications des choses qu'il a données peuvent bien être rejettées et méprisées ; mais qu'elles ne peuvent être combatuës et réfutées par raison. Car n'admettant aucuns principes qu'il ne crût trés-manifestes, et ne considérant rien autre chose que les grandeurs, les figures, et le mouvement à la maniére des mathématiciens, il s'est exclus de toutes les ressources que l'on se réserve pour se sauver au besoin, et il s'est fermé tous les subterfuges des philosophes. De sorte que la moindre erreur qui se sera glissée dans ses principes pourra facilement être apperçûë et réfutée par une démonstration mathématique.

Mais au contraire, s'il s'y trouve quelque chose qui paroisse tellement vray et assûré qu'on ne puisse le renverser par aucune démonstration semblable, cela ne peut

434

sans doute être méprisé impunément, du moins par ceux qui font profession d'enseigner. Car encore qu'il semble ne faire autre chose par tout que proposer ce qu'il dit sans le prouver : il est néanmoins trés-facile de tirer des syllogismes de ses explications, par le moyen desquels il a cru que les autres opinions touchant les mêmes matiéres pourroient être manifestement détruites, et que ceux qui voudroient les défendre auroient de la peine à répondre à ceux qui entendent ses principes.

Les raisons qu'il a eûës d'écrire en langue vulgaire plûtôt qu'en latin étoient trés-conformes au bon sens, faisant profession de travailler principalement pour la gloire et l'utilité de sa patrie, et de ne point distinguer les personnes sans lettres d'avec les autres dans le service qu'il souhaitoit de rendre à tout le monde. Mais il semble que son principal motif en ce point ait été la crainte de trouver des lecteurs trop favorablement prévenus pour les anciens : vice qui est fort ordinaire dans ceux qui ont étudié les langues, et qui par ce moyen ont assujetti leur raison à l'autorité des anciens qu'ils ont lûs. Si j'écris, dit-il, en françois qui est la langue de mon païs, plûtôt qu'en latin qui est la langue de mes précepteurs ; c'est dans l'espérance que ceux qui ne se servent que de leur raison naturelle toute pure jugeront mieux de mes opinions que ceux qui ne croyent qu'aux livres anciens. Et pour ceux qui joignent le bon sens avec l'étude, et qui sont les seuls que je souhaite avoir pour juges, ils ne seront point, je m'assûre, si partiaux pour le latin, que de refuser d'entendre mes raisons, parce que je les explique en langue vulgaire.

Il ne jugea point à propos de mettre son nom à ces quatre traitez, tant parce qu'il regardoit la qualité d'auteur d'un œil trés-indifférent, et qu'il étoit fort peu persuadé de la solidité de la gloire à laquelle les écrivains du commun aspirent par leur plume ; que parce qu'il souhaitoit d'imiter le peintre de l'antiquité, et se cacher derriére son ouvrage, ou demeurer inconnu dans la foule, pour écouter ce qu'on en diroit avec plus de liberté. Le Sieur Lipstorpius attribuë cette sup pression de nom à la rare modestie de nôtre philosophe, et au mépris généreux qu'il faisoit de la vaine réputation qu'on peut acquérir en ce monde. Mais pour ne point faire icy l'honneur à M Descartes d'une vertu qui luy étoit commune d'ailleurs avec beaucoup d'honnêtes gens de son siécle : il faut avoüer que la qualité *d'anonyme* est devenuë un signe assez équivoque par la diversité des motifs qui ont porté les auteurs à supprimer leur nom à la tête de leurs ouvrages. Ses envieux n'auroient pas négligé de profiter de l'indifférence où est le public là-dessus, et de faire attribuer sa conduite à quelque défiance qu'il auroit eûë de la vérité de ses raisons. Mais il voulut aller au-devant des uns et des autres, et leur faire voir que ce n'étoit ny la modestie, ny la mauvaise honte qui l'avoit porté à ne point mettre son nom a ces prémiers ouvrages. Il témoigna depuis au Pére Dinet provincial des jésuites en France, qu'il n'en avoit usé de la sorte que pour se mettre à couvert de l'envie qu'il prévoyoit, tout indigne qu'il en fût selon son jugement, que ces écrits devoient attirer sur luy.

La trahison que luy fit le P Mersenne rendit sa précaution tout-à-fait inutile. Car ce pére ne se contenta pas de le déceler en faisant voir avant l'impression à diverses personnes le manuscrit qu'il ne luy avoit confié que pour m. Le chancelier Séguier : il fit encore mettre son nom en tout son entier dans le privilége, où il laissa de concert avec M Des Argues insérer les grands éloges dont nous avons parlé ailleurs, et qui donnérent autant de chagrin que de confusion à M Descartes.

Quoique cette conduite dérangeât entiérement les mesures qu'il avoit prises, elle ne luy fit pourtant pas perdre le jugement. Pour sauver les restes de ses intentions il retrancha son nom et ses éloges du privilége, dont il ne voulut faire paroître qu'un extrait. Il n'eut pas plûtôt reçû les deux cens exemplaires dont il étoit convenu avec le libraire, qu'il en régla la distribution dans l'ordre que ses devoirs et son inclination luy prescrivirent. Il en fit préparer d'abord pour le roy, le cardinal De Richelieu ministre, le chancelier, plusieurs seigneurs et officiers de la cour de France ; pour quelques cardinaux italiens, et d'autres personnes de la cour de Rome, avec lesquelles il avoit autrefois contracté des habitudes ; pour ses amis de tout état et de toute profession répandus dans l'Europe. Mais les prémiers distribuez furent ceux qu'on n'eut pas besoin d'envoyer hors de Hollande. Il en envoya d'abord à La Haye à M De Zuytlichem son intime amy, qui se chargea de les faire tenir aux conditions qu'il luy marqua pour en déclarer ou n'en pas déclarer le nom de l'auteur. Il le pria d'en présenter un au prince d'Orange Frédéric Henry, par une lettre où il traitoit ce prince *d'altesse* , titre nouveau substitué depuis un an à celuy *d'excellence* , par l'ambassadeur de France, à qui les princes d'Orange ont eû la prémiére obligation de cét honneur. Je vous supplie, dit-il à M De Zuytlichem, de vouloir présenter l'exemplaire à son altesse, je n'ose dire au nom de l'auteur, à cause que l'auteur n'y est pas nommé, et que je ne présume point que mon nom mérite d'être connu d'elle : mais comme ayant été composé par une personne que vous connoissez, et qui est trés-devoüée et trés-affectionnée à son service. En effet je puis dire qu'ayant pris résolution de quitter mon païs et de m'éloigner de mes connoissances pour passer une vie plus douce et plus tranquille que je ne faisois auparavant, je ne me fusses point avisé de me retirer en ces provinces, et de les préférer à quantité d'autres endroits où il n'y avoit aucune guerre, et où la pureté et la sécheresse de l'air sembloient plus propres aux productions de l'esprit, si la grande opinion que j'avois de son altesse ne m'eût fait extraordinairement fier à sa protection et à sa conduite. Depuis, ayant joüy parfaitement du loisir et du repos que j'avois espéré trouver à l'ombre de ses armes, je luy en ay trés-grande obligation ; et je pense que ce livre qui ne contient que des fruits de ce repos doit luy être offert plus particuliérement qu'à personne.

M De Zuytlichem présenta le livre au prince d'Orange avant son départ pour le siége de Breda, que ce prince alla mettre devant cette ville le 23 de juillet. Mais M Descartes ne fut pas si promtement servi à la cour de France. Il s'étoit souvenu des amitiez et des offres de service que luy avoit faites le Baron De Charnassé ambassadeur de France à La Haye peu de têms auparavant, lorsqu'il étoit allé luy rendre visite à la compagnie de M De Zuytlichem. C'est ce qui le porta non seulement à luy faire présent de son livre qu'il luy envoya depuis par le ministére du même M De Zuytlichem : mais cela luy fit prendre encore la liberté de prier cét ambassadeur de trouver bon que ce fût par son entremise qu'il pût présenter son livre au roy et au cardinal De Richelieu. M De Charnassé ayant reçû de M De Zuytlichem les deux exemplaires destinez à cela se fit un plaisir d'embrasser l'occasion qui se présentoit de faire connoître le mérite de M Descartes au roy et au cardinal ministre.

Il luy promit de s'acquiter incessamment de cette commission : mais il fallut partir pour le siége de Breda, où M De Zuytlichem l'avoit devancé par la nécessité d'accompagner le prince d'Orange. La place résista aux hollandois jusqu'au 10 d'octobre suivant, auquel elle fut renduë par le gouverneur Omer De Fourdin. Mais le Baron De Charnassé y fut tué en relevant la garde à la tête du régiment d'infanterie dont il étoit colonel pour les etats, quoi qu'il fût ambassadeur ordinaire de France en Hollande. Ces emplois n'étoient pas incompatibles : et il n'étoit pas extraordinaire de voir les ambassadeurs de la couronne passer successivement de la plume à l'épée, et de l'épée à la plume pour le service des alliez. M Descartes fit une perte en particulier à la mort de ce seigneur, dont il estimoit le mérite : et cette mort le laissa dans l'inquiétude de sçavoir si le cardinal De Richelieu avoit reçû son livre.

L'expédition des exemplaires qu'il avoit destinez pour l'Italie semble avoir été encore plus traversée dans les voyes qu'il avoit choisies pour les faire tenir avec sûreté. Il en avoit fait préparer deux pour le Cardinal De Bagné, et il les avoit accompagnez d'une lettre à ce cardinal, où il luy marquoit que ces deux exemplaires étoient pour luy seul. Il en avoit pareillement addressé un au Cardinal François Barberin, qu'il avoit connu particuliérement à Paris et à Rome. Quoique le motif de l'amitié dont il en étoit honoré fût plusque suffisant pour le porter à luy faire ce présent, il marqua néanmoins au P Mersenne que ce qui l'obligeoit à ce devoir étoit l'observation des parhélies qu'il explique à la fin de ses météores ; et que comme cette observation étoit venuë de ce cardinal, le présent qu'il luy vouloit faire n'étoit que la marque d'une reconnoissance dont il ne croyoit pas devoir se dispenser. Son dessein étoit d'addresser cét exemplaire à M De Peiresc conseiller au parlement de Provence, l'amy particulier de ce cardinal, et le correspondant général des gens de lettres de l'Europe. Mais il n'avoit pas encore appris sans doute la mort de ce grand homme arrivée le 24 jour de juin de la même année. Nous ne voyons pas qu'il entretint un commerce de lettres avec luy, et nous ne trouvons rien du côté de l'un ni de l'autre qui nous fasse voir le fondement de leur connoissance mutuelle.

M De Peiresc ne s'étant point borné à un genre particulier de bienveillance pour ceux qui travailloient à l'avancement des lettres et des sciences de toute espece, s'étoit fait une habitude de secourir tous les sçavans qu'il avoit pû découvrir, et il avoit eu le cœur assez vaste pour n'en exclurre même aucun étudiant, pourvu qu'il fist profession d'aimer un peu les lettres. Il assistoit les uns de sa bourse qui avoit toujours paru inépuisable quoi que ce fût celle d'un simple particulier ; il aidoit les autres de ses lumiéres, les fortifioit de ses conseils, les encourageoit au travail, levoit les obstacles, leur facilitoit les moiens de réüssir, et prévenoit leurs besoins et leurs desirs même avec une générosité dautant plus héroïque qu'elle étoit moins éclatante.

M Descartes n'étoit point de condition ny de fortune à pouvoir profiter de la libéralité de M De Peiresc.

Ne s'étant donné ny aux antiques, ni aux manuscrits, ny à rien de ce qui concerne ce que l'on peut apprendre par la lecture : il avoit mis M De Peiresc hors d'état de pouvoir luy rendre aucun service. Mais l'inclination qui leur étoit commune pour les recherches de physique et de mathématiques pouvoit avoir formé quelque relation entre eux. Il n'est pas croyable que M Descartes n'eût pas ouy parler souvent de M De Peiresc à M De Saumaise son voisin et son amy ; que M De Peiresc n'eût été aussi souvent entretenu des occupations de M Descartes par M

Gassendi qui en étoit assez informé ; et que le P Mersenne qui étoit dans l'habitude d'écrire à tous les deux et d'en recevoir des lettres n'eût jamais mandé des nouvelles de l'un à l'autre.

Quoi qu'il en ait été, la mort de M De Peiresc obligea M Descartes à prendre d'autres mesures pour faire tenir son livre au Cardinal Barberin ; et il fit ensorte par la négociation du P Mersenne que le nonce du pape qui étoit à Paris voulût bien se charger de cette commission, et de celle de faire tenir en même têms les exemplaires au Cardinal De Bagné. Mais il survint je ne sçay quels obstacles à leur transport qui ne se fit de plus d'un an aprés. M Descartes voyant qu'il n'en avoit point de nouvelles chercha long-têms dans son esprit des raisons pour expliquer ce retardement. Il ne pût s'en imaginer d'autres que celles du scrupule où l'on étoit au delà des Alpes sur les opinions nouvelles de physique. L'inquiétude le porta à en écrire au P Mersenne en 1639, pour le prier de s'informer de l'avanture de ces éxemplaires, et de luy mander ce qui en étoit. Je suis en peine, dit-il, de sçavoir si les éxemplaires que m. Le nonce vous avoit promis de faire tenir au Cardinal De Bagné etc. Ont été enfin addressez. Car j'ay sujet de me douter que la difficulté qui s'est trouvée à les faire porter vient de ce que l'on a eu crainte qu'ils ne traitassent du mouvement de la terre. En effet il y a plus de deux ans que le maire ayant offert d'en envoyer à un libraire de Rome, celuy-cy fit réponse qu'il en vouloit bien une douzaine d'éxemplaires, pourvû qu'il n'y eût rien qui touchât le mouvement de la terre : et les ayant reçûs depuis, il les a renvoyez en ce païs, au moins a-t'il voulu les renvoyer.

M Descartes n'avoit pas oublié les jésuites dans la distribution de ses largesses. Il se souvenoit de ce qu'il devoit à ses prémiers maîtres qui étoient dans cette compagnie, où il avoit aussi d'autres amis de nouvelle acquisition. Mais nous ne pouvons mieux exprimer sa reconnoissance envers son régent de philosophie que par les termes ausquels il luy en écrivit dés le mois de juin de l'an 1637. Je juge bien, dit-il à ce pére, que vous n'aurez pas retenu les noms de tous les disciples que vous aviez il y a vingt-trois ou vingt-quatre années, lors que vous enseigniez la philosophie à La Fléche, et que je suis du nombre de ceux qui sont effacez de vôtre mémoire.

Mais je n'ay pas crû pour cela devoir effacer de la mienne les obligations que je vous ay. Je n'ay pas perdu le desir de les reconnoître, quoi que je n'aye point d'autre occasion de vous en rendre témoignage, sinon qu'ayant fait imprimer ces jours passez le volume que vous recevrez avec cette lettre, je suis bien aise de vous l'offrir comme un fruit qui vous appartient, et dont vous avez jetté les prémiéres semences en mon esprit, comme je dois aussi à ceux de vôtre ordre le peu de connoissance que j'ay des bonnes lettres. Si vous prenez la peine de lire ce livre, ou de le faire lire par ceux de vôtre compagnie qui en auront le loisir ; et si aprés en avoir remarqué les fautes, qui s'y trouvéront sans doute en tres-grand nombre, vous voulez me faire la faveur de m'en avertir, et ainsi continuer encore à m'enseigner : je vous en auray une trés-grande obligation, et je feray mon possible pour les corriger suivant vos bonnes instructions.

Nous ne sçavons pas quels furent les effets de la priére qu'il fit à son ancien maître : mais il paroît que le service qu'il en attendoit luy fut au moins rendu par le maître de m. Son neveu qui faisoit ses études sous les jésuites. Ce pére ayant reçû l'éxemplaire qui étoit pour luy, ne manqua point d'écrire à M Descartes pour l'en remercier : et afin de rendre sa reconnoissance moins stérile et plus solide, il luy promit de le lire avec les yeux d'un vray amy, c'est-à-dire avec la derniére éxactitude, et de luy en rendre compte sans flaterie et sans indulgence. M Descartes crut avoir trouvé l'amy qu'il cherchoit. Il récrivit à ce pére pour luy marquer la joye qu'il en avoit, et l'assura qu'il prenoit en trés-bonne part la promesse qu'il luy faisoit de le traitter en amy, c'est-à-dire dans toute la rigueur selon les termes de ce pére, mais selon nôtre philosophe dans toute la faveur qu'il pouvoit souhaiter.

Car ne desirant autre chose que de connoître la vérité, il aimoit incomparablement mieux la rigueur, c'est-à-dire l'éxactitude et la diligence à remarquer tout, au moins dans ceux de la profession et de la compagnie de ce pére, *qu'il sçavoit n'être animez que d'un bon zéle, et n'être pas capables de commettre aucune injustice,* qu'il n'auroit fait leur *négligence* . Il luy témoigna qu'il n'étoit point pressé de recevoir son jugement, afin de luy laisser tout le loisir qui luy étoit nécessaire pour le rendre plus éxact : et il ne doutoit nullement que plus ce jugement viendroit tard, plus il ne lui fût favorable.

Il le pria sur tout de vouloir éxaminer sa géométrie, ce qui ne se pouvoit faire que la plume à la main, et suivant tous les calculs qui y sont, mais qui paroissent d'abord d'autant plus difficiles qu'on y est moins accoûtumé. Pour ne le point effraier il voulut luy faire croire que ce n'étoit un travail que de peu de jours ; et il luy persuada de passer du prémier livre au troisiéme, afin d'y trouver plus de facilité.

La fortune des auteurs est à plaindre jusqu'aux choses qui devroient le plus contribuer à leur plaisir et à leur gloire. Une de ces choses est sans doute la coûtume qu'ils ont de reconnoître leurs patrons, leurs bienfaiteurs, et leurs amis par les présens qu'ils font de leurs livres lors qu'ils les font imprimer. Mais par une malignité sécréte qui corrompt les meilleures choses de ce monde, il est arrivé trés-souvent que cette coûtume toute honnête toute loüable qu'elle paroît, a été jusqu'ici pernicieuse à plusieurs de ceux qui l'ont suivie. Si les auteurs font peu de présens, ils font peu de mécontens par le grand nombre de ceux qui ne peuvent trouver mauvais de se voir exclus du petit nombre. S'ils font beaucoup de présens, ils font d'autant plus de mécontens, qu'il se trouve plus de gens qui croient pouvoir prétendre aux libéralitez de l'auteur avec autant ou plus de prétexte que plusieurs de ceux qui y ont part. De sorte que plus un pauvre auteur s'épuise en libéralitez, plus il s'expose au ressentiment de ceux qui se croient oubliez. Un seul de ces derniers est souvent plus ardent et plus ingénieux à ruïner la réputation de cét auteur, que tous ses amis ne le sont à l'établir. Deux cens éxemplaires ne suffirent pas à M Descartes pour satisfaire tout le monde. Mais s'il avoit pû prévoir l'avenir, il auroit sans doute oublié un Mydorge, un Hardy, un Picot, un Mersenne, je veux dire les plus intimes de ses amis, plûtôt que le bon Monsieur De Roberval. Il est vray que M Descartes ne connoissoit pas cét homme ; et à peine avoit-il oüy parler une seule fois de luy à l'occasion de la chaire de Ramus, lors que le Pére Mersenne luy manda qu'il étoit un de ceux qui la briguoient. Monsieur De Roberval qui s'est élevé depuis au rang des prémiers géométres de France étoit de six ans et de quelques mois plus jeune que M Descartes. Il étoit né le 8 d'août de l'an 1602, non dans le diocése de Soissons ; mais dans celuy de Beauvais, quoique sa mére eût été surprise dans les champs de celuy de Soissons, où elle faisoit la moisson. Il s'appelloit Gilles Personne : mais étant venu à Paris il prit le nom de Roberval, lieu de la demeure de ses parens. S'étant trouvé en état d'enseigner les mathématiques, il avoit obtenu la chaire qui s'appelle de Maître Gervais à Paris l'an 1632, et dix-huit mois aprés il avoit emporté à la dispute celle de Ramus, qu'il remplit jusqu'à la mort ; quoiqu'il en eût encore une autre au collége royal aprés M Morin. Sans la profession que M Descartes faisoit de demeurer en retraite, il auroit été moins excusable d'avoir ignoré jusques-là le mérite de M De Roberval. Mais cette considération ne fut point assez forte sur l'esprit de celuy-cy pour le porter à l'excuser de ne luy avoir point fait présent de son livre. à dire le vray, il y avoit un peu de la faute du P Mersenne, à qui M Descartes avoit laissé la disposition d'un bon nombre d'exemplaires à distribuer, selon qu'il le jugeroit à propos, à ceux qu'il connoîtroit mieux que luy : de sorte que c'étoit moins M Descartes que le P Mersenne qui avoit oublié M De Roberval. M Descartes aprés s'être déterminé à joindre sa géométrie aux autres essais de sa méthode, avoit fait imprimer séparément une douzaine d'exemplaires de ce traité sur du papier choisi exprés ; et les ayant fait relier avec une propreté extraordinaire, il les avoit addressez au P Mersenne, pour être distribuez dans la ville et le royaume à ceux qu'il jugeroit les plus habiles géométres du têms pour les prévenir. M De Roberval ne fut point compris dans ce nombre. Cela luy parut d'une distinction trop injurieuse pour n'en point avoir de ressentiment. Il s'en expliqua dés-lors assez ouvertement, et se prépara à bien critiquer la géométrie de M Descartes. Mais voyant ensuite qu'on ne luy avoit pas même fait part des 200 exemplaires du volume qui renfermoit les quatre traitez, il conçut contre M Descartes une animosité immortelle, dont il n'eut pas la discrétion de dissimuler l'origine aux amis qu'il sçavoit d'ailleurs luy être communs avec M Descartes.

Nous ne pouvons mieux délasser M Descartes des embarras que luy avoient causez l'impression et la distribution de son livre, qu'en luy faisant faire une promenade au siége de Breda, où se trouvoient quelques-uns de ses amis tant de France que de Hollande. C'est ce que nous pouvons imaginer de plus vray-semblable pour tâcher d'accorder quelque chose au Sieur Borel, qui appuyé sur les relations de son ami De Ville-Bressieux, a publié d'un ton fort affirmatif que M Descartes s'étoit trouvé personnellement à deux siéges de la ville de Breda.

Nous avons remarqué ailleurs l'impossibilité où étoit M Descartes d'assister à celuy de l'an 1625, où le Marquis De Spinola prit la ville sur les hollandois.

Nous ne voyons guéres plus d'apparence à croire qu'il eût voulu se trouver à celuy de cette année, où le Prince D'Orange reprit cette ville sur les espagnols. Depuis le siége de La Rochelle, au retour duquel il avoit entiérement quitté l'épée pour prendre le manteau, il s'étoit tellement dépoüillé de son humeur guerriére, et il faisoit une profession si publique de *poltronnerie* (pour ne pas perdre ses termes,) qu'il est hors de toute apparence qu'il eût voulu servir dans les troupes avec ces dispositions.

Etant une fois sorti de sa retraite, et se voyant sur les frontiéres des Pays-Bas catholiques, il peut avoir eu la pensée de passer en Flandre avant que de se renfermer dans le poësle. Il paroît au moins qu'il fut à Doüay vers ce têms-là, s'il est sûr de se reposer sur la foy d'une personne de probité, qui soûtient avoir vû M Descartes à Doüay, et l'avoir revû environ sept ans aprés à Paris, tant au collége de Boncourt avec le Chevalier D'Igby, qu'aux théatins avec le P Chappuis, ce qui n'est arrivé qu'en 1644. Selon cette relation, M Descartes accompagné d'un gentil-homme polonois, vint rendre visite à M De La Bassecourt gouverneur ou commandant de la ville de Doüay pour le roy d'Espagne, qui le retint huit ou dix jours à le régaler et à l'entendre raisonner sur sa philosophie, dont il étoit devenu amoureux. Le gouverneur s'appliquant sur tout à des-ennuyer son hôte par la diversité des objets qu'il luy présentoit, n'avoit pas oublié de luy procurer la compagnie des plus habiles gens de l'université du lieu à sa table, afin de lier entre eux de curieuses et sçavantes conversations aprés le repas. L'un des plus renommez étoit un petit docteur bossu appellé François Silvius, habile thomiste, l'un des grands théologiens de son siécle, et le prémier ornement de l'université depuis la mort d'Estius. Il étoit de Braine-Le-Comte sur les extrémitez du Haynaut et du Brabant : il occupoit la chaire royale et ordinaire de théologie depuis environ dix-huit ans ; et sa mort ne prévint celle de M Descartes que d'un an et quelques semaines. M De La Bassecourt ayant convié ce docteur de venir manger tous les soirs chez luy tant que M Descartes y seroit, se procura à luy-même un plaisir dans leurs entretiens, dont il se fit un honneur le reste de ses jours. M Descartes y parloit peu selon son ordinaire : mais ce qu'il disoit étoit accompagné d'un flegme mêlé de gayeté. L'ardeur du discours étoit le plus souvent entre le docteur Silvius et le gentil-homme polonois. La conversation dégénéroit presque toûjours en dispute qui duroit fort avant dans la nuit, mais jamais hors des termes de la philosophie : et la chaleur les emportoit presque toûjours au grand divertissement de M De La Bassecourt. On en revenoit toûjours à M Descartes comme à l'arbitre des parties : et jamais il n'abusoit de leur confiance, ny de leur soûmission à son jugement. Il commençoit par les faire revenir l'un et l'autre des extrémitez où la dispute les avoit jettez, et il terminoit leur différent en peu de mots, mais d'une maniére qui contentoit l'un sans mécontenter l'autre, parce qu'outre la douceur et l'honnêteté qu'il y apportoit, il proposoit sa pensée d'un air de doute plûtôt que de décision. Autant que la modestie de M Descartes plaisoit à M Silvius, autant celui-cy témoignoit-il être peu satisfait de la violence avec laquelle il se sentoit poussé par le polonois. Ce fût pourtant ce docteur qui fut cause qu'on disputa de la philosophie jusqu'au départ de M Descartes. Car nonobstant la résolution qu'il avoit prise dés le prémier jour de ne vouloir plus se commettre avec le gentil-homme, il ne laissoit pas de revenir le lendemain avec de nouveaux arguments pour réparer le mauvais succés de la veille : et quoy qu'il s'en retournât toûjours faisant de nouvelles protestations de ne plus entrer en lice, les civilitez de M Descartes jointes à l'envie de tirer au moins une fois raison du polonois, luy faisoient oublier sa protestation ; et il n'y eut que l'adieu de M Descartes qui fut capable de luy faire garder enfin la promesse qu'il renouvelloit tous les jours de ne plus retourner à la charge.

M Descartes comblé des amitiez de M De La Bassecourt s'en retourna en Hollande vers le commencement de l'hyver : mais il ne demeura dans Amsterdam qu'autant qu'il luy fallut de têms pour chercher un lieu de retraite, où il pût se donner quelque sorte d'établissement sans s'éloigner trop des commoditez de la vie. Il crut avoir enfin trouvé ce qu'il souhaitoit dans la Nort-Hollande prés de la ville d'Alcmaer au comté d'Egmond. Il y avoit alors dans ce comté trois villages du nom d'Egmond, dont il en reste encore aujourd'huy deux dans un état assez florissant. Celuy qui paroît maintenant ruiné presque entiérement s'appelloit Egmond Sur Mer ou Op-Zée, pour parler avec ceux du pays. Il étoit situé à l'occident d'Alcmaer, mais les flots dont ses maisons ont été batuës l'ont tellement miné qu'il n'y reste plus maintenant que quelques cabanes pour servir de retraite à des pêcheurs. Le lieu n'est point en réputation d'être fort sain ny fort commode, aussi M Descartes n'y fit-il jamais de séjour. à une demie lieuë dela, mais toûjours à l'occident d'Alcmaer est un autre Egmond, qui s'appelle T'Huis Te Egmond, ou Egmond-La-Maison et tout prés est le hameau de Hoef, qui est un lieu de plaisance à cause des beaux jardins qu'on y entretient. M Descartes a pris quelquefois son logement dans cét Egmond, et même dans le hameau de Hoef, qui est censé faire partie de cét Egmond. Mais sa principale demeure et le lieu du plus long séjour qu'il ait fait en Hollande est Egmond, surnommé cy-devant De Abdie, à cause d'une célébre abbaye de bénédictins qui y florissoit avant les révolutions de la religion dans les provinces-unies.

Cét Egmond à qui il semble que l'on donne aujourd'huy le surnom de Binnen a toujours passé pour le plus beau village de la Nort-Hollande. Il est au sud-ouest d'Alcmaer, à une lieuë et demie de cette ville, et à un quart de lieuë d'Egmond-De-Hoef. M Descartes ayant été informé des commoditez qui s'y trouvent pour la vie alla s'y loger dés la fin de l'an 1637.

Il fut porté principalement à préférer ce lieu à tout autre dans le païs par la considération de sa religion, pour l'exercice de laquelle il ne croyoit pas devoir se contenter d'un culte intérieur. Or il y avoit dans Egmond une eglise pour les catholiques, dont ce village étoit rempli : et l'exercice de nôtre religion y étoit entiérement libre et tout public. Ce qui contribua aussi à l'y arrêter fut le voisinage d'Alcmaer et de Harlem, où étoit pareillement un grand nombre de catholiques, et entre autres quelques prêtres de ses amis, gens de bien, fort connus et fort aimez dans le païs, faisant profession des mathématiques, et des autres sciences. Aprés avoir donc établi ses correspondances à Harlem, et à Amsterdam, il se renferma dans Egmond De Binnen pour y goûter les plaisirs de la solitude qu'il avoit tant cherchée jusques-là, et qu'il n'avoit pas encore trouvée ailleurs si accomplie.

Pendant qu'il étoit occupé de son déménagement, il laissoit aux sçavans et aux curieux le loisir de lire son livre. Un de ceux qui parurent des prémiers à luy en rendre compte fut le docteur Fromond, ou Froimond.

Cét homme qui étoit d'environ neuf ans plus âgé que M Descartes, et qui mourut trois ans aprés luy, s'étoit déja acquis une belle réputation dans les Païs-Bas catholiques et pour la philosophie, et pour la théologie, qu'il avoit enseignées avec beaucoup de suffisance, tant à Anvers qu'à Louvain. Il étoit actuellement professeur royal des saintes ecritures dans l'université de cette derniére ville depuis environ deux ans, c'est-à-dire, depuis la promotion de Jansenius son prédécesseur à l'evêché d'Ypre. M Descartes qui connoissoit ce docteur de réputation, ayant appris qu'il étoit celuy qui avoit le mieux écrit sur les météores au jugement des habiles gens, ne s'étoit pas contenté de voir l'ouvrage qu'il en avoit fait imprimer en cinq livres à Anvers dés l'an 1631 : mais pour luy donner des marques de son estime il luy avoit envoyé un exemplaire de ce qu'il venoit de faire imprimer. M Fromond ne crut pas pouvoir mieux reconnoître ses honnêtetez, qu'en se mettant incessamment à la lecture de ce nouveau livre, dont il sçût assez faire valoir le prix. Il recueillit même les difficultez qui l'arrêtérent, et les points dont il ne pouvoit convenir avec l'auteur, suivant la priére que M Descartes luy en avoit faite. Il les mit en forme d'objections, qu'il luy envoya incontinent. M Descartes les reçût avant son départ pour Egmond ; et il fut surpris de la diligence d'un homme qui avoit d'ailleurs beaucoup d'occupation. Il reçût en même têms d'autres objections touchant le mouvement du cœur de la part de Plempius son amy, professeur en médecine à Louvain, qui s'étoit fait l'entremetteur du commerce qu'il commençoit d'avoir avec Fromond.

M Descartes récrivit à Plempius d'une maniére qui faisoit paroître qu'il appréhendoit de trouver des marques d'une trop grande précipitation dans ses remarques et dans celles de Fromond, vû le peu de têms qu'ils avoient eû pour lire son livre, outre que plusieurs de ses autres lecteurs luy avoient mandé qu'on ne pourroit en porter un jugement équitable *qu'aprés l'avoir lû et relû plusieurs fois* .

Néanmoins il témoigna être trés-obligé à Plempius de l'applaudissement que son livre recevoit dans son païs, et à Fromond de la faveur qu'il luy avoit faite de luy en écrire ses sentimens : s'imaginant que *dans le jugement d'un si grand homme, et si bien versé dans les matiéres qu'il traitoit, il trouveroit comme ramassées les opinions de beaucoup d'autres* . Pour ne pas abuser de l'honneur que luy faisoit Fromond il voulut imiter sa diligence, et répondre sur l'heure aux principales objections qu'il luy avoit proposées touchant divers endroits de sa méthode, de sa dioptrique, et de ses météores. Il addressa sa réponse à Plempius pour la faire voir à Fromond, et le pria de luy faire sçavoir s'il en auroit été satisfait aprés l'avoir lûë, et s'il n'auroit rien à repliquer pour demander quelque nouvel éclaircissement. Nous avons cette réponse traduite du latin en nôtre langue au second tome de ses lettres.

Plempius ne l'eût pas plûtôt reçûë qu'il la fit voir à Fromond, et manda ensuite à M Descartes ce qu'il avoit fait. M Descartes fut surpris d'apprendre que sa réponse eût donné occasion à Fromond de croire qu'il auroit été un peu picqué de son écrit, à quoi il n'avoit pourtant nullement songé. Il s'étoit seulement contenté d'imiter son stile, et de luy rendre une partie des expressions qu'il avoit employées dans cét écrit : en quoy il fut obligé de forcer son inclination pour se rendre plus conforme à luy. Il s'étoit imaginé que Fromond qui étoit accoûtumé à la pratique des écoles de philosophie et de théologie pour les exercices, et à la controverse contre les protestans, avoit voulu donner un air de dispute aux questions dont il s'agissoit entre eux : et ce n'avoit été que pour l'obliger, et pour condescendre à ses maniéres qu'il s'étoit assujetti à luy répondre en stile scholastique, contre son humeur et sa coutume ; de peur, dit-il à Plempius, qu'en soûtenant son effort trop lâchement et avec trop de mollesse, ce jeu luy fût moins agréable. Et comme ceux qui se font la guerre aux échecs ou aux dames n'en sont pas pour cela moins bons amis, continuë-t-il, jusques-là même que l'addresse en ce jeu est souvent la cause où l'occasion de l'amitié qui se contracte, et qui s'entretient entre plusieurs personnes : ainsi j'ay tâché de mériter sa bien-veillance par ma réponse.

M Descartes ne fut point trompé dans le jugement qu'il faisoit de l'affaire qu'il avoit avec Fromond.

Elle leur fut une occasion de se connoître l'un et l'autre plus particuliérement, et de lier entre eux une étroite amitié, qu'ils eurent soin d'entretenir par des recommandations mutuelles, jusqu'à la mort de M Descartes. Voicy ce qu'il en écrivit quelques mois après à M De Zuytlichem qui avoit ouy parler de leur dispute. Pour Monsieur Fromond, dit-il, le petit différend qui a été entre luy et moy ne méritoit pas que vous en eussiez connoissance : et il ne peut y avoir eû si peu de fautes dans la copie que vous en avez vûë, que ce n'ait été assez pour défigurer entiérement ce que vous y eussiez pû trouver de moins desagréable. Au reste, cette dispute s'est passée entre luy et moy comme un jeu d'échecs. Nous sommes demeurez bons amis aprés la partie achevée, et nous ne nous renvoyons plus l'un à l'autre que des complimens.

M Descartes ne fit pas moins de cas des objections que Plempius luy avoit faites sur le mouvement du cœur. Elles contenoient selon luy tout ce qu'on pouvoit luy objecter raisonnablement sur cette matiére : et parcequ'il les luy avoit faites comme un amy *pour mieux découvrir la vérité* , et dans un dessein sincére de s'instruire, il crut devoir luy répondre du même stile qu'il luy avoit écrit, et la chose fut terminée alors à la satisfaction de l'un et de l'autre.

En effet, M Descartes contoit alors Plempius parmy l'un de ses meilleurs amis, et Plempius ne dissimuloit à personne l'honneur et l'avantage qu'il croyoit recevoir de cette amitié. Il étoit natif d'Amsterdam, et s'appelloit Vopiscus Fortunatus de son nom de batême. Il étoit de cinq ans et prés de neuf mois plus jeune que M Descartes, à qui il survéquit prés de Xxii ans. Il avoit fait la plus grande partie de ses études aux Païs-Bas catholiques, et en Italie ; et s'étoit fait passer docteur en médecine à Boulogne.

Etant revenu dans le païs, il exerçoit la médecine à Amsterdam, lorsqu'en 1633 il fut appellé par l'infante Isabelle gouvernante des Païs-Bas espagnols, pour professer cette science à Louvain dans une chaire de l'université. L'amitié qu'il avoit pour M Descartes étoit plus ancienne que celle de Fromond : aussi sembla-t-elle finir plûtôt. Nous verrons au moins dans la suite de cette histoire, que Plempius y causa de l'altération quelques années aprés.

Il n'eût pas plûtôt lû le livre de M Descartes, qu'il voulut procurer à d'autres la satisfaction qu'il en avoit reçûë. Ce fut dans cette vûë qu'il préta le livre au Pére Ciermans qui enseignoit actuellement les mathématiques dans le collége des jésuites à Louvain.

Ce pére qui avoit pris sa naissance à Bosleduc n'étoit guéres plus âgé que M Descartes.

Il n'y avoit que dix-huit mois qu'il avoit fait les quatre vœux solennels dans la compagnie. Il se dégoûta depuis de la profession des sciences humaines, et son zéle pour la propagation de l'evangile luy fit demander la mission pour la Chine, où ses supérieurs luy permirent d'aller prêcher : mais il mourut en Portugal l'an 1648. M Descartes n'avoit aucune habitude avec ce pére : mais ayant appris de Plempius qu'il avoit entrepris la lecture de son livre, il manda à celuy-cy qu'il seroit fort aise que ce pére voulût y faire ses remarques, et les mettre par écrit : parce, dit-il, qu'il n'étoit pas à croire qu'il pût rien venir que de bon et de bien concerté d'aucun de cette compagnie ; et que plus les objections qu'on luy proposeroit seroient fortes, plus elles luy seroient agréables.

En effet, n'ayant point d'autre passion dans tout ce qu'il écrivoit que de découvrir la vérité, et ne se croyant pas capable seul d'en venir à bout, il cherchoit pour ainsi dire des adversaires plûtôt que des approbateurs, afin que l'obligation de leur répondre et d'examiner leurs objections le rendît de plus en plus exact, et luy ouvrît les yeux sur ce qu'il n'auroit pû découvrir auparavant. Je souhaite, témoignoit-il à M De Zuytlichem, que plusieurs m'attaquent de la même maniére qu'ont fait M Fromondus, le docteur Plempius, et quelques autres ; et je ne plaindray pas le têms que j'employeray à leur répondre, jusqu'à ce que j'aye dequoy en remplir un volume entier. Car je me persuade que c'est un assez bon moyen pour faire voir si les choses que j'ay écrites peuvent être réfutées ou non. J'eusses désiré sur tout que les rr. Pp. Jésuites eussent voulu être du nombre des opposans : et ils me l'avoient fait espérer par lettres de La Fléche, de Louvain, et de Lille. Mais j'ay reçû depuis peu une lettre de l'un de ceux de La Fléche, où je trouve autant d'approbation que j'en sçaurois desirer de personne, jusqu'à m'assûrer qu'il ne desire rien en ce que j'ay voulu expliquer, mais seulement en ce que je n'ay pas voulu écrire : d'où il prend occasion de me demander ma physique et ma métaphysique avec grande instance. Et parceque je sçay la correspondance et l'union qui est entre ceux de cét ordre, le témoignage d'un seul est suffisant pour me faire espérer que je les auray tous de mon côté.

Nous ne sommes pas encore au têms d'examiner si l'espérance de M Descartes a été vaine : il suffit de remarquer maintenant que le Pére Ciermans fit quelques observations sur les météores, avec quelques réfléxions sur la géométrie de M Descartes ; et qu'il luy fit tenir ses objections touchant les couleurs de l'arc-en-ciel par l'entremise de Plempius, sans toutesfois se faire connoître à luy. M Descartes les trouva si judicieuses et si solides qu'il ne mit point en délibération d'y répondre : et le P Ciermans parut si satisfait de sa réponse, qu'il luy permit de faire imprimer ce qu'il luy avoit envoyé avec cette réponse, pourvû qu'il eût soin de n'y pas exprimer son nom, qu'il sçavoit bien luy avoit été indiqué par le Sr Plempius contre leur convention. M Descartes fit remercier ce pére de toutes ses honnêtetez par le même Plempius : et il prit dés-lors la résolution de faire imprimer toutes les objections qui luy avoient été faites par Fromond, Plempius, Ciermans, et par divers sçavans de France sur sa dioptrique, ses météores, et sa géométrie, avec ses réponses à ces objections. Mais il fallut attendre qu'il s'en fût amassé suffisamment pour remplir un juste volume : et pendant ce têms il survint des obstacles qui traversérent l'exécution de ce dessein. Si le public a recouvré enfin quelque chose de tout ce que ces obstacles et l'indifférence de M Descartes avoient pensé luy faire perdre, il en est redevable aux soins de M Clerselier, qui a pris la peine de traduire entr'autres l'écrit du P Ciermans, avec la réponse qu'y fit M Descartes, et de les insérer dans le prémier volume de ses lettres. On y voit ce que ce pére pouvoit juger du reste de la philosophie et de la force de l'esprit de M Descartes par ces essais. Ce qui luy plaisoit principalement étoit cette hardiesse qui faisoit que s'écartant des chemins battus et des routes ordinaires, il avoit l'assûrance de chercher de nouvelles terres, et de faire de nouvelles découvertes.

C'étoit, selon ce pére, découvrir un nouveau monde en philosophie, et tenter des routes inconnuës, que de rejetter comme faisoit M Descartes toutes ces troupes de qualitez, pour expliquer sans elles, et par des choses qui sont sensibles, et comme palpables, tout ce qu'il y a de plus caché dans la nature. On y trouve un éloge particulier du traité de géométrie dont il prétend que l'excellence seule ne manqueroit point d'acquérir une gloire immortelle à son auteur. Cét ouvrage, à son avis, méritoit d'être mis en un volume à part, au lieu d'être rejetté sur la fin d'un livre, en quoy il se plaignoit que M Descartes ne luy avoit pas rendu justice. Il croyoit qu'il auroit été plus à propos de luy faire porter le nom de *mathématiques pures* , que celuy de *géométrie* , parceque les choses que contient ce traité n'appartiennent pas davantage à la géométrie qu'à l'arithmétique, et aux autres parties des mathématiques. Il dit que les autres traitez sont remplis d'une infinité de trés-belles choses qui se recommandent assez d'elles-mêmes, et qui n'ont besoin de l'approbation de personne pour faire connoître la grandeur de leur prix ; que de toutes les autres matiéres même qui y paroissent sujettes à plus de dispute, et à une diversité d'opinions plus grande, il n'y en a point trouvé une qui ne fût digne d'une loüange trés-particuliére, tant pour la beauté de l'invention, que pour la nouveauté des raisons dont il se sert pour les expliquer et les éclaircir. Il y avoit remarqué neanmoins quelques endroits où il *auroit souhaité* un peu plus de vérité, ou du moins plus de lumiére pour la reconnoître. Pour luy en indiquer quelqu'un il avoit choisi le discours de l'arc-en-ciel, qui est l'endroit où il luy sembloit avoir fait paroître le plus d'esprit, et sur lequel il vouloit luy faire quelques objections. Il finit son écrit en exhortant M Descartes de tout son possible à ne se point lasser de donner au public de têms en têms quelques nouveaux témoignages de la beauté de son esprit. M Descartes satisfit ce pére, tant sur les couleurs de l'arc-en-ciel, que sur le titre de son traité de géométrie : et il luy promit tous les éclaircissemens qui dépendroient de luy, s'il luy faisoit la faveur de luy proposer les autres difficultez qu'il trouveroit dans ses écrits.

Hlivre 4 chapitre 6

Le Prince d'Orange ayant heureusement pour les Etats terminé la campagne par la prise de Breda, retourna à la Haye pour y passer l'hyver : et M. Descartes prit cette occasion du relâche de M. de Zuytlichem pour luy envoyer le petit traité de Méchanique qu'il avoit composé à sa sollicitation prés de deux ans auparavant lors qu'il étoit en Frise. Cet écrit n'étoit qu'un mémoire imparfoit de ce qui luy étoit venu dans la pensée sur ce que son ami exigeoit de luy. c'étoit un cahier où il avoit jette sans beaucoup d'ordre ce qu'il croyoit précisément de plus nécessaire : et l'on peut dire que la crainte de s'engager dans un traité régulier et d'une juste longueur, luy avoit foit omettre exprès ce qu'il y a de plus beau dans la Méchanique. Cette considération faisoit qu'il ne pouvoit souffrir que M. de Zuytlichem en fit tant de cas : et pour répondre à toutes les honnêtetez que celuy-cy employa pour l'en remercier, il se contenta de luy dire que les "trois feuilles" qui composoient son traité "ne valoient" pas ensemble "la moindre des paroles" de son remerciement. Il luy en avoit tellement abandonné la propriété qu'il ne prétendoit point qu'il le luy renvoyât jamais, ny même qu'il en fit prendre des copies à d'autres. Mais cette cession étoit sans qu'il y songeat une permission à M. de Zuytlichem d'en user comme de son bien, selon qu'il le jugeroit à propos, et de le le communiquer à qui bon luy sembleroit. Il usa de son droit mais avec sa permission peu de têms aprés à l'égard de M De Pollot qui hantoit la cour du Prince D'Orange et celle de la Reine De Bohéme à

La Haye, et qu'il sçavoit d'ailleurs être l'ami particulier de M Descartes, et luy rendre de fort bons services dans toutes les occasions qui se rencontroient. M Descartes en écrivit à M De Pollot pour l'assûrer qu'il n'y trouvoit pas à redire.

Pour le petit écrit des méchaniques, dit-il, que j'envoyay il y a quelque têms à M De Zuytlichem, je ne m'y suis reservé aucun pouvoir. Ainsi comme je ne sçaurois trouver que trés-bon qu'il vous le communique, s'il luy plaît ; aussi ne sçaurois-je trouver mauvais qu'il s'en abstienne pour la honte que j'ay qu'on voye de moy un écrit si imparfait. Ces sentimens font assez connoître combien il auroit été éloigné de souffrir que cét écrit fût jamais imprimé ; et il est croyable que ny M De Zuytlichem, ny M De Pollot, ny aucun autre de ses amis ne se seroit point résolu à luy rendre ce mauvais office aprés sa mort, s'il avoit acquitté de son vivant la parole qu'il leur avoit donnée de travailler à un traité complet et régulier des méchaniques. Mais le Sieur Borel se trouvant en Hollande aprés sa mort, et ayant recouvré une copie de l'écrit imparfait qu'avoient eu M De Zuytlichem et M De Pollot, ne fit point difficulté de la donner avec deux lettres addressées à la Princesse Elizabeth pour les mettre sous la presse. Cét écrit que les connoisseurs estiment comparable aux plus gros ouvrages de méchanique, fut imprimé à Paris l'an 1668 In Iv avec celuy de la musique par les soins du P Poisson de l'oratoire. Cependant pour ne point omettre mal à propos ce qui peut servir de réponse à ceux qui voudroient maintenant qu'on eût égard aux imperfections de ce traité, il faut les avertir que la crainte qu'avoit M Descartes de s'engager dans un traité qui fût beaucoup plus long que M De Zuytlichem n'avoit demandé, a été cause qu'il y a omis *le plus beau de son sujet*

comme entr'autres

choses, 1 la considération de la vitesse, 2 les difficultez de la balance, 3 et plusieurs moyens qu'on peut avoir pour augmenter la force des mouvemens qui différent de ceux qu'il a expliquez. Ainsi c'est sur sa paresse plûtôt que sur l'ignorance de son sujet que doivent le juger ceux qui voudront luy faire son procez.

M De Zuytlichem à qui le public a la prémiére obligation de cét ouvrage étoit encore dans le deuil qu'il avoit pris pour la mort de sa femme, qui étoit décédée dés le mois d'avril de l'année 1637. Cette dame s'appelloit Susanne De Baerle, et elle fut pleurée par tous les amis de M De Zuytlichem, c'est-à-dire, par une infinité de personnes de marque répanduës dans l'Europe. C'étoient des larmes dûës à son mérite particulier plûtôt qu'à la douleur de son mary. Elle ne s'étoit pas contentée de luy donner des enfans qui ont dignement soûtenu la dignité et le nom de leur famille par leurs excellentes qualitez, elle s'étoit encore distinguée par une conduite irréprochable et par tout ce qui peut former la réputation d'une personne d'honneur. Elle avoit outre cela des connoissances qui l'élevoient au dessus du commun de son séxe : et qui plus est, elle étoit bel esprit. Elle sçavoit écrire sérieusement, et plaisanter agréablement en prose et en vers latins. Elle avoit pris plaisir à s'exercer entr'autres contre le poëte Barlaeus à cause de la rencontre de son surnom avec le sien : et ils s'envoyoient des vers l'un à l'autre avec une liberté de stile fort grande à la vérité, mais toûjours innocente du côté de Madame De Zuytlichem, qui voulant un jour luy reprocher sa timidité, mit à la tête de la piéce qu'elle luy addressoit Susanna Barlaeus Gaspari Barlaeae. M Descartes avoit été très-sensible à la perte que M De Zuytlichem avoit faite d'une femme de ce mérite, et il s'étoit acquitté de bonne heure des devoirs que luy prescrivoit leur amitié mutuelle. Il luy avoit écrit dés le mois de may une lettre de consolation qu'il n'avoit remplie que des maximes de la philosophie, pour faire souvenir son ami qu'il ne devoit pas être moins philosophe en cette occasion que dans les autres accidens de la vie. M De Zuytlichem avoit toûjours espéré que M De Balzac, qui passoit alors pour un charmant discoureur, et pour un grand maître dans l'art de consoler les affligez ; et qui jusques-là s'étoit rendu fort assidu à luy écrire, ne luy manqueroit pas en cette rencontre. Mais toute l'année 1637 s'écoula sans qu'il reçût rien de sa part, et qu'il entendît même parler de luy. Il s'en plaignit à M Descartes comme à un ami commun, capable de le vanger de la négligence de M De Balzac, ou d'inventer des raisons propres à l'excuser. M Descartes prit ce second parti dans la réponse qu'il fit à M De Zuytlichem. Il voulut luy faire croire que M De Balzac, amateur comme il étoit de la liberté, n'avoit pû sans doute se persuader qu'il y eût des liens au monde qui fussent si doux, qu'on ne pût en être délivré sans les regréter. Mais qu'au reste il étoit des plus constans dans ses amitiez, encore qu'il ne fût pas toûjours des plus diligens à le faire connoître par ses lettres.

M Descartes et M De Zuytlichem firent en cette année là perte d'un autre ami commun, qui étoit Laurent Realius ou Monsieur Reael. Il avoit eu les prémiers emplois sur la flote et dans les Indes pour les hollandois. Il passoit pour le prémier homme du siécle dans la philosophie *magnétique*

et Gilbert

ny Cabeus n'avoient rien à luy apprendre sur ce sujet.

Il possédoit parfaitement la navigation, et il n'étoit guéres moins versé dans le reste des mathématiques.

Cependant la lecture du livre de M Descartes commençoit à produire ses effets selon la différente disposition des esprits. Il se trouva peu de choses dans tout ce qu'il avoit écrit, qui ne parût douteux pour les uns et nouveau pour les autres. Les vrais sçavans ne furent pas effrayez de ce qu'il y avoit de nouveau, et qui ne pouvoit rendre M Descartes odieux qu'à ceux qui étoient entêtez de leurs préjugez : mais ils prirent occasion de ce qui leur paroissoit douteux, pour se préparer à luy faire des objections selon qu'il leur avoit fait témoigner qu'il le souhaitoit pour procurer de plus grands éclaircissemens à la vérité.

M Mydorge son ami auroit été des plus propres à cela, s'il ne s'étoit déja trouvé par avance de même sentiment que luy dans plusieurs choses dés le têms qu'ils se voyoient à Paris. Il auroit pû du moins luy proposer des difficultez sur divers endroits du discours sixiéme de la dioptrique, où M Descartes traite de la vision d'une maniére différente de celle dont il avoit coûtume d'expliquer luy-même cette matiére. Mais il se contenta d'en parler au P Mersenne, qui ne tarda point d'en écrire à M Descartes ; et de luy témoigner que M Mydorge ayant lû sa géométrie auroit souhaité voir sa vieille algébre pour se faciliter l'intelligence de quelques endroits qu'il trouvoit obscurs dans le second livre de la géométrie. M Descartes répondit au P Mersenne sur l'un et l'autre point. Je ne trouve pas étrange, luy dit-il, que M Mydorge ne soit pas d'accord avec moy en plusieurs choses de ce que j'écris de la vision.

Car c'est une matiére qu'il a cy-devant beaucoup étudiée : et n'ayant pas suivi les mêmes principes que moy, il doit avoir pris d'autres opinions. Mais j'espére que plus il examinera mes raisons, plus elles le satisferont : et il a l'esprit trop bon pour ne se rendre pas du côté de la vérité. Je ne ferois nulle difficulté de luy envoyer ma vieille algébre, si elle en valloit la peine. C'est un écrit qui ne me semble pas mériter d'être vû : et par ce qu'il n'y a personne, que je sçache, qui en ait de copie, je seray bien aise qu'il ne sorte plus de mes mains. Mais s'il veut prendre la peine d'examiner le troisiéme livre de ma géométrie, j'espére qu'il le trouvera assez facile, et qu'il viendra ensuite aisément à bout du second.

Il paroît que M Mydorge suivit ce conseil, et qu'il ne s'en trouva point mal. Il n'eut plus d'objections à faire à son amy : et loin de le fatiguer avec beaucoup d'autres par cét endroit, on peut dire qu'il fit le Descartes à Paris, en se chargeant de répondre pour son amy absent, aux objections qu'on ne voulut pas envoyer en Hollande. Il ne fut pas le seul à Paris qui s'étudia à luy rendre de bons offices. M Des Argues dont nous avons déja eu occasion de parler, n'oublia rien pour le servir auprés du Cardinal De Richelieu, et pour faire valoir ses inventions de dioptrique à ceux qui approchoient de son eminence. Il s'addressa au P Mersenne pour faire sçavoir à M Descartes l'état où il avoit mis les choses, et pour luy mander que le cardinal avoit écouté les propositions qu'on luy avoit faites de travailler à des lunettes sur les régles qu'il en donne dans sa dioptrique. M Descartes récrivit au P Mersenne pour luy marquer son éloignement sur ces résolutions. Il le pria de témoigner à M Des Argues et aux autres personnes qui se méloient de cette affaire, qu'il leur étoit trés-obligé de la bonne opinion qu'ils avoient donnée à la cour de ses inventions de dioptrique : mais qu'il *ne croyoit point que les pensées de m. Le cardinal dûssent s'abbaisser jusqu'à une personne de sa sorte. Ce n'étoit point par une modestie de contre-têms qu'il résistoit aux intentions de ces Messieurs : c'étoit par la crainte qu'on ne réussit mal en son absence, et qu'on ne rejetât ensuite sur luy même les fautes des ouvriers. Car il croioit que sa présence étoit nécessaire pour diriger la main des Tourneurs, et leur donner de nouvelles instructions à mesure qu'ils avanceroient ou qu'ils* manqueroient. *Il donna avis de ce qui se passoit à Paris sur ce sujet à Messieurs de Zuytlichem et de Pollot. Il manda au prémier qu'il avoit tout lieu de bien espérer du Tourneur qu'il luy avoit envoyé tant pour son habileté que pour son affection au travail ; qu'il iroit volontiers à Amsterdam exprès pour voir ses modèles, et pour luy faire comprendre tout ce qu'il y auroit à observer ; et que si le Tourneur en venoit à bout, il feroit son possible auprès de ses amis de Paris pour luy faire obtenir un privilège exclusif, qu'il n'y auroit que luy qui pût vendre de ces lunettes en France. Cependant il se sentit tellement obligé à M. des Argues pour ses bons offices, et pour d'autres services encore qu'il luy avoit rendus depuis sa retraite en Hollande, qu'il luy fit offrir tout ce qui dépendroit de luy pour les reconnaître : et voulant entrer dorènavant en commerce de lettres avec luy, il pria le P. Mersenne de luy mander ses qualités et son addresse, parce que ne s'étant pas vus depuis le siège de la Rochelle, il ne s'étoit point avisé de s'informer de ce qui le regardoit.*

L'imprimeur de Leyde avoit procuré par ses longueurs de l'éxercice à la patience, je ne dis pas de M Descartes, mais des mathématiciens de Paris, à qui le P Mersenne avoit donné avis de l'impression de ses essais dés le commencement de l'an 1636. La seule dioptrique avoit gémi plus d'un an sous la presse. M De Beaugrand l'un des plus curieux et des plus impatiens, avoit aposté quelqu'un à Leyde pour luy en envoyer les feuilles à mesure qu'on les imprimoit. Par ce moyen il se trouva pourvû d'un éxemplaire avant que M Descartes eût eu la commodité d'en faire tenir à ses amis du prémier ordre. M De Beaugrand l'ayant parcouru se hâta de l'envoyer à Toulouse par la voye de Bourdeaux, pour le faire lire à M De Fermat conseiller au parlement de Languedoc, qui avoit témoigné une passion plus qu'ordinaire pour voir ce qui viendroit de la plume de M Descartes. Le P Mersenne ayant sçû ce qu'avoit fait M De Beaugrand écrivit à M De Fermat, pour luy faire connoître les intentions de M Descartes à l'égard de ceux qui liroient ses ouvrages, et qui seroient capables d'y former des difficultez et des objections pour éclaircir les véritez. Il ajoûta qu'on ne le dispenseroit point de rendre ce service à M Descartes, puis qu'il en étoit trés-capable ; et il luy demanda en particulier son sentiment sur sa dioptrique ; en récompense de quoi il luy promit les autres traitez de M Descartes qui devoient paroître incessamment.

Ce pére connoissoit le mérite de M De Fermat depuis quelques années, et aprés les preuves diverses qu'il en avoit déja reçûës il n'étoit presque plus en état de se tromper dans le jugement qu'il faisoit de son habileté.

M De Fermat étoit un de ces heureux sujets que la nature rend propres à tout. Il n'étoit pas seulement l'un des beaux esprits de son têms pour la délicatesse et le goût de la véritable beauté des choses. Il avoit encore le génie d'une si vaste étendüe, qu'ayant embrassé la connoissance de plusieurs sciences tres-éloignées les unes des autres, il les possédoit aussi parfaitement que s'il ne se fût appliqué qu'à une en particulier. Il étoit grand humaniste, poëte délicat et heureux dans les langues mortes et vulgaires, trés-versé dans toute l'antiquité ; adroit et seur à tirer le sens et la pensée des endroits les plus impénétrables des auteurs difficiles et obscurs. Il étoit de plus trés-habile dans la jurisprudence, et il remplissoit les devoirs de sa charge avec une application et une suffisance, qui l'a fait passer pour un des grands jurisconsultes de son têms. Mais ce qui fait voir que son esprit étoit d'une force et d'une profondeur égale à son étendüe, c'est qu'il étoit devenu si grand mathématicien, qu'aprés M Descartes, et le fils du président Pascal son ami, le public n'a trouvé personne à luy préférer parmi les prémiers hommes de cette profession. Il excelloit dans toutes les parties des mathématiques, mais particuliérement dans la science des nombres, dans la belle géométrie, et dans l'optique. C'est ce qui a paru non seulement par les beaux ouvrages qu'il a donnez au public, mais sur tout par les occasions qu'il a euës de mesurer ses forces avec M Descartes, qui auroit peut-être connu son mérite moins parfaitement, si le P Mersenne ne s'étoit avisé de les commettre ensemble. Ce pére avoit déja envoyé des questions de M De Fermat à M Descartes avant la publication de ses essais : mais il ne s'étoit point soucié de luy déclarer même le nom de ce magistrat, et il s'étoit contenté de ne le luy faire connoître que par le terme appellatif de *conseiller de Toulouse* . Ce ne fut pourtant pas un obstacle à la pénétration et au discernement de M Descartes, qui ne laissa pas d'en récrire au P Mersenne dés le mois de may de l'an 1637 en ces termes. Vous m'envoyez une proposition d'un géométre conseiller de Toulouse, qui est fort belle, et qui m'a fort réjoüy. Comme elle se résoudra fort facilement par ce que j'ay écrit dans ma géométrie, et comme j'y donne généralement la façon, non seulement de trouver tous les lieux plans, mais aussi tous les solides : j'espére que si ce conseiller est homme franc et ingénu, il sera l'un de ceux qui en feront le plus d'état, et qu'il sera des plus capables de l'entendre. Car je vous diray que j'appréhende fort qu'il ne se trouve que trés-peu de personnes qui puissent l'entendre.

M De Fermat assuré par le P Mersenne des dispositions favorables de M Descartes à l'égard de ceux qui se donneroient la peine d'éxaminer ses écrits, se mit à la lecture de sa dioptrique ; et il envoya à ce pére dés le mois de novembre de la même année, autant de remarques ou d'objections qu'une lettre de quatre ou cinq pages en pouvoit contenir. Il s'excusa de n'en avoir pû envoyer d'avantage sur le peu de têms que M De Beaugrand luy avoit donné pour parcourir le traité. La nécessité de renvoyer promtement l'éxemplaire à Paris n'en fut pas le seul prétexte : il en rejetta encore la cause sur ce que la matiére étoit d'elle-même trés-subtile, et trés-épineuse. De sorte que le têms luy manqua pour digérer ses réfléxions, et pour rendre ses pensées moins obscures et moins embarrassées. Le P Mersenne envoya à M Descartes la lettre de M De Fermat telle qu'il l'avoit reçûë, sans toucher même aux endroits trop librement exprimez, pour être vûs par d'autres que celuy à qui elle étoit écrite. M Descartes récrivit à ce pére pour l'en remercier dés le X ou Xii de décembre, et fit une réponse à part pour M De Fermat, mais addressée néanmoins à ce pére, à qui il laissoit la liberté de l'envoyer ou de ne la pas envoyer à M De Fermat. Il le pria en même têms de continuer toûjours à luy mander tout ce qui se diroit et s'écriroit contre luy, et même de convier ceux qu'il y verroit disposez à luy envoyer des objections, leur promettant de leur en envoyer les réponses sans y manquer, et de faire imprimer leurs objections mêmes dés qu'il en auroit reçû suffisamment pour en faire un juste volume, pourvû qu'ils y donnassent leur consentement.

M De F ermat persuadé qu'il manquoit quelque chose à ses objections sur la dioptrique de M Descartes pour les mettre hors d'atteinte, ne doutoit nullement qu'il ne se servît de son avantage pour y répondre. C'est ce qui luy fit mettre dés-lors sa ressource dans l'espérance d'une replique, où ce qu'il auroit à dire fût mieux digéré que la prémiére fois. Mais dans l'intervale du têms qu'il avoit fallu à ses objections pour aller de Toulouse à Paris et de Paris à Egmond en Nord-Hollande, il reçût la géométrie de M Descartes par les soins du P Mersenne : et ayant lu ce traité, il luy envoya en diligence par le même pére son écrit *de maximis et minimis* sous le nom de M De Carcavi, qui étoit alors son confrére au parlement de Toulouse, qui avoit été jusques-là le confident de ses études, qui fut aprés sa mort le dépositaire de ses écrits, et qui a été depuis conseiller au grand conseil et garde de la bibliothéque du roy jusqu'à la mort de M Colbert. Ce présent que M De Fermat faisoit à M Descartes n'étoit pas seulement une marque de son estime et de sa reconnoissance, mais encore un avertissement de ce qu'il croyoit que M Descartes avoit oublié sans y penser, ou omis mal à propos dans sa géométrie. M Descartes fut prié de la part de l'auteur de l'examiner avec autant de liberté que M De Fermat en avoit pris touchant sa dioptrique. Cela fit un nouvel incident dans la querelle que M De Fermat avoit innocemment excitée, et qu'il croyoit être en état de terminer dans peu de jours. Mais il ne luy fut pas aisé d'étindre ces prémiéres étincelles.

Le feu de la dispute prit de grands accroissemens par le zéle de ceux qui voulurent y entrer ; et elle roula toute dans la suite sur deux points importans, dont l'un regardoit la dioptrique, et l'autre la géométrie.

Voila le sujet de cette fameuse querelle, qui a duré même au delà de la mort de M Descartes. Voila ce que M De Fermat appelloit sa *petite guerre contre M Descartes* et ce que M Descartes appelloit

son petit procez de mathématique contre M De Fermat .

L'ecrit latin de M De Fermat, intitulé *de maximis et minimis, et de tangentibus,* avoit été fait pour servir non seulement à la détermination des problêmes plans et solides ; mais encore à l'invention des tangentes ou touchantes et des lignes courbes, des centres de gravité des solides ; et même aux questions numériques. Il attendoit les remarques de M Descartes sur toutes ces choses, et il n'avoit pas même encore reçû sa réponse aux objections qu'il avoit faites à sa dioptrique, lors qu'il apprit qu'il s'étoit présenté un nouveau combatant contre la dioptrique de M Descartes. Ce brave étoit M Petit, qui portoit pour lors la qualité de commissaire provincial de l'artillerie et d'ingénieur du roy, et qui fut depuis intendant des fortifications. C'étoit un jeune homme pourvû de beaucoup de génie pour les mathématiques, qui excelloit particuliérement dans l'astronomie, et qui avoit une passion particuliére pour les choses dont la connoissance dépend des expériences. Il avoit fait imprimer l'année précédente ses discours chronologiques pour la défense de Scaliger, de Temporarius, et du P Petau contre le Sieur De La Peyre ; et il étoit nouvellement revenu d'un voyage d'Italie, où le Cardinal De Richelieu l'avoit envoyé pour le service du roy, lors qu'il entendit parler de la dioptrique de M Descartes à Paris. Il la lût, et y fit des objections dans le même têms que le P Mersenne reçût celles de M De Fermat. M Petit, qui avoit dés-lors une grande correspondance avec ce pére pour les expériences et les recherches, fut curieux de voir les objections de M De Fermat avant que ce pére les envoyât à M Descartes. Il en écrivit ensuite à ce pére, tant pour le remercier, que pour luy marquer le jugement qu'il faisoit des objections de M De Fermat auprés des siennes. Le P Mersenne envoya la lettre de M Petit à M De Fermat, qui la trouva *trés-excellente* , soit pour la matiére, soit pour le stile. Elle luy laissa un desir trés-ardent de faire connoissance avec son auteur, et il pria le P Mersenne que ce fût par son moyen. Il le sollicita aussi de luy procurer la lecture d'un discours que M Petit promettoit touchant *la réfraction* dans sa belle lettre ; et il luy demanda (comme par un privilége présomptif de leur amitié future) la communication des expériences qu'il avoit faites, ajoûtant qu'il pourroit bien y mêler de la géométrie, s'il les trouvoit conformes à son sentiment. Il tira une copie de la lettre et des objections de M Petit sur la dioptrique de M Descartes ; et il renvoya l'original au P Mersenne, ayant pris la liberté d'y effacer sur la fin quelques paroles qui marquoient que les objections de M Petit contre la dioptrique de M Descartes étoient plus fortes et moins sujétes à replique que les siennes. Ce n'étoit point parcequ'il en voulût douter, disoit-il, puisqu'il avoit conçû une trés-grande opinion de l'esprit de M Petit, mais parcequ'il souhaitoit *d'être mis à l'écart, et de voir toutes ces belles disputes plûtôt comme témoin que comme partie* .

Mais cette disposition ne dura au plus que jusqu'à ce qu'il eut reçû des nouvelles de M Descartes : aprés quoy il ne fut plus le maître de son cœur. Quoiqu'il crut être alors dans une parfaite indifférence, il ne laissoit pas de témoigner grande impatience pour voir la réponse de M Descartes à ses objections de dioptrique, et les remarques qu'il devoit faire sur son traité *de maximis et minimis* . Il craignit que le Pére Mersenne fist difficulté de les luy envoyer au cas qu'il s'y trouvât quelques termes peu obligeans pour luy. C'est sur quoy il voulut le prévenir, afin de lever tous les obstacles qui pourroient le priver de cette satisfaction. S'il y a, dit-il à ce pére, quelque petite aigreur dans ces réponses ou dans ces remarques, comme il est difficile qu'il n'y en ait, vû la contrariété qui se trouve entre nos sentimens, cela ne doit point vous détourner de me les faire voir. Car je vous proteste que cela ne fera aucun effet dans mon esprit, qui est si éloigné de vanité, que M Descartes ne sçauroit m'estimer si peu que je ne m'estime encore moins. Ce n'est pas que la complaisance me puisse obliger de me dédire d'une vérité que j'auray connuë : mais je vous fais par là connoître mon humeur.

Obligez-moy, s'il vous plaît, de ne différer plus à m'envoyer ses écrits, ausquels par avance je vous promets de ne faire point de replique.

La réponse que M Descartes fit aux objections de M De Fermat sur sa dioptrique, et qu'il avoit envoyée au Pére Mersenne dés le milieu du mois de décembre de l'an 1637, n'avoit rien pour le stile ny pour les maniéres qui pût faire la moindre peine à M De Fermat, ou donner le moindre scrupule à ce pére. Aussi ne fit-il pas difficulté de la luy envoyer de la même main qu'il l'avoit reçûë : et peu de jours aprés il envoya à M Descartes un autre traité de M De Fermat qui commençoit à craindre que M Descartes ne connût qu'à demy ce qu'il sçavoit faire en mathématiques. Ce nouveau traité avoit pour titre *de locis planis ac solidis* . C'étoit un écrit analytique concernant la solution des problêmes plans et solides : et M De Fermat avoit été bien aise que le P Mersenne l'addressât comme de son propre mouvement à M Descartes, sans témoigner que ce fût de la part de l'auteur, afin qu'il ne parût pas qu'il n'auroit travaillé sur les problêmes plans et solides, qu'aprés avoir vû ce qu'en avoit écrit Monsieur Descartes dans sa géométrie.

M Descartes manda au P Mersenne dés le mois de janvier de l'année suivante qu'il avoit reçû ce nouvel écrit ; et il luy renvoya en même têms l'original de M De Fermat contre sa dioptrique, parceque ce pére luy avoit marqué que c'étoit à l'insçû de l'auteur qu'il le luy avoit envoyé.

Il n'en usa pas de même à l'égard de son écrit *de maximis et minimis* , c'est-à-dire, des plus grandes et des moindres de toutes les quantitez, sous prétexte que c'étoit un conseiller de ses amis, et non M De Fermat luy-même qui l'avoit donné à ce pére pour le luy envoyer. J'ay cru, dit-il dans sa lettre à ce pére, que je devois retenir l'original de cet écrit, et me contenter de vous en envoyer une copie, vû principalement qu'il contient des fautes qui sont si apparentes, qu'il m'accuseroit peut-être de les avoir supposées, si je ne retenois sa main pour m'en défendre. En effet, selon que j'ay pû juger par ce que j'ay vû de luy, c'est un esprit vif, plein d'invention et de hardiesse, qui s'est à mon avis précipité un peu trop, et qui ayant acquis tout d'un coup la réputation de sçavoir beaucoup en algébre pour en avoir peut-être été loüé par des personnes qui ne prenoient pas la peine, ou qui n'étoient pas capables d'en juger, est devenu si hardy, qu'il n'apporte pas, ce me semble, toute l'attention qu'il faudroit à ce qu'il fait.

M Descartes accompagna cette lettre de la réponse qu'il avoit faite au traité de M De Fermat *de maximis et minimis* , et il manda au P Mersenne qu'il seroit fort aise de sçavoir ce que cét auteur diroit tant de cette réponse que de celle qu'il luy avoit addressée auparavant touchant les objections où la démonstration contre sa dioptrique. Il est vray que l'une et l'autre réponse sembloient n'être que pour le P Mersenne, si l'on s'en rapporte à leur addresse : mais M Descartes auroit été trés-fâché que M De Fermat ne les eût pas vûës. Il pria donc ce pére de les luy envoyer incessamment, ajoûtant qu'il n'avoit pas voulu y nommer M De Fermat, afin qu'il eût moins de confusion des fautes qu'il avoit été engagé d'y remarquer, non dans le dessein de rien faire qui fût choquant ou des-agréable à M De Fermat, mais seulement de se deffendre.

Et parce, dit-il, que M De Fermat pourroit se vanter à mon préjudice dans ses écrits ou dans ses discours, je crois qu'il est à propos que plusieurs voyent aussi mes deffenses. C'est pourquoy je vous prie de ne les luy point envoyer sans en retenir copie. Que s'il vous parle de vous envoyer encore d'autres écrits pour me les faire voir, priez-le, s'il vous plaît, de les mieux digérer que les précedens. Autrement, vous m'obligeriez de ne point prendre la peine de me les addresser. Car entre nous, si, lorsqu'il voudra me faire l'honneur de me proposer des objections, il ne veut pas se donner plus de peine qu'il a pris la prémiére fois, j'aurois honte de me voir réduit à la peine de répondre à si peu de chose ; et d'un autre côté je ne m'en pourrois honnêtement dispenser, lorsqu'on sçauroit que vous me les auriez envoyées. Je seray bien aise que ceux qui me voudront faire des objections ne se hâtent point, et qu'ils tâchent d'entendre tout ce que j'ay écrit avant que de juger d'une partie. Car le tout se tient, et la fin sert à prouver le commencement. Mais je me promets que vous continuerez toujours à me mander franchement ce qui se dira de moy, soit en bien, soit en mal. Au reste chacun sçachant que vous me faites la faveur de m'aimer comme vous faites ; on ne dit rien de moy en vôtre présence qu'on ne présuppose que vous m'en avertissez : et ainsi vous ne pouvez plus vous en abstenir sans me faire tort.

Quelques defauts que M Descartes trouvât pour lors dans les prémiers écrits de M De Fermat, il ne laissoit pas d'y appercevoir déja des marques de l'habileté de cét illustre inconnu : et l'estime qu'il conçût pour son mérite s'accrut à mesure que leur dispute augmenta. Il se croyoit encore alors dispensé des égards et des ménagemens qu'il auroit fallu prendre s'ils se fussent connus, ou s'ils se fussent écrit immédiatement l'un à l'autre. C'est ce que M De Fermat fut obligé d'excuser dans la suite, lorsqu'ils en vinrent à des éclaircissemens sur leur conduite de part et d'autre.

Pendant que M De Fermat au milieu des occupations du palais et de ses affaires domestiques s'appliquoit à faire une replique à la réponse que M Descartes avoit faite à ses objections sur la dioptrique, le P Mersenne reçût les remarques de M Descartes sur le traité *de maximis et minimis* . Mais au lieu de l'envoyer droit à M De Fermat suivant l'intention de M Descartes qui l'en avoit prié depuis qu'il eût appris que ce traité étoit de luy, il jugea à propos de les faire voir à deux des amis particuliers de M De Fermat, qui étoient à Paris. L'un étoit M Pascal président en la cour des aydes d'Auvergne, l'autre étoit Monsieur De Roberval professeur des mathématiques en la chaire de Ramus.

Ces messieurs ayant appris que M De Fermat étoit occupé de la composition de sa replique à M Descartes sur des matiéres de dioptrique, et craignant que M Descartes ne voulût tirer avantage des embarras et des delais de M De Fermat, crurent devoir épouser la querelle de leur amy. Ils le dispensérent pour son soulagement du soin de poursuivre la querelle de géométrie, et ils se chargérent de répondre à M Descartes en faveur de son traité *de maximis et minimis* contre la réponse ou les remarques que M Descartes y avoit faites. Ils envoyérent (mais toujours par le canal du Pére Mersenne) leur réponse à M Descartes, avant que la replique de M De Fermat sur la dioptrique fût venuë. M Descartes lût cette réponse des deux amis avec assez de surprise. Il loüa leur zéle, approuva les dispositions de leur cœur, et jugea M De Fermat heureux d'avoir été prévenu d'un tel secours dans un si grand besoin. Il ne put même s'empécher de concevoir de l'estime pour la capacité dont il voyoit des marques dans l'écrit de ces deux personnages : mais il trouva que s'ils avoient bien rempli les devoirs de l'amitié à l'égard de M De Fermat, ils s'étoient assez mal acquittez de la commission qu'ils avoient prise de le décharger et de le défendre. Nous avons perdu cét écrit de Messieurs Pascal et De Roberval : au moins n'a-t-il pas été possible à M Clerselier de le recouvrer, pour pouvoir l'insérer parmy les piéces servant à ce fameux procez qu'il a jettées pêle-mêle dans le troisiéme volume des lettres de M Descartes. Il est fâcheux que nous ne puissions juger de la bonté de cette piéce que sur le témoignage de M Descartes, c'est-à-dire, de la partie intéressée et suspecte : mais l'inconvénient ne paroîtra point irréparable à ceux qui voudront examiner les piéces, ou traitez dont elle fut suivie.

Il suffira de remarquer que la piéce quoique écrite au nom de deux amis de M De Fermat, étoit toute du stile de

M De Roberval, et que M Pascal n'y avoit point eu d'autre part que celle du consentement et de la communication. Au moins étoit-ce l'opinion de M Descartes, qui l'attribuoit toute au seul M De Roberval.

à dire le vray la politesse et les autres avantages de l'éducation que M Pascal avoi t sur M De Roberval ne permettoient pas que ny M Descartes, ny ceux qui avoient l'honneur de connoître cét illustre magistrat, eussent cette pensée de luy. Ils sçavoient assez que le stile de la langue ou de la plume n'étant que l'expression de l'ame, M Pascal auroit choisi pour écrire contre M Descartes des maniéres plus conformes à luy-même. Le mérite de cét homme se faisoit déja reconnoître alors par bien d'autres endroits que par celuy des mathématiques. Les qualitez qui composent et qui perfectionnent le magistrat et l'homme-de-bien, le faisoient déja considérer comme une personne dont on ne devoit point borner les services à sa province : et M Descartes qui n'avoit pas le discernement mauvais n'hésita point à se flater de son amitié dans le têms même qu'il le voyoit engagé dans le parti de ses adversaires. M Pascal étoit de Clermont en Auvergne et de l'une des bonnes maisons de la province. Son pére avoit été trésorier de France à Riom ; et sa mére qui portoit pareillement le surnom de Pascal étoit fille du sénéchal d'Auvergne à Clermont. Il étoit de huit ans plus âgé que M Descartes, et il mourut un an aprés luy. Il avoit un fils qui ne contoit encore alors que la quinziéme année de sa vie, qui se distinguoit déja parmi les vieux mathématiciens, et qui eut part ensuite à l'estime et à l'amitié de M Descartes.

L'éducation de ce fils avoit servi de motif au pére pour quitter la province aprés avoir fait passer sa charge de président à l'un de ses fréres, et pour se retirer à Paris comme en un lieu favorable à ses desseins. Ils luy réüssirent si bien, qu'aprés avoir mis ce fils en état d'effacer les autres, il en fut effacé luy-même.

M Descartes supposoit que le P Mersenne auroit envoyé sa réponse sur le traité *de maximis et minimis* à M De Fermat : et il fut surpris d'apprendre par une lettre de ce pére datée du 8 de février qu'il avoit différé de la luy envoyer, sur ce que deux de ses amis luy avoient dit qu'il avoit erré en quelque endroit. En quoy il vid un nouveau trait de la crédulité ordinaire du pére, qui avoit été assez bon pour se laisser persuader par les amis de sa partie à son préjudice ; et qui ne s'étoit point apperçû qu'ils ne le détournoient que pour gagner du têms, et pour l'empécher de laisser voir sa réponse à d'autres. Quoy qu'il en soit, l'écrit que les deux amis de M De Fermat avoient fait contre cette réponse pour défendre le traité géométrique *de maximis et minimis* , fut réfuté par M Descartes avant la fin du mois de février : et ayant reçû enfin la replique de M De Fermat touchant la dioptrique, il y fit diverses réponses dans le même mois, qu'il addressa à ses principaux amis, l'une à M Mydorge, une autre à M Hardy, une troisiéme au Pére Mersenne.

Cette replique de M De Fermat à la réponse que M Descartes avoit faite contre ses objections sur sa dioptrique étoit addressée au P Mersenne comme les autres piéces qui l'avoient précédée, et elle se trouve imprimée parmi les lettres de M Descartes. L'auteur protestoit à l'entrée que ce n'étoit point par envie ny par émulation *qu'il continuoit cette petite dispute* , mais seulement pour découvrir la vérité.

De quoy il présumoit que M Descartes ne luy sçauroit pas mauvais gré, d'autant plus qu'il connoissoit *son mérite trés-éminent* . C'est, dit-il à ce pére, ce dont j'ay voulu vous faire une déclaration trés-expresse à la tête de ma replique ; et j'ajoûteray, avant que d'entrer en matiére, que je ne desire pas que mon écrit soit exposé à un plus grand jour que celuy que peut souffrir un entretien familier, de quoy je me confie à vous.

Cette restriction pensa mettre M Descartes en colére aprés la priére qu'il avoit faite au P Mersenne de ne recevoir aucun écrit de qui que ce fût pour le luy envoyer, si ceux qui luy en présenteroient n'écrivoient au bas qu'ils consentoient qu'il le fist imprimer avec sa réponse. Il n'avoit fait d'exception à cette régle que pour les jésuites, les prêtres de l'oratoire, et les honnêtes gens qui seroient reconnus n'avoir point d'autre passion que celle de chercher la vérité. Et s'il n'avoit résisté à sa mauvaise humeur, il auroit exclu du nombre de ces derniers M De Fermat, malgré les caractéres d'honnête homme dont ses écrits étoient marquez.

Il fermoit déja le pacquet où étoit la réponse à Messieurs Pascal et De Roberval sur le traité géométrique *de maximis et minimis* de M De Fermat, lors que la replique de celuy-cy touchant le second discours de sa dioptrique luy fut renduë. Il en lut d'abord le prémier article, et il fut rebuté de sa lecture par la condition que l'auteur sembloit exiger du P Mersenne, pour ne la point laisser imprimer. Mais ayant fait ensuite réfléxion sur luy-même, il en reprit la lecture d'un sens plus rassis.

Le fruit de cette lecture qui prévint les réponses qu'il fit ensuite, fut qu'il ne trouva dans cét écrit pas un seul mot qui pût excuser les fautes qu'il avoit remarquées dans les objections précédentes de M De Fermat, où qui eût aucune force contre ce qu'il luy avoit répondu. Il prétendoit que dans chaque article de ce qu'il objectoit de nouveau, il faisoit un paralogisme, où qu'il corrompoit le sens des raisons qu'il luy avoit alléguées, ou enfin qu'il ne les avoit pas comprises. C'est ce qu'il s'obligea de faire voir aussi clair que le jour (pour me servir de ses termes) pourvû que M De Fermat trouvât bon que le public et la postérité en fût juge, suivant ce qu'il avoit marqué dans le discours de sa méthode. Car son loisir n'étoit point destiné pour répondre aux objections des particuliers, ny même pour les lire, à moins qu'en les rendant publiques conjointement avec ses réponses, elles ne pussent servir pour tous ceux qui auroient les mêmes doutes.

Mr Descartes voyant qu'il n'y avoit point de nécessité qui eût obligé M De Fermat à luy envoyer son traité *de maximis et minimis* à examiner, avoit pris cette action pour un défi. La maniére de l'appeller jointe au mérite et à la dignité de la personne qui luy envoyoit le cartel l'empêcha d'éviter cette rencontre. Il sembla répondre au défi par l'écrit qu'il envoya au P Mersenne contre le traité *de maximis* . La ville de Toulouse et le desert d'Egmond étoient des extrémitez où il étoit difficile que les parties pussent agir, et elles avoient assez de fierté pour ne vouloir pas avancer l'une en faveur de l'autre. La providence y ménagea un milieu, et disposa tellement les choses, que la ville de Paris où étoient leurs habitudes, leurs amis, et leurs adversaires, devint insensiblement le bureau où leurs différents devoient être examinez. Le P Mersenne sans y songer avoit donné lieu à cette disposition, en mettant entre les mains de Messieurs Pascal et De Roberval à Paris l'écrit de M Descartes qu'il devoit envoyer à Toulouse pour M De Fermat. Ces deux messieurs s'étant chargez de répondre pour M De Fermat sembloient agir suivant la même disposition de la providence sans la connoître. M Descartes de son côté s'étant mis en devoir de répondre à ces deux messieurs parut consentir que l'on connût de son affaire à Paris. Il finit sa réponse en les suppliant de croire, que s'il y avoit quelque animosité particuliére entre M De Fermat et luy, comme ils sembloient le marquer dans leur écrit, elle étoit toute entiére du côté de M De Fermat. Car de sa part il croyoit n'avoir aucun sujet de sçavoir mauvais gré à ceux qui vouloient s'éprouver contre luy dans un combat, où souvent l'on peut être vaincu sans infamie.

Voyant que M De Fermat avoit des amis importans qui s'intéressoient si fort à sa défense, il ne pouvoit douter qu'il n'eût des qualitez aimables qui les y conviassent. D'ailleurs il estimoit extrémement dans ces amis la fidélité qu'ils luy témoignoient : et parce que c'est une vertu également rare et précieuse, il assûre qu'elle suffisoit seule *pour l'obliger à être leur trés-humble serviteur* .

Mais puisque ces messieurs avoient jugé à propos de se rendre *les avocats de sa partie* dans une cause qui luy paroissoit peu soutenable, il témoignoit espérer de leur prudence qu'ils ne voudroient pas être ses juges ; et qu'ils ne trouveroient pas mauvais qu'il les recusât avec quelques autres des amis de M Fermat. Les autres mathématiciens que l'on auroit pû engager à connoître de cette affaire, n'étoient pas sans doute en petit nombre à Paris. Mais les uns n'étoient pas en état d'entendre assez parfaitement la géométrie de M Descartes, les autres n'étoient pas assez connus de luy, si l'on en excepte deux illustres géométres, au jugement desquels il pouvoit sûrement s'en rapporter.

Ces deux personnages étoient M Mydorge et M Hardy, qui étoient reconnus publiquement pour ses intimes amis.

Cette considération ne les rendoit pas moins récusables à M De Fermat, que M Pascal et M De Roberval l'étoient à M Descartes pour leur amitié avec M De Fermat. Il fallut donc se résoudre à les choisir non pour ses juges, mais pour ses avocats ; ou pour parler aux termes du cartel présenté par M

De Fermat, M Mydorge et M Hardy furent retenus par M Descartes pour être ses seconds, et pour être opposez à M Pascal et à M De Roberval, qui s'étoient offerts à M De Fermat pour le seconder dans le combat. Le P Mersenne fut prié de demeurer dans la neutralité, et de se contenter de la fonction de simple spectateur, afin de ne devenir suspect à aucun des partis dans les services qu'il pourroit rendre aux uns de la part des autres. M Descartes le souhaitoit ainsi en cette rencontre comme dans toutes les autres, suivant les égards et les ménagemens dont il usoit ordinairement auprés du P Mersenne, de l'amitié duquel il ne prétendoit pas abuser ; et il avoit soin sur toutes choses de ne jamais commettre mal à propos ny sa personne ny la sainteté de sa robe. Vous ne devez pas craindre, dit-il à ce pére, que les avis que vous aurez la bonté de me donner touchant ce qui se dira contre moy, tournent jamais à vôtre préjudice. Car il n'y a rien que je ne souffrisses plûtôt que de vous intéresser dans mes querelles. Mais je m'assûre aussi que de vôtre côté vous ne voudriez pas me tenir les mains pendant qu'on me bat, pour m'empêcher de me défendre : et ceux qui vous donnent des objections contre moy ne peuvent raisonnablement s'en prendre à vous des réponses que j'y feray, ny se fâcher que vous me les envoyiez. Car sçachant l'affection que vous me portez, ils ne vous les peuvent donner à d'autres fins que pour me les faire voir : et toute la civilité dont j'ay crû pouvoir user jusqu'icy envers M De Fermat, a été que j'ay feint d'ignorer son nom, afin qu'il sçache que je ne répons qu'à son écrit, et que vous ne m'avez envoyé que ses objections, sans y engager sa réputation.

Ce qui détermina M Descartes à régler ainsi l'état de sa dispute fut prémiérement une lettre du P Mersenne datée du Viii De Février 1638, qui fut suivie d'une autre que le même pére luy écrivit quatre jours aprés touchant les mouvemens que se donnoient Messieurs Pascal et De Roberval en faveur de M De Fermat.

Le jour même qu'il reçût cette derniére il écrivit à M Mydorge et à M Hardy pour leur donner avis de ce qui se passoit, et pour les intéresser dans sa cause.

Il enferma ces lettres dans le pacquet qu'il addressoit au Pére Mersenne : mais il voulut insérer la réponse qu'il faisoit au prémier écrit de Messieurs Pascal et De Roberval dans la lettre qu'il écrivoit à M Mydorge, afin que si ce pére craignoit que ces messieurs ne trouvassent mauvais qu'il eût fait voir cette réponse à M Mydorge plûtôt qu'à eux, il pût s'en excuser par ce moyen.

Nous avons perdu la lettre qu'il en écrivit à M Hardy : mais on nous a conservé celle qui étoit à M Mydorge, et qui contient, outre les instructions nécessaires pour la connoissance de son procés de mathématique, une réponse au dernier écrit de M De Fermat, qui étoit sa replique à la réponse que M Descartes avoit faite aux objections qu'il avoit proposées contre sa dioptrique. Il manda à M Mydorge qu'ayant appris du P Mersenne qu'il avoit soutenu son parti depuis quelque têms en sa présence, il contoit sur son affection ordinaire pour toutes les autres occasions où il s'agiroit de luy rendre de semblables services, et qui pourroient être d'autant plus fréquentes dans la suite qu'il apprenoit qu'on le mettoit souvent sur le tapis dans les bonnes compagnies. Pour imiter ceux qui se trouvant obligez d'emprunter de l'argent, s'addressent toujours plus librement aux personnes à qui ils doivent déja, qu'ils ne font à d'autres, il voulut ajoûter à toutes les autres obligations dont il luy étoit redevable, celle de luy devoir encore le succés de cette affaire. Il le pria donc de voir les piéces de *son procés*

et il

luy recommanda en même têms d'oublier ou de suspendre les sentimens de son amitié, pour ne suivre que les régles de la justice et de la vérité. La prémiére des piéces qu'il le prioit de voir étoit la lettre de M De Fermat au P Mersenne, contenant les objections de cét auteur contre sa dioptrique. La seconde étoit sa réponse à cette lettre de M De Fermat. La troisiéme étoit l'écrit latin de M De Fermat, *de maximis et minimis, et de inventione tangentium linearum curvarum* qu'il luy avoit fait envoyer, pour luy faire voir qu'il avoit oublié cette matiére dans sa géométrie ; et qu'il avoit aussi une maniére pour trouver les tangentes des lignes courbes meilleure que celle que M Descartes avoit donnée. La quatriéme étoit la réponse à cét écrit *de maximis* . La cinquiéme étoit l'écrit de quelques amis de M De Fermat en replique à sa réponse contre l'écrit latin de M De Fermat, et que M Desc attribuoit au seul M

De Rob. La sixiéme étoit la réponse de M Desc à ces amis de M De Fermat, c'est-à-dire, à Messieurs Pascal et De Roberval. La septiéme étoit la replique de M De Fermat à la prémiére réponse de M Descartes touchant sa dioptrique. Pour la huitiéme piéce qui étoit la réponse de M Descartes à cette replique de M De Fermat au sujet de la dioptrique, elle étoit contenuë dans la lettre même qu'il luy envoyoit, et elle en composoit la plus grande partie.

Voila quelles étoient les piéces du procés que M De Fermat avoit intenté à M Descartes, et que le Pére Mersenne devoit fournir à M Mydorge, hormis la sixiéme que M Descartes luy envoyoit en droiture avec la huitiéme dans un même pacquet, et dont il le prioit de retenir une copie, avant que l'original qui étoit pour les deux amis de M De Fermat leur fût mis entre les mains par le P Mersenne, à qui M Mydorge avoit commission de le rendre. Aprés avoir répondu aux principaux endroits de la replique de M De Fermat, M Descartes finit sa lettre à M Mydorge en le priant que M Hardy eût aussi la communication de toutes ces piéces de son procez, afin qu'ils pussent l'un et l'autre éxaminer sa cause à fonds. Car il étoit juste, selon luy, que deux des amis de M De Fermat s'étant présentez pour soûtenir sa cause, il emploiât aussi pour la défense de la sienne deux de ses amis en qui il avoit le plus de confiance, et qu'il estimoit des plus habiles pour l'affaire dont il étoit question.

M Descartes écrivit en même têms au P Mersenne, pour le prier de vouloir retenir des copies de toutes les piéces qu'il devoit communiquer tant à M Mydorge qu'aux deux amis de M De Fermat, et de les faire voir à tous ceux qui en auroient la curiosité, mais particuliérement à M Des Argues, s'il en vouloit prendre la peine.

Mais il jugeoit qu'il étoit trés-important qu'on ne vid point un papier sans l'autre ; et il auroit souhaité pour cela que toutes ces piéces fussent écrites de suite en un même cahier. Il renvoya à ce pére dans le même pacquet la copie du traité de M De Fermat, *de locis planis et solidis,* qu'on luy redemandoit sans avoir eu la commodité de le lire : et il le pria de retenir une autrefois des copies de tout ce qu'il luy envoyeroit en Hollande, ou qu'il souhaiteroit qu'on luy renvoiât.

M Mydorge ne tarda point à remettre entre les mains du P Mersenne l'original de la réponse que M Descartes avoit faite à l'écrit de Messieurs Pascal et De Roberval au sujet du traité *de maximis et minimis*

et ce pére la porta aussi-tôt à M De

Roberval, au collége de maître Gervais. Celuy-cy sans laisser rallentir la chaleur où l'avoit mis la lecture de cette réponse composa incontinent une replique sous le nom des deux amis de M De Fermat, c'est-à-dire de M Pascal, et du sien. C'est un nom qu'ils avoient légitimement acquis par le prémier service qu'ils avoient rendu à M De Fermat, qu'ils prétendoient n'avoir connu jusques-là que de réputation, non plus que M Descartes. Mais il falloit que M De

Roberval imposât à M Pascal, ou qu'il eût parole de luy pour continuer la dispute de M De Fermat en son nom contre M Descartes. M Pascal, n'étoit plus à Paris pour lors : et M De Roberval eut assez de bonne foy pour marquer son absence en souscrivant seul à leur replique commune. M Pascal ne put point avoir dans la suite beaucoup de part à ce différent. Il s'étoit crû obligé depuis quelques jours de s'éloigner de la ville, et de se retirer loin du commerce public, de peur que sa présence n'irritât quelques puissances offensées, et qu'elle ne les portât à faire quelque chose au préjudice de sa liberté. La disgrace où il croyoit être tombé n'étoit que la suite de celle de l'un de ses intimes amis qui avoit été arrêté et conduit à la Bastille pour quelques troubles excitez à l'hôtel de ville. M Pascal persuadé de la droiture du cœur de son amy avoit remarqué qu'il y avoit plus de malheur que de crime dans la maniére dont il avoit donné occasion au trouble. Il ne s'étoit pas contenté de parler en faveur de son amy, il avoit encore osé prendre la défense de diverses personnes injustement traitées par la véxation de quelques officiers intéressez. Il avoit appris de plus que cette affaire avoit été rapportée avec des circonstances trés odieuses à m. Le chancelier Seguier. C'est pourquoi la crainte d'avoir déplû à ce prémier magistrat du royaume l'avoit fait écarter pour prévenir les effets de son ressentiment. Il demeura environ un an dans son éloignement, jusqu'à ce que M Le Cardinal De Richelieu informé de son mérite et du sujet de sa retraite par Madame La Duchesse D'Aiguillon et par m. Le chancelier même le fit revenir en 1639, et l'établit peu de têms aprés intendant de Normandie à Roüen.

M Descartes ayant reçû le second écrit ou la replique des amis de M De Fermat à la réponse qu'il leur avoit faite n'eut pas de peine à y reconnoître le stile de M De Roberval. La dureté des maniéres et les expressions des-obligeantes *d'absurdité, d'ignorance, et de mauvaise foy,* luy firent juger que M Pascal étoit véritablement absent ou qu'il n'avoit point de part à la composition de ce nouvel écrit.

Aussi n'attribua-t'il qu'à M De Roberval la précipitation avec laquelle on entreprenoit à la fin de cét écrit de juger généralement de sa méthode, de sa dioptrique, et de ses météores, lors qu'il ne s'agissoit que de quelques omissions qu'on imputoit à sa géométrie. Il en récrivit au P Mersenne sur la fin du mois de mars, et il luy manda qu'il n'étoit point résolu de faire réponse à ce second écrit, parce qu'il remarquoit que celuy qui l'avoit composé, *se picquoit* . Mais il pria ce pére que quand il verroit la colére de M De Roberval appaisée, il luy fist connoître *le peu de raison qu'il avoit eu de s'échauffer* , et le peu de conformité que la passion qu'il avoit de censurer tout ce qui venoit de luy pouvoit avoir avec la modération dont Messieurs De Fermat et Pascal en usoient d'ailleurs à son égard. Nonobstant ses maniéres rebutantes et ses préventions, il le fit assurer par le Pére Mersenne qu'il étoit son trés-humble serviteur, et qu'il ne s'offensoit pas plus de tout ce qui étoit dans son écrit, que l'on fait ordinairement dans le jeu, de la colére de ceux qui perdent. Mais que, comme il n'y a point de plaisir à joüer contre ceux qui se fâchent, il prendroit le parti dorênavant de ne plus répondre à aucun écrit, où il remarqueroit plus de passion que d'amour pour la vérité.

M De Roberval malgré la singularité de son humeur auroit peut-être été satisfait de tant d'honnêteté : mais le Pére Mersenne qui avoit un talent particulier pour commettre les sçavans entre-eux, et pour prolonger les disputes qu'il avoit excitées, ne fut pas content de la résolution que M Descartes avoit faite de ne point répondre à M De Roberval. Il luy en écrivit le Xvi de mars : et M Descartes pour luy procurer du repos de ce côté-là, se crut obligé de luy envoyer néanmoins la réponse qu'il attendoit ; mais il prit garde de n'y rien laisser glisser qui pût remuer encore la bile de M De Roberval.

Cependant M De Fermat commençoit à se lasser de la dispute : et craignant que le zéle de M De Roberval ne la fit prolonger, non seulement il laissa sans repartie ce que M Descartes avoit écrit contre sa derniére replique touchant la dioptrique, mais il écrivit encore au P Mersenne pour le prier de faire sa paix avec M Descartes, et de luy procurer en même têms l'honneur de sa connoissance. D'un autre côté M Mydorge et M Hardy qui souffroient avec peine qu'un homme du mérite et du rang de M De Fermat se broüillât si mal à propos avec M Descartes, songeoient aux moiens de les réconcilier et de changer leur dispute en une correspondance parfaite, dont les fruits se pussent goûter dans une communication mutuelle de leurs lumiéres. Ils en parlérent au P Mersenne, qui en écrivit à M Descartes avant même qu'il en eût reçû la derniére réponse au second écrit des deux amis de M De Fermat.

M Descartes ne dissimula point à ce pére que cette proposition luy étoit trés-agréable, et il luy en récrivit en ces termes dans le têms même que M De Fermat luy demandoit son amitié par la médiation du même pére, sans qu'il sçût encore rien de sa disposition. Pour ce que vous ajoutez, dit-il, que ces messieurs qui ont pris connoissance de nôtre entretien ont envie de nous rendre amis M De Fermat et moy, vous les assurerez, s'il vous plaît, qu'il n'y a personne au monde qui recherche ni qui chérisse l'amitié des honnêtes gens plus que je fais ; et que je ne crois pas que M De Fermat puisse me sçavoir mauvais gré de ce que j'ay dit franchement mon opinion de son écrit, après m'y avoir provoqué en galant homme. Rien n'est plus contraire à mon humeur que de reprendre les autres : mais je ne pouvois éviter cette occasion aprés son défi, sinon en le méprisant : ce qui l'auroit sans doute plus offensé que ma réponse. Il écrivit en même têms à M Mydorge et à M Hardi, pour les remercier de la bonté avec laquelle ils avoient soutenu son parti touchant la régle *de maximis* de M De Fermat, et du tour heureux qu'ils avoient donné à cette dispute pour la terminer à son avantage et au gré des deux parties.

M De Fermat en faisant ces démarches vers M Descartes ne se considéroit pas comme un homme vaincu et desarmé qui n'auroit eu de ressource que dans la clémence du victorieux. Et M Descartes de son côté regardoit la demande que M De Fermat luy faisoit de son amitié comme un fruit, non de sa victoire, mais d'une paix qui étoit également glorieuse et utile à tous les deux. Quoique leur paix se fist sans conditions, M De Fermat qui ne croyoit pas devoir négliger les choses qui pouvoient servir à sa justification, écrivit au P Mersenne pour luy marquer qu'il avoit été trompé par la prémiére réponse que luy avoit faite M Descartes ; et que s'étant imaginé trouver quelque aigreur dans ses expressions, il avoit crû devoir imiter son stile pour tacher de se soutenir contre un adversaire de cette importance. Le P Mersenne ne manqua pas d'envoier cette lettre de M De Fermat à M Descartes, qui récrivit à ce pére en ces termes.

J'ay vû ce qu'il vous a plû me communiquer des lettres que M De Fermat vous à écrites. Et prémiérement pour ce qu'il dit avoir trouvé des paroles plus aigres dans mon prémier papier qu'il n'en avoit attendu, je le supplie tres-humblement de m'excuser, et de penser que je ne le connoissois point. Mais son écrit *de maximis* me venant en forme de cartel de la part d'un homme qui avoit déja taché de réfuter ma dioptrique avant même qu'elle fût publiée, comme pour l'étouffer avant sa naissance, en ayant eu un éxemplaire que je n'avois point envoié en France pour ce sujet : il me semble que je ne pouvois luy répondre avec des paroles plus douces que j'ay fait, sans témoigner quelque lâcheté ou quelque foiblesse. Et comme ceux qui se déguisent au carnaval ne s'offensent point que l'on se rie du masque qu'ils portent, et qu'on ne les saluë pas lors qu'ils passent par la ruë, comme l'on feroit s'ils étoient dans leurs habits accoutumez : aussi ne doit-il pas, ce me semble, trouver mauvais que j'aye répondu à son écrit tout autrement que je n'aurois fait à sa personne, laquelle j'estime et honore comme son mérite m'y oblige. Je n'ay pas été surpris qu'il ait approuvé les raisons de Messieurs Pascal et De Roberval, car la civilité ne luy permettoit pas d'en user autrement : et en effet je ne sçache point qu'on en eût pû donner de meilleures pour le sujet dont il étoit question.

Mais je me suis étonné que M De Fermat n'ajoutant point d'autres raisons à celles de ces messieurs, il ait voulu supposer que celles-là m'ont pleinement persuadé ; et se servir de ce prétexte pour s'abstenir d'envoyer la tangente de la ligne courbe que je luy avois proposée. Car j'ay assez témoigné par toutes mes lettres qu'ils n'avoient répondu directement à aucune de mes objections ; et que ce n'est pas une marque de la bonté de sa régle *de maximis* , de dire qu'elle ne réüssit pas dans l'éxemple que j'ay donné, qui est l'unique raison qu'ils en ont apportée.

Pour tous les autres éxemples que vous m'avez mandé à diverses fois vous avoir été envoyez par M De Fermat, encore qu'ils fussent vrays, ce que je suppose puis que je ne les ay point vûs, ils ne peuvent prouver que sa méthode soit généralement bonne, mais seulement qu'elle réussit en certains cas, ce que je n'ay jamais eu intention de nier.

La civilité m'obligeroit de ne plus parler de cette affaire aprés m'avoir tacitement donné les mains, s'il n'assuroit nonobstant cela, que sa méthode est incomparablement plus simple, plus courte, et plus aisée que celle dont j'ay usé pour trouver les tangentes. à quoi je suis obligé de répondre que dans mon prémier écrit, et dans les suivans, j'ay donné des raisons qui montrent le contraire ; et que ni luy ni ses défenseurs n'y ayant rien répondu, ils les ont assez confirmées par leur silence. Encore que l'on puisse recevoir sa régle pour bonne étant corrigée, ce n'est pas une preuve qu'elle soit si simple ni si aisée que celle dont j'ay usé, si ce n'est qu'on prenne les mots de *simple et d'aisée* , pour la même chose *qu'industrieuse*

en quoi il est certain qu'elle

l'emporte, parce qu'elle ne suit que la maniére de prouver qui réduit *ad absurdum* , comme j'ay averti dés mon prémier écrit. Mais si on les prend en un sens contraire, il en faut aussi juger le contraire par la même raison. Pour ce qui est *d'être plus courte* , on pourra s'en rapporter à l'expérience qu'il sera aisé d'en faire dans l'éxemple de la tangente que je luy avois proposée. Si je n'ajoute rien d'avantage c'est par le desir que j'ay de ne point continuer cette dispute : et si j'ay mis ici quelque chose qui ne soit pas agréable à M De Fermat, je le supplie trés-humblement de m'en excuser, et de considérer que c'est la nécessité de me défendre qui m'y a contraint, et non aucun dessein de luy déplaire. Il aura aussi la bonté de m'excuser si je ne rêpons pas à ses autres questions, c'est un éxercice auquel je renonce entiérement.

M De Fermat ayant reçû du P Mersenne toutes les assurances qu'il pouvoit souhaiter de la part de M Descartes, se donna enfin la satisfaction de luy écrire en droiture pour luy offrir son amitié et ses services. On peut mettre l'acquisition d'un tel ami au nombre des meilleures fortunes de M Descartes. Il connut parfaitement le prix d'une amitié si importante, et il y fut si sensible qu'il n'eut point de termes assez passionnez pour l'en remercier. C'est tout dire qu'il crut avoir conquis une Bradamante, sans songer que c'étoit présumer trop de luy-même que de se comparer tacitement à un Roger.

Il ne suffisoit pas à M De Fermat d'avoir été payé de l'amitié de M Descartes en récompense de la sienne : il voulut encore s'assurer de son estime, sçachant ce qu'elle pourroit luy valoir dans le monde.

Il luy en écrivit de nouveau pour le prier de luy marquer précisément jusqu'où il pourroit porter l'opinion qu'il devoit avoir de luy-même. Et pour l'engager à ne point employer la flaterie dans son jugement, il l'assura qu'il s'en feroit une régle pour se mesurer auprés des autres. M Descartes luy répondit vers la fin de juillet en ces termes. Je sçay bien que mon approbation n'est point nécessaire pour vous faire juger quelle opinion vous devez avoir de vous-même : mais si elle y peut contribuer quelque chose, comme vous me faites l'honneur de me l'écrire, je crois être obligé de vous avoüer icy franchement que je n'ay jamais connu personne qui m'ait fait paroître qu'il fût si sçavant en géométrie que vous... je vous prie de croire que si j'ay témoigné cy-devant n'approuver pas tout-à-fait certaines choses particuliéres qui venoient de vous, cela n'empéche pas que la déclaration que je viens de faire ne soit trés-vraye. Mais comme on remarque plus soigneusement les petites pailles des diamans que les plus grandes taches des pierres communes, ainsi j'ay crû devoir regarder de plus prés à ce qui venoit de vôtre part, que s'il fût venu d'une personne moins estimée. La même raison me console de voir que de bons esprits s'étudient à reprendre les choses que j'ay écrites, de sorte qu'au lieu de leur en sçavoir mauvais gré, je me sens obligé de les en remercier : et cette considération seule suffiroit pour me rendre ce que je vous suis d'ailleurs.

M Descartes pour n'être point satisfait à demi de sa réconciliation, voulut qu'elle s'étendît aussi jusqu'aux deux amis de M De Fermat, qui avoient pris la défense de son écrit géométrique *de maximis et minimis* . Dés le mois d'avril il avoit crû pouvoir en espérer quelque chose, sur ce que le P Mersenne luy avoit mandé que ces messieurs n'avoient pas une liaison si particuliére avec M De Fermat qu'on le luy avoit fait croire. Cela étant il n'avoit point douté qu'ils ne fussent disposez à préférer la vérité aux intérêts personnels de M De Fermat, et qu'ils ne s'y rendissent dés qu'ils la reconnoîtroient. C'est pourquoy sa conscience n'ayant rien à luy reprocher à leur sujet, et ne croyant pas avoir mis une syllabe dans sa réponse qui pût les des-obliger, il pria le P Mersenne de leur témoigner qu'il ne recherchoit rien tant que l'amitié des honnêtes gens, et que par cette considération il faisoit beaucoup de cas de la leur.

Ces messieurs, c'est-à-dire, M De Roberval au nom des deux, parceque M Pascal s'étoit retiré, le regardant déja comme un amy qu'ils prétendoient traiter avec honnêteté, sembloient vouloir établir le commerce de leur amitié dans la proposition de diverses questions géométriques, qu'ils ne pouvoient résoudre, et qu'ils croyoient ne pouvoir être résoluës par sa méthode. M Descartes trouva que ce parti n'étoit point avantageux pour luy. Car il y a une espéce de loy établie entre les géométres, qui défend de proposer aux autres des questions qu'ils ne peuvent résoudre eux-mêmes, puisqu'il y en a d'impossibles, comme la quadrature du cercle, etc. De plus, il se trouvoit des questions qui bien que possibles alloient néanmoins au-delà des colonnes qu'il avoit posées, non pas qu'il fallût d'autres régles et plus d'esprit, mais parceque cela demandoit plus de travail. De ce genre étoient celles dont il avoit parlé dans sa réponse à M De Fermat sur son écrit *de maximis et minimis* , pour l'avertir que s'il vouloit aller plus loin que luy, c'étoit par-là qu'il devoit passer. D'ailleurs il y en a qui appartiennent à l'arithmétique plûtôt qu'à la géométrie, comme celles de Diophante, et deux ou trois de celles dont Mess Pascal et De Roberval avoient fait mention dans leur écrit, qu'il ne promettoit pas de résoudre toutes. Ce n'est pas que ces derniéres fussent plus difficiles que celles de géométrie : mais il suffisoit pour luy ôter la pensée d'y travailler qu'elles fussent inutiles, ou qu'elles ne fussent point du partage d'un esprit de sa sorte, mais de ceux qui ne pouvant prendre un essor supérieur s'assujettissent par un travail opiniâtre à examiner la suite des nombres.

Le P Mersenne qui se faisoit un plaisir de concilier les esprits aprés les avoir excitez les uns contre les autres, pria M Descartes de supprimer dans ces favorables conjonctures de réünion, un écrit fait par un de ses zélez partisans contre Messieurs De Roberval et De Fermat pour sa défense, parcequ'il craignoit que cela n'éloignât et n'aigrît des esprits si bien disposez à la réconciliation. M Descartes répondit à ce pére qu'il avoit grande raison de luy donner cét avis ; que quand l'auteur de cét écrit ne luy auroit pas permis de le supprimer il n'auroit pas laissé de le faire ;

qu'autrement il auroit participé à la faute de cét auteur ; qu'au reste, il n'avoit aucun droit de faire imprimer des médisances, hormis celles dont il pourroit être obligé de se justifier luy-même, ou qu'il seroit nécessaire de réfuter.

Le cœur de M De Roberval ne paroissoit pas fait pour celuy de M Descartes, aussi ne purent-ils jamais demeurer parfaitement unis. Il n'en étoit pas de même de celuy de M De Fermat, dont on peut dire que M Descartes fut le maître le reste de ses jours. Mais ce qui est assez ordinaire dans des amis qui ont des lumiéres différentes, il est certain que leurs esprits ne suivirent pas toujours la loy de leurs cœurs. M De Fermat persuadé comme auparavant de l'excellence de sa méthode, n'étoit pas convenu des exceptions que M Descartes y avoit faites pour la rendre telle. Il continua sans préjudice de leur nouvelle amitié de publier ses complaisances pour l'invention de cette méthode, et il sembloit même attribuer à quelque defaut d'attention ce que M Descartes jugeoit qu'on y pouvoit retoucher. Le Pére Mersenne ne manqua point de donner avis de cette conduite à M Descartes, à qui elle parut assez incompréhensible. Il en récrivit à ce pére le Xxiii d'août et luy fit un abrégé historique de leur dispute pour le rendre ensuite le juge de cette conduite. Vous m'envoyâtes, dit-il, l'hyver passé de la part de M De Fermat une régle pour trouver *les plus grandes et les moindres* en géométrie. Je la crus défectueuse, et je le vérifiay par l'exemple même qu'il avoit donné. Mais j'ajoûtay qu'en la corrigeant on pouvoit la rendre assez bonne ; quoiqu'elle ne fût pas si générale que son auteur prétendoit. Je fis voir néanmoins qu'on ne pourroit pas s'en servir de la manié re qu'elle étoit dictée pour trouver la tangente d'une certaine ligne que je nommay : et plusieurs raisons me faisoient juger alors qu'il ne l'avoit trouvée *qu'à tâtons* . Ayant vû son écrit, je jugeay par ses démarches qu'il avoit envie de s'éprouver en géométrie. Mais ne croyant pas que ce sujet fût assez propre à ce dessein, parcequ'il n'étoit ny des plus difficiles ny des plus importans ; je pris la liberté de luy en proposer trois ou quatre autres, qui sont toutes choses ausquelles il auroit sans doute répondu depuis, s'il avoit eu dequoy. Au lieu de cela, quelqu'un de Paris qui favorisoit son party ayant vû mon écrit entre vos mains, tâcha de vous persuader que je m'étois trompé, et vous pria de différer de l'envoyer à Toulouse. Vous me le mandâtes, et je vous assuray que je ne craignois rien de ce côté là. Vous m'envoyâtes quelque têms aprés une réponse faite pour M De Fermat par ce même homme de Paris, dans laquelle ne trouvant autre chose sinon qu'il ne vouloit pas qu'une certaine ligne pût être nommée *la plus grande* , il me fit souvenir de ces avocats, qui pour faire durer un procez cherchent quelque chose à redire dans les formalitez qui ne servent de rien au fonds de la cause. Je crûs devoir vous avertir dés-lors qu'il n'usoit de cette procédure que pour donner plus de loisir à ma partie de penser à me répondre ; et l'événement montre assez que mes conjectures ont été vrayes. Ennuyé des longueurs de cette petite chicanerie, je leur ay enfin mandé tout au long ce qui devoit être ajouté à la régle dont il étoit question pour la rendre vraye, sans pour cela changer la maniére dont elle étoit conçûë, et qui m'avoit fait dire qu'on ne pouvoit s'en servir pour trouver la tangente que j'avois proposée.

Depuis ce têms-là, soit que ce que j'avois corrigé dans cette régle luy ait donné plus de lumiére, soit qu'il ait eu plus de bon-heur qu'auparavant ; enfin aprés six mois de délay, il a trouvé moyen de la tourner d'un nouveau biais, par l'aide duquel il exprime en quelque façon cette tangente. Jugez si cela vaut la peine de chanter si haut sa victoire. Il n'étoit rien de plus facile que de rencontrer ce nouveau biais ; et il l'a pû tirer de ma géométrie, où je me sers d'un semblable moyen pour éviter l'embarras qui rend sa prémiére régle inutile dans cét exemple. Mais il n'a point satisfait à ce que je luy avois proposé, qui n'étoit pas de trouver cette tangente, vû qu'il la pouvoit avoir de ma géométrie, mais de la trouver en ne se servant que de sa prémiére régle, puisqu'il l'estimoit si générale et si excellente. Il eût été sans doute plus avantageux pour luy de ne point parler de cette tangente, parce que le grand bruit qu'il en fait donne lieu de croire qu'il a eu beaucoup de peine à la trouver, et de remarquer que son silence sur les autres choses que je luy ay objectées est un témoignage qu'il n'a rien eu à y répondre, et qu'il ne sçait pas encore le fondement de sa régle. J'avoüe que depuis qu'il a vû ce que j'ay mandé qu'on y devoit corriger, il ne peut plus ignorer le moyen de s'en servir. Mais s'il n'a point eu communication de ce que j'ay mandé depuis à M Hardy touchant la cause de l'élision de certains termes qui semble s'y faire gratuitement, il me permettra de douter encore qu'il la sçache démontrer.

Voilà ce que M Descartes manda secrétement au Pére Mersenne touchant la conduite de M De Fermat, mais sans prétendre qu'elle dût causer la moindre altération dans leur amitié. Au lieu d'insister davantage sur un sujet de si petite importance, il aima mieux s'en remettre à la vérité, à la force de laquelle il ne desespéroit pas de voir un jour céder l'esprit de M De Fermat, et celuy de M De Roberval.

Cependant M De Fermat ne vouloit rien diminuer de la bonne opinion qu'il avoit une fois conçûë de sa régle et de sa méthode. Il avoit raison sans doute de l'estimer aprés l'avoir corrigée sur les réfléxions que M Descartes luy fit faire : mais il fit connoître qu'il étoit homme en feignant que c'étoit la même qu'auparavant, comme s'il n'y eût point apporté de changement. Cela luy produisit de têms en têms de légéres contestations, non pas avec M Descartes qui devoit son têms et ses talens à autre chose qu'à la dispute, mais avec le jeune Gillot que M De Fermat appelloit son écolier ; avec M Chauveau son ancien compagnon de classe au collége de La Fléche ; et avec d'autres mathématiciens de Paris, qui depuis cét éclat se déclaroient cartésiens de jour en jour, en dépit de la jalousie de M De Roberval. M De Fermat chercha encore autre chose à souhaiter dans la géométrie de M Descartes. M Chauveau qui n'avoit pas l'indifférence de M Descartes sur ces matiéres crut devoir arrêter ces libertez dans M De Fermat, contre lequel il écrivit sans consulter M Descartes, qui ne l'auroit sans doute pas permis. Il eut néanmoins la considération de ne point faire imprimer sa réponse, et il se contenta de faire remarquer à plusieurs de ses amis en particulier les fautes dont il chargeoit M De Fermat, et l'excellence des écrits de M Descartes.

M Des Argues dont l'habileté étoit généralement reconnuë des géométres du têms, prit aussi la défense de M Descartes contre M De Fermat dans une assez longue dissertation qu'il addressa au P Mersenne en forme de lettre écrite le 4 d'avril de l'an 1638.

Mais comme il sembloit être l'amy commun de tous les sçavans illustres qui étoient entrez dans cette fameuse querelle, on n'est point surpris de voir qu'il y dise beaucoup de bien, non seulement de M Mydorge et des autres partisans de M Descartes, mais encore de M De Fermat, de M Pascal, et de M De Roberval ses adversaires, dont il souhaitoit de tout son cœur que le mérite fût enfin récompensé de l'amitié de M Descartes.

L'état de la dispute s'étant fait connoître ensuite dans les païs étrangers, on prétend qu'il n'y a presque point eu d'habile géométre qui ne soit entré dans le parti de M Descartes. C'est ce que l'on a remarqué principalement en Hollande, où l'on a vû même le docte M Jean Hudde écrire exprés sur ce sujet plusieurs années aprés que la chose parut assoupie entre M Descartes et M De Fermat. Mais nous ne pouvons dissimuler ce que le feu Pére Prestet de l'oratoire l'un des plus habiles mathématiciens de nos jours a fait en ces derniéres années pour la défense de M Descartes. Si l'on en croid ce pére, la méthode générale qu'il a donnée pour déterminer quelles sont *les plus grandes et les moindres quantitez* , est la plus belle et la meilleure de toutes celles qu'on a inventées. Il avouë qu'elle ne paroît pas d'abord, et que ce n'est qu'avec un peu d'attention qu'on en peut voir l'excellence et la simplicité, parce qu'il en parle assez légérement et sans luy donner de nom. C'est ce qui avoit trompé M De Fermat, qui avoit repris mal à propos M Descartes de n'avoir rien dit sur un sujet de cette importance, faute d'application ou de méditation sur cét endroit. M De Fermat ayant proposé dans le même têms sa méthode des *plus grandes et des moindres quantitez* comme une invention rare et nouvelle, elle avoit été reçûë avec applaudissement par Messieurs Pascal et De Roberval. Mais M Descartes l'ayant examinée de plus prés qu'eux, l'avoit trouvée défectueuse et fausse en diverses rencontres. Quoy qu'il eût montré les moyens de la corriger et de la rendre juste, il n'avoit pourtant pû l'approuver entiérement, parce qu'elle ne pouvoit servir à conclure que par la maniére imparfaite de prouver *qui réduit à l'absurde* . Mais en même têms il avoit négligé d'éclaircir la sienne, et c'étoit peut-être avec un peu trop de fierté ou d'indifférence qu'il ne voulut jamais produire d'autres exemples que ceux qui se trouvoient déja dans sa géométrie. M De Fermat et ses deux défenseurs avoient sçû profiter de cette mauvaise disposition ; et ils l'avoient tellement fait valoir, qu'encore que le bon droit ne fût pas entiérement pour eux, ils n'avoient pas laissé de grossir leur parti. Ils s'étoient soûtenus pendant quelque têms par leur propre capacité, et sur tout par la vivacité de leur imagination avec d'autant plus d'addresse, qu'ils avoient fait rouler le fort de la dispute sur des équivoques, depuis qu'ils s'étoient vûs trop vivement pressez sur le point capital. M Descartes de son côté, dont le grand cœur méprisoit quelquefois trop certains petits secours, quoique d'ailleurs trés-légitimes et même nécessaires, pour vouloir trancher les nœuds des difficultez sans en faciliter les dénouëmens, avoit négligé pour un têms de tirer tous les avantages qu'il étoit assûré de remporter dans la suite. C'est ce qui fait qu'il se trouve encore aujourd'huy d'habiles gens qui jugent la victoire douteuse entre ces deux grands hommes. Mais le P Prestet ne croid pas qu'on puisse raisonnablement l'adjuger à M De Fermat, aprés que l'on aura examiné et compris l'une et l'autre méthode, et qu'on les aura soigneusement conférées ensemble.

Pendant que les partis s'échauffoient sur la question de géométrie concernant l'art de trouver les plus grandes et les moindres quantitez, M De Fermat laissoit assoupir son autre dispute qui concernoit la dioptrique ; et il ne s'avisa point de la réveiller du vivant de M Descartes. Mais aprés sa mort il parloit volontiers de ce différent, insinuant que M Descartes ne l'avoit jamais satisfait pleinement sur les difficultez qu'il luy avoit proposées. M Rohault croyant sur ses maniéres de parler que M Descartes avoit oublié ou négligé de luy répondre, prit la plume pour luy fermer la bouche. Cette erreur innocente produisit cette réponse à M De Fermat, que nous avons maintenant au troisiéme volume des lettres de M Descartes. M De Fermat qui ne connoissoit pas encore M Rohault, et qui ne vid son écrit que long-têms aprés, dissimuloit toûjours que M Descartes luy eût répondu, et sembloit même inviter de têms en têms quelqu'un de ses amis à reprendre cette ancienne querelle. M Clerselier s'offrit, et il la termina à la gloire de M Descartes, et à la satisfaction de M De Fermat, qui mourut peu de têms aprés en bon cartésien.

Mr Petit ne tarda point tant à rendre les armes à M Descartes que M De Fermat. Nous avons vû qu'il faisoit plus de cas de ses objections contre la dioptrique de M Descartes que de celles de M De Fermat. Mais soit qu'il fût un peu prévenu pour luy-même, soit que ses objections fussent effectivement meilleures, il profita de l'avantage qu'il avoit sur M De Fermat par le moyen de ses expériences, qui s'accordant merveilleusement avec la doctrine de M Descartes, ne servirent pas peu à le des-abuser et à luy faire rechercher de bonne heure son amitié. M Descartes avoit mandé au P Mersenne vers la fin de février de cette année qu'il ne se souvenoit point d'avoir jamais vû ce M Petit dont il luy parloit dans sa lettre, et dont il luy avoit envoyé les objections. Mais quel qu'il pût être, il avoit prié ce pére de ne le point décourager, et de ne luy pas ôter le desir de continuer d'écrire contre luy, sans même user de ménagement. Au mois d'avril suivant, il récrivit à ce pére pour le prier de convier M Petit de luy envoyer au plûtôt le reste de ce qu'il avoit à objecter contre sa dioptrique, ou autre chose, afin de n'être pas obligé de prendre la plume à deux reprises pour luy répondre. Tant que M Petit tint ses remarques renfermées dans les bornes de la dioptrique, il ne fit rien de contraire à sa profession ny rien de desagréable à M Descartes, qui se fit un divertissement de luy répondre dans ses heures de récréation d'aprés le repas. Il paroît que M Petit se voyant pressé par le P Mersenne d'envoyer à M Descartes le reste de ce qu'il avoit promis contre sa dioptrique, et que n'ayant rien en effet sur ce sujet, il avoit ramassé quelque chose de ce qu'il avoit oüy dire en l'air sur l'endroit du discours de la méthode concernant l'existence de Dieu et l'immortalité de l'ame, afin de ne point passer pour un homme léger et fanfaron dans ses promesses. Le P Mersenne en attendant ce qu'il promettoit incessamment sur la dioptrique, envoya son papier à M Descartes, qui luy en récrivit en ces termes au mois de may de la même année. Je n'ay nullement approuvé l'écrit du Sieur Petit, et je juge qu'il a eu envie d'être de fête, et de faire des objections sans avoir eu toutefois aucune chose à objecter. Car il n'a fait que se jetter dans quelques mauvais lieux communs, empruntez des athées pour la plûpart : et il les entasse sans beaucoup de jugement, s'arrêtant principalement à ce que j'ay écrit de Dieu et de l'ame, dont il semble n'avoir pas compris un seul mot.

Ce qui m'avoit porté à vous prier de tirer de luy ses objections contre ma dioptrique, c'est parce que je croyois qu'il n'en avoit point, et que je doutois s'il seroit capable d'en faire qui eussent aucune couleur sans montrer son peu de suffisance. Mais ce qui luy a fait promettre d'en faire, c'est qu'il a eu peur qu'on luy demandât pourquoy il n'avoit pas choisi pour le sujet de ses objections la dioptrique, où il dit avoir employé dix ou onze ans d'étude, plûtôt qu'une matiére de morale ou de métaphysique qui n'est point du tout de sa profession. Cette matiére ne pouvant être entenduë que de fort peu de personnes, quoique chacun se mêle volontiers d'en juger, les plus ignorans sont capables d'en dire beaucoup de choses qui passent pour vray-semblables parmi ceux qui ne les examinent pas de fort prés. Au lieu que dans la dioptrique il ne pourroit entrer tant soit peu en matiére, qu'on ne reconnût trés-évidemment sa capacité. Il ne l'a déja que trop montrée, lors qu'il a voulu soûtenir que les verres sphériques seroient aussi bons que les hyperboliques, sur ce qu'il s'est imaginé qu'il n'étoit pas besoin qu'ils eussent plus d'un pouce ou demi-pouce de diamétre.

Trois mois s'écoulérent sans que M Petit entendît parler du souvenir de M Descartes. L'impatience le fit aller trouver le P Mersenne, pour sçavoir quand pourroient venir les réponses qu'il attendoit aux objections qu'il luy avoit envoyées sur l'existence de Dieu. Le P Mersenne qui sçavoit la disposition de M Descartes à cét égard, n'osa la déclarer à M Petit craignant de le mettre en mauvaise humeur. Pour luy donner quelque satisfaction il en écrivit à M Descartes au mois de septembre, et il le pria de luy écrire quelque chose qu'il pût montrer à M Petit afin de ne le point fâcher. M Descartes écrivit à ce pére le prémier jour d'octobre, qu'il n'avoit point coûtume de flater ses adversaires ; et que si M Petit se fâchoit de son silence, il auroit encore beaucoup plus de sujet de se fâcher d'une réponse qu'il luy feroit, parce qu'assurément il ne l'épargneroit pas dans une matiére où il donnoit tant de prise sur luy. Les raisons que M Petit avoit apportées dans son écrit pour prouver l'existence de Dieu luy avoient paru *si badines, qu'il sembloit s'être voulu mocquer de Dieu en les écrivant* .

Il est vray qu'il y en avoit une qu'il avoit empruntée du livre de M Descartes, mais il luy avoit ôté toute sa force par le changement de place et l'altération qu'il luy avoit causée. Il manda donc au P Mersenne qu'il pourroit dire à M Petit qu'il attendoit ses o bjections contre sa dioptrique, afin que si elles en valoient la peine, il pût répondre à l'un et à l'autre tout à la fois. Mais que pour ce qu'il avoit écrit de Dieu, il craindroit qu'on ne se mocquât de les voir disputer l'un contre l'autre sur cette matiére, vû qu'ils n'étoient ny l'un ny l'autre théologiens de profession.

M Petit s'étant mieux instruit dans la suite ne demeura pas long-têms parmi les adversaires de M Descartes. Non content de devenir son ami il se rendit son partisan et son défenseur : et M Descartes ayant appris qu'il prenoit goût à sa méthaphysique qu'il donna deux ans aprés, considéra ce bon effet comme une vraye conquête, et il ne pût s'empêcher de dire à son sujet lorsque le P Mersenne luy en manda la nouvelle, *qu'il y a plus de joye dans le ciel pour un pécheur qui se convertit, que pour mille justes qui persévérent* .

La dispute que M Descartes eut avec M Morin professeur royal des mathématiques à Paris, luy donna plus d'exercice que celle de M Petit, mais elle le fatigua moins que celle de M De Fermat. Elle commença le Xxii jour de février de l'an 1638 par des objections que M Morin luy fit sur la lumiére.

Elles se trouvent imprimées au prémier tome des lettres de M Descartes : et l'on peut dire qu'elles méritoient le plus d'être conservées à la postérité de toutes celles qui ont été formées contre les nouvelles opinions. Aussi M Descartes les jugea-t'il dignes de considération dés qu'il les eût reçûës, et préférables à celles de M Petit pour leur solidité, et pour la nature de leur difficulté. Il en écrivit plus d'une fois au P Mersenne pour luy faire témoigner de sa part à M Morin, que non seulement il avoit reçû son écrit en trés-bonne part ; mais qu'il luy avoit encore obligation de ses objections, comme étant trés-propres à luy faire rechercher la vérité de plus prés ; et qu'il ne manqueroit pas d'y répondre le plus ponctuellement, le plus civilement, et le plûtôt qu'il luy seroit possible. M Morin luy avoit marqué qu'il trouveroit fort bon que ses objections fussent imprimées. M Descartes luy promit de faire en sorte qu'elles le fussent avec la réponse qu'il y feroit aux conditions qu'il souhaiteroit. Il offrit même d'envoyer sa réponse en manuscrit à M Morin, afin qu'il y pût changer ou retrancher ce qu'il jugeroit à propos avant qu'on l'imprimât. C'est ce qu'il fit au mois de juillet suivant, aprés avoir gagné du têms par le delay qu'il avoit été obligé d'apporter à cette impression. M Morin avoit fini ses objections par des protestations d'amitié, d'estime et de vénération tout à fait extraordinaires pour M Descartes, et par des plaintes sur le malheur où il se voyoit par les pratiques de ses envieux, en souhaitant que la fortune luy fût plus favorable qu'elle n'étoit ordinairement au commun des sçavans. M Descartes à qui ce langage ne convenoit guéres, eut plus de peine à répondre à cette conclusion qu'à tout le reste. Je ne prétens nullement, luy dit-il à ce sujet, mériter les honnêtetez dont vous usez à mon égard sur la fin de vôtre écrit, et je n'aurois néanmoins pas de grace à les réfuter. C'est pourquoy je puis seulement dire que je plains avec vous l'erreur de la fortune, en ce qu'elle ne reconnoît pas assez vôtre mérite. Mais pour mon particulier, graces à dieu, elle ne m'a encore jamais fait ny bien ny mal : et je ne sçay pas même pour l'avenir si je dois plûtôt desirer ses faveurs que les craindre. Car comme il ne me paroît pas honnête de rien emprunter de personne qu'on ne puisse rendre avec usure, il me semble que ce seroit une grande charge pour moy que de me sentir redevable au public.

Le Pére Mersenne qui sembloit avoir joint quelques-unes de ses difficultez avec les objections de M Morin trouva la réponse à ces difficultez dans celle que M Descartes faisoit aux objections de M Morin. Ils en parurent l'un et l'autre tellement satisfaits que le P Mersenne luy en récrivit le prémier jour d'août suivant au nom des deux en ces termes. Vous nous avez tellement consolez et enrichis des excellentes réponses que vous nous avez faites à M Morin et à moy, que je vous assure qu'au lieu de trente-huit sols de port qu'on a mis sur le pacquet, voyant ce qu'il contenoit, j'en eusses volontiers donné trente-huit écus. Nous avons lû la réponse ensemble : et M Morin a trouvé vôtre stile si beau, que je vous conseille de ne le changer jamais. Car vos similitudes et vos raretez satisfont plus que tout ce que produisent les autres... vous avez, au reste, fait un grand coup dans la réponse à M Morin de montrer que vous ne méprisez pas, ou du moins que vous n'ignorez pas la philosophie d'A ristote. C'est ce qui a contribué à augmenter l'estime que M Morin témoigne avoir pour vous. C'est aussi ce dont j'assûre toûjours ceux qui trompez par la netteté et la facilité de vôtre stile, que vous sçavez rabaisser pour le rendre intelligible au vulgaire, croyent que vous n'entendez point la philosophie scholastique : mais je leur fais connoître que vous la sçavez aussi bien que les maîtres qui l'enseignent, et qui paroissent les plus enflez de leur habileté.

M Morin craignant de perdre quelque chose de sa réputation, s'il se contentoit de ce qu'avoit fait le P Mersenne en écrivant à M Descartes pour le remercier simplement au nom des deux, ne laissa point d'examiner ensuite sa réponse dans la pensée d'y trouver de la matiére à une replique. Il repliqua en effet dés le Xii jour du même mois : et nous avons encore ce second écrit inséré au premier tome des lettres de M Descartes, et suivi d'une nouvelle réponse que M Descartes y fit dés le mois de septembre avec une diligence qui le surprit, mais qui luy fit connoître qu'il avoit de la considération pour luy. M Morin feignit de n'être pas entiérement satisfait de cette seconde réponse, et il en prit occasion de luy faire une nouvelle replique au mois d'octobre, afin de se procurer l'honneur d'écrire le dernier. M Descartes toûjours fort éloigné d'ambitionner une gloire si fausse, acheva de reconnoître à cette marque le caractére de l'esprit de M Morin. Il ne voulut pas luy refuser la satisfaction qu'il souhaitoit de luy, puis qu'elle luy coûtoit si peu. C'est pourquoy il manda au P Mersenne vers le milieu du mois de novembre qu'il ne feroit plus de réponse à M Morin puisqu'il ne le desiroit pas. D'ailleurs il n'y avoit rien dans le dernier écrit de M Morin, qui pût luy donner occasion de répondre quelque chose d'utile ; et cét ouvrage n'avoit servi qu'à luy faire remarquer qu'ils étoient encore plus éloignez de sentiment sur la lumiére, sur le mouvement de la terre, et sur la disposition des cieux, qu'ils n'étoient au commencement de leur dispute.

Mr Descartes n'étoit pas tellement occupé des réponses qu'il avoit à faire aux objections de Messieurs De Fermat, De Roberval, Petit, et Morin, qu'il n'eût quelques momens de reste pour les livres nouveaux, et particulierement pour ceux qui concernoient les mathématiques, et la physique. Il en reçût un assez bon nombre de toutes grandeurs cette année, venus de France par le moyen du P Mersenne, de M De Zuytlichem, et de quelques libraires de Hollande. L'un des principaux pour la forme fut celuy de M De Beaugrand sécrétaire du roy touchant la géostatique, imprimé dés l'année précédente de la grandeur qui s'appelle *in folio* , circonstance qui dés lors formoit un préjugé contre la bonté d'un livre.

Mais M Descartes étoit déja préoccupé d'ailleurs d'une maniére peu favorable à M De Beaugrand, de la capacité duquel il n'avoit jamais eu une opinion fort avantageuse. M De Beaugrand avoit encore contribué de son côté à diminuer l'estime que M Descartes pouvoit avoir euë de son cœur et de son esprit, lors qu'il s'étoit laissé aller à la jalousie contre M Des Argues. Voyant que celuy-cy s'intéressoit avec le P Mersenne pour servir M Descartes dans la poursuite du privilége qu'on demandoit à la cour de France pour l'impression de ses ouvrages, il crut devoir y jetter des obstacles, suivant le mauvais engagement où il s'étoit mis de prendre le contrepied de M Des Argues. Par une suite de ces démarches il continua de rendre de mauvais offices à M Descartes : et n'ayant pû empêcher que ses essais s'imprimassent avec la permission du roy en

Hollande, il ne trouva plus d'autre ressource à la passion qu'il avoit de luy nuire que celle de décrier ses ouvrages avant même qu'il les eût pû voir, et de les étouffer dans leur naissance s'il eût été possible. à peine avoit-il pû se saisir d'un exemplaire de la dioptrique, soit en surprenant la bonté du P Mersenne à qui M Descartes faisoit envoyer les derniéres épreuves, soit en abusant de la fidélité de l'imprimeur De Leyde, qui luy avoit envoyé les feuilles à mesure qu'on les tiroit de la presse comme nous l'avons remarqué ailleurs, qu'il avoit fait paroître son empressement pour luy trouver des censeurs plûtôt que des lecteurs. Enfin il sembloit avoir voulu combler sa mauvaise volonté en inserant quelque chose contre luy dans son livre de la géostatique qui s'imprimoit actuellement, sur la lecture précipitée qu'il avoit faite de quelques endroits de sa dioptrique avant que de l'envoier à M De Fermat.

Il faut avoüer que M Descartes parut un peu trop sensible d'abord à l'irrégularité de cette conduite pour un philosophe de son rang : et l'indifférence qu'il témoigna pour voir le livre de la géostatique pouvoit être suspecte d'affectation. Le préjugé qu'il en conçût contre cét ouvrage se trouva (heureusement pour sa réputation) véritable et solide : mais il semble que le hazard et le ressentiment n'y avoient guéres moins de part que son discernement. Le livre de M De Beaugrand eut presque autant de censeurs qu'il rencontra de lecteurs intelligens. L'un des prémiers qui le réfutérent fut M De La Brosse médecin de profession : et il falloit que le livre fût d'une grande foiblesse pour tomber sous ces prémiers coups, qui au jugement des habiles de la profession, n'étoient ni trop rudes, ni trop adroitement portez.

M De Fermat qui étoit ami particulier de M De Beaugrand regarda cette disgrace avec des yeux qui marquoient la tendresse et la compassion de son cœur.

Il n'auroit sans doute rien épargné pour soutenir ses intérets, s'il avoit eu lieu de défendre sa cause sans faire tort à sa propre réfutation : et il s'en étoit expliqué au P Mersenne dés le mois d'octobre ou de novembre de l'année précédente en ces termes. Vous m'avez envoyé deux discours, dit M De Fermat à ce pére, dont l'un est contre M De Beaugrand, et l'autre est de la composition de M Des Argues. J'avois déja vû le second qui est agréable et fait de bon esprit. Pour le prémier (celuy de M De La Brosse contre M De Beaugrand) il ne peut être mauvais si nous en retranchons les paroles d'aigreur. Car la cause de M De Beaugrand est tout-à-fait déplorée. Je luy écrivis les mêmes raisons de vôtre imprimé à luy même, dés qu'il m'eût envoyé son livre. Le jugement de M Descartes s'accordoit parfaitement avec celuy de M De Fermat en ce point. Je n'ay reçû, dit-il au même pére, que depuis peu de jours les deux petits livres *in folio* que vous m'avez envoyez, dont l'un qui traite de la perspective *et qui est de M Des Argues* n'est pas à dés-approuver, outre que la curiosité et la netteté de son langage est à estimer.

Mais pour l'autre (celuy de M De La Brosse) je trouve qu'il réfute fort mal une chose que je crois fort aisée à réfuter, et que son silence auroit été meilleur que ce qu'il a fait. Il apprit ensuite avec plaisir qu'il s'étoit rencontré en ce point avec M De Fermat, et il en rabatit encore quelque chose de l'estime qu'il pouvoit avoir euë auparavant pour M De Beaugrand. Il faut, dit-il, que la démonstration prétenduë de la géostatique soit bien défectueuse, vû que M De Fermat même qui est tant ami de l'auteur, la dés-approuve ; et que moy qui ne l'ay point vuë, ay jugé qu'elle étoit mal réfutée, par la raison seule que je n'ay pû m'imaginer qu'elle fût si peu de chose que ce que je voyois que l'on réfutoit.

Ces maniéres de juger sainement d'autruy, quoi que différentes dans ces deux hommes rares, peuvent être considérées comme des traits de la supériorité que les génies du prémier ordre ont au dessus des esprits du commun. M De Fermat ferme les yeux aux intérets de son ami, et approuve la réfutation que l'on fait de son livre, à quelques duretez prés. M Descartes oublie les mauvais offices d'un homme qui avoit recherché toutes les voies de le des-obliger, et ne peut approuver une foible réfutation d'un méchant livre, au décry duquel il sembloit avoir quelque interêt. Cette différence apparente ne part que d'un fond égal d'intégrité dans l'un et dans l'autre : et sans songer à s'imiter ils ont également soin de prévenir les effets de leur passion, et ils se réünissent dans leur jugement principal, qui se terminoit à considérer la géostatique comme un mauvais ouvrage, et à ne point approuver sa réfutation dans les maniéres et le stile de M De La Brosse.

Les instances que le Pére Mersenne et M Des Argues firent à M Descartes l'emportérent pourtant sur la résolution qu'il avoit prise de ne point voir le livre de M De Beaugrand. Il le fit donc chercher à Leyde et à Amsterdam, mais inutilement, et il fallut le faire venir de Paris. Il s'étoit défendu jusques-là de le voir, non par un sentiment de mépris, mais par l'expérience qu'il avoit d'ailleurs de la médiocrité de l'auteur, et par un éloignement merveilleux qu'il avoit *pour reprendre les fautes d'autruy* . C'étoit suivant cette disposition d'esprit qu'il se déclaroit souvent contre les écrits satyriques, et contre les réfutations trop aigres. C'étoit aussi ce qui l'avoit empéché d'approuver le livre de M De La Brosse contre M De Beaugrand. Outre, dit il, que M De La Brosse s'étoit arrêté à reprendre des choses qu'on pouvoit excuser : après quoy il avoit finy sa réfutation sans faire voir la suite du raisonnement qu'il réfutoit. De sorte que ceux qui comme M Descartes n'avoient point vû la géostatique de M De Beaugrand avoient tout sujet de juger que M De La Brosse s'étoit contenté de *l'égratigner, ou de luy arracher les cheveux,* sans luy avoir fait de profondes blessûres.

Enfin il reçût le livre de la géostatique vers le commencement du mois de juin, par le moyen de son *limousin* , c'est-à-dire, d'un nouveau valet de chambre que le P Mersenne luy avoit envoyé pour succéder au jeune Gillot qui étoit devenu un homme d'importance par les libéralitez de son maître, et qui s'étoit rendu assez habile sous luy pour enseigner les mathématiques aux autres. Il n'eut pas plûtôt lû la géostatique qu'il reconnut la précipitation avec laquelle il avoit jugé de M De La Brosse. Ayant trouvé le livre encore plus mauvais que son préjugé ne le luy avoit fait concevoir, il comprit avec M De Fermat comment la réfutation de ce livre pouvoit être bonne, quoiqu'en la considérant séparément il ne pût la regarder comme une bonne piéce à cause de l'aigreur de ses termes, et du peu de liaison qu'il avoit trouvé dans son raisonnement.

Quand au jugement qu'il fit de la géostatique aprés l'avoir lûë, il se vid obligé de l'envoyer au P Mersenne, tant pour la satisfaction de ce pére que pour celle de M Des Argues, à qui il n'étoit plus en état de rien refuser. C'est ce qu'il fit peu de jours aprés dans une lettre qu'il en écrivit à ce pére en ces termes. Quoique les fautes qui se trouvent dans l'écrit de la géostatique soient si grossiéres qu'elles ne puissent surprendre personne, et que pour ce sujet elles méritent plûtôt d'être méprisées que contredites : néanmoins, puisque vous desirez en sçavoir mon opinion, je la mettray icy en peu de mots.

Je n'ay trouvé dans tout ce beau livre *in folio*

qu'une seule proposition, quoique l'auteur en conte treize. Car pour les trois prémiéres et la dixiéme, ce ne sont que des choses de géométrie si faciles et si communes qu'on ne sçauroit entendre les elémens d'Euclide sans les sçavoir. Les V, Vi, Vii, Viii, Ix, et Ximes ne sont que des suites, ou des répétitions de la quatriéme ; et elles ne peuvent être vrayes, si elle ne l'est. Pour la Vii, la Xii, et la

Xiiime il est vray qu'elles ne dépendent pas ainsi de cette quatriéme : mais parce que l'auteur s'en sert pour tâcher de les prouver, et même qu'il ne se sert pour cela que d'elle seule, et que d'ailleurs elles ne sont non plus que les autres d'aucune importance, elles ne doivent point être contées. De sorte qu'il ne reste que la quatriéme toute seule à considérer : et elle a déja été si bien réfutée par M De La Brosse qu'il n'est pas besoin d'y rien ajoûter. Car de cinq ou six fautes qu'il y remarque, la moindre est suffisante pour faire voir que le raisonnement de cét auteur ne vaut rien du tout. J'ay eu grand tort l'année passée en voyant cette réfutation de M De La Brosse, sans avoir vû le livre qu'il réfutoit, de ne la pas approuver. Mais la seule raison qui m'en empécha, fut que je ne pouvois m'imaginer que les choses qu'il reprenoit fussent si absurdes qu'il les représentoit : et je me persuadois qu'il exaggéroit seulement quelques omissions, ou des fautes commises par inadvertance, sans toucher aux principales raisons de l'auteur. Mais je vois maintenant que ces principales raisons, que je supposois devoir être dans son beau livre, ne s'y trouvent point. Et quoique j'aye vû beaucoup de quadratures du cercle, de mouvemens perpétuels, et d'autres semblables démonstrations prétenduës qui étoient fausses, je puis dire néanmoins avec vérité que je n'ay jamais vû tant d'erreurs jointes ensemble en une seule proposition.

Dans les paralogismes des autres on a coutume de ne rencontrer rien d'abord qui ne semble vray, en sorte qu'on a de la peine à remarquer entre beaucoup de véritez quelque petit mélange de fausseté, qui est cause que la conclusion n'est pas vraye. Mais c'est icy le contraire. On a de la peine à remarquer aucune vérité sur laquelle cét auteur ait appuyé son raisonnement : et je ne sçaurois deviner autre chose qui luy ait donné occasion d'imaginer ce qu'il propose, sinon qu'il s'est équivoqué sur le mot de *centre*

et qu'ayant oüi nommer le centre d'une balance aussi bien que le centre de la terre, il s'est figuré que ce qui étoit vray à l'égard de l'un, le devoit être aussi à l'égard de l'autre, d'où il est tombé dans un trés-grand nombre de fautes grossiéres… en général, on peut dire que tout ce que contient ce livre de géostatique est si peu de chose, que je m'étonne que les honnêtes gens aient jamais daigné prendre la peine de le lire : et j'aurois honte de celle que j'ay prise de vous en marquer mon sentiment, si je ne l'avois fait à vôtre priére. Je sçay que de vôtre côté vous ne me l'avez demandé qu'à dessein de me faire dire mon opinion de la matiére que l'auteur y traite, sans vous soucier beaucoup de la maniére dont il l'a traitée.

Mais c'est un sujet qui mérite bien que j'y employe quelqu'une de mes meilleures heures, au lieu que je n'en ay donné à celuy-cy qu'une de celles que je voulois perdre. C'est pourquoy j'aime mieux vous l'envoyer séparément au prémier voyage.

Pour ne point manquer à sa parole, il travailla incessamment à *l'éxamen* qu'il avoit promis à ces deux amis de la *question géostatique* en elle-même ; et il en fit un petit traité qu'il leur envoya vers le Xxii, ou Xxiii jour du mois de juillet. Le P Mersenne en fut si content qu'il luy en récrivit le prémier jour d'août, pour luy dire qu'à son sens il s'étoit surpassé luy-même dans cét écrit, et que ce petit traité renfermoit toutes les méchaniques, excepté la seule force de la *percussion* . Le P Mersenne ne crut pas devoir demeurer dans les termes de ce compliment, et quinze jours après il manda à M Descartes que M Des Argues et les autres sçavans à qui il avoit fait voir cét écrit étoient d'avis qu'il fût imprimé. M Descartes luy répondit vers le commencement de septembre que l'écrit ne méritoit nullement d'être publié : mais que si on desiroit absolument qu'il le fût, la chose luy étoit assez indifférente, pourvû que son nom n'y parût pas, et que l'on en retranchât quelques termes d'aigreur, et quelques épithétes trop dures qu'il avoit employées contre le géostaticien, dans la pensée qu'elles tomberoient, et qu'elles périroient sous la main du P Mersenne, avec la lettre qu'il luy en écrivoit en particulier. Ce n'est pas que selon luy ces épithétes ne convinssent assez bien à M De Beaugrand en le traitant à la rigueur : mais il reconnoissoit qu'il ne luy convenoit pas de les écrire ; et qu'elles ne luy étoient échapées de la plume *qu'en faveur du tour qu'il avoit joüé* au Pére Mersenne, à M Des Argues et à luy, pour le privilége de ses essais.

C'auroit été un beau trait de générosité à M Descartes de ne point se laisser aller à ses ressentimens du prémier coup. Mais ayant eu cette foiblesse, il étoit encore assez glorieux pour luy de s'en relever de si bonne heure. Pour la réparer encore d'une maniére plus digne de luy, il révocqua par une lettre du Ier d'octobre au P Mersenne la permission qu'il sembloit luy avoir donnée d'imprimer son écrit de géostatique, sous prétexte qu'il ne l'avoit pas composé dans cette vûë. Il allégua aussi pour raison que ce petit traité n'étoit pas assez achevé pour marcher seul. D'un autre côté ç'auroit été à son avis luy donner une trés-mauvaise compagnie que de le joindre avec son sentiment du livre de M De Beaugrand. D'ailleurs il auroit eu honte qu'on en eût pris occasion de croire qu'il se seroit arrêté sérieusement à dire son opinion de ce livre. Outre que ces deux écrits étans joints ensemble n'auroient fait *qu'un livre digne d'être couvert de papier bleu* .

Mais afin que son refus ne chagrinât point entiérement le Pére Mersenne, il ajoûta que si son écrit de la géostatiq ue contenoit quelque chose qui valût la peine qu'on le vît, il croyoit qu'il seroit plus à propos de l'insérer dans le recueil des objections qu'on luy avoit faites jusques-là et qu'on devoit luy faire dans la suite. En effet, ce recueil ne devoit être qu'un ramas de toutes sortes de matiéres : et son dessein étoit de le faire imprimer volume à volume à mesure qu'il verroit grossir les matiéres, tant des objections des autres, que de ses réponses et de ses autres écrits volans.

Quelques mathématiciens sectateurs de M Descartes ont crû que cét écrit de la géostatique étoit fondu dans la cellule du P Mersenne, et que ce pére pour avoir refusé de le communiquer aux envieux de M Descartes, sembloit avoir innocemment contribué à la perte que le public en auroit faite, dans la supposition que les amis à qui il l'avoit fait lire, le luy auroient remis entre les mains, sans en avoir pris copie. Mais il paroît que cét écrit n'est autre que celuy que nous trouvons imprimé au prémier volume des lettres de M Descartes touchant la question de sçavoir, *si un corps pése plus ou moins étant proche du centre de la terre qu'en étant éloigné* . On n'aura presque point lieu d'en douter, si l'on remarque que cét écrit est l'effet de la promesse qu'il avoit faite dix jours auparavant, c'est-à-dire, vers le milieu de juillet à M Des Argues et au P Mersenne, de leur envoyer un examen ou dissertation de la question géostatique par le prémier ordinaire d'aprés celuy par lequel il leur envoyoit son sentiment sur la géostatique de M De Beaugrand. Quelques cartésiens de nos jours ont crû que cét écrit étoit véritablement *la statique* de M Descartes, et ils semblent avoir voulu confondre le genre avec son espéce : mais M Descartes leur en a donné l'exemple en se servant de la même expression en quelques rencontres, et même en d'autres occasions d'un terme encore plus général pour appeller ce traité son *petit écrit de méchanique* . Nous avons vû que M Descartes pour ôter au P Mersenne l'envie de le faire imprimer s'étoit servi du prétexte qu'il n'étoit pas achevé. En effet, il s'endormit sur la fin, de sorte que s'étant allé reposer, il fit transcrire l'écrit le lendemain au matin, et l'envoya à la poste pour Paris sans le relire, et sans songer qu'il n'avoit pas fini.

Monsieur Des Argues s'en apperçût, et il en dit sa pensée au P Mersenne, qui en écrivit le prémier jour de septembre à M Descartes pour luy en donner avis, et pour luy faire sçavoir en même têms que quelques-uns faisoient difficulté d'admettre le principe qu'il avoit supposé dans son examen de la question géostatique.

M Descartes jugea ces deux points trop importans pour différer long-têms à en répondre au P Mersenne. Il luy envoya donc dés le Xii de septembre une ample explication pour servir de démonstration au principe qu'il avoit supposé dans son écrit, persuadé que quand il auroit sauvé ce principe de la critique, il mettroit à couvert toutes les déductions qu'il en avoit faites.

Quant à l'autre point qui regardoit le defaut qu'avoit remarqué M Des Argues à la fin de son écrit, M Descartes avoüa le fait ; et il reconnut que non-seulement il n'avoit pas achevé son écrit, mais qu'il s'étoit même trompé dans les derniéres lignes qu'il en avoit écrites, parce que l'accablement où le sommeil l'avoit réduit luy avoit fait perdre l'attention qui luy étoit nécessaire. C'est ce qui luy fit prier le P Mersenne de remercier M Des Argues de son avis, et ensuite d'effacer les derniéres lignes de son écrit ou commençoit le defaut.

Le rang que M Descartes tenoit parmi les mathématiciens du siécle ne permettoit pas qu'il se passât rien de considérable dans leur corps sans sa participation. Il ne parut rien de plus éclatant chez eux que la fameuse question de la *roulette* qui les exerça pendant le cours de l'année 1638, et qui se trouvant agitée à Paris comme dans le lieu de son centre, fut déférée à M Descartes en Hollande, et à M De Fermat en Languedoc. On la publioit comme une invention de M De Roberval, et l'on peut dire que rien n'avoit encore donné tant d'accroissement à la réputation où il s'est vû de l'un des prémiers géométres de son têms. Le nom de *roulette* étoit de la fabrique du P Mersenne, à qui il semble que l'on avoit la prémiére obligation de cette nouvelle découverte. Mais pour satisfaire la curiosité de ceux qui souhaiteront de sçavoir par quels degrez on est arrivé à la connoissance de cette ligne et de sa nature, il est à propos de faire un abrégé historique de ce qui la regarde : et je reprendray la chose à sa source, d'autant plus volontiers qu'elle est de beaucoup postérieure à la naissance de Monsieur Descartes.

Cette prémiére circonstance de sa nouveauté doit sans doute nous surprendre, de voir qu'une ligne si commune, qui n'est guéres moins fréquente dans l'usage du mouvement que la ligne droite et la ligne circulaire, et qui se décrit incessamment aux yeux de tout le monde, n'ait pas été considérée par les anciens, dans les écrits desquels on prétend qu'il ne s'en trouve point de vestige. Cette ligne n'est autre chose que le chemin que fait en l'air le clou d'une roüe, quand elle roule de son mouvement ordinaire, depuis que ce clou commence à s'élever de terre, jusqu'à ce que le roulement continu de la roüe l'ait rapporté à terre aprés un tour entier achevé. Mais dans cette définition il faut supposer pour la commodité des opérations géométriques que la roüe soit un cercle parfait ; que le clou soit un point marqué dans la circonférence de ce cercle ; et que la terre que touche ce point en commençant et en finissant son tour soit parfaitement unie ou plane.

On prétend que le Pére Mersenne fut le prémier qui la remarqua, et qu'il en fit l'observation vers l'an 1615 en considérant le roulement des roües. Sans une autorité du poids de celle de M Pascal Le Jeune nous aurions de la peine à nous persuader que cette observation fût même si ancienne en la donnant au P Mersenne. Ce pére n'avoit encore alors que 26 à 27 ans. Il demeuroit à Nevers, éloigné du commerce des mathématiciens, auquel il semble ne s'être engagé que depuis son établissement au couvent des minimes de la place Royale à Paris ; ce qui n'arriva que quatre ans aprés le têms auquel on suppose qu'il fit cette observation. Quoy qu'il en soit, ce fut ce pére qui luy donna le nom de la *roulette*, à cause que sa description se fait par un tour de roüe. Aprés en avoir fait la remarque il voulut en reconnoître la nature et les propriétez. Mais comme il n'étoit pas aussi heureux à résoudre les belles questions qu'à les former, il n'eut point assez de pénétration pour venir à bout de celle-cy. Cela l'obligea d'en faire la proposition à d'autres, et il exhorta à rechercher la nature de cette ligne tous les habiles gens de l'Europe qu'il en jugea capables, et entre autres le célébre Galilée.

Mais aucun d'eux n'y put réüssir, et tous semblérent perdre l'espérance de voir jamais la solution de cette difficulté.

Dix-neuf ou vingt années se passérent de cette sorte, jusques à ce qu'en 1634 ce pére voyant résoudre à M De Roberval nouvellement professeur en la chaire de Ramus plusieurs problémes, il ne le crût pas incapable de luy donner la solution de la roulette. Il ne fut pas trompé. M De Roberval démontra que l'espace de la roulette est triple de la roüe qui la forme : et il s'avisa pour lors de l'appeller en latin *trochoïdes* plûtôt que *rotula* , d'un nom tiré du grec correspondant au mot françois de *roulette* . Il fit connoître au Pére Mersenne que la question étoit résoluë : et il luy déclara même cette raison *triple* , en exigeant néanmoins de luy qu'il la tiendroit sécréte pendant l'espace d'un an qu'il prendroit pour proposer de nouveau cette question à tous les géométres. Le pére ravi de ce succés, leur écrivit à tous, si nous en croyons M Pascal, et il les pressa d'y penser tout de nouveau, en leur déclarant que M De Roberval l'avoit résoluë sans leur dire comment. L'année et plus, selon le même auteur, se passa, sans qu'aucun en eût trouvé la solution. Le P Mersenne leur écrivit pour la troisiéme fois en 1635, et il leur découvrit alors que la raison de la roulette à la roüe étoit comme trois à un. Avec ce nouveau secours, continuë M Pascal, il s'en trouva deux qui en donnérent la démonstration. Le P Mersenne reçût leurs solutions presque en même têms, l'une de M De Fermat conseiller au parlement de Toulouse, l'autre de M Descartes, toutes deux différentes l'une de l'autre, et encore de celle de M De Roberval. De telle sorte néanmoins qu'en les considérant toutes trois ensemble, il n'étoit pas difficile de reconnoître quelle étoit celle du véritable auteur, c'est-à-dire de M De Roberval, qui avoit le prémier donné la solution du probléme. Car la démonstration de M De Roberval avoit un caractére tout particulier pour se faire distinguer des deux autres : elle étoit prise par une voye si belle et si simple, qu'il étoit aisé de voir que c'étoit la naturelle. Ce fut en effet par cette même voye que M De Roberval arriva depuis à des dimensions bien plus difficiles sur ce sujet, à quoy ny la méthode de M De Fermat ny celle de M Descartes n'ont pû servir.

Ce récit paroît si bien circonstancié, et il nous est venu de la part d'un auteur d'un si grand nom, qu'il semble qu'il ne nous resteroit plus rien à examiner touchant la vérité de ce fait, principalement aprés M Pascal, qu'on devroit supposer en avoir été le mieux informé des hommes, et qui semble avoir perfectionné la connoissance de tout ce qui peut regarder la roulette. Mais comme nous ne devons pas faire paroître moins d'amour que luy pour la vérité, nous pouvons prendre la liberté qu'il nous auroit donnée luy-même de retoucher à son récit avec d'autant moins de scrupule, qu'il nous auroit prévenu sans doute en ce qui regarde la part que M Descartes peut avoir euë dans la question de la roulette, s'il avoit sçû la maniére dont le P

Mersenne et M Descartes vivoient ensemble, et s'il avoit pû voir ce qu'ils se sont écrit l'un à l'autre sur ce sujet.

Je passe la difficulté que j'ay déja trouvée à croire que le P Mersenne se fût avisé de remarquer la roulette dés l'an 1615, et qu'il eût été vingt ans depuis sans pouvoir trouver personne, non pas même Galilée qui fût capable de rechercher la nature de cette ligne. Je veux que la multitude presque infinie d'opérations géométriques qu'il avoit faites pendant plusieurs années avec M Descartes, M Mydorge, et M Hardy avant la retraite du prémier en Hollande, ne luy eussent rien produit sur ce sujet, quoique M Descartes fût dés-lors en réputation de ne pouvoir demeurer court sur ce qui peut être du ressort de la géométrie. Mais s'il étoit certain que ce pére de concert avec M De Roberval eût écrit *à tous les géométres* dés l'an 1634 pour leur proposer la question de la roulette et leur en demander la solution, il est plus que probable qu'il n'auroit pas oublié M Descartes, à qui depuis cinq ans il étoit en habitude d'écrire réglément toutes les semaines en Hollande, et trés-souvent de trois jours en trois jours sur des sujets de mathématiques beaucoup moins importans. S'il en avoit écrit dés-lors à M Descartes, il en auroit infailliblement reçû quelque réponse selon leurs conventions, par lesquelles le P Mersenne s'étoit obligé de luy mander tout, et M Descartes de luy répondre exactement à tout. Le P Mersenne n'auroit certainement pas été réduit à luy écrire sur la roulette une seconde et troisiéme fois pour en arracher une réponse qu'on prétend n'être venuë qu'aprés plus d'un an, c'est-à-dire en 1635, qui est un caractére de fausseté trés-manifeste. Il est assez visible que la prémiére fois que le P Mersenne écrivit à M Descartes touchant la roulette et la démonstration de M Roberval n'arriva que trois ans aprés le têms auquel on suppose qu'il luy en écrivit pour la troisiéme fois. La lettre de ce pére est du Xxviii D'Avril 1638. Elle apprenoit à M Descartes que M De Roberval avoit trouvé quantité de belles spéculations nouvelles, tant géométriques que méchaniques ; qu'entre autres choses il avoit démontré que l'espace compris par une ligne courbe, dont les extrémitez tombent sur les deux bouts d'une ligne droite en demi cercle, est triple de la roulette ou cercle qui se meut dans cét espace depuis le prémier point d'une extrémité jusqu'au dernier point de l'autre sur le plan ou la ligne droite ; que cét espace est fait par la roulette même qui se meut, lors que la ligne droite est égale à la circonférence de cette roulette, etc.

M Descartes répondit à cette lettre vers le milieu du mois de may suivant, en des termes qu'il est nécessaire de rapporter mot à mot, pour servir de preuve à ce qu'on vient de marquer. J'ay reçû, dit-il à ce pére, vos lettres du vingt-huitiéme d'avril et du prémier de may en même têms : et outre les lettres des autres, j'y trouve vingt-six pages de vôtre écriture ausquelles je dois réponse. Véritablement c'est une extréme obligation que je vous ay, et je ne sçaurois penser à la peine que je vous donne que je n'en aye un trés-grand ressentiment. Mais *ad rem* . Vous commencez par une invention de Monsieur De Roberval, touchant l'espace compris dans la ligne courbe que décrit un point de la circonférence d'un cercle (ou roulette) qu'on imagine rouler sur un plan ; à laquelle j'avoüe que je n'ay cy-devant jamais pensé, et que la remarque en est assez belle. Mais je ne vois pas qu'il y ait dequoy faire tant de bruit, d'avoir trouvé une chose qui est si facile, que quiconque sçait tant soit peu de géométrie ne peut manquer de la trouver, pourvû qu'il la cherche. M Descartes donne ensuite la démonstration de la roulette que le Pére Mersenne souhaitoit de luy : et l'on ne doutera point que cette lettre que M Pascal n'avoit point vûë non plus que celle du P Mersenne, ne soit de l'an 1638, lors qu'on remarquera qu'il y est fait mention de ses différens avec M De Fermat, M De Roberval, M Petit, et M Morin, et de plusieurs autres faits historiques arrivez cette année et sur la fin de la précédente. Le P Mersenne ne manqua point de faire voir à M De Roberval la démonstration de la roulette que M Descartes luy avoit envoyée : mais celuy-cy la trouva trop courte pour être bonne, en quoy il fit connoître qu'il avoit le goût fort différent de celuy de M Descartes. Ce pére en récrivit au mois de juin suivant à M Descartes, qui voulut bien luy donner sur ce point des éclaircissemens qu'il luy envoya au mois de juillet, en luy marquant qu'il ne luy avoit point envoyé la démonstration de la roulette au mois de may dernier comme une chose d'aucune valeur, mais seulement afin de faire voir à ceux qui en faisoient grand bruit, qu'elle étoit trés-facile. Je l'avois écrite, dit-il, fort succinctement, tant afin d'épargner le têms, que parce que je pensois que ces messieurs (c'est-à-dire M De Roberval et peut-être M

Pascal le pére) ne manqueroient pas de la reconnoître pour bonne, si-tôt qu'ils en verroient les prémiers mots. Mais puisque j'apprens qu'ils la nient, je l'éclairciray icy de telle sorte, qu'il sera facile à chacun d'en juger.

Aprés ce préambule, M Descartes donna au P Mersenne une explication trés-ample de sa démonstration de la roulette, et l'avertit sur la fin qu'il n'y avoit rien à changer à cette démonstration, et que l'éclaircissement qu'il venoit d'y ajoûter n'étoit diffus qu'afin de pouvoir être entendu par ceux qui ne se servoient point d'analyse, les autres n'ayant besoin *que de trois coups de plume* pour la trouver par le calcul.

Il se trouvoit dans diverses questions dépendantes de celle de la roulette plusieurs choses dont M De Roberval témoignoit n'avoir point de connoissance. Il en écrivit au P Mersenne, pour le prier de s'en informer à d'autres, et de leur en demander l'explication. Le pére s'addressa à M Descartes, sa ressource ordinaire, et il en fut satisfait par une lettre écrite du Xxiii d'août de la même année. Je vous envoye, luy dit-il, des solutions de tout ce que M De Roberval dit ne sçavoir pas dans la lettre dont vous m'avez envoyé la copie. Mais je vous prie de les faire voir à plusieurs avant luy, et même de ne luy en point donner l'original. Car j'ay tant remarqué de procédures indirectes dans sa conduite, que je crois qu'il ne faut pas trop s'y fier. Et s'il n'avoit pû comprendre ma prémiére démonstration de la roulette, il ne comprendra peut-être pas non plus tout ce qui est dans celles-cy. Mais il m'auroit coûté trop de peine, pour expliquer et éclaircir toutes choses en les réduisant à la portée des enfans. Je seray bien aise de sçavoir ce qu'il aura dit de ma derniére explication de la démonstration de la roulette : car je crois qu'elle est si claire, que s'il la nie, les moindres écoliers seront capables de se mocquer deluy.

Mr Pascal non content d'avoir préféré la solution ou la démonstration que M De Roberval avoit donnée de la roulette à celles de M De Fermat et de M Descartes même, ajoûte que M De Roberval n'en demeura point là ; et dans le même têms, c'est-à-dire en 1635 selon son calcul, mais en 1638 selon les marques que nous en avons rapportées, il donna encore deux autres solutions, dont l'une fut *la dimension du solide de la roulette autour de la base ; l'autre, l'invention des touchantes de cette ligne* par une méthode qu'il trouva alors et qu'il divulga incontinent, laquelle est si générale qu'elle s'etend aux tangentes de toutes les courbes, et consiste dans la composition des mouvemens. Mais il faut considérer que M Pascal n'a rapporté cela que long-têms aprés la mort de m. Son pére, et sur la foy du seul M De Roberval, qui n'étoit pas toûjours à l'épreuve de la dissimulation et de la hablerie, comme le témoignent encore aujourd'huy ceux des vivans qui ont eu l'honneur de le connoître.

M Descartes qui ne traitoit toute cette question que par ce qu'il en étoit prié, et qui agissoit avec le P Mersenne et M De Fermat sans déguisement, et sans songer à se faire honneur de la part qu'il pouvoit avoir dans cette invention, semble nous fournir dequoy suspendre nôtre créance sur ce sujet. M De Fermat avoit prié le P Mersenne d'envoyer de sa part à M Descartes ce qu'il avoit fait sur la roulette pour en sçavoir son sentiment, et ce pére s'étoit acquité de sa commission dés le mois de juillet. M Descartes récrivit en droiture à M De Fermat au mois d'août suivant, pour luy marquer que la tangente de la ligne courbe que décrit le mouvement d'une roulette qu'il avoit fort bien démontrée, étoit une preuve trés-assûrée de la connoissance profonde qu'il avoit de la géométrie. Car, dit-il, comme elle semble dépendre du rapport qui est entre une ligne droite et une ligne circulaire, il n'est pas aisé d'y appliquer les régles qui servent aux autres. Et M De Roberval, qui est sans doute aussi l'un des prémiers géométres de nôtre siécle, confessoit ne la sçavoir pas, et même ne connoître aucun moyen pour y parvenir. Il est vray que depuis ce têms-là il a dit aussi qu'il l'avoit trouvée, mais ç'a été justement le lendemain d'aprés avoir sçû que vous et moy la luy envoyions. Et une marque certaine qu'il se trompoit, est qu'il disoit avoir trouvé en même têms que vôtre construction étoit fausse, lorsque la base de la ligne courbe étoit plus ou moins grande que la circonférence du cercle. Ce qu'il eût pû dire tout de même de la mienne, si ce n'est qu'il ne l'avoit pas encore vûë, car elle s'accorde entiérement avec la vôtre.

Au reste pour ne pas se départir trop légérement du sentiment de M Pascal, on pourroit dire que M De Roberval, aprés avoir chargé le P Mersenne de sçavoir de M Descartes et de M De Fermat, s'ils pourroient luy apprendre ce qu'il avoüoit ne pas sçavoir, auroit médité profondément sur ces questions en attendant leurs réponses, et auroit trouvé les tangentes ou touchantes dont il étoit en peine, avant que de rien recevoir de leur part. Quoi qu'il en soit, M Desc témoigna dans sa réponse au P Mersenne qu'il étoit fort aise de voir les questions, que M De Roberval et les autres géométres luy avoient déclaré qu'ils ne sçavoient pas, parce qu'en les cherchant il auroit occasion d'éprouver si son analyse étoit meilleure que celle dont ils se servoient. La prémiére de ces questions étoit de trouver *les tangentes des courbes décrites par le mouvement d'une roulette* .

à quoy M Descartes répondit que la ligne droite qui passe par le point de la courbe dont on veut trouver la tangente, et par celuy de la base auquel touche la roulette pendant qu'elle le décrit, coupe toujours cette tangente *à angles droits* . Il répondit aussi à toutes les autres choses pour l'instruction de M De Roberval d'une maniére qui auroit satisfait un homme plus sincére ou moins difficile. Pour luy, il n'est pas étrange qu'il n'ait pas été entiérement satisfait de luy-même, parce qu'il s'étoit assujetti à suivre ce qui luy avoit été prescrit, et qu'il auroit été obligé d'écrire trop de choses, s'il avoit entrepris de démontrer cette tangente, et les autres questions d'une maniére plus belle et plus géométrique. Ce qui ne diminuoit pourtant rien de l'excellence des réponses qu'il envoya au P Mersenne pour M De Roberval, et les autres mathématiciens de Paris. Il en étoit si persuadé qu'il finit en disant à ce pére que si ces géométres n'étoient pas contents de ces solutions, il ne pourroit jamais venir à bout de les contenter, quand même il auroit le don de faire des miracles ; et qu'en ce cas-là il n'y tâcheroit plus de sa vie.

M De Roberval ne pouvant persuader le public que sa démonstration étoit aussi ancienne que celles de M De Fermat et de M Descartes, ni même qu'il eût montré la sienne avant que d'avoir vû les deux autres, ne s'appliqua plus qu'à chercher des défauts dans celles-cy, pour avoir lieu de leur préférer la sienne.

M Descartes persista à dire que M De Fermat avoit fort bien trouvé la tangente de la roulette, et qu'elle se rapportoit à la sienne ; que M De Roberval, qu'il jugeoit moins habile en géométrie que M De Fermat, s'exposoit à la risée publique, de ne prétendre avoir trouvé la tangente de la roulette, qu'aprés avoir appris qu'il l'avoit envoyée au P Mersenne ; et qu'il s'étoit trompé luy-même en prétendant par une pure chicanerie que la démonstration de M De Fermat n'étoit pas vraye.

M De Roberval pour accorder quelque chose aux mouvemens de sa jalousie, s'avisa de dire que M Descartes n'auroit pas trouvé l'espace de sa roulette, si le P Mersenne ne luy eût mandé qu'il étoit *triple du cercle* . M Descartes trouva cette défaite peu judicieuse, et il en récrivit au P Mersenne en ces termes. L'espace de sa roulette n'est triple qu'en un seul cas ; et la façon dont je l'ay trouvé s'étend à tous les autres, même lors que la roulette est une ellipse ou deux hyperboles. D'ailleurs je n'ay pas eu assez bonne opinion de luy pour m'arrêter à ce qu'il pouvoit dire ou penser. Enfin l'éxemple de M De Fermat, qui aprés l'avoir sçû comme moy du cercle, a nié au commencement qu'il fût vray, montre assez que cela n'aide guéres à en trouver la démonstration : comme en effet, à cause qu'il n'est vray que dans un seul cas, il y peut plûtôt nuire qu'y servir, lors qu'on veut chercher généralement ce qui en est. Quant au solide de la roulette, il est beaucoup plus grand que vous ne mandez ; et je crois qu'on en peut trouver la juste grandeur. Mais renonçant tout de bon comme je fais à la géométrie, je ne veux point m'arrêter à la chercher.

M De Roberval croyant qu'il y auroit de la confusion à se taire se réduisit à dire que M Descartes avoit changé de *medium* dans sa démonstration de la roulette. M Descartes le nia, et luy fit voir le tort qu'il avoit luy-même de se vanter d'avoir un *medium*

pour trouver les tangentes de la roulette qui s'appliquoit à tous les cas. Car celuy qu'il luy avoit envoyé d'Egmond étoit si général, qu'il ne servoit pas seulement pour tous les cas de la roulette circulaire, mais aussi pour les lignes décrites par tels autres corps que ce puisse être que l'on fasse rouler sur un plan, soit curviligne, soit rectiligne. M De Roberval alléguoit la différence de sa démonstration d'avec celle de Messieurs Descartes et De Fermat, pour faire voir qu'il l'avoit trouvée sans leur secours : et le P Mersenne pour luy rendre service n'avoit rien oublié de ce qu'il l'avoit prié de faire pour en persuader ces messieurs. Ces petites contestations durérent jusqu'au mois de novembre, où M Descartes manda à ce pére, qu'encore qu'il luy eût envoyé *quatre ou cinq fois* la construction de M De Roberval pour la tangente de la roulette, il n'avoit point trouvé qu'elle valût rien en aucune des façons que ce pére la luy avoit envoyée ; qu'elle pourroit être bonne d'ailleurs sans croire néanmoins qu'il l'eût trouvée de luy même indépendemment de celle de M De Fermat, et de la sienne ;

qu'il étoit aisé de déguiser une même construction en cent façons ; et que s'il étoit vray qu'il l'eût trouvée, il auroit fait en sorte du moins que sa démonstration s'accordât avec sa construction.

M De Roberval trouva la plûpart des mathématiciens de Paris plus faciles à la persuasion, que ni M Descartes ni M De Fermat. M De Beaugrand que le mauvais succez de sa géostatique et de ses discours contre M Descartes n'avoit pas entiérement exclus de leur nombre crut qu'il y alloit de sa réputation à prendre quelque part à une question si fameuse.

L'année 1638 n'étoit pas encore achevée qu'ayant ramassé les solutions du plan de la roulette dont M De Roberval avoit eu soin de faire multiplier les copies à la main, avec l'excellente méthode de M De Fermat son ami, *de maximis et minimis,* il envoya l'une et l'autre à Galilée en Italie, sans en nommer les auteurs. Il est vray qu'il ne dit pas précisément que cela fût de luy : mais, selon la remarque de M Pascal, il écrivit de sorte, qu'en n'y prenant pas garde de prés, il sembloit que ce n'étoit que par modestie qu'il n'y avoit pas mis son nom. Et pour déguiser un peu les choses, il changea les prémiers noms de *roulette et de trochoide* , dont l'un étoit du P Mersenne, et l'autre de M De Roberval, en celuy de *cycloide* , qui étoit de sa façon. Ce qui, selon M De Roberval, n'étoit pas fort extraordinaire à M De Beaugrand, qui ne faisoit point difficulté de s'attribuer les inventions et les travaux des autres, en changeant quelques termes et supprimant leur nom.

Mais pour suppléer à une omission de M Pascal, nous dirons sur la foy du même M De Roberval, que M De Beaugrand s'étant rendu propriétaire de la démonstration de la roulette faite par M Descartes, ne fit autre chose que la copier de sa main telle qu'il l'avoit reçûë du P Mersenne, et l'envoya en même têms à Galilée comme s'il en eût été l'auteur ; de sorte qu'il devint tout à la fois plagiaire de M De Roberval, de M De Fermat, et de M Descartes, c'est-à-dire de trois personnes assez indifférentes pour leurs propres compositions, et qui n'auroient pas fait difficulté de luy en faire présent, s'il s'étoit humilié jusqu'à les leur demander, sans en excepter même M Descartes, quoi qu'il l'eût offensé mal à propos en diverses rencontres.

Depuis ce têms-là, M Descartes n'eut pas grande part à tout ce qui se passa touchant la roulette, si l'on en excepte les occasions qu'il a euës d'en discourir avec le P Mersenne en particulier, et avec M Carcavi aprés la mort de ce pére. Dés la fin du mois de septembre, il avoit tâché de s'en débarrasser pour une bonne fois ; et sans prétendre rien à la gloire de cette invention qu'il laissoit de bon cœur à M De Roberval pour s'appliquer à d'autres choses, il écrivit au P Mersenne pour s'en désister. C'est ce qu'il fit en témoignant qu'il étoit dégoûté d'ailleurs de toutes les maniéres de M De Roberval, et sur tout de sa façon favorite de conclurre *ad absurdum* , qu'il pratiquoit le plus qu'il luy étoit possible, parce qu'il l'estimoit plus subtile que l'autre. En quoi M Descartes sembloit taxer son mauvais goût, alléguant que cette maniére de philosopher n'avoit été pratiquée par Apollonius et par Archiméde, que lors qu'ils n'avoient pû donner de meilleures démonstrations. Au reste, dit-il au P Mersenne, M De Roberval n'a eu besoin d'aucune industrie pour trouver la figure de la roulette, puis que je luy en avois envoyé la définition. Et son écrit ne sert qu'à me faire connoître qu'ils l'ont fort examinée, et qu'ils ont travaillé long têms avant que d'en pouvoir trouver la tangente. Car il y a six ou sept mois que je la leur avois proposée, et ils n'ont commencé à en parler que depuis un mois. Mais je vous prie de ne me plus broüiller avec M De Roberval.

Pour ne point abuser de la disposition où est le lecteur d'entendre le reste de l'histoire de la roulette, nous quitterons M Descartes un moment pour en continuer la suite en peu de mots jusqu'au têms de M Pascal Le Jeune. M De Roberval à l'imitation de M Descartes et de M De Fermat sembloit avoir laissé assoupir la question en France, et M De Beaugrand avoit en quelque façon confié sa fortune aux italiens. Il n'en reçut point de nouvelles pendant le reste de sa vie qui ne fut que de dix-huit ou dix-neuf mois. On ne sçait pas l'usage qu'en fit Galilée à qui M De Beaugrand l'avoit addressée ; et son grand âge joint à la perte de sa vuë, nous donne lieu de croire qu'il mourut sans s'être beaucoup soucié de remuer cette question. Il eut pour successeur dans la profession des mathématiques le sieur evangéliste Torricelli : et tous ses papiers étant venus entre ses mains, il y trouva entr'autres ces solutions de la roulette sous le nom de *cycloide* , écrites de la main de M De Beaugrand. Torricelli crut qu'il en étoit l'auteur, et ayant appris qu'il étoit mort depuis quelques années, il jugea qu'il y avoit assez de têms écoulé pour faire que la mémoire en fût perduë. C'est ce qui le fit songer à en profiter.

Il en prit occasion par la publication de divers ouvrages de géométrie qu'il fit imprimer en un volume *in quarto* à Florence l'an 1644. La cycloïde n'y fut pas oubliée : mais il attribua à Galilée, ce qui étoit dû au P Mersenne, d'avoir formé la question de la roulette ; et à soy-même, ce qui étoit dû à M De Roberval, et à M Descartes, d'en avoir donné le prémier la solution et la démonstration. En quoi il fut non seulement suspect de mauvaise foy, et parut inexcusable du vol qu'il croyoit avoir fait à feu M De Beaugrand, mais encore malheureux pour n'avoir pû se maintenir long-têms dans une possession si injuste. Peu de gens y furent trompez hors de l'Italie : et il est fâcheux que M Descartes qui n'avoit pas sçû le tour que luy avoit joüé M De Beaugrand ait été de ce petit nombre. Peut-étre y avoit il en cela moins de surprise de son côté que de ce plaisir que nous sentons à voir humilier ceux dont nous ne sommes pas contents. M Descartes avoit crû jusques-là que M De Roberval étoit véritablement auteur de la prémiére solution ou démonstration de la roulette, et qu'il avoit trouvé l'aire ou l'espace de la ligne qu'elle décrit : il avoit nié seulement qu'il en eût trouvé les tangentes qu'il croyoit luy avoir enseignées, ou seul, ou conjointement avec M De Fermat. Mais sans sçavoir le tort qu'on luy faisoit dans cette prétention, il voulut bien faire cette petite injustice à M De Roberval sur la foy de Torricelli, qu'il ne soupçonnoit pas d'être plagiaire. C'est ce qui porta M Carcavi quelques années aprés à le tirer de cette erreur, et à luy faire connoître la conduite de M De Beaugrand et du Sieur Torricelli, d'une maniére néanmoins qui marquoit de la confusion dans son esprit ou dans sa mémoire pour les têms et l'ordre des choses, et qui par cét endroit auroit laissé à M Descartes un nouveau sujet de douter de la vérité du fait, s'il s'en fût mis en peine.

Quoiqu'il en soit, le Sieur Torricelli donna matiére de rire en France à ceux qui virent qu'il s'attribuoit en 1644 une invention qui étoit reconnuë depuis prés de huit ans pour être de M De Roberval, et dont M Des Argues amy particulier de M Descartes avoit fait imprimer un témoignage authentique dans un écrit qu'il avoit publié dés le mois d'août de l'an 1640, avec privilége du roy. M De Roberval ne fut pas insensible à l'usurpation de Torricelli. Il s'en plaignit à luy-même par une lettre qu'il luy en écrivit dés la même année que son livre parut : et le P Mersenne en fit autant, mais d'un stile encore plus sévére. Torricelli touché des preuves de ce pére, et ne voulant pas que la confusion de cette entreprise demeurât attachée à sa mémoire dans l'esprit de la postérité, se crud obligé de luy donner les mains ; et sans perdre le jugement il céda l'invention de la roulette à M De Roberval. La lettre qu'il en écrivit à Paris dattée de l'an 1646, s'est conservée en original jusqu'à présent en passant des mains du P Mersenne en celles de M De Roberval, et de celles de M De Roberval en celles de M Carcavi. Il y déclare sans détour que cette ligne cycloïde ou la roulette ne luy appartenoit pas, et que jusqu'à la mort de Galilée, c'est-à-dire, en 1642, on n'en avoit rien sçû en Italie. Mais il n'y est point parlé de la restitution dûë à M Descartes, parceque M De Roberval n'avoit pas jugé à propos d'avertir Torricelli de ce qui luy appartenoit dans les papiers que M De Beaugrand avoit envoyez à Galilée.

Cependant comme le livre de Torricelli étoit public, et que son des-aveu ne l'étoit pas, l'erreur ne laissa pas de se glisser, sur tout dans l'esprit de ceux qui n'étoient point en commerce de mathématiques avec le P Mersenne, où Messieurs Des Argues, De Fermat, Descartes, De Roberval. M Pascal Le Jeune quoique fils d'un mathématicien trés-instruit de tout ce qui s'étoit passé là-dessus, et trés-uni avec M De Roberval, avoüe qu'il fut du nombre de ceux qui y furent trompez ; et que dans ses premiers écrits il avoit parlé de cette ligne comme étant de Torricelli, parceque M De Roberval s'étoit peu soucié d'ailleurs de s'attribuer cette invention, et qu'il avoit négligé d'en rien faire imprimer.

Torricelli aprés cette petite disgrace (selon la pensée des mathématiciens de Paris) ne pouvant plus passer auprés de ceux qui sçavoient la vérité, pour auteur de la *dimension de l'espace de la roulette* , ny même de celle *du solide autour de la base* que M De Roberval luy avoit déja envoyée ; il essaya de résoudre celuy *d'autour de l'axe* . Mais il ne put y reüssir ; et il mourut peu de têms aprés ayant reçû auparavant de M De Roberval la conviction de son erreur, et la véritable et géométrique solution de ce qu'il cherchoit.

M De Roberval ne s'arrêta pas à la seule dimension de la prémiére et simple roulette et des solides, mais il étendit ses découvertes à toutes sortes de roulettes *allongées ou accourcies* , dont M Descartes avoit touché quelque chose par avance dans l'explication de sa démonstration. Il se servit pour cét effet d'une méthode générale qui donnoit avec une facilité égale les touchantes, la dimension des plans et de leurs parties, leurs centres de gravité et les solides ; tant autour de la base qu'autour de l'axe.

La connoissance de la roulette étoit parvenuë à ce point, lorsque M Pascal Le Jeune qui avoit renoncé à la géométrie depuis quelques années, et qui méditoit un grand ouvrage sur la vérité de la religion chrétienne, fut sollicité par ses amis de donner d'abord un essay de la force de son esprit dans les mathématiques pour prévenir les esprits forts, les libertins, et les athées, en faveur du traité de la religion qu'il préparoit contre eux. Il les crut : et pour faire voir qu'il ne prétendoit pas conduire les esprits de ceux qu'il espéroit convaincre et persuader de nôtre religion par les voyes ordinaires de ceux qui l'avoient devancé dans cette carriére, il reprit ses anciennes pensées de la géométrie. Il se forma des méthodes pour la dimension et les centres de gravité des solides, des surfaces planes et courbes et des lignes courbes, ausquelles il luy parut que peu de choses pourroient échapper. Son dessein n'étoit pas de s'en servir pour donner ensuite des preuves et des démonstrations géométriques de la foy chrétienne dans son ouvrage de la religion, mais de faire voir seulement qu'étant d'ailleurs capable de tout ce qui se peut humainement de ce côté là, ce ne seroit ny par ignorance, ny par foiblesse d'esprit qu'il auroit recours à des preuves morales qui devoient aller plus au cœur qu'à l'esprit.

Pour faire l'essay des méthodes qu'il se forma sur quelqu'un des sujets les plus difficiles, il se proposa ce qui restoit à connoître de la nature de la *roulette sçavoir, les centres de gravité de ses solides et des solides de ses parties ; la dimension et les centres de gravité des surfaces de tous ces solides ; la dimension et les centres de gravité de la ligne courbe même de la roulette et de ses parties*

. Il commença par les centres de gravité des solides et des demi-solides, qu'il trouva par le moyen de sa méthode, et qui luy parurent si difficiles par toute autre voye, que pour sçavoir s'ils l'étoient en effet autant qu'il se l'étoit imaginé, il se résolut d'en proposer la recherche à tous les géométres, et même avec des prix pour ceux qui en viendroient à bout.

Ce fut alors qu'il fit ses écrits latins sur ce sujet, et qu'il les envoya par tout pour exécuter son dessein sans en nommer l'auteur.

Pendant qu'on cherchoit ces problémes touchant les solides, il s'appliqua à résoudre tous les autres, jusqu'à ce qu'il eût reçû les réponses des géométres sur le sujet de ses écrits. Il s'en trouva de deux sortes. Les uns s'imaginérent avoir résolu les problémes proposez, et gagné les prix : c'est pourquoy il fallut faire l'éxamen de leurs écrits. Les autres ne prétendans rien à ces solutions se contentérent de donner leurs prémiéres pensées sur cette ligne. Il trouva de fort belles choses dans leurs lettres, et des maniéres fort subtiles de mesurer le plan de la roulette, et entr'autres dans celles de M Sluze alors chanoine de la cathédrale de Liége, frére du sçavant cardinal de ce nom ; de M Ricci de Rome disciple de Torricelli, qui est mort cardinal sous Innocent

Xi ; de M Huyghens fils de l'amy de M Descartes M De Zuytlichem de Hollande l'un des ornemens de l'académie royale des sciences à Paris, et vivant encore aujourd'huy en Hollande ; et de M Wren anglois, pensionnaire du collége de Vadham qui s'étoit signalé dans la connoissance des mathématiques dés sa prémiére jeunesse.

Il reçût aussi vers le même têms la dimension de la roulette et de ses parties et de leurs solides à l'entour de la base seulement du Pére Lallouëre jésuite de Toulouse qui l'envoya toute imprimée. Mais il trouva que les problémes dont il y donnoit la solution n'étoient autres que ceux que M De Roberval avoit résolus depuis si long-têms. Il est vray que sa méthode étoit différente : mais il étoit aisé de déguiser des propositions déja trouvées, et de les resoudre d'une maniére nouvelle par la connoissance qu'on a eûë de la prémiére solution. M Pascal en fit donner avis à ce pére par M Carcavi de la maniére la plus obligeante et la plus civile qu'il luy fut possible ; et le pére y fit réponse, pour servir de prélude aux sept livres *de cycloide* qu'il fit imprimer deux ans aprés in Iv à Toulouse.

Mais entre tous les écrits de cette nature, rien ne parut plus beau à P Pascal que ce qui avoit été envoyé par M Wren. Car outre la belle maniére qu'il donnoit de mesurer le plan de la roulette, il avoit donné la comparaison de la ligne courbe et de ses parties avec la ligne droite. Sa proposition étoit que la ligne de la roulette est quadruple de son axe, dont il avoit envoyé l'énonciation sans démonstration. Et comme il étoit le prémier qui l'eût produite, M Pascal ne fit point difficulté de luy décerner les honneurs de la prémiére invention, quoiqu'il se fût rencontré en France des géométres, et entr'autres M De Fermat, et M De Roberval, qui en avoient trouvé la démonstration dés qu'on en eût communiqué l'énonciation.

Voilà ce qui s'étoit trouvé de plus remarquable dans les écrits envoyez par ceux qui ne prétendoient rien aux prix proposez par M Pascal. Quant aux autres qui se trouvérent réduits à deux, on en devoit commencer l'examen depuis le premier d'octobre suivant en présence de M Carcavi, entre les mains de qui l'on avoit déposez les prix. Le prémier des deux aprés avoir communiqué son écrit en particulier et reconnu son defaut, prévint le jour de l'examen, et donna son désistement. L'autre persista à soûtenir qu'il avoit trouvé *une méthode entiére pour la résolution de tous les problémes avec les solutions et les démonstrations en cinquante quatre articles* . Rien de tout cela ne parut aux juges établis pour cette affaire. On jugea que ni dans son écrit ni dans les corrections qu'il avoit envoyées aprés coup, il n'avoit trouvé *ni la véritable dimension des solides autour de l'axe, ni le centre de gravité de la demi-roulette, ni de ses parties,* (ce qui avoit été résolu depuis long-têms par M De Roberval) ni aucun *des centres de gravité des solides, ni de leurs parties, tant autour de la base qu'autour de l'axe,* qui étoient proprement les seuls problémes proposez par M Pascal, avec la condition des prix, comme n'ayant encore été résolus par personne. De sorte qu'il fut conclu que M Carcavi remettroit entre les mains de M

Pascal les prix, qui luy avoient été confiez en dépôt, comme n'ayant été gagnez de personne ; et que M Pascal se découvrant enfin donneroit les véritables solutions de ces problémes, dont tous les autres mathématiciens n'avoient pû venir à bout. C'est ce qu'il fit avant la fin de l'année 1658, et ayant recueïlli les lettres et les autres écrits concernant cette matiére, il en fit un volume in Iv qu'il publia au commencement de l'année suivante sous le nom supposé du Sieur A D'Ettonville et sous le titre de *traité de la roulette* .

Depuis ce têms-là nous ne voyons pas que personne ait fait aucune découverte nouvelle sur la nature de la roulette, dont l'histoire consiste toute à sçavoir ; 1 que le prémier qui a remarqué cette ligne dans la nature, mais sans en pénétrer les propriétez, a été le Pére Mersenne qui luy a donné le nom de *roulette*

2 que le prémier qui en a connu la nature, et qui en a démontré l'espace, a été M De Roberval qui l'a appellée d'un nom tiré du grec *trochoïde*

3 que le prémier qui en a trouvé la tangente a été M Descartes ; et presque en même têms M De Fermat, quoique d'une maniére défectueuse : aprés quoy M De Roberval en a le prémier mesuré les plans et les solides, et donné le centre de gravité du plan et de ses parties ; 4 que le prémier qui l'a nommée *cycloïde* a été M De Beaugrand sans y rien contribuer du sien ; que le prémier qui se l'est attribuée devant le public et qui l'a donnée au jour a été le Sieur

Torricelli ; 5 que le prémier qui en a mesuré la ligne courbe et ses parties, et qui en a donné la comparaison avec la ligne droite a été M Wren, sans la démontrer.

6 que le prémier qui a trouvé le centre de gravité des solides, et demi-solides de la ligne et de ses parties, tant autour de la base qu'autour de l'axe a été M Pascal Le Jeune ; que le même a aussi trouvé le prémier le centre de gravité de la ligne et de ses parties ; la dimension et le centre de gravité des surfaces, demi-surfaces, quart-de-surfaces, etc.

Décrites par la ligne et par ses parties tournées autour de la base et autour de l'axe ; et enfin la dimension de toutes les lignes courbes des roulettes allongées ou accourcies.

Le petit nombre des exemplaires que le prétendu Sieur D'Ettonville s'étoit contenté de faire tirer de son livre n'empêcha pas que l'histoire de toute cette affaire ne se répandît dans les pays étrangers. Il étoit important sur tout qu'elle passât les Alpes, et qu'elle pénétrât au moins jusqu'à la ville de Florence, où Galilée et Torricelli jouïssoient en paix des honneurs de la roulette que l'on croyoit en France devoir être rendus au P Mersenne et à M De Roberval. Lors qu'on y eut vû l'histoire de la roulette écrite en françois et en latin de la maniére qu'on l'a rapportée cy-dessus, le trouble se mit dans les esprits de la plûpart des gens de lettres de la ville. Les amis et les disciples de Galilée et de Torricelli se trouvérent offensez du tour des-obligeant que l'auteur de cét écrit avoit donné à la conduite que le dernier avoit tenuë dans cette affaire ; et l'un des plus zélez d'entre eux prit la plume pour vanger son maître et pour luy faire restituer sa réputation. Ce zélé étoit le Sieur Charles Dati académicien de la Crusca, qui fit imprimer à Florence l'an 1663 in IV un écrit italien addressé aux philaléthes ou amateurs de la vérité sous le masque de Timauro Antiate et sous le titre *della vera storia della cicloide* , etc. Là cét auteur aprés une protestation magnifique de ne dire que la vérité toute simple, sans préjugé et sans passion, a recours d'abord à la vray-semblance, pour dire qu'il est probable que Galilée s'étant avisé de cette ligne vers l'an 1600 l'aura communiquée au P Mersenne. C'est dommage que ses preuves sont postérieures à Torricelli, sur la foy duquel elles paroissent fondées. Elles devoient au moins être antérieures au têms, où nous avons remarqué que M De Beaugrand avoit envoyé à Galilée ce qui s'étoit fait en France sur la roulette.

Mais quoiqu'il ne se trouve rien de convaincant dans l'écrit du Sieur Dati pour la justification de Torricelli, on peut accorder au mérite de ce célébre mathématicien ce que l'habileté médiocre de son avocat n'auroit pû obtenir pour luy. On peut donc l'absoudre du crime de plagiaire, d'autant plus volontiers que le vol étoit de petite conséquence, et que Galilée et luy peuvent trés-naturellement avoir trouvé sans le secours de Mersenne et de Roberval une chose à laquelle ils ne se seroient souvenus de travailler qu'aprés avoir vû les observations de ceux-cy.

C'est en quoy consiste presque tout le raisonnement du Sieur Jean Wallis anglois, qui a pris la défense de Torricelli contre M Pascal en plus d'une rencontre.

Il faut avouër qu'une même chose peut être imaginée ou trouvée en différens endroits de la terre par des esprits qui ne se seront point communiqué leurs lumiéres. Mais le Sieur Wallis ne sera qu'un trés-foible adversaire de M De Roberval tant qu'il n'aura que des possibilitez à opposer à un fait aussi bien circonstancié qu'est celuy que rapporte M Pascal dans son histoire de la roulette.

La principale raison que M Descartes avoit alléguée pour se dispenser de chercher le *solide de la roulette* étoit qu'il renonçoit tout de bon à la géométrie. Cette nouvelle ne plut pas aux géométres de Paris du nombre de ses amis, qui attendoient de luy des opérations de plus en plus extraordinaires sur cette science. M Des Argues sur tous les autres ne put s'empêcher d'en témoigner son déplaisir au P Mersenne, qui le fit trouver bon à Monsieur Descartes comme un témoignage de l'estime qu'il avoit pour tout ce qui pouvoit venir de sa part. M Descartes le prit en bonne part, et se tint trés-obligé à M Des Argues de son inquiétude. En considération de ses soins il récrivit au Pére Mersenne au mois de septembre de l'an 1638 pour luy faire sçavoir qu'il n'avoit résolu de quiter que la géométrie abstraite, c'est-à-dire, la recherche des questions qui ne servent qu'à exercer l'esprit : et qu'il n'avoit pris ce parti que pour avoir d'autant plus de loisir de cultiver une autre sorte de géométrie, qui se propose pour question l'explication des phénoménes de la nature. Qu'au reste M Des Argues reconnoîtroit bien-tôt que toute sa physique *n'étoit autre chose que géométrie* , s'il prenoit la peine de considérer ce qu'il avoit écrit du sel, de la nége, de l'arc-en-ciel, etc. Dans ses météores.

M Des Argues étoit de ce petit nombre d'amis en faveur desquels il avoit bien voulu mettre une exception à la régle qu'il s'étoit prescrite quinze ans auparavant de ne plus perdre son têms à donner la solution des problémes de géométrie. Il fit même quelque chose de plus pour l'amour de M Des Argues en particulier. Car ayant sçû que les endroits de sa géométrie imprimée, où il avoit affecté d'être obscur, faisoient de la peine à cét ami, il voulut luy en donner luy-même les éclaircissemens par un écrit qu'il fit exprés, pour luy faire connoître jusqu'où alloit le zéle qu'il avoit pour son service. Il pria le ére Mersenne de l'assûrer de la reconnoissance qu'il avoit de tous ses bons offices, et de luy témoigner que ce n'étoit pas pour luy qu'il avoit souhaité de se rendre obscur, mais pour certains envieux qui se seroient vantez d'avoir sçû sans son secours les mêmes choses qu'il avoit écrites.

Outre ces éclaircissemens sur quelques endroits proposez par M Des Argues, il consentit qu'un gentil-homme hollandois de ses amis entreprît une introduction réguliére de toute sa géométrie pour en faciliter l'intelligence à toutes sortes de lecteurs.

Il l'envoya à Paris dés la fin du mois de may ou le commencement de juin, et elle fut trouvée si excellente et si courte, qu'on crut qu'il en étoit l'auteur. Il jugea qu'il étoit de son devoir de des-abuser ceux qui étoient dans cette opinion, et de faire jouïr pleinement son ami de la récompense duë à l'auteur de ce travail. Le P Mersenne, à la sollicitation de diverses personnes, demanda à M Descartes la permission de faire imprimer cette introduction à Paris. M Descartes s'étant chargé d'en parler à l'auteur récrivit au pére que ce gentil-homme ne desiroit point qu'elle fût imprimée, à moins qu'on voulût se contenter d'en faire tirer seulement une douzaine ou deux d'exemplaires pour ceux à qui ce pére en voudroit donner des copies ; ce qui auroit été encore plus commode que de la faire transcrire. Mais s'il étoit question d'une impression publique, le gentil-homme témoigna qu'il aimeroit mieux la faire faire luy-même en Hollande ; et qu'en ce cas là, il y voudroit encore ajoûter beaucoup de choses ; ce qu'il offroit de faire avec le têms.

Les plus habiles se plaignirent de la briéveté de cét écrit : et M Descartes prenant la défense de l'auteur, crut leur donner satisfaction, en leur représentant que ce n'étoit pas un commentaire mais une introduction. Nous devons croire que ce fût plûtôt la vûë de cét écrit que la mauvaise disposition de ses envieux qui l'a empêché de raccommoder sa géométrie, comme il témoignoit avoir eu dessein de faire en faveur du commun des lecteurs, pour la rendre plus proportionnée à leur intelligence. Quant à l'introduction, nous ne voyons pas qu'on en ait tiré d'autres copies que manuscrites. C'est peut-être ce qui porta le Sieur Bartolin à en publier une autre de sa composition, dans laquelle il s'est étudié principalement à applanir les difficultez qu'y fait naître l'algébre, dont M Descartes a fait la clef de sa géométrie.

C'est encore à l'année 1638 que le public est redevable des excellentes notes que Monsieur De Beaune conseiller au présidial de Blois fit sur la géométrie de M Descartes. M De Beaune ne voyoit personne devant luy sur les rangs pour les mathématiques ; et il se trouvoit côte à côte de Méssieurs De Fermat, Mydorge, Hardy, De Roberval, et des autres géométres qui passoient pour les prémiers du siécle.

C'est ce qui donna un nouvel éclat au traité de M Descartes, et qui en augmenta merveilleusement la considération auprés de ceux, ou qui ne pouvoient l'entendre, ou qui ne la pouvoient estimer son prix par eux-mêmes.

M De Beaune envoya ses notes à M Descartes vers la fin de la même année. Il les lut avec une attention mêlée d'un plaisir indicible, qui augmenta jusqu'à la fin de la lecture, d'autant plus qu'il n'y rencontra rien qui ne se trouvât parfaitement conforme à sa pensée. C'est une des plus rares singularitez que l'on ait encore pû remarquer dans la republique des lettres, qui est remplie de commentateurs, de scholiastes et de traducteurs, mais qui à peine est en état d'en produire un de chaque espéce qui ait pû légitimement mériter jusqu'icy de la part de son auteur l'honneur que M De Beaune reçut de M Descartes en cette occasion. Il en écrivit au Pére Mersenne, pour luy témoigner la satisfaction qu'il avoit d'avoir trouvé enfin l'homme que la providence sembloit avoir préparé pour fortifier sa géométrie contre les rebuts des ignorans et les censures des envieux. Il dit à ce pére, pour luy marquer quels étoient les fondemens de sa reconnoissance, qu'il n'y avoit pas un seul mot dans les notes de M De Beaune qui ne fût *entiérement selon son intention*

et

qu'il avoit fort bien vû dans sa géométrie les constructions et les démonstrations des lieux plans et solides, dont les autres disoient qu'il n'avoit mis qu'une simple analyse. Il manda la même chose à M De Beaune dans une lettre de remerciment qu'il luy addressa le même jour par le moyen du même pére. Outre la joye qu'il eut de voir qu'il eût si précisément pris sa pensée et son sens par tout, il admira encore la pénétration avec laquelle il avoit pû reconnoître des choses qu'il n'avoit mises dans sa géométrie que d'une maniére trés-obscure. Les scholiastes ordinaires qui songent souvent à leur propre gloire plûtôt qu'à celle de leurs auteurs sont ravis de trouver en les expliquant l'occasion de les corriger et de les redresser, afin de pouvoir se vanter d'avoir enchéri sur eux. M De Beaune fit connoître en cette rencontre qu'il étoit fort éloigné d'une pareille passion, si ce n'étoit point par compliment que M Descartes luy fit croire, qu'il avoit remarqué qu'il avoit eu dessein d'excuser dans ses notes les fautes de sa géométrie, plûtôt que de les découvrir. C'est ce qu'il prit pour un témoignage sincére de son affection dont il le remercia, ajoûtant qu'il ne l'auroit pas moins remercié s'il les avoit remarquées, à cause de l'utilité qu'il en auroit pû retirer. Pour luy faire voir qu'il ne se flatoit pas jusqu'au point de n'y reconnoître aucun manquement, il luy fit un détail de quelques endroits ausquels il auroit pû faire des additions ou des retranchemens.

M De Beaune luy avoit envoyé en même têms quelques unes de ses réfléxions sur les lignes courbes avec quelques difficultez dont il le prioit de luy donner la solution. M Descartes avoit intérêt de le satisfaire en ce point *et mieux et plûtôt* qu'aucun autre. C'est ce qui le fit user d'une diligence toute extraordinaire pour prévenir ceux de France, à qui M De Beaune auroit pû proposer les mêmes difficultez à résoudre. Il luy manda donc ce qu'il avoit trouvé touchant ses lignes courbes : et il luy dit que la propriété de ces lignes dont il luy avoit envoyé la démonstration luy avoit paru si belle, *qu'il la préféroit à la quadrature de la parabole trouvée par Archiméde* .

Enfin pour luy faire sentir les effets de l'amitié la plus sincére, il voulut que le P Mersenne luy donnât non seulement la communication du procés de mathématique qu'il avoit avec M De Fermat, mais encore des objections qu'il avoit faites depuis peu sur le nouveau livre de Galilée concernant la méchanique et le mouvement local tout récemment imprimé à Leyde. Ces observations avoient été envoyées au P Mersenne le prémier jour d'octobre de l'an 1638 dans une longue lettre, où il luy répondoit encore sur divers sujets, et entr'autres sur le livre de M Bouïlliaud touchant *la nature de la lumiére* , imprimé à Paris depuis six ou sept mois, et sur le peu de solidité qu'il prétendoit avoir remarqué dans le jugement que ce sçavant mathématicien (qu'il estimoit beaucoup d'ailleurs) faisoit de sa philosophie en la confondant avec celle d'Epicure et de Démocrite.

M Descartes avoit encore d'autres amis du même rang que M De Beaune, à qui il n'étoit ny libre ny honnête de refuser la solution des difficultez qu'ils ne pouvoient apparemment espérer d'un autre. Les principaux de ceux qui luy donnérent des exercices de cette nature pendant cette année, furent Monsieur De Sainte Croix, et Monsieur Frenicle, qu'il avoit coûtume d'appeller M De Bessy. Ces deux messieurs avoient la réputation d'être les prémiers arithméticiens du siécle, et M Descartes ne considéroit pas moins leur amitié que leur esprit et leur sçavoir. M De Sainte Croix sur tout parut s'appliquer à ne luy proposer que les questions de la plus fine subtilité : et M Descartes voyant par la nature de ces questions à qui il avoit affaire, s'estimoit trés-heureux de pouvoir se tirer de toutes ces difficultez à son gré. De sorte qu'il ne fit point difficulté d'assûrer souvent au P Mersenne qu'il considéroit la satisfaction que M De Sainte Croix témoignoit de ses réponses comme une grace toute particuliére, dont il prétendoit luy être redevable toute sa vie, parce qu'il n'étoit luy-même content qu'à demi de la plûpart des solutions qu'il envoyoit à M De Sainte Croix.

Leur commerce n'étoit pas toûjours borné à des opérations d'arithmétique et d'algébre ; il s'étendoit encore jusqu'aux soins de leurs affaires domestiques.

M De Sainte Croix avoit témoigné être en peine d'un garçon qui pût le soulager dans ses études de mathématiques en qualité de sécrétaire ou de copiste.

M Descartes sembloit avoir alors sur les bras le jeune Gillot qui avoit été autrefois à luy, tant en la même qualité qu'en celle de valet de chambre ; et il cherchoit actuellement à l'établir à Paris. Au sortir d'avec M Descartes, Gillot étoit passé en Angleterre, d'où ses parens le retirérent, lorsqu'il commençoit à réussir dans la profession qu'il faisoit d'enseigner les mathématiques en particulier. Il étoit revenu delà auprés de M Descartes en Hollande, et il s'étoit mis à enseigner les mêmes sciences à divers officiers de l'armée du Prince D'Orange.

Mais cét employ étant assez inconstant et caduc, M Descartes donna sans beaucoup de délibération dans l'ouverture qui luy fut faite par le Pére Mersenne, qui luy proposoit la condition de M De Sainte Croix, en quoy il suivit la résolution qu'il avoit prise de ne pas négliger la prémiére occasion qu'il auroit de fixer l'état de Gillot, et de donner à la ville de Paris un homme capable d'enseigner sa méthode en général, et sa géométrie en particulier. Car il entendoit l'une et l'autre mieux qu'aucun des autres mathématiciens, ayant eu le loisir d'étudier l'esprit même de M Descartes lorsqu'il vivoit sous luy. Il avoit même donné depuis peu des marques d'une capacité plus qu'ordinaire à M De Fermat, lorsque M Descartes indigné de la maniére dont celuy-cy dissimuloit qu'il eût été satisfait de sa réponse au théoréme des nombres qu'il luy avoit proposé, luy ordonna, par une apparence de mépris ou d'indifférence pour M De Fermat, de luy répondre touchant les nombres rompus, conformément à ce qu'il avoit démontré touchant les nombres entiers ; sur les centres de gravité de diverses figures, et d'autres questions les plus difficiles. Le Sieur Gillot y avoit si bien réüssi que M De Fermat fut obligé d'avoüer qu'il en sçavoit moins en ce point que *l'ecolier de M Descartes*. (c'est ainsi qu'il appelloit Gillot ;) ou du moins qu'il en avoit reçû une satisfaction compléte par sa réponse.

Gillot, selon le jugement qu'en faisoit son maître, étoit un garçon trés-fidéle, de trés-bon esprit, et d'un naturel fort aimable. Quoy qu'il n'eût jamais été au collége ny appris de belles lettres, il ne laissoit pas d'entendre un peu de latin et d'anglois. Il sçavoit le françois comme s'il ne fût jamais sorti de son païs, et le flamand comme s'il eût toûjours demeuré en Hollande. Il possédoit parfaitement l'arithmétique et la géométrie, et il sçavoit assez de la méthode de M Descartes pour apprendre seul et de luy-même tout ce qui pouvoit luy manquer dans les autres parties de mathématique. Ayant acquis tant de talens, il n'étoit plus en état ny même en âge de se réduire à une servitude simple. C'est pourquoy M Descartes qui l'avoit toujours beaucoup distingué parmi son domestique, dit nettement au P Mersenne que M De Sainte Croix pouvoit le prendre prés de luy comme un homme de lettres ou un sécrétaire : mais qu'il ne devoit pas attendre des sujétions de luy comme d'un valet, parce qu'ayant toûjours vécu avec des personnes, qui bien qu'au dessus de luy, n'avoient pas laissé de le souffrir souvent *comme camarade* , il ne s'étoit jamais accoûtumé à ces assujettissemens. Il luy fit aussi donner avis de ne pas exiger de Gillot toutes les civilitez qui se pratiquoient à Paris plus que d'un etranger qui n'y auroit jamais été élevé, et de ne le pas tenir trop long-têms sur les opérations et les calculs difficiles des nombres, de peur qu'il ne se rebutât, parce que c'est un travail fort infructueux et qui avoit besoin de trop de patience pour un esprit vif comme celuy de Gillot.

M Descartes ne jugeoit pas moins avantageusement de M Frénicle que de M De Sainte Croix. Il témoigna au P Mersenne par une lettre du 23 d'août que ce qu'il luy en avoit envoyé étoit plus que suffisant pour luy faire connoître que son *arithmétique devoit être excellente, puis qu'elle le conduisoit à des choses où l'analyse a bien de la peine à parvenir* .

Ce jugement est d'un poids d'autant plus grand que M Descartes étoit moins prodigue d'éloges, sur tout écrivant au P Mersenne, à qui il avoit coûtume de confier ses pensées sans autre précaution que la discrétion du pére. Ainsi ce n'étoit point par compliment que répondant vers le même têms à une lettre de M Frénicle, il luy témoigna quelque surprise de voir qu'il fût plus sçavant dans la science des nombres qu'il n'auroit crû qu'il fût possible sans le secours de l'algébre, dont cependant M Frénicle ne se servoit pas. C'est ce qui auroit excité en luy le desir d'en pouvoir conférer avec cét habile arithméticien s'il s'en étoit estimé capable pour lors, où si c'eût été une étude à laquelle il se fût appliqué. Mais, dit-il, je sçay si peu d'arithmétique (de cette espéce) qu'il n'y a pas encore un an que j'ignorois ce qu'on nomme les parties *aliquotes* d'un nombre, et qu'il me fallut emprunter un Euclide pour l'apprendre au sujet d'une question qu'on m'avoit proposée. Cette déclaration étoit sans doute un effet de cette sincérité inviolable qui régnoit dans les discours et dans les écrits de M Descartes, et qui luy fit avouër conséquemment que le defaut d'attention à quelques-uns des calculs de M Frénicle l'avoit fait tomber dans quelques méprises qu'il avoit reconnuës depuis. Il n'y avoit que la complaisance pour ses amis et la considération pour le mérite de ceux du rang où étoient prés de luy Messieurs De Sainte Croix, Frénicle, De Beaune, Des Argues, etc. Qui fussent capables de le faire retourner aux opérations d'algébre et de géométrie, ausquelles il avoit renoncé pour chercher quelque chose qui fût plus utile à l'homme. L'amitié ne luy permettoit pas de secoüer ce joug, mais il ne laissoit pas de tenter sécrétement avec le Pére Mersenne les moyens de s'en délivrer sans leur déplaire. Le plus court de ces moyens étoit de prier ce pére de rompre ce commerce. La réponse qu'il fit aux questions numériques de M De Sainte Croix au mois de juin 1638 l'avoit tellement fatigué, qu'il conjura ce pére de ne luy en envoyer plus aucunes de quelque nature qu'elles pussent être. Car, dit-il, lorsque je les ay reçûës, il est mal aisé que je m'abstienne de les chercher, principalement si je sçay qu'elles viennent, comme celles-cy, de quelque personne de mérite. Et m'étant proposé une étude pour laquelle tout le têms de ma vie, quelque longue qu'elle puisse être, ne sçauroit suffir, je ferois trés-mal d'en employer

aucune partie à des choses qui n'y servent point. Mais outre cela, pour ce qui est des nombres, je n'ay jamais prétendu y rien sçavoir ; et je m'y suis exercé si peu, que je puis dire avec vérité, qu'encore que j'aye appris autrefois la division et l'extraction de la racine quarrée, il y a toutefois plus de dix-huit ans que je ne les sçay plus : et si j'avois besoin de m'en servir, il faudroit que je les étudiasse dans quelque livre d'arithmétique, ou que je tâchasse de les inventer tout de même que si je ne les avois jamais sçûës.

Il tâcha de se défaire des autres avec la même honnêteté et sous de semblables prétextes ; de sorte qu'aprés avoir des-accoûtumé peu à peu ses principaux amis de luy proposer des problémes et des objections stériles, il se mit peu en peine de plaire ou de déplaire à ceux qui ne cherchoient qu'à se faire un nom auprés des habiles gens par un commerce de mathématique avec luy dont ils pussent se vanter. Ainsi las de porter la qualité onéreuse d'oracle, il se dispensa presque entiérement de répondre avant la fin de l'an 1638 ; et il se contenta de faire un triage des meilleures objections qui luy avoient été faites jusqu'alors, et des plus beaux problémes qui luy avoient été proposez pour les faire imprimer avec ses réponses, quand il plairoit à celuy à qui il appartient de disposer de toutes choses.